LE CORSO VICTOR-EMMANUEL, A MILAN.

NOUVELLE
GÉOGRAPHIE MODERNE

DES

CINQ PARTIES DU MONDE

PAR

C. DE VARIGNY

EUROPE

EUROPE MÉRIDIONALE. — EUROPE OCCIDENTALE

PARIS
E. GIRARD ET A. BOITTE, ÉDITEURS

42, RUE DE L'ÉCHIQUIER, 42

Tous droits réservés.

GÉOGRAPHIE MODERNE

DES

CINQ PARTIES DU MONDE

———

EUROPE

EUROPE MÉRIDIONALE. — EUROPE OCCIDENTALE

GÉOGRAPHIE MODERNE

L'EUROPE

APERÇU GÉNÉRAL

Création arbitraire de l'histoire et, par l'histoire incessamment modifiée et remaniée, l'Europe n'est pas plus une unité géographique qu'elle n'est un continent. Aucune frontière naturelle ne la sépare de l'Asie, aucune mer ne l'en isole, aucun brusque changement de sol, de climat, et de productions ne l'en distinguent. Entre les steppes de la Sibérie et ceux de la Russie d'Europe, le renflement de l'Oural n'est pas une barrière ; entre les steppes des Kirghizes et les steppes d'Astrakan, le fleuve Oural n'est pas une limite. Par delà les monts et par delà le fleuve le steppe est le même ; mêmes aussi l'orographie et l'inclinaison. Comme la Léna, l'Yeniseï et l'Obi, fleuves asiàtiques, la Patchora, la Dvina, l'Onéga, fleuves européens courent du sud au nord dans de mornes solitudes et des plaines glacées, et se déversent dans l'océan Glacial. Par le

Caucase l'Asie Mineure tient à l'Europe ; les Dardanelles ne sont qu'un détroit, et au nord de la mer Noire une épaisseur de terre de cinq cents lieues de longueur soude l'Europe à l'Asie.

Géographiquement elles ne font qu'un, un seul et même continent, le plus vaste du globe : 52,000,000 de kilomètres carrés ; le plus peuplé, 1,136,000,000 d'habitants ; le plus riche, son mouvement commercial annuel dépassant 61,000,000,000 de francs.

Historiquement elles forment deux des cinq parties du globe. Une ligne arbitraire, aux contours capricieux, scinde le continent, rejetant l'Asie dans l'est, donnant à l'ouest le nom d'Europe, de la fille de Cadmus dont s'éprit Jupiter, de l'Erebos grec, c'est-à-dire du soleil couchant par rapport à l'Asie.

Dans ce partage arbitraire, dans ce divorce historique, l'Europe fut en apparence la moins favorisée. Sa superficie de 10,000,000 de kilomètres carrés n'est pas le quart de celle de l'Asie ; sa population n'est pas la moitié ; mais la supériorité de la race a rétabli et bien au delà l'équilibre rompu par les deux facteurs de l'étendue et du nombre. Son mouvement commercial est à celui de l'Asie comme 55 milliards sont à six, sa densité de population comme 34 est à 18. Ses chemins de fer, ses navires à vapeur et à voiles, ses usines et ses manufactures, ses mines et son industrie, ses armes et ses inventions lui donnent une énorme prépondérance. Dans le domaine intellectuel, même prééminence. Entre les deux sections du continent ce sont là les vraies barrières qui, plus et mieux que le relief du sol, que les mers, les fleuves et les montagnes, s'interposent entre l'Europe et l'Asie.

Des effets remontons aux causes et, aussi loin que l'histoire peut nous éclairer, nous noterons le saisissant contraste qu'offre avec le génie asiatique, le génie européen, les fatalistes conceptions de l'un, les larges conceptions de l'autre. Si le point de départ fut commun, si l'Asie fut le berceau de l'humanité, dès le début deux tendances se produisirent, s'accentuèrent et dans l'est et dans l'ouest prirent corps. Depuis, la configuration du sol et la nature du climat, les migrations des peuples et les mélanges des races modifièrent ces premiers facteurs mais sans affaiblir leur opposition qui se traduisit par d'inévitables heurts, par ces grands mouvements de flux et de reflux qui, tour à tour, firent déborder l'Asie sur l'Europe, l'Europe sur l'Asie. Ce furent, après les migrations aryennes, les invasions de Darius et les conquêtes d'Alexandre, Rome et les barbares, l'Islam et les croisades. Plus tard, ce fut l'Europe, maîtresse de l'Océan, par l'Océan prenant l'Asie à revers, forçant ses portes, ouvrant ses ports et s'y établissant. Ce furent l'Angleterre mettant la main sur l'Inde, la France la lui disputant et s'emparant d'une partie de l'Indo-Chine, la Hollande dans le grand Archipel d'Asie, la Russie reculant sa frontière depuis l'Oural jusqu'à l'océan Pacifique, se taillant dans l'Asie septentrionale un empire de 15,000,000 de kilomètres carrés, une fois et demi la superficie de l'Europe.

Entre le Touranien nomade et l'Aryen sédentaire la lutte est sans fin. L'invasion des Barbares débordant vers l'Empire romain, l'Islam, Gengis-Khan et Tamerlan personnifient le puissant effort du Touranien pour ressaisir le monde qui lui échappe, pour supprimer les frontières et renverser les barrières de l'Aryen qui ne lui laisse que les plateaux glacés du Thibet et de la Mongolie; prenant et gardant le meilleur du sol. L'idéal du Touranien est un monde ouvert et de partout accessible, de vastes espaces où il erre avec ses troupeaux. Si l'Islam avait conquis l'Europe, il eût fait de l'Europe un immense pâturage. Le Coran maudissait la charrue : « là où la charrue pénètre le servage apparaît ». L'indépendance farouche proscrivait le labeur manuel et la propriété individuelle ; entre les deux races nul terrain de transaction; l'antithèse était absolue, et, à travers les siècles, en dépit des progrès de la culture intellectuelle, elle persiste au sein même de notre civilisation que l'on croit si avancée qu'on l'estime à son déclin, alors qu'elle n'est peut-être qu'à son aurore. Le Touranien pur y reparaît, réfractaire au travail, à l'ordre social, aux lois consenties, rêvant la destruction de ce qui est, non pour le remplacer mais pour le supprimer, pour revenir à ce qui fut, au point de départ, à cette vie nomade dont l'instinct puissant, le désir inconscient s'agitent en lui.

De là ces convulsions violentes, ces brusques temps d'arrêt, ces retours en arrière qui semblent compromettre les résultats acquis et donnent à la civilisation en marche une allure hésitante. Mais il n'est pas de forces inutiles; sans emploi, elles sont dangereuses ; bien dirigées, on doit à celles-ci ces mouvements soudains d'expansion au dehors, ces grands courants qui entraînent sur des plages lointaines des flots d'émigrants, nomades d'instinct, fuyards de la civilisation et l'emportant avec eux : pionniers de l'Amérique du nord, chercheurs d'or de la Californie, aventuriers de l'Australie, pasteurs dans l'Amérique du Sud, colons aux rives africaines, avant-garde de l'Europe, toujours en marche, frayant les voies, élargissant l'horizon, étendant le cercle de nos connaissances géographiques, historiques et économiques.

Elles sont bien plus limitées qu'on ne le croit. Sur cette terre que nous habitons et possédons, que d'inconnu pour nous encore; sur nos cartes que de places vides; la vieille Asie a des régions inexplorées; on ignore la source de grands fleuves, l'altitude de hautes cimes, l'existence de lacs considérables. De l'Afrique, qui est à nos portes, nous savons peu de chose, de hardis explorateurs ont soulevé un coin du voile, mais entre les itinéraires suivis par eux, que d'immenses espaces incultes ou cultivés, déserts ou peuplés, arides ou fertiles. Aussi inconnue est l'Australie, dont on ne connaît bien que les côtes, la Nouvelle-Guinée dont on les connaît à peine. Une grande partie de l'Amérique est encore *terra incognita;* on achève à peine de découvrir l'Océanie et de notre Europe même l'orographie n'est pas achevée.

En vérité, nous ne sommes encore qu'au début de nos connaissances géographiques. Le travail préliminaire, qui consiste à nous rendre un compte exact du cadre dans lequel nous vivons est bien loin d'être terminé. Si, autour du pôle Nord le cercle de l'inconnu se resserre chaque année, au pôle Sud il n'en est pas de même et, comme l'a dit énergiquement notre grand géographe Élisée Reclus, les explorations des navigateurs ont laissé là un énorme vide, d'un diamètre tel que la lune pourrait y tomber sans effleurer les régions de notre planète déjà visitées.

Que connaissons-nous des mers? La carte des plateaux sous-marins est à peine esquissée; les montagnes et les vallées, les collines et les plaines que l'Océan recouvre sont vaguement indiquées. Nous savons à peu près que l'océan Atlantique a une profondeur moyenne de 1,000 mètres, que celle de l'océan Pacifique est en moyenne de 4,000, que les mers sont plus peuplées que les terres, que, comme l'écrivait Christophe Colomb : « *la lengua no basta para decir, ni la mano para escribir todas las maravillas del mar* » ; « la langue ne saurait dire, la plume ne saurait décrire toutes les merveilles de la mer. »

Des cinq parties de cet univers, l'Europe nous est la mieux connue. Ce que la nature écrit en caractères indélébiles sur le relief tourmenté du sol a été, ici, étudié, déchiffré et traduit. La géographie a suggéré l'explication d'inexplicables phénomènes historiques; l'histoire a ratifié ou rectifié les hypothèses géographiques; la science a confirmé ou rejeté les unes ou les autres. La lumière s'est faite, plus vive à mesure que l'on avançait et, sur la carte où chaque peuple apparaissait dans son cadre plus distinct, dans son milieu climatérique et orographique mieux dessiné et mieux compris, la cause des faits se précisait, intelligible et claire, les traits s'accentuaient, les tendances des nations s'expliquaient.

On comprenait l'action du milieu sur la race, la réaction de la race sur le milieu, les circonstances ambiantes qui activaient ou ralentissaient l'essor de cette race, favorisaient ou contrariaient ses efforts, l'harmonie latente ou l'antagonisme visible qui existaient entre elles, se révélant par le développement normal et gradué des facultés intellectuelles et des forces productives ou par l'agitation inquiète et stérile. État de paix ou de guerre, de santé ou de maladie, de prospérité ou d'atonie dont les causes cessaient d'être obscures, que les historiens et les hommes politiques pouvaient observer, prodromes de l'histoire de demain.

Fille de l'Asie, l'Europe a été, sinon peuplée par elle, à tout le moins profondément modifiée par les deux grands courants de migration qui, pendant des siècles, de l'est à l'ouest, par le nord et par le sud de l'Euxin, des steppes septentrionaux et des rives de l'Indus ont déversé sur elle le surplus de leur population. Elle a été le creuset dans lequel ces races, distinctes à leurs points de départ, mêlées, confondues à leur point d'arrivée, celle qui suivait refoulant celle qui l'avait précédée, ont opéré leur fusion, la plus forte absorbant la plus faible, pour en arriver à constituer par ce procédé d'élimination un petit nombre de groupes, de force à peu près égale, irréductibles entre eux, maîtres du sol qu'ils occupaient, capables de le garder et de le défendre. Par le même procédé d'élimination les langues se formèrent, la plus apte à l'expression se substituant à la moins apte, s'imposant au groupe jusqu'à ne plus laisser subsister qu'un nombre limité de racines premières, permettant de ramener à un type primitif et unique les langues française, italienne, espagnole, roumaine; à un autre l'anglaise et l'allemande, à un troisième la langue du Russe, du Bulgare, du Bohême; de réduire enfin à trois familles principales, slave, germanique, gréco-latine, les populations de l'Europe.

Groupes ou familles d'à peu près égale force, avons-nous dit; elles le sont quant au nombre : la famille slave représentée par 103 millions, la germanique par 105, la gréco-latine par 103.

Groupes irréductibles entre eux; l'histoire le prouve. S'ils ont pu s'entamer à un moment, l'emporter par la force, leurs triomphes ont toujours été de courte durée, suivis de réactions de même amplitude. Pas un siècle où ils ne se soient mesurés et n'aient appris à leurs dépens l'impossibilité de s'anéantir, l'inutilité de leurs conquêtes précaires.

Le jour où cette vérité, vieille de plus de vingt siècles, enfin reconnue et acceptée, prévaudra et s'imposera, la carte de l'Europe, tant de fois remaniée, devenant conforme enfin aux instinctives aspirations des peuples, consacrera un état de choses plus durable, un équilibre moins instable. On se rapprochera de l'idéal rêvé par les philosophes et les penseurs : un monde cessant de s'entre-détruire, tournant enfin contre l'ennemi commun : la misère, la maladie, l'ignorance, ses forces coalisées, ses milliards et sa science. Guerre généreuse, féconde en grands résultats, en nobles conquêtes, appelée à immortaliser à jamais dans la mémoire des hommes celui qui, en prenant l'initiative, détournant l'Europe de luttes stériles et d'éphémères conquêtes, saura entraîner l'Europe à cette croisade suprême.

Contrairement au phénomène que nous offre l'Asie et que nous avons noté dans notre premier volume, notre civilisation européenne n'est pas née comme la civilisation asiatique, dans les vallées largement arrosées, sur les rives des grands fleuves. Comparés à ceux de l'Asie, ceux d'Europe avaient peu de parcours et de débit. Les plus importants : le Volga et le Danube, s'épanchaient dans des mers fermées : la mer Caspienne et la mer Noire, et, de ceux qui se déversaient dans la Méditerranée, le plus considérable, le Rhône, ne mesurait que 1,030 kilomètres, l'Èbre que 780 et tous deux étaient rejetés à l'extrémité ouest du continent. Ni le Dniéper ou le Don, qui coulaient dans la mer Noire, ni la Vistule ou l'Oder qui se vidaient dans la Baltique, ni l'Elbe ou le Rhin, tributaires de la mer du Nord, ne réunissaient les conditions voulues pour attirer et retenir sur leurs rives de grandes agglomérations, pour y créer un foyer central de civilisation. Ni le climat, ni le relief du sol, ni les facilités d'accès ne s'y prêtaient. Aussi la civilisation fluviale que nous avons vue, en Asie, précéder la civilisation maritime, suivit-elle, en Europe, une marche inverse ; méditerranéenne au début, elle ne devint fluviale qu'au cours des siècles.

L'eau n'est pas seulement dans la nature l'élément vivifiant, indispensable, elle est aussi, et surtout, le grand moteur de l'histoire, le principe qui fait évoluer les civilisations, qui, par les fleuves, les amène comme en Asie, comme en Égypte, sur le littoral des mers, élargissant leur horizon, universalisant leur action, ou, comme en Europe, leur en faisant remonter le cours, dissémine dans l'intérieur des terres des centres secondaires, vivant de leur vie propre, se spécialisant et s'intensifiant, suivant les aptitudes de la race et le milieu dans lequel elle se meut. Au foyer central, cette race a pris les idées générales ; dans son cadre restreint elle les élabore ; selon son génie particulier, selon ses tendances naturelles, selon sa situation géographique, sur une ou plusieurs d'entre elles, elle concentre ses efforts. La note caractéristique apparaît, le trait dominant se précise, la nation, dans une certaine mesure, se spécialise, plus apte au commerce ou à l'art, à la navigation ou aux sciences, pacifique ou belliqueuse, nomade ou sédentaire.

En Europe, ce foyer central, point de départ de la civilisation, fut la Méditerranée, autour de laquelle apparurent successivement les grandes oligarchies phénicienne, grecque, carthaginoise et romaine.

A cette mer intérieure aboutissent trois continents. Mer restreinte, dont la superficie de plus de 2,500,000 kilomètres carrés, en y comprenant les mers secondaires, n'est guère que six fois celle de la France, la Méditerranée se divise en deux bassins distincts, d'inégales proportions : le plus petit, le bassin occidental, s'étend du seuil de Gibraltar au seuil resserré entre l'extrémité de la Sicile et celle de la Tunisie qu'un bas-fond, déjà signalé par Strabon et d'une profondeur moyenne de 200 mètres, relie l'une à l'autre ; à l'est de cette ligne, le bassin oriental, s'étend jusqu'à la mer d'Azof et aux rives de l'Asie Mineure, bassin aux eaux plus profondes, où la sonde rencontre jusqu'à 4,000 mètres. Mer à faibles oscillations, presque nulles dans la mer Noire où la marée varie de 10 à 12 centimètres ; à Rhodes, où le flux et le reflux ne dépassent pas 60 centimètres d'écart ; plus sensibles dans l'Adriatique où la dénivellation du flot, peut, en certains endroits ou en certaines circonstances, atteindre 3 mètres. Mer fermée, l'évaporation enlève chaque année à sa surface une tranche liquide d'un mètre et demi d'épaisseur ; pour combler cette déperdition, ses fleuves et les pluies sont insuffisants ; les fleuves ne lui apportent que 25 centimètres, les pluies à peu près autant. Par le seuil de Gibraltar, large de 20 kilomètres, l'Atlantique déverse le surplus, près d'un mètre, maintenant l'égalité de niveau, entraînant au large les eaux plus salées, partant plus lourdes, de la Méditerranée.

C'est la limite méridionale de l'Europe baignée, comme l'Asie, par trois mers : au sud, la Méditerranée, à l'ouest, l'océan Atlantique, au nord l'océan Glacial. Dans notre étude de l'Asie, nous avons décrit les frontières qui séparent ces deux parties du monde dont la nature n'a fait qu'un seul continent.

L'Asie se prolonge dans l'ouest vers l'Europe, par la Russie, dont la forme massive et compacte rappelle les proportions puissantes des plateaux asiatiques ; au delà l'analogie cesse, le continent s'effile, les côtes se creusent en golfes profonds, en mers intérieures, se découpant en anses et en caps, en isthmes et en détroits, en îles et presqu'îles. Dans la Méditerranée trois péninsules se détachent, toutes trois bien caractérisées reliées au continent par de larges pédoncules ; deux d'entre elles : la Grèce et l'Italie merveilleusement articulées, l'autre, l'Espagne, plus lourde, aux contours plus rigides, terre plus africaine qu'européenne, séparée de l'Europe par les Pyrénées, la chaîne la plus infranchissable du continent.

Les Alpes sont plus accessibles. Nœud du système orographique de l'Europe, elles décrivent des plages de la Méditerranée au bassin du Danube une vaste courbe d'un millier de kilomètres, succession de massifs que relient des seuils élevés. Par la chaîne des Carpates, à travers la Serbie et le Monténégro, elles se rattachent au Rhodope et au Pinde, aux montagnes de la Grèce ; par l'arête des Apennins elles traversent toute l'Italie et soulèvent en Sicile les monts Neptuniens et le massif volcanique de l'Etna.

Au centre des Alpes, le mont Blanc, point culminant de l'Europe, 4,810 mètres, les hautes citadelles de l'Oberland, 3,753 mètres, et du mont Rose, 4,102 mètres, cimes neigeuses épanchant dans les vallées leurs fleuves de glace, formaient, derrière les contreforts des Carpathes et des Apennins une seconde ligne de circonvallation, isolant la péninsule italienne. A l'ouest, le Jura, chaîne de moindre altitude, mais de non moindre développement, déroule, de la Drôme aux montagnes de Bohême, sa curieuse ossature de longues voûtes parallèles, semblables à des vagues rocheuses.

De ce massif central et rayonnant en tous sens autour de lui, s'ouvrent de larges vallées, descendent le Rhône et le Pô au sud, le Rhin au nord, le Danube à l'est. Partout ailleurs les eaux courantes, les pluies régulières vivifient le sol. Modérés dans leur débit comme les pluies dans leur chute, les rivières et les fleuves au cours restreint, n'ont ni les crues soudaines et terribles, ni les disparitions subites, ni les dessèchements redoutables des cours d'eaux asiatiques, non plus que les côtes ne sont exposées aux cyclones du Gange, aux typhons des mers de la Chine. Le caractère distinctif de l'orographie ainsi que du climat de l'Europe est la modération en tout et pour tout.

Elle ne connaît ni les froids excessifs des hauts plateaux de la Mongolie et de la Sibérie, ni les chaleurs écrasantes de l'Hindoustan. Son climat, tempéré, sauf sur les côtes septentrionales extrêmes, est égal et sain ; alternativement relevée ou abaissée par l'influence modératrice de l'Océan qui, par trois côtés l'entoure et la pénètre, sa température moyenne de 10 degrés au-dessous de zéro est des plus favorables à l'agriculture et son climat, océanique par excellence, des plus propices à l'homme.

Non plus que ses fleuves, ses bassins lacustres ne sauraient se comparer à ceux de l'Asie, de l'Amérique ou de l'Afrique. Ses lacs alpestres, enchâssés dans la verdure, n'ont que peu de superficie ; ses lacs volcaniques moins encore ; quant aux lacs de plaine, les plus importants, les lacs russes, alimentent des fleuves. Le plus considérable, le Ladoga, n'atteint pas, comme étendue, le quart du lac Supérieur en Amérique.

Le sol, au relief moyen et d'altitude moyenne, ne dérobe à l'agriculture qu'une partie comparativement faible de sa surface. Il s'adapte merveilleusement à la culture des céréales et de la vigne, à l'élevage du bétail et à l'exploitation forestière. Non moins riche, le sous-sol, intelligemment mis en valeur, contribue pour une part importante à la production et à la richesse générale.

De plateaux massifs, comme en Asie, l'Europe n'en a pas. Ceux qu'elle possède : en Espagne, en Bavière, en Lorraine, en Souabe, en Franconie, sont de peu d'altitude ; le plus élevé, celui de Castille, n'atteint pas 800 mètres, alors que ceux d'Asie en mesurent 3,000, 4,000 et celui du Kouenlun jusqu'à 6,000. En Europe, ils sont, comme les montagnes elles-mêmes, plus articulés ; nulle part ils ne sont fermés ; corrodés par les fleuves, ils ont été façonnés par eux, creusés par leurs eaux.

Les plaines dominent à l'est, presque partout légèrement accidentées, sillonnées par de longs plissements du sol : plaines sarmatique, valaque, baltique, très légèrement différenciées par le relief du sol, prolongement de la grande plaine d'Asie qui, à l'est, se déroule interminable dans les steppes. Au nord : les plaines basses entre le Niémen et le Weser, les *polders* de Hollande. Dans l'ouest s'étendent les plaines des vallées fluviales, encadrées de montagnes où de collines, inclinées en longues pentes.

Dans ce cadre se meut l'Européen moderne, « le descendant des fils des chênes », comme les vieilles traditions désignaient ses ancêtres. Quels furent-ils? On l'ignore. Leur origine, comme leur histoire, se perd dans la nuit du passé. Une vingtaine de crânes et quelques squelettes sont tout ce qu'il en reste. Aussi loin que l'on peut remonter le cours des âges, l'œil discerne des migrations de peuples, vagues humaines l'une sur l'autre déferlant. Elles viennent de l'est et vont à l'ouest, dans le sens même du mouvement de la terre, dans le sens où nous voyons progresser la civilisation en marche. On désigne ces peuples des noms de Pélages, Ibères, Hellènes. Plus tard, ce sont des Huns, des Avares, des Turcs, Mongols, Arméniens, Juifs, Circassiens tous originaires d'Asie, tous venant de l'est, puis des Maures, Nègres, Berbères, originaires d'Afrique. Ce que l'on discerne encore c'est que les Hellènes peuplèrent la Grèce, les Ibères l'Espagne et certaines parties de l'Europe occidentale, les Pélages l'Italie, et que les trois grandes péninsules méditerranéennes furent les premières colonisées.

Si ces peuples étaient alors nomades, ils cessèrent de l'être. De même que le métal en fusion prend l'empreinte du moule dans lequel il se déverse, ils s'adaptèrent au milieu dans lequel ils s'arrêtèrent et se fixèrent, ils subirent l'influence du sol, du climat, des productions ; leur développement, leur existence même étaient à ce prix. Déracinés de la terre natale, transplantés sur une autre, ils ne pouvaient croître et prospérer qu'à la condition de se conformer aux exigences de leur nouvel habitat, d'adopter le mode de vie qu'il comportait. Le sol au relief moyen, aux plaines peu étendues, aux collines ombreuses, aux eaux abondantes, au ciel doux et clair, au tiède climat, aux horizons riants n'était pas et ne pouvait être l'aire du pasteur nomade qui l'épuiserait et le déboiserait et auquel l'espace manquerait. Ici, il ne retrouvait ni les hauts plateaux riches en graminées l'été, ni les steppes où les pluies de l'automne et du printemps faisaient lever une herbe savoureuse promptement séchée par les rayons brûlants du soleil, régions dans lesquelles, éternel voyageur, il promenait alternativement ses troupeaux.

Le changement de milieu lui imposait un changement de vie, une brusque évolution. Elle dut s'effectuer non sans peine, décimant les plus faibles, ne laissant subsister que ceux qui, mieux doués, plus tôt s'y conformèrent et, plus intelligents, s'y adaptèrent. Cette évolution fut le prélude de la civilisation européenne.

Elle en fut aussi le point de départ ; éliminant successivement les éléments réfractaires au milieu, impropres à la tâche à accomplir, ne conservant que l'élite, elle détermina une orientation nouvelle des facultés intellectuelles et physiques de cette élite par la création de besoins nouveaux, par un mode différent d'existence.

Suivant qu'elles venaient du nord ou du sud, par terre ou par mer, ces migrations successives se heurtaient à des obstacles de nature différente. Elles personnifiaient, en outre, une civilisation plus rudimentaire ou déjà plus avancée. Les hordes qui débordaient par les terres septentrionales, par les grandes voies naturelles, étaient de beaucoup les plus nombreuses, de beaucoup aussi les plus barbares. Descendant la pente des hautes plaines, par la Roumanie et la vallée du Danube contournant les montagnes de la Transylvanie, elles débouchaient dans les plaines de l'Autriche-Hongrie, à l'ouest desquelles se dressait le massif des Alpes, au nord et à l'est la longue courbe des Carpathes. Dans ce vaste bassin, tournoyant sur elles-mêmes, par les fentes du Danube elles filtraient vers le plateau de la haute Allemagne, par celles de l'Isker elles gagnaient les plaines de la basse Allemagne et le littoral de la Baltique, formant, au pied des montagneux massifs qui les arrêtaient, un remous de peuple, un mélange de races diverses.

Plus avancées en civilisation puisqu'elles connaissaient déjà l'art de construire des embarcations et celui de les diriger, les migrations par mer ne purent, par contre, s'effectuer par masses. Aventuriers ou pirates, commerçants ou envahisseurs débarquaient en groupes restreints, peu redoutables, vu le petit nombre de ceux qui les composaient, abordant, au hasard des vents, sur une île de l'archipel ou sur les côtes de l'Hellade découpées en vallées, fermées au nord, fermées sur les côtés, dans cette Grèce, sorte de piège à trois fonds, comme la décrit Michelet. L'immigrant s'y trouvait pris et forcément s'y fixait. Si, plus tard, il en sortit, s'il essaima sur les côtes d'Asie Mineure, trafiqua en Égypte, parcourut en tous sens le bassin oriental de la Méditerranée, il le dut au développement continu de sa faculté première qui, d'émigrants par mer, fit un peuple essentiellement maritime. En place de la terre qui lui manquait, ce peuple déborda sur la Méditerranée et s'enrichit par le négoce, ne pouvant s'enrichir par la culture du sol.

Ses progrès furent plus rapides, son point de départ étant déjà supérieur, son milieu plus favorable. Il ne connut ni les oscillations des hordes septentrionales refoulées par celles qui les suivaient, errant au hasard sur un territoire inconnu, lentes à s'y fixer, ni les heurts soudains, ni les brusques déplacements. Dès le début, encadré, il fut promptement discipliné ; la nature et le relief du sol déterminèrent son orientation, il ne put vivre et durer qu'à la condition de s'y conformer.

En s'y conformant, il grandit. Sur les côtes grecques la civilisation européenne naquit de la conformité de la volonté humaine avec les indications et les exigences du milieu. Sur cette mer, qui fut son berceau, la civilisation s'étendit ; par elle, elle gagna l'Italie, la France, l'Espagne. De ses côtes elle remonta vers le centre du continent, où enfin tassées et fixées, les migrations venues du nord, plus lentes dans leur développement, la reçurent et, suivant leur génie propre et leur milieu, la modifièrent. Chez ces peuples elle se spécialisa ; dans un sens différent chacun d'eux la développa, la cultiva, greffe de la même souche, sur des troncs vivaces et variés donnant des productions différentes.

De là ces types distincts d'une civilisation homogène, cette prodigieuse diversité de l'Europe dans son unité, ses puissants moyens d'action en vue d'un but à atteindre, sa longue suprématie, l'étonnante impulsion donnée par elle et dans tous les domaines, aux facultés humaines.

Ailleurs, et en Asie déjà, nous avons pu noter des contrastes aussi caractérisés, des races encore plus différenciées. Ici, ce qui frappe, c'est la variété dans l'unité, c'est surtout la solidarité de toutes les parties de ce grand corps, cette solidarité qui, aux extrémités du monde fait, en dépit des luttes du passé, des dissensions du présent,

des conflits de l'avenir, de l'Européen le frère de l'Européen. S'ils ne parlent pas la
même langue, s'ils ne professent pas la même religion, si leurs coutumes diffèrent, ils
sont frères par la culture intellectuelle, par les idées, les traditions et les tendances,
par le point de départ, par l'objectif commun.

Nous aborderons cette étude de l'Europe par celle du bassin de la Méditerranée,
comprenant la Turquie d'Europe et les trois grandes péninsules : la Grèce, l'Italie et
l'Espagne; nous la continuerons par le bassin de l'Océan : le Portugal, la France et
l'Angleterre. Cette double étude fera l'objet de notre second volume.

Dans le troisième, également divisé en deux parties, nous étudierons le bassin de
la mer du Nord : la Russie, la Péninsule scandinave, le Danemark, les Pays-Bas, la Belgique. Enfin l'Europe centrale : Allemagne, Suisse, Autriche-Hongrie, Bulgarie, Roumanie, Serbie.

Un pont à Florence.

Porte de la mosquée Sainte-Sophie à Constantinople.

I. — LA TURQUIE D'EUROPE

Une raie d'azur, un fleuve marin, le Bosphore, sépare ici l'Europe de l'Asie. Large de 1,600 mètres, il n'en mesure que 550 de rive à rive, entre le château d'Anatolie et celui de Roumélie. Pareil obstacle n'était pas pour arrêter l'Asie. Sur un pont jeté par Mandroclès de Samos, Darius le franchit, marchant, à la tête de 700,000 hommes, contre les Scythes. Sur un pont encore à construire, la voie ferrée qui met Constantinople à 72 heures de Paris, le franchira, en marche vers l'Inde.

La mer Noire, la mer de Marmara, le Bosphore et les Dardanelles, la mer Égée baignent à l'est et au sud-est la Turquie d'Europe ; le Danube lui sert de frontière au nord. De la mer Égée à la mer Ionienne une ligne, courant du golfe de Nolo au golfe d'Arta par la chaîne du Pinde, la sépare de la Grèce au sud. A l'ouest la mer Ionienne et l'Adriatique la bornent jusqu'à l'embouchure de la Bojana ; de là sa frontière laissant au sud le lac Scutari, contourne les monts Kom et Visitov, franchit le Lim, oblique au nord, coupe l'Ibar et, longeant la Serbie, aboutit au Timok et au Danube.

C'est la péninsule des Balkans qui s'étendait entre la mer Noire et la mer Égée, la mer Ionienne, l'Adriatique et le Danube. L'Empire romain, l'Empire d'Occident la possédèrent ; après eux, les Turcs. Mais l'Europe leur a enlevé la Grèce ; la Russie leura fait perdre le Monténégro, la Serbie et la Roumanie ; la Bulgarie, restée tributaire, s'annexe la Roumélie orientale ; l'Autriche-Hongrie occupe et administre la Bosnie et l'Herzégovine. Enfin la Grèce, rectifiant sa frontière, prend la Thessalie et une partie de l'Épire, convoite la Crète et les îles de l'Archipel.

À cet Empire ottoman, assis sur trois continents, maître nominal d'un territoire d'une superficie de plus de cinq millions de kilomètres carrés et se perdant dans les déserts du Soudan, il ne reste plus en Europe qu'une région d'environ 200,000 kilomètres carrés et une population de quatre millions et demi d'habitants.

Péninsule elle-même de la péninsule des Balkans, la Grèce l'a mutilée en s'affranchissant du joug ottoman et en reprenant son autonomie. Séparées d'elle, l'Épire et la Macédoine, la Crète et les Sporades méridionales, les îles turques de la mer Égée envient son sort et réclament son appui. La Grèce était géographiquement l'indispensable complément de cette péninsule merveilleusement articulée, qui, par elle, s'effilait en forme de trident dans la Méditerranée ; historiquement elle en était la tête et le cœur, le passé et l'avenir, l'empire grec de Byzance. Aujourd'hui les articulations maritimes de l'Épire, série de rochers plongeant à pic dans la mer, s'arrêtent au golfe d'Arta. Sur l'autre versant, les alluvions du Vardar ensablent une partie du golfe de Salonique ; la Chalcidique projette au sud ses trois promontoires ; la côte basse de la Roumélie court au long de la mer de Marmara, à l'extrémité de laquelle s'ouvrent les Dardanelles que le Bosphore unit à la mer Noire. Du Bosphore aux bouches du Danube la côte s'abaisse, la plaine orientale d'Europe apparaît.

De ces démembrements successifs, de ces amputations opérées par la politique et l'instinctive répugnance des peuples à accepter un joug religieux contre lequel tout en eux protestait, est résulté l'état de choses actuel, qui fait de la Turquie d'Europe un assemblage disparate d'éléments hétérogènes. Le défaut d'unité en est la note caractéristique. Mosaïque bizarre de nationalités hostiles, de religions différentes, de tendances antagonistes, cette partie de l'Empire ottoman ne subsiste que par le concours intéressé des puissances européennes, tour à tour contrariant ou favorisant l'œuvre de désagrégation.

Si l'histoire en est complexe, la géographie en est incomplète. Sur nombre de points elle est à refaire. « De vastes régions de la presqu'île thraco-hellénique, écrit M. E. Reclus, sont encore aussi peu connues que l'Afrique centrale. Il y a quelques années le voyageur Kanitz constatait la non-existence de rivières, de collines et de montagnes fantastiques, dessinées au hasard par les cartographes près de Viddin, dans le voisinage immédiat du Danube. En revanche, il signalait dans les divers districts de la Bulgarie centrale trois ou quatre fois plus de villages que n'en indiquaient les cartes les plus détaillées. Un autre géographe, Lejean, reconnaissait qu'un défilé indiqué sur les cartes à travers l'épaisseur des Balkans, n'existe pas. Plus tard, des géodésiens russes, chargés de continuer la mesure d'un arc de méridien à travers la péninsule, trouvaient que la ville de Sofia est située à une journée de marche de l'endroit que lui assignaient les meilleures cartes, et leurs mesures établissaient, pour tout l'ensemble de la chaîne des Balkans, une situation plus septentrionale qu'on ne l'admettait alors. »

Les Balkans, qui donnent leur nom à la péninsule, s'étendent au sud du Danube, parallèlement à son cours de l'est à l'ouest. Ils commencent à la chaîne de Stara Planina et viennent mourir au cap Emineh. Si, vers le sud, du côté de la Roumélie, leurs pentes sont abruptes, il n'en est pas de même sur le versant du Danube où elles offrent de longues ondulations. Dans l'est, descendant perpendiculairement des rives du Danube, une série de hauteurs fréquemment interrompue court du nord-ouest au sud-est, semée de massifs élevés ; celui du mont Vitos, au sud de Sofia, atteint 2,900 mètres, le Périm Dagh 2,680 ; par le Despoto Dagh la chaîne se prolonge jusqu'à la mer de Marmara.

Dans l'ouest, se rattachant au Pinde, nœud central du système montagneux de la Grèce, une arête détachée du massif du Skar Dagh et de son point culminant, le Liubotin, dont la cime de 3,000 mètres est la plus élevée de la péninsule, la traverse au centre, projetant dans la Grèce continentale ses nombreuses ramifications coupées de longues vallées latérales. Enfin, dans la péninsule Chalcidique, se dressent les monts insulaires de l'Athos, du Kissovo (Ossa), et du Zagora (Pélion).

Sur ce sol incliné les rivières courtes et rapides offrent peu de seuils d'accès, peu de ressources à la navigation. La plus considérable est la Maritza ; ce fut l'Hèbre des anciens. Fleuve central de la Roumélie, de l'antique Thrace, la Maritza descend du mont Rhodope et, dans son parcours de 495 kilomètres, ramasse les eaux du Despoto Dagh et du versant sud des Balkans. Près d'Andrinople, la Tendja et l'Arta la rejoignent ; plus au sud : l'Erkiné. Grossie par ces affluents, elle se fraie un passage au travers du Rhodope par la passe de Tampegra, arrose la plaine basse et s'épanche dans le golfe d'OEnos.

La région qu'elle traverse est la plus riche et la plus peuplée de la Turquie d'Europe. C'est aussi la plus importante par son voisinage de l'Asie, par ses ports sur la mer Noire, par son commerce, par sa situation géographique. Couverte au nord, à l'ouest et au sud par de hautes montagnes, aux seuils rares, aux passes faciles à défendre, à l'est par l'Hellespont, la mer de Marmara et le Bosphore, la nature a fait de la Thrace un vaste camp retranché, solidement adossé à des frontières naturelles et difficiles à forcer.

Plus à l'ouest, au travers de la Macédoine, coulent le Vardar qui se déverse dans le golfe de Salonique, le Mesto encaissé entre le Rhodope et les monts Pangées, la Strouma (Strymon), la Vistritza et l'Indjé-Karasou.

Au long de l'Adriatique, entre le Monténégro au nord et la Grèce au sud, s'étend l'Albanie, l'ancienne Épire et l'Illyrie grecque, labyrinthe montagneux, région fertile mais mal cultivée, que la chaîne du Pinde sépare de la Macédoine et de la Thessalie, région encore assez mal connue au point de vue géographique, malgré son antiquité. Plusieurs rivières l'arrosent : les plus importantes sont la Boyana, le Drin, l'Arta et le Calamas.

La Boyana a sa source au mont Dormitor, dans les Alpes Bosniques. Elle traverse le Monténégro, le lac de Scutari et se jette dans l'Adriatique près de Dulcigno. A huit kilomètres au sud de son embouchure, se trouve celle du Drin, formé par la jonction de deux branches maîtresses, le Drin noir et le Drin blanc, coulant en sens contraire, réunies au pied du Pinde et se déversant dans le golfe d'Alessio. L'Arta (Aréthon), au cours rapide, débouche d'une vallée profonde, se débat entre le Pinde et le plateau de Janina, atteint la plaine d'Ambracie et se jette dans le golfe auquel elle donne son nom. Point de jonction des routes de l'Albanie, de la Thessalie et du littoral, le plateau de Janina, que contourne l'Arta, est la clef de la région. Qui l'occupe est maître de l'Albanie ; la Turquie le sait et obstinément refuse de céder Janina à la Grèce qui en réclame la possession. Du lac de Janina s'épanche le Calamas, l'ancienne Thyamis qui, au travers d'une riche vallée d'oliviers, de mûriers et de vignes, promène ses eaux tranquilles et se jette dans le canal de Corfou.

Suivant l'altitude et l'orientation le climat de la péninsule varie. Dans la Roumanie il est continental, c'est-à-dire extrême : le thermomètre s'abaissant à 30 en hiver, montant jusqu'à 45 en été. Il en est à peu près de même en Serbie et en Bulgarie, mais avec des écarts moindres. Mieux abritée, la Roumélie jouit d'un climat plus égal. Celui de la Crète et des îles Ioniennes est méditerranéen.

Les guerres et les traités n'ont laissé à la Turquie qu'une partie de ses anciennes possessions : la Thrace, la Macédoine, la haute Albanie, l'Épire, Crète et quelques îles de la mer Égée. La province autonome de la Roumélie orientale, création hybride de la diplomatie anglaise, est unie à la Bulgarie, détachée elle-même par le traité de San Stefano. Une pure fiction diplomatique conserve dans la liste des États tributaires, la Bosnie et l'Herzégovine occupées par l'Autriche ; la Thessalie est terre grecque depuis 1880.

Nombreux en Asie Mineure où ils forment une masse compacte de huit à neuf millions d'habitants, les Turcs ne sont plus guère qu'au nombre d'un million en Europe et, chaque année, semble-t-il, ce nombre décroît encore. L'axe de l'empire se déplace, son centre de gravité se reporte dans l'Asie Mineure où reflue sa population. Serbes, Bulgares, Albanais, Roumains, Grecs, comblent les vides, appelant de leurs vœux et préparant de leurs mains la révolution économique que voit venir l'Osmanli découragé. Il sent approcher les jours prédits par les prophètes ; il demande à être enseveli à Scutari, n'osant même plus confier sa dépouille mortelle à cette Europe que le Giaour reprend et qui, sous ses pas, se dérobe.

N'a-t-il pas déjà, ce Giaour qui, de toutes parts l'enserre, affranchi la Grèce, la Roumanie, la Serbie, repris la Bulgarie et le Monténégro, rendu Samos simple tributaire ? Chypre n'est-elle pas île anglaise et la Crète, grecque de cœur, ne cherche-t-elle pas à secouer le joug ?

Joug, à tout prendre, plus maladroit que pesant, respectueux de la liberté de conscience, tolérant des manifestations religieuses. Si les abus reprochés à l'administration turque ne sont souvent que trop réels, si, dans les hautes classes la corruption n'a fait que trop de ravages, la race elle-même est restée saine, plus saine que celles qui l'entourent et dont les représentants attitrés ont souvent contribué par leurs agissements à jeter la défaveur sur le gouvernement qui les employait et qu'ils exploitaient. Joug contre lequel protestent surtout les grands souvenirs du passé, entretenant chez les populations qui le subissent un ardent désir d'indépendance, dans l'Europe de profondes sympathies. A cette Europe, fille de la Grèce et de Rome, il semblait que le Turc profanait par sa présence un sol sacré, que les droits qu'il tenait de la conquête et des traités étaient sans valeur, que la cause de la Grèce insurgée était, il y a 70 ans, une cause nationale, comme l'était hier celle de la Roumanie, de la Serbie et du Monténégro, comme le sera, demain peut-être, celle de la Crète soulevée.

I. — LA CRÈTE ET LES ILES DE L'ARCHIPEL.

Après Chypre, la Crète est la plus vaste des îles grecques. Sur sa superficie de 7,800 kilomètres carrés, elle possédait autrefois 2,000,000 d'habitants ; elle en comptait encore 700,000 sous la domination de Venise. En 1847 ce chiffre était tombé à 160,000 pour se relever à 220,000 aujourd'hui.

Un cinquième seulement de cette population est musulman. Le reste est hellénique et albanais. Grecque par ses aspirations, l'île l'est aussi par sa configuration géographique, son sol, son climat et ses productions. De la pointe méridionale de la Morée une chaîne d'îles se succèdent, décrivant une courbe du golfe de Marathon au golfe de Caunos sur la côte d'Asie Mineure. L'île de Crète en est le point central. Entre elle et la Morée, distante de 104 kilomètres, on relève Cérigo et Cérigotto ; entre elle et l'Asie Mineure dont 185 kilomètres la séparent, se suivent Easos, Karpathos et Rhodes.

Située presqu'à distance égale de l'Europe, de l'Asie et de l'Afrique, l'île de Crète occupait le centre de l'ancien monde, elle fut le point de contact de ces trois continents, la Crète « aux cent villes », ainsi qu'on l'appelait dans l'antiquité, l'île riche et fertile, aux ports abrités, aux sites pittoresques.

Elle a conservé sa fertilité, ses ports et sa beauté si elle a beaucoup perdu de son commerce et de sa prospérité, si elle a dû renoncer à la suprématie des mers. Les Grecs la lui attribuaient ; sa flotte nombreuse la revendiquait et ses colonies disséminées jusqu'en Sicile témoignaient de l'exubérance de sa population. Il y a de cela trois mille ans ; depuis, toujours courbée sous le joug étranger, la Crète n'a fait que changer de maîtres ; Doriens, Romains, Byzantins, Vénitiens et Turcs l'ont successsivement occupée.

Comment eût-elle résisté? Découpée comme la Grèce en vallées séparées par de hautes montagnes, souvent inaccessibles, plus souvent rendues telles par des ouvrages de défense, elle possédait des villes nombreuses, aucune cité centrale ; isolées les unes des autres, souvent en guerre les unes avec les autres, ces villes se paralysaient et s'affaiblissaient mutuellement.

« La forme extérieure de la Crète, écrit M. E. Reclus, répond au relief de ses montagnes. Le long rectangle de l'île se fait plus large ou s'amincit suivant la hauteur des sommets correspondants de la chaîne. Au centre de la Crète, là où elle offre la plus grande largeur, s'élevait le principal massif, que domine l'Ida (Psiloriti), où, suivant la mythologie des Hellènes, naquit Jupiter. Sa haute cime isolée et presque toujours neigeuse, qui rappelle la forme superbe de l'Etna, ses puissants contreforts, les vallées verdoyantes de sa base lui donnent un aspect grandiose; mais il était encore plus beau lorsque ses forêts lui méritaient le nom d'Ida, ou « Boisé ». Du sommet, on a toute l'île à ses pieds et l'on voit se développer, au nord, un immense horizon d'îles et de péninsules, des pointes du Taygète aux montagnes de l'Asie Mineure ; au sud, par-dessus la petite île de Gavdo ou Gozzo, nue, dépourvue de ports, on ne distingue pas les rivages de la Cyrénaïque, à cause de leur faible hauteur relative. »

Au delà, dans l'ouest, se dressent les rochers nus du Chalapa et l'énorme promontoire de l'Acrotiri ; par delà, formant l'horizon, la puissante masse des monts Blancs, supérieure en élévation moyenne à l'Ida, inférieure comme sommets. Dépourvus de végétation les monts Blancs n'offrent à l'œil, dans l'implacable transparence de l'air qui permet d'en remonter les pentes et d'en sonder les ravins, qu'une surface grise et nue. C'est la citadelle des Sphakiotes, descendants des Doriens; il se sont cantonnés là, dans des vallées inaccessibles quand les torrents grossis par les pluies descendent en mugissant au travers des *pharynx* ou défilés. « La porte est fermée », disent-ils, et patiemment ils attendent qu'elle s'ouvre et les libère.

Les Turcs ne purent les forcer et tous leurs efforts se brisèrent contre la résistance de ces montagnards farouches et les obstacles que leur opposait la nature.

A l'autre extrémité de l'île, les monts Sitia correspondent aux monts Blancs et leur font pendant. Entre ces deux massifs, la côte se déroule sur 160 kilomètres de longueur, plus rigide au sud, mieux découpée sur sa façade nord qui regarde la mer Égée. Sur cette rive, entre ces acrotères saillants, dans ces golfes s'ouvrant sur les vallées, s'élevèrent les villes commerçantes de la Crète. C'était la mer vivante, sillonnée par les navires. Au sud, ses flots baignaient la plage d'Afrique, moins commerçante et moins peuplée que les rives helléniques et les îles de l'Égée.

Sur cette côte nord, les villes actuelles occupent la place de celles qui les ont précédées. Ce sont : Mégalo-Castron ou Candie, qui donna son nom à l'île; Retimo, au pied de l'Ida ; la Canée, la Kydonia des Grecs, devenue le chef-lieu et le port principal de l'île. C'est une petite ville de 15,000 habitants, blanche sur son plateau pierreux brûlé par le soleil et mal recouvert de maigres moissons. Sur la côte sud, quelques bourgs sans importance.

Les Hellènes sont les plus nombreux dans cette île qu'ils revendiquent; ils n'ont pas seulement le nombre, ils ont aussi la fortune, et, par elle, la terre qu'ils achètent au musulman obéré, qui les tient pour « Grecs parmi les Grecs, menteurs parmi les menteurs ». Ils ont prouvé cependant par leur bravoure qu'ils méritaient leur indépendance. Ce sol de Crète a bu leur sang. Attaqués de face et à revers par les armées musulmanes d'Europe et d'Afrique, ils ont vaillamment lutté et, dans les cavernes de Melidhoni on montre encore les ossements de femmes, d'enfants et de vieillards

Hellènes réfugiés dans ces grottes, asphyxiés par les feux allumés à l'entrée pour les contraindre à se rendre.

Depuis 1878, l'île, divisée en cinq gouvernements, est administrée par un gouverneur général nommé pour cinq ans par le sultan. S'il est musulman, son second, le vali, doit être un chrétien; les Eparches sont, en majorité, chrétiens. Dans l'assemblée qui, tous les ans, siège quarante jours au moins, soixante au plus, et qui se compose de quatre-vingts membres, quarante-neuf sont chrétiens, trente et un musulmans. Les dépenses de l'armée ne sont pas à la charge de l'île ; l'excédent des recettes, déduction faite des dépenses de l'administration locale, est divisé en deux parties égales, l'une fait retour au Trésor, l'autre est affectée aux travaux d'utilité publique. En cas d'insuffisance, le gouvernement est tenu à remettre à l'île une somme pouvant s'élever jusqu'à la moitié des revenus de la douane. Enfin, les Sphakiotes ont obtenu que leur tribunal fût entièrement composé de chrétiens, et qu'aucun soldat turc ne pût mettre le pied sur leur territoire.

Entre la Crète et les îles de l'Archipel, la mer de Minos étend ses eaux profondes. La plupart de ces îles ont fait retour à la Grèce. La Turquie détient encore Thasos, sur le littoral de la Macédoine dont la sépare un détroit de 5 kilomètres de largeur. Thasos est bien déchue du rang qu'elle occupait alors que, colonie phénicienne, rivale d'Athènes, puis son alliée, elle exploitait ses riches carrières de marbre et ses mines d'or plus riches encore. Sa population actuelle de 10,000 habitants représente à peine la dixième partie de ce qu'elle possédait.

Thasos est belle entre toutes ces îles ; sur ses hautes montagnes boisées s'arrêtent les nuages et tombent les pluies rafraîchissantes; dans ses riants vallons courent les torrents. L'ombre des platanes et des chênes abrite ses villages aux ceintures de lauriers. Dominant l'île, les hautes cimes du Saint-Elie, de l'Ypsario, dressent leurs cimes aiguës dorées par le soleil, de loin visibles aux navigateurs.

Au sud de Thasos, plus au large, Samothrace élève au-dessus des flots sa gigantesque pyramide qui fait pendant au mont Athos. Poseidon, dit Homère, s'assit sur ce sommet pour contempler, par-dessus l'île basse d'Imbros, le combat des Grecs et des Troyens. Dans les sombres forêts de chênes encerclant la noire montagne, les Cabires célébraient leurs asiatiques mystères. Les dieux de la Grèce et les dieux des Cabires ont vécu et Samothrace est déserte ; quelques pêcheurs vivent sur ses plages et quelques malades viennent demander la santé à ses sources sulfureuses.

Imbros, rocher aride, ne doit qu'à sa situation à l'entrée des Dardanelles, son peu d'importance. Quelques milliers de pêcheurs et de cultivateurs tirent à grand'peine de la mer et du sol ingrat leurs moyens de subsistance. Lemnos, plus vaste, plus peuplée mais plus basse, nourrit encore 13,000 habitants. Dépourvue d'arbres, elle porte, par contre, d'abondantes moissons et renferme de riches pâturages. Terre volcanique, demeure de Vulcain, ses cratères illuminaient encore, au temps de la Grèce antique, la mer Égée. Ici, comme dans les autres îles, les Hellènes, plus nombreux, plus actifs que les Turcs, ont accaparé le commerce et possèdent le sol. Mitylène, Chio, Rhodes et les

Sporades asiatiques font nominalement partie de la Turquie d'Europe, du vilayet de l'Archipel. Nous n'avons fait que les nommer dans notre étude de l'Asie Mineure. Chypre, détachée de l'Empire turc, est aux mains de l'Angleterre.

Dans le sud-est de Lemnos, faisant face à la côte méridionale de la Troade, Mitylène, l'antique Lesbos, déploie sous un ciel pur et dans un climat délicieux sa forme massive et triangulaire profondément échancrée par le golfe de Kaloni à l'ouest, par la baie de Hiéro au sud-est. Des chaînes montagneuses la sillonnent, couvertes de forêts de sapins; d'abondantes sources, à défaut de rivières, permettent d'irriguer les plaines dans lesquelles prospèrent l'olivier, le mûrier, la vigne et le figuier. Capitale et port principal de l'île à laquelle elle donne son nom, Mitylène est une ville de 20,000 habitants. Trois autres ports : Molyvon au nord, Sigri à l'ouest, Kalonia dans le golfe, servent de débouchés aux huiles, savons, vins, eaux-de-vie et poteries dont l'île exporte de grandes quantités.

Au sud de Mitylène et en face du golfe de Smyrne, l'île de Chio, séparée de la côte d'Asie par un détroit de dix-huit kilomètres, commerçante bien avant les Grecs, couvrit de ses comptoirs les rives de l'Asie Mineure, de la Grèce et de l'Égypte. Uniquement préoccupée de négoce, indifférente à tout le reste, elle suivit toujours la fortune du vainqueur, elle fut avec la Grèce contre Xerxès, avec Xerxès contre Thémistocle, du côté d'Athènes après sa victoire de Mycale, du côté de Sparte après Argos-Potamos, soumise à Mithridate et se donnant tour à tour aux Romains, à Byzance, aux Arabes, aux Turcs, aux Vénitiens, aux Génois, puis aux Turcs de nouveau, à tous payant exactement tribut, ne demandant qu'à écouler ses vins, ses soies, ses fruits, ses étoffes brochées d'or, qu'à s'enrichir.

Elle s'enrichit, mais les Turcs la dévastèrent et la mirent à feu et à sang en 1822, lors de l'insurrection de la Grèce, pour la punir de s'être laissé prendre, elle qui ne résistait à personne, par 2,000 Samiens. Victor Hugo immortalisa sa ruine :

> Les Turcs ont passé là ; tout est ruine et deuil.
> Chio, l'île des vins, n'est plus qu'un sombre écueil.
> Chio, qu'ombrageaient les charmilles,
>
> Chio, qui dans les flots reflétait ses grands bois,
> Ses coteaux, ses palais, et le soir quelquefois
> Un chœur dansant de jeunes filles...

Entre les mains des Grecs, Chio a relevé ses ruines. Sa population, réduite à quelques misérables fuyards, atteint aujourd'hui le chiffre de 70,000 habitants et, de nouveau, Chio s'enrichit par son commerce de vins, d'huile et de fruits. Les Turcs l'ont surnommée Sakis-Adassi, l'île au mastic, pâte parfumée dont les harems d'Orient font une grande consommation. Les femmes le mâchent ou le brûlent dans des cassolettes. « C'est en juillet et en août, écrit le Dr Testevuide, que se font les incisions sur la tige des arbustes. Les paysans, hommes et femmes, vêtus de leur costume national, avec un large turban en cotonnade blanche, se répandent dans leurs champs, en plein soleil, et font sur chaque tige un grand nombre d'incisions. Puis ils viennent à plusieurs reprises recueillir le mastic qui découle de l'arbre. » Dissous dans l'alcool, ce mastic est employé aussi à fabriquer une eau-de-vie très appréciée dans tout le Levant.

Confinant à l'Asie Mineure, Rhodes n'est séparée du cap Alepo que par un détroit de 12 kilomètres. Elle compte 27,000 habitants, quelques bourgs et villages, une ville : Rhodes, capitale et port, admirablement située à la pointe septentrionale de l'île. Nous avons dit son rôle en tant que foyer de la résistance des chrétiens contre les musulmans et qu'asile de l'Ordre de Saint-Jean de Jérusalem. Les auteurs lui ont prodigué leurs plus flatteuses épithètes; elle fut tour à tour Astéria (brillante comme un astre), Aethrea (sereine et transparente), Corymbia (aux grappes de lierre), Pœessa (île de verdure), Rhodes (l'île des roses). Charis de Lindos, élève de Lysippe, construisit le phare connu sous le nom de Colosse de Rhodes, qu'un tremblement de terre renversa un demi-siècle plus tard.

Rhodes produit du blé, des olives, un vin très apprécié. Ainsi que Chio, elle abonde en fruits savoureux. Non sans raison l'on vante son climat qui est l'un des plus doux de cette rive asiatique.

A l'extrémité orientale de la Méditerranée, au-dessus de l'entrée du canal de Suez, l'île de Chypre surveille les côtes d'Anatolie, de Syrie et d'Égypte. Après la Sardaigne et la Sicile elle est la plus grande des îles de cette mer, elle est aussi l'une des plus fertiles. Ses plaines de Nicosie, de Morpho, de la Mésorée sont formées de terres d'alluvions qui mesurent jusqu'à sept mètres d'épaisseur. Ses côtes capricieusement découpées, sa forme bizarre la faisaient comparer par les anciens à une peau de bœuf étendue sur les flots.

Chypre est renommée pour ses vins; celui de la Commanderie avait déjà, il y a trois siècles, une grande réputation : « Il est le meilleur vin de tout le monde, disait, en 1572, Étienne de Lusignan. Si on veult prendre un doigt, il en fault mettre deux d'eau, et aussitôt qu'on l'a beu, on le sent par tout le corps fort en chaleur et alors apparaist sa bonté. »

Ce fut « l'île odorante » des Grecs, l'île des hyacinthes, des violettes, des narcisses, des roses de toutes nuances, l'île de la blonde Kypris et aussi l'île de la térébinthe, de l'arbre à mastic, du *ladanum* et du *henné*. Le *ladanum* possédait, suivant les anciens, de puissantes vertus curatives. De ses tiges et de ses feuilles garnies de poils pendent des gouttelettes d'une résine parfumée, visqueuse et se durcissant à l'air. On récolte encore aujourd'hui cette denrée précieuse ainsi qu'on le faisait au temps d'Hérodote. De bonne heure, le matin, les bergers mènent leurs troupeaux de chèvres dans la plaine de Lascara; le ladanum mûr et visqueux s'attache aux barbes des chèvres; on l'en retire, et, ainsi recueilli, il est pur et sans mélange de matières hétérogènes.

Le *henné*, kypros des Grecs, kopher des Phéniciens, ligustrum des Romains, est extrait du troène; les feuilles de cet arbuste donnent la poudre verdâtre dont les femmes d'Orient font usage pour se teindre les ongles et les cheveux, les lèvres et les paupières. Des fleurs du troène bouillies dans l'huile on extrait aussi un parfum très recherché.

Sur une superficie de 9,600 kilomètres carrés Chypre compte 186,000 habitants,

dont un quart seulement de musulmans. Sa souveraineté passa en 1878 aux mains de
l'Angleterre qui l'administre, la Turquie gardant la propriété de l'île. Chypre exporte
annuellement pour 7 millions 1/2 de produits et importe pour 8 millions. Le tribut payé
à la Turquie est de 2,500,000 francs.

« L'île de Chypre, écrit le marquis de Sassenay, est tour à tour, suivant les saisons
et les lieux, un enfer et un paradis. S'il pleut souvent l'hiver, autant que dans les pays
les plus humides du nord de l'Europe, il y fait, l'été, une chaleur lourde et accablante
qu'on ne saurait comparer qu'à celle du Sahara. Par contre, le printemps y est délicieux.
A ce moment-là, les plaines de l'intérieur et les côtes du sud elles-mêmes sont couvertes de la végétation la plus riche et la plus variée. Quelques semaines plus tard,
sous l'action d'un soleil dévorant, ces mêmes plaines et ces mêmes côtes, que l'imprévoyance et l'avidité des divers possesseurs de l'île ont complètement déboisées, offrent
l'aspect le plus triste et le plus désolé. C'est le désert dans toute son horreur, on n'y
aperçoit pas un arbre pendant des lieues entières. Çà et là, heureusement, on rencontre des oasis où l'eau abonde. Les vergers de Nicosie, les bois de mûriers de
Kythréa, les jardins de Kité et de Varoschia sont célèbres par la richesse de leur végétation.

« C'est dans la chaîne centrale de l'Olympe et du Machéra que la nature chypriote
se révèle sous son aspect le plus grandiose. Des montagnes aux sommets couronnés de
forêts de pins, aux flancs couverts d'arbustes odorants, des vallées profondes ravinées
par d'impétueux torrents y rappellent, sous un soleil brûlant, les régions alpestres de
notre continent européen. A chaque pas, on y rencontre des sites à la fois magnifiques
et sauvages auxquels l'absence de l'homme imprime un caractère d'invincible mélancolie. Mais c'est du haut du Troodos que le spectacle devient incomparable. Un merveilleux panorama s'y déroule aux regards. Il embrasse l'île entière dont on aperçoit
les capricieux contours à demi noyés dans les teintes bleuâtres, tandis que l'on entre-
voit tout au loin, dans les brumes de l'horizon, les cimes neigeuses du Taurus et la
sombre masse du Liban. »

Aux villes antiques d'Arsinoë et de Salamine, de Citium et d'Amathonte, de Paphos
et de Curium, ont succédé Nicosie, Larnaka et Limassol, villes de quelques milliers
d'habitants; la plus peuplée, Nicosie, capitale de Chypre, n'en comptant que 11,500.

11. — MACÉDOINE. — ROUMÉLIE. — COTES DE L'ÉGÉE. DARDANELLES. — BOSPHORE.

Suivons le tracé de la côte d'Europe, au long de la mer Égée, au nord du mont
Olympe, site merveilleusement choisi où les Grecs placèrent la demeure de leurs dieux,
où les moines chrétiens édifièrent leurs couvents, où, dit la légende, le Christ apparut
transfiguré à ses disciples.

Le mont Olympe est la borne entre la Grèce et la Turquie, la frontière naturelle qui les sépare, que les Grecs franchissent, remontant au nord, retrouvant à chaque pas les traces de leurs ancêtres et, au fond du golfe de Salonique, par delà le delta incertain du Vardar, par delà ses plages marécageuses hantées par la fièvre, l'antique Therma, la Thessalonique des Macédoniens, la Salonique moderne.

Entre le Vardar et la Chalcidique, sur la croupe du mont Kortasch, elle se déploie en amphithéâtre. C'est la seconde ville de la Turquie d'Europe, la tête de ligne du réseau européen vers l'isthme de Suez. Salonique compte 120,000 habitants; elle fut l'emporium et le port de l'Empire macédonien, elle fut aussi l'asile des *Séphardim*, de ces Juifs que l'Inquisition chassa d'Espagne, qui affluèrent à Salonique et dont les descendants, reconnaissables à leurs nez busqués, à leurs barbes en pointe, aux deux boucles de cheveux frisés tombant sur leurs joues hâves et maigres, forment la moitié de la population. Nulle part on ne rencontre autant de fils d'Israël, au pas rapide et furtif, aux regards inquiets et perçants, affairés et silencieux dans ce marché bruyant dont ils sont les rouages insaisissables. Autour des ruines helléniques et romaines, des basiliques byzantines et des palais vénitiens, dans des ruelles sordides, ils naissent, vivent et meurent, imprimant à la grande ville, avec leur activité commerciale, le cachet particulier de leur race.

On le retrouve, d'ailleurs, bien qu'à un moindre degré, dans toutes ces grandes villes d'Orient, Scutari ou Smyrne, Brousse ou Trébizonde, au décor uniforme : tours massives, créneaux peuplés de cigognes, mosquées et minarets, maisons blanches et noirs cyprès ondulant au vent, se détachant en relief puissant sur le bleu du ciel, constructions basses, étagées en pentes rapides et que les vieilles murailles d'enceinte semblent arrêter dans leur descente folle vers la mer.

De longue date, Salonique fut juive; elle l'était avant l'ère chrétienne. Saint Paul, l'apôtre des gentils, la visita avec Silas et Timothée, et y fonda l'Église à laquelle, de Corinthe, il adressa, en l'an 53, ses deux épîtres aux Thessaloniciens. Ici les coutumes anciennes subsistent; au coucher du soleil la population se groupe hors des portes, comme autrefois Priam, Panthoüs et les chefs hors des portes Scées, comme les prêtres de Jérusalem hors la porte de Nécanor. La porte de la ville, le *Chabar*, signifiait l'assemblée, le tribunal, et l'orientale figure introduite dans la langue officielle de la Turquie se retrouve dans la formule consacrée : « la Porte ottomane », « la Sublime Porte ».

A l'ouest de Salonique, par delà la chaîne montueuse à laquelle la ville s'adosse, une plaine vague, incertaine se déroule entre des rives lacustres peuplées d'échassiers, de petites tortues jaunes, de myriades de tourterelles roses et de corneilles. Au delà, le sol se relève, couvert de forêts, au débouché desquelles apparaît la Chalcidique et surgit le mont Athos; une ceinture de forêts entoure sa base et son majestueux sommet doré par les rayons du soleil en garde l'empreinte rosée.

C'est l'une des pointes extrêmes de la Chalcidique, de cette péninsule montagneuse qu'un mince pédoncule de terres basses relie au continent et qui projette dans la mer Égée, ainsi qu'un gigantesque trident, ses trois pointes de Kassandra, de Lougos et d'Hagion-Oros, « la montagne sainte ».

Cette magnifique péninsule coupée de vallées profondes et de rampes boisées; de coteaux verdoyants et de vertes prairies, appartient à une république de moines dont les vingt grands monastères se dressent dans les sites les plus pittoresques. Celui du mont Athos, ou de Khilandari, est célèbre dans l'histoire ; les Césars byzantins furent ses protecteurs ; Théodore le Grand fonda le couvent de Vatopœdi ; l'impératrice Pulchérie, celui de Xéropotamou ; Nicéphore Phocas, l'Aghia Lavra, où vécut saint Athanase. Au moyen âge, les princes slaves comblèrent, eux aussi, de leurs dons, les monastères de la Chalcidique.

Karyès est la capitale de cette république monastique. Étrange capitale de quelques maisons groupées autour d'une église, village silencieux, entouré de vertes prairies où murmurent les eaux courantes, pendant qu'au long de l'unique rue, dans d'étroites boutiques, de monastiques et taciturnes commerçants étalent aux yeux des rares passants leurs images peintes ou sculptées sur bois. Ici se réunissent les délégués des monastères de la Chalcidique pour délibérer sur les affaires qui intéressent leurs communautés. Quatre Epistates, ou membres du Pouvoir Exécutif, nomment un chef, « le premier homme d'Athos », élu pour cinq ans. Un mudir turc reçoit, à Karyès, le tribut dû à la Turquie et qui constitue le seul lien rattachant encore la péninsule à l'empire.

Au nord de la Chalcidique, le fleuve Mesta ou Kara-Soù s'épanche dans la mer Égée. En remontant son cours, dans une plaine fertile, semée de nombreux villages, de vergers, de rizières et de plantations de cotonniers, Sérès, peuplée de 22,000 habitants, célèbre par ses écoles, est l'un des centres intellectuels de la Macédoine. Son port, Orfani, fut la Contessa des Vénitiens.

A l'ouest d'Orfani, Kavalla, l'ancienne Néapolis, fait face à l'île de Thasos. Près de là se trouvent les plaines de Philippes, tombeau de la République romaine. Octave et Antoine y écrasèrent l'armée de Brutus et de Cassius. Kavalla, port commerçant, fut la patrie de Méhémet-Ali, ce fils d'un agha, marchand, puis soldat, qui conquit le trône d'Égypte. La longue plaine de Sarichaban s'étend entre Kavalla et Goumouldjina ; sur la côte, la population est grecque, adonnée à la pêche ; les Turcs et les Bulgares vivent sur les hauteurs. Plus à l'ouest, le golfe d'Enos pénètre profondément dans les terres, dominé par la ville qui lui donne son nom et qu'encadrent fièrement ses hautes murailles et ses tours.

Dans le golfe d'Enos s'épanche la Maritsa ou l'Hébrus, qui, plus au nord, traverse la riante cité d'Andrinople. C'est l'Edirné des Turcs, ce fut l'antique Uscudama, sur l'emplacement de laquelle l'empereur Adrien fonda la ville qui garda son nom. Trois rivières l'arrosent, la Maritsa, la Toudja et l'Arda ; dans la vaste plaine les minarets de cent cinquante mosquées se dressent comme des aiguilles au-dessus des maisons espacées, des vergers, des jardins qui font d'Andrinople une ville énorme, bien que sa population dépasse à peine 120,000 habitants. Les Turcs en firent leur capitale avant de s'emparer de Constantinople ; mais dans cette ancienne capitale de l'Islam, les Grecs sont aussi nombreux que les Turcs et plus actifs qu'eux.

Au delà du golfe d'Enos : celui de Saros, au long duquel s'étend la péninsule de Gallipoli, l'ancienne Chersonèse de Thrace. Ce cap franchi, les Dardanelles s'ouvrent, l'autre rive est asiatique, c'est la plaine de Troie. Sur la pointe d'Asie et sur celle d'Europe, deux châteaux forts croisent leurs feux à l'entrée de l'Hellespont ou mer d'Hellé.

C'est de ce nom que les anciens appelaient le fleuve marin de soixante kilomètres de longueur et d'une largeur moyenne de cinq qui met en communication la mer Égée avec la mer de Marmara, et, par le Bosphore, avec la mer Noire. Sa partie la plus resserrée se trouve entre Abydos et Sestos, où Xerxès fit jeter un pont de bateaux pour le passage de son armée. En cet endroit l'Hellespont ne mesure guère que deux kilomètres de largeur. Au nord de Sestos, sur la rive d'Europe et près du seuil de la mer de Marmara, Gallipoli, la première conquête des Turcs sur terre européenne, déroule au long de la plage ses masures à toits rouges et ses blancs minarets. Gallipoli compte 28,000 habitants.

Au-dessus de Gallipoli, la mer de Marmara s'évase; sur la côte d'Europe, Ganos, Radosto, Eregli se succèdent. L'archipel des Iles des Princes bleuit à l'horizon; à travers la gaze d'argent du brouillard jaillissent les flèches des minarets. Par delà, une ombre énorme sur une colline, un dôme arrondi entre quatre minarets étincelants au soleil : Sainte-Sophie, puis le château des Sept-Tours et la pointe du Sérail. Cette pointe doublée, Stamboul apparaît, féerie d'Orient.

« On passe la Pointe du Sérail... J'entrevois un immense espace plein de lumière et une immensité de choses et de couleurs. La pointe est dépassée... Voilà Constantinople! Constantinople superbe, démesurée, sublime! Gloire au Créateur et à l'homme ! Je n'avais pas rêvé une pareille beauté... Qui ose décrire Constantinople? Les images et les expressions s'offrent en foule à l'esprit et s'enfuient de la plume... La Corne d'Or, droit devant nous, comme un large fleuve, et, sur ses deux rives, deux chaînes de hauteurs sur lesquelles s'élèvent et s'allongent deux chaînes parallèles de villes qui embrassent huit milles de collines, de vallées, de golfes, de promontoires; cent amphithéâtres de monuments et de jardins; un double et immense escalier de maisons, de mosquées, de sérails, de bains, de kiosques, de couleurs variées à l'infini, du milieu desquels un millier de minarets à la pointe brillante s'élèvent au ciel comme de hautes colonnes d'ivoire. Des bosquets de cyprès descendent en lignes sombres des hauteurs à la mer, entourant comme des guirlandes les faubourgs et les ports; une puissante végétation, partout répandue, s'élance de partout, empanache les hauteurs, serpente entre les toits et se penche sur les plages. A droite, Galata, derrière une forêt de mâts, de vergues et de pavillons... A gauche, Stamboul, étendue sur ses vastes collines, de chacune desquelles s'élève une mosquée gigantesque à la coupole de plomb et aux obélisques d'or... Sainte-Sophie, blanche et rosée; la mosquée d'Ahmed, flanquée de sept minarets; celle de Soliman, couronnée de dix coupoles... et au-dessus de toutes les hauteurs, la tour blanche du Séraskiar, qui domine les rivages des deux continents, des Dardanelles à la mer Noire...

« Une majesté infiniment sereine est répandue sur toute cette beauté; un je ne sais quoi de jeune et de tendre qui réveille mille souvenirs de contes de fées et de rêves enfantins; quelque chose d'aérien, de mystérieux et de grand qui enlève l'imagination hors de la réalité. Dans le ciel, d'une transparence opaline et argentée, tous les objets ressortent avec une netteté merveilleuse ; sur la mer, couleur de saphir, toute semée de buées purpurines, tremblent les reflets blancs des minarets, les coupoles scintillent ; toute l'immense végétation s'agite et frémit à la brise du matin ; des nuées de colombes volent autour des mosquées ; des milliers de caïques peints et dorés glissent sur les eaux ; le vent léger de la mer Noire apporte les parfums de dix milles de jardins, et quand, enivré par ce paradis, ayant déjà oublié tout le reste, on regarde derrière soi, on voit avec une admiration nouvelle le rivage de l'Asie qui ferme le panorama avec la beauté pompeuse de Scutari et les cimes neigeuses de l'Olympe de Bithynie ; la mer de Marmara semée d'îles et blanchissante de voiles, et le Bosphore couvert de navires, qui serpente entre deux files interminables de kiosques, de palais et de villas, et se perd mystérieusement entre les plus riantes collines de l'Orient. Oh ! oui ! C'est le plus beau spectacle de la terre ; qui le nie est ingrat envers Dieu et injurie la création. Une plus grande beauté surpasserait les sens de l'homme.

« Quand la première émotion fut passée, je regardai les voyageurs : tous les visages étaient muets ; près de moi deux jeunes Athéniennes avaient les yeux humides. » (E. DE AMICIS.)

Dans ce cadre incomparable, sur ce fleuve marin aux eaux profondes, sur cette péninsule ondulée faisant face à l'Asie, entre ces deux mers dont l'une, la mer Noire, baignait la Thrace et le Pont, le pays des Daces et celui des Sarmates, devait s'élever la Métropole de l'Empire d'Orient. Sept siècles avant l'ère chrétienne, Bysas de Mégare l'avait fondée, d'où son nom de Byzance ; Darius l'avait prise, Sparte et Athènes la reprirent ; les Romains la conquirent avec la Thrace, en 330 Constantin y transporta le siège de l'Empire, faisant face aux Barbares, menaçants dans l'ouest.

L'Empire était à son déclin ; à Rome la corruption était à son comble. Constantinople, ville d'Orient, n'était pas pour faire revivre les mœurs antiques, pour réveiller les vertus ancestrales. Sur ce sol, à demi asiatique, les vices de l'Asie précipitèrent la décadence ; rhéteurs grecs, historiens de l'Asie Mineure, courtisans raffinés, philosophes subtils, ambitieux subalternes, populace remuante et mendiante, eunuques et esclaves, patriciens sans honneur et plébéiens sans courage livrèrent la grande ville aux intrigues de palais et aux séditions du cirque.

Ce fut un miracle qu'elle ne succombât pas plus tôt. Le site en était si merveilleusement choisi que, dix siècles durant, l'invasion passa sous ses murs sans l'emporter. Il fallut, pour forcer les portes de l'immense métropole, le puissant effort d'une nationalité jeune et vivace, le fanatisme religieux de l'Islam exalté à son plus haut point. En cette journée mémorable du 29 mai 1453 qui vit se clore une ère historique, le dernier des Césars teignit de son sang la pourpre impériale si longtemps traînée dans la fange par ses indignes prédécesseurs. Constantin Paléologue fit ce qu'il avait dit dans sa lettre mémorable à Mohammed II : « Puisque, écrivait-il, les serments, non plus que les traités, ni les soumissions, ne peuvent assurer la paix, continue les hostilités. Je me repose en Dieu ; s'il lui plaît d'apaiser ton cœur je me réjouirai de cet heureux changement ; s'il lui plaît de te livrer Constantinople, je me soumettrai, sans

VUE GÉNÉRALE DE CONSTANTINOPLE.

murmurer, à sa volonté. Mais tant que celui qui juge les princes de la terre n'aura pas prononcé, mon devoir est de vivre et de mourir en défendant mon peuple ! »

Il mourut, impuissant à repousser avec une poignée de soldats, décimés par sept semaines de siège, l'assaut d'une armée de deux cent cinquante mille hommes ; il mourut en soldat et en roi et ne vit ni Sainte-Sophie profanée et souillée, ni le patriarche abattu au seuil de l'église, ni le sang coulant à flots dans l'enceinte sacrée. L'Empire s'écroula avec lui et aussi cette puissance romaine dont vingt-deux siècles séparent le berceau de la chute.

Un peu plus de quatre cents ans se sont écoulés depuis cette journée qui fit de la cité impériale la métropole de l'Islam. La légende grecque prétend qu'au moment où les musulmans pénétrant dans Sainte-Sophie allaient frapper le patriarche, porteur des saintes hosties, la muraille s'entrouvrit pour lui livrer passage. Une prédiction affirme en outre que le jour où les Turcs seront chassés de Constantinople, de nouveau la muraille s'ouvrira ; le patriarche paraîtra et achèvera l'office interrompu. Les yeux fixés vers le nord, vers la mer Noire, les fidèles attendent l'arrivée du libérateur ; il viendra, disent-ils, des terres des Sarmates, de la septentrionale Avarie.

Sous la domination du Turc vainqueur commença pour Constantinople une ère nouvelle. Le brillant écrivain italien, M. E. de Amicis, que nous avons déjà cité, l'évoque en un vivant tableau... « Dans tout le corps énorme de Constantinople bouillonnait une vie pléthorique et fébrile. Le trésor regorgeait de joyaux, les arsenaux d'armes, les casernes de soldats, les caravansérails de voyageurs. Le marché aux esclaves était une fourmilière de beautés, de marchandes et de grands seigneurs ; les savants se pressaient dans les grandes salles des archives des mosquées ; les poètes, pensionnés par le sérail, se réunissaient dans les bains pour chanter les guerres et les amours de l'empereur ; des cohortes d'ouvriers bulgares et arméniens travaillaient à élever des mosquées avec des blocs de granit d'Égypte et de marbre de Paros, pendant que par mer arrivaient les colonnes des temples de l'Archipel, et par terre les dépouilles des églises de Pesth et d'Ofen.

« Dans le port on armait les flottes de trois cents voiles qui devaient porter la terreur sur toutes les rives de la Méditerranée ; entre Stamboul et Andrinople se répandaient des cavalcades de sept mille fauconniers et de sept mille gardes-chasse, et dans l'intervalle des révoltes militaires, des guerres lointaines, des incendies qui réduisaient en cendres vingt mille maisons en une nuit, on célébrait des fêtes de trente jours devant les plénipotentiaires de tous les États de l'Afrique, de l'Asie et de l'Europe.

« Alors l'enthousiasme musulman devenait de la folie. En présence du sultan et de la cour, au milieu de ces énormes palmiers des noces, chargés d'oiseaux, de fruits et de miroirs, si haut que, pour leur livrer passage, il fallait abattre les maisons et les murailles ;... entre les monceaux de dons royaux apportés de toutes les parties de l'Empire et de toutes les cours du monde, alternaient les batailles feintes des janissaires, les danses furieuses des derviches, les mêlées sanglantes des prisonniers chrétiens... Aux pantomimes allégoriques succédaient les danses lascives, les mascarades grotesques ;

les processions fantastiques, les courses, les chars symboliques, les jeux, les comédies, les branles ; la fête dégénérait peu à peu, à la tombée de la nuit, en un tumulte forcené, et cinquante mosquées scintillantes de lumières formaient au-dessus de la cité une immense auréole de feu qui annonçait aux pasteurs des montagnes de l'Asie et aux navigateurs de la Prépontide les orgies de la nouvelle Babylone. Telle était Stamboul, la sultane formidable, voluptueuse, effrénée, auprès de laquelle la ville d'aujourd'hui n'est plus qu'une vieille reine malade d'hypocondrie. »

A l'ombre de Constantinople aucune grande ville ne pouvait vivre et prospérer. Scutari n'est que son faubourg d'Asie ; sur le littoral de la mer Noire nous ne rencontrons que quelques ports, vieilles cités grecques comme Midia. Tirnova est déjà terre bulgare ; Bourgas est le port actif de la Roumélie orientale.

Dans cette province, rattachée à la Bulgarie septentrionale, Philippopoli, au pied du Rhodope, compte 80,000 habitants. Kazanliz n'en possède que 10,000, malgré son heureuse situation dans une plaine fertile dont les plantations de rosiers donnent une essence très appréciée, Slivo, Tchirpan et Yamboli ne dépassent pas le chiffre de 15,000.

III. — L'ALBANIE ET L'ÉPIRE.

Sur le littoral de l'Adriatique, des bouches du Cattaro au golfe d'Arta, l'Albanie et l'Épire déroulent sur cent lieues de longueur leurs côtes accidentées et leur sol montueux qu'interrompent seuls au nord la plaine de Scutari et le bassin du Drin que hante la fièvre de la Boyana. Dans l'est, l'Épire et l'Albanie rejoignent la Macédoine et la Thessalie.

Région distincte, coupée de massifs, de hauts plateaux et de chaines orientées parallèlement à la mer ; race distincte, tenant de la grecque et de l'italienne, sœur aînée de toutes deux ; race vaillante, prodigue de son sang et qui eût fait un grand peuple si, divisée en clans, elle n'eût dépensé en luttes intestines plus d'efforts qu'il ne lui en eût fallu pour repousser l'étranger et étendre son empire sur un sol qu'elle occupa vraisemblablement avant les migrations des Hellènes, des Germains et des Celtes.

Dès le début, d'ailleurs, cette race apparaît fractionnée en deux groupes différents : les Guègues au nord, les Tosques au sud ; quand, plus tard, ils se convertirent au christianisme, les Guègues devinrent catholiques latins, les Tosques se déclarèrent schismatiques. A cette scission religieuse s'en ajouta une autre : leur division en clans, ennemis héréditaires, toujours en guerre, n'oubliant leurs haines que devant un grand péril national, mais alors superbes d'élan, d'audace et de vaillance. Tels se révélèrent les Albanais quand l'invasion musulmane vint mettre en danger leur indépendance et leur foi. Ralliés autour de Scanderberg, ils montrèrent ce dont ils étaient capables. Ce soldat d'Amurat, ce déserteur des Turcs, souleva les Albanais ; à leur tête, il envahit la Macédoine et imposa à Mahomet II, le farouche conquérant de Constantinople, une paix honorable. Seul, à l'instigation du pape Pie II, il recommença là croisade et peut-être l'eût menée à bien si la mort ne l'avait arrêté au début de sa campagne, à Lissa, où il négociait avec Venise pour l'entraîner avec lui.

En le perdant l'Albanie ne perdit pas seulement son chef, mais encore son indépendance. Découragés, les lieutenants de Scanderberg se firent musulmans et la famille même du héros national compta des renégats.

Plus encore qu'ils ne haïssent les Turcs, les Albanais haïssent les chrétiens de rite grec, les Monténégrins surtout, contre lesquels ils soutinrent de leurs armes Kara Mahmoud, « Mahmoud le Noir », l'implacable ennemi du Monténégro. Ils soutinrent aussi Ali de Tépélan, le pacha de Janina, homme de génie, qui fit trembler le Sultan et dont la tête devait pourrir au-dessus de la porte du sérail de Constantinople.

Physiquement, la race est belle. « L'Albanais, écrit M. J. Carlus, a une distinction parfaite, la tête petite, le nez fin, l'œil vif, ouvert en amande, le cou long, le corps maigre, la poitrine énormément bombée, les jambes nerveuses. Doué d'une prodigieuse souplesse de muscles il porte dans sa démarche et ses attitudes l'air un peu théâtral d'un athlète de l'antiquité. Il rappelle le type primitif du Grec, tel que la sculpture l'a représenté sur les marbres d'Égine. La magnificence de son costume est proverbiale... Les Albanais se rasent la tête comme les Turcs, avec cette seule différence qu'ils laissent flotter par derrière, dans toute sa longueur, une touffe de cheveux qu'ils ne coupent jamais. Leur coiffure est le fez rouge... celle des femmes ne diffère que par les pièces de monnaie dont elle est ornée et par les tresses abondantes qui s'en échappent de tous les côtés. »

Leur nombre justifie leurs prétentions à l'indépendance. On ne l'estime pas à moins de 1,500,000. Avec la Thessalie ils formeraient un État de 3,000,000 d'habitants et, dès 1878, au lendemain du traité de San-Stefano qui laissait à leurs ennemis une partie de leur territoire, abjurant leurs rancunes intestines, ils réclamaient leur autonomie. L'Europe, disaient-ils, a créé une principauté Bulgare ; la Bosnie et l'Herzégovine ont été livrées à l'Autriche ; la Serbie et le Monténégro ont obtenu l'indépendance et une augmentation de territoire, la Roumélie son autonomie, et nous qu'avons-nous reçu? Nous, les Albanais, nous ne sommes pas des immigrants, mais les habitants primitifs de ce pays ; nous avons été libres et indépendants plusieurs siècles auparavant et nous pouvons justement revendiquer le droit de former un État. La Thessalie, l'Épire, l'Albanie, voilà le patrimoine de la nation albanaise qui forme trois millions d'âmes.

Ainsi réunis, ils formeraient, en effet, un groupe supérieur à celui des Turcs, qui ne sont qu'au nombre de 2,110,000 et qui, dans cette Turquie d'Europe dont ils sont les maîtres nominaux, ne représentent que 12 0/0 du total de la population.

Au long de la côte d'Épire et d'Albanie on compte peu de centres considérables. Au nord, dans l'intérieur des terres, Pritzrend, la ville la plus populeuse de l'Épire, possède 45,000 habitants. Bitalia ou Monastir est ville grecque. Janina, que le souvenir d'Ali entoure d'une sanglante auréole, voit, des bords de son lac, le massif du Pinde et les montagnes de la Grèce.

Sur la côte, au nord, Skodra, ou Scutari, à l'extrémité du lac du même nom, déroule dans une plaine basse et dans un pittoresque amphithéâtre de montagnes, ses minarets et ses dômes, sa rive verdoyante et le cours sinueux du Drin et de la Boyana. Au fond de son golfe, Valona, abritée par l'Ile de Saseno, possède un port sûr et dispute à Durazzo, l'antique Dyrrachium, le trafic avec l'Italie. A Dyrrachium débarquaient les légions romaines en marche vers l'est; par elle l'Italie communiquait avec l'Orient. En face de l'ile de Corfou qui, de près, serre la côte, se trouve Parga; quelques lieues à peine les séparent, mais Corfou est terre grecque et Parga terre turque. Au sud enfin : Prévéza et Arta.

Prévéza, le point le plus méridional de la Turquie d'Europe, est située à l'extrémité de l'Épire et sur la rive d'un bassin qui la met en communication avec le golfe d'Arta, l'ancien golfe d'Ambracie. Sur la presqu'île longue d'une lieue qui la relie à la terre ferme, se rencontrent les ruines, encore imposantes, de Nicopolis, élevée par Auguste en mémoire de sa victoire d'Actium. En vue de ce promontoire d'Acarnanie se livra, le 2 septembre de l'an 31 avant l'ère chrétienne, la bataille décisive dans laquelle Antoine sacrifia l'Empire à Cléopâtre.

Arta est le centre autour duquel gravitent 126 villages dont la population est uniquement composée de chrétiens. Ainsi que celui de Prévéza son territoire se partage en montagnes et plaines, en pâturages et champs cultivés. La végétation de cette partie de l'Épire est toute méridionale; citronniers, orangers, figuiers, grenadiers abondent. Le sol est sablonneux et l'eau potable rare. A Nicopolis elle était amenée de fort loin par un aqueduc dont les ruines subsistent encore et rappellent celles de la campagne de Rome.

Au-dessous du golfe d'Arta commence la Grèce. Dans cette Turquie d'Europe, dont elle a secoué le joug, elle ne compte pas moins encore de 1,320,000 nationaux, et la frontière qui l'en sépare n'est pour elle qu'une frontière provisoire que le temps et les événements reporteront toujours plus au nord, agrandissant son territoire trop étroit, réduisant celui du Turc qui n'en est plus à compter ce qu'il a perdu, mais ce qu'il lui reste à perdre.

Depuis le jour où, dans les champs de Poitiers, le *Marteau* des Francs écrasa l'Islam dont les innombrables cavaliers se heurtèrent, sans les faire plier, contre les solides escadrons de l'occident, l'Islam, atteint au cœur, arrêté dans son impétueux élan, ne fit plus que reculer, perdant la Septimanie et la Provence, l'Espagne, la Calabre, la Sicile, refoulé vers l'Orient, rejeté dans la Roumélie, la Macédoine et l'Albanie, dépouillé d'une partie de l'Afrique, ne gardant qu'un pied en Europe. Il sut conquérir, non conserver, trop dissemblable des peuples qu'il subjuguait pour se les concilier et se les assimiler jamais.

Dans cette péninsule des Balkans que sept races habitent, slave, roumaine, grecque, turque, albanaise, arménienne et juive, les Slaves et les Roumains sont, de beaucoup, plus nombreux que les Turcs qui ne représentent qu'un peu plus du dixième de la population totale, et se concentrent à Constantinople et dans ses environs. Entre leurs mains le sol serait resté en friche; Slaves, Roumains et Grecs l'ont mis en culture. Entre leurs mains le commerce eût été paralysé, les Hellènes et les Israélites l'ont accaparé.

Ils sont, comme le dit M. Marcel Dubois, les intermédiaires obligés entre les producteurs et les acheteurs. Rien ne saurait donner idée de la prodigieuse activité, de l'initiative de ces courtiers du négoce en pays turc. A Constantinople il est difficile de conclure des affaires importantes sans l'assistance des commerçants et banquiers grecs. A Salonique l'organisation des confréries de magasiniers, bateliers, chargeurs israélites, est plus étonnante encore. Les corporations rendent aux navires étrangers les plus réels services, et en somme, dans des conditions de bon marché très satisfaisantes.

Maître du territoire et, partant, chargé de l'administrer, le Turc n'a su ni tirer parti des ressources naturelles du sol, ni exploiter le sous-sol. Le plomb argentifère de Xanthi, les mines de cinabre de Sérès, les carrières de marbre, attendent encore des capitaux et des bras, le pays tout entier des routes qui, partout, font défaut et ouvriraient des débouchés aux régions agricoles. Ce n'est qu'avec répugnance et la main forcée, que la Turquie a consenti au raccordement de ses 800 kilomètres de voies ferrées avec les chemins de fer serbes et bulgares.

Entre l'homme d'Orient, tel que l'ont intellectuellement façonné le fanatisme et le fatalisme musulmans et l'homme d'Occident, l'antithèse est trop forte, l'antagonisme trop marqué pour que l'assimilation se puisse faire. Le second, actif, travailleur, toujours à la poursuite d'un but, supportera impatiemment le joug, si léger soit-il, du premier qui s'estime de race conquérante, tient la civilisation pour une force hostile, la méprise et la redoute, lui opposant sa dédaigneuse inertie.

L'accord ne saurait se faire et tant qu'il ne se fera pas la péninsule des Balkans sera un champ de bataille ou de luttes diplomatiques, un brûlot aux flancs de l'Europe, légitimant ses inquiétudes, lui imposant une incessante surveillance. Là est le nœud de cette question d'Orient qui, depuis le commencement du siècle tient l'Occident en éveil ; ses hommes d'État ont vraiment essayé de la trancher ; sans cesse résolue, elle ne l'était que pour un temps ; vingt fois elle lui mit les armes à la main. La force l'a fait naître et la force seule la tranchera.

Au profit de qui? Au profit de la civilisation occidentale. Et, pour cette tâche, deux grandes puissances s'offrent et l'une l'autre cherchent à se devancer.

« L'Autriche, écrit M. E. Lavisse dans son remarquable volume sur l'histoire politique de l'Europe, l'Autriche descend le Danube et tend vers Andrinople. C'est la direction qui lui avait été indiquée il y a plus de mille ans, par le fondateur de la *Marche de l'Est.*

« La maison des Habsbourg avait oublié cette mission primitive, après que la politique des mariages l'eût égarée dans toutes les affaires de l'Europe occidentale. L'Italie et l'Allemagne la lui ont rappelée, l'une en la rejetant au delà des Alpes, l'autre en lui retirant la qualité d'État allemand. L'Autriche est aujourd'hui, par excellence, un État danubien. Elle a occupé la Bosnie et l'Herzégovine. Elle cherche à étendre son autorité politique, son influence, comme on dit, sur les petits États balkaniques, mais elle rencontre ici un grand adversaire.

« La Russie a poursuivi, en ce siècle, ses progrès au détriment de l'Empire turc. Elle emploie contre cet État tout à la fois la force et le sentiment. C'est de Constantinople qu'elle a reçu jadis le christianisme ; il lui appartient donc de reprendre à l'Islam la coupole de Sainte-Sophie. Elle est le *grand frère slave*, et elle doit son appui aux *petits frères*, sujets du Sultan. La religion et le patriotisme ethnographique se mêlent ainsi à la politique et donnent à la Russie une puissance d'action sans égale dans le monde. Mais cette puissance est contenue par des rivales : la route de Pétersbourg vers le sud est coupée par la route de Vienne vers l'est. Enfin, la question des Dardanelles est européenne et même universelle. Elle intéresse l'équilibre des forces des deux plus grandes dominations qu'il y ait dans le monde, celle de l'Angleterre et celle de la Russie. »

Tombeau de Fuad-Pacha.

Vue de Syra.

II. — ROYAUME DE GRÈCE

De tous les États indépendants de l'Europe, la Grèce est l'un des plus restreints. Sa superficie, de 65,000 kilomètres carrés, n'est inférieure qu'à celles de la Belgique, des Pays-Bas, du Danemark, de la Suisse et de la Serbie. Sa population de 2,000,000 d'habitants n'est supérieure qu'à celles de la Norvège et du Danemark. Elle est, avec la Serbie et la Bulgarie l'un des plus jeunes États de l'Europe moderne, étant née en 1832 ; elle est le plus ancien, les Pélasges, ses premiers habitants, faisant remonter leur origine à vingt siècles avant l'ère chrétienne, les Hellènes datant du seizième.

L'Europe lui doit beaucoup ; la Grèce la sauva à Marathon, à Salamine, à Platée et à Mycale, soutenant seule le choc du monde barbare, arrêtant Darius, forçant Xerxès à reculer, refoulant vers l'Asie cette mer d'hommes qui, sur les ponts jetés au travers de l'Hellespont, défila sept jours et sept nuits, que Xerxès mesura dans la plaine de Diroscos, comme on mesure le blé, les entassant par dix mille dans un enclos et constatant, dit Hérodote, un total de 2,640,000 combattants, avec à peu près autant de servants et de manœuvres. Quarante-six nations marchaient sous ses ordres, Perses, Mèdes et Hyrcaniens, Saces, Indiens et Assyriens, Thraces, Arabes et Éthiopiens. Les rivières n'avaient pas assez d'eau, les terres assez de moissons pour étancher leur soif et satisfaire leur faim. Leur nombre seul faillit submerger la Grèce.

Athènes la couvrit à Salamine et du même coup l'Europe. « Cette assertion, dit Hérodote, déplaira à beaucoup, mais je ne saurais la taire parce que je la sais vraie. » Quand tout tremblait autour d'elle, Athènes ne trembla pas. A cette poussière humaine elle opposa des hommes; décidée à ne pas survivre à la défaite elle assura la victoire, elle fut. « le rempart invincible, la ville inexpugnable » dont Eschyle a chanté la gloire.

Quelle était donc cette ville, et quel était ce peuple, dont le nom à peine connu éclatait dans l'histoire, immortel dès le premier jour? Atossa, femme de Darius, mère de Xerxès, la hautaine Atossa qui s'indignait de ne pas compter de femmes grecques parmi ses esclaves, à qui son époux en avait promis, à qui son fils allait en chercher, elle-même l'ignorait. Soldat de Marathon et de Salamine, Eschyle le lui fait demander :

« Amis, dit Atossa, où est située cette ville d'Athènes?

Le chœur. — Loin, bien loin, par delà le couchant et les lieux où disparaît le soleil, notre puissant maître.

Atossa. — Et c'est cette ville que mon fils a voulu conquérir?

Le chœur. — Oui, car elle conquise, toute la Grèce serait sujette du grand Roi.

Atossa. — A-t-elle donc dans ses murs de nombreux guerriers?

Le chœur. — Assez nombreux pour avoir déjà causé bien des maux aux Perses.

Atossa. — Les Grecs possèdent-ils d'abondantes richesses?.

Le chœur. — Ils possèdent une source d'argent, trésor inépuisable que leur fournit la terre.

Atossa. — Quelles armes brillent dans leurs mains? Se servent-ils de l'arc et des flèches?

Le chœur. — Non, ils combattent de près avec la lance, ils se couvrent du bouclier.

Atossa. — Quel monarque les conduit et commande leur armée?

Le chœur. — Aucun homme ne les a pour esclaves ou pour sujets.

Atossa. — Comment alors résisteraient-ils à l'attaque de nos guerriers?

Le chœur. — Ainsi qu'ils ont fait jadis contre cette immense et belle armée de Darius : ils l'ont anéantie.

Atossa. — Quelles terribles paroles tu prononces là, terribles pour les mères de ceux qui sont partis.

Et l'ombre de Darius apparaît et les vieillards inquiets implorent ses conseils. Celle de l'Asie passe, voilée, chancelante, atteinte d'un coup mortel, et le chœur, désespéré, s'écrie : « Dieu tout-puissant, Jupiter, qu'as-tu fait de l'armée des Perses, de cette armée innombrable et brillante? Un voile de deuil s'étend sur les villes de Suze et d'Ecbatane. Les femmes, de leurs mains débiles déchirent leurs vêtements, et sur leurs seins coulent des larmes amères. L'Asie entière est dépeuplée, car Xerxès a tout emmené avec lui. Il a tout perdu, sur ses frêles navires livrés à la merci des flots. Imprudent! Les peuples de l'Asie n'obéiront plus aux Perses; on ne les verra plus payer le tribut au vainqueur, et le front prosterné dans la poussière, adorer la majesté souveraine. La puissance du roi a péri. » C'était bien, en effet; la défaite de l'Asie, pour longtemps refoulée vers l'Orient; c'était bien le chant de triomphe; l'hymne de délivrance qu'entonnait Eschyle, et qu'acclamaient les Grecs devant les flots bleus de cette Méditerranée affranchie par leur héroïque valeur.

En ces temps antiques la Grèce était déjà un cadre admirablement préparé par la nature pour la race qui l'occupait, et pour le grand rôle que cette race devait jouer. Alors comme aujourd'hui, sur un sol trop accidenté pour faire vivre dans le luxe et l'oisiveté une population nombreuse, dans une atmosphère limpide et transparente, sous un climat doux et tempéré, la Grèce, avec ses côtes merveilleusement articulées, ouvrant sur trois mers ses plages échancrées de baies et de golfes, déployant en tous sens ses promontoires et ses caps, était l'habitat le mieux approprié à un peuple agricole, pasteur et maritime. Il ne l'eût pas été d'instinct qu'il le fût devenu par nécessité, obligé qu'il était de demander à la mer ce que la terre ne lui donnait pas : un complément de subsistance à la pêche, la fortune au commerce.

Les obstacles qu'il eut à surmonter n'émoussèrent point, ils aiguisèrent son intelligence, firent de lui le peuple ingénieux et fin qu'il est encore, le peuple artiste qu'il fut. Dans l'incomparable lumière où baignaient ses côtes dentelées et ses montagnes aux lignes pures et graciles, le sentiment du beau, le sens de l'harmonie des choses s'éveillèrent en lui et, dans tous les domaines, semble-t-il, à la fois. Avide de voir et de comprendre, avide d'expliquer et d'exprimer, il fut narrateur habile, orateur éloquent, grand poète et grand peintre, sans effort atteignant la perfection, incomparable statuaire, architecte de génie.

Il fut, et il est encore un commerçant né; s'il n'inventa pas le négoce, il le perfectionna et, en son temps, le porta au plus haut point. Entre l'Asie qui lui faisait face à l'est, l'Europe à l'ouest et l'Égypte au sud, il fut l'intermédiaire national, le courtier des produits et aussi celui des idées, prompt à se les assimiler et les disséminant sur tous les rivages. S'il sauva l'Europe, il colonisa ses plages. Par lui la civilisation s'étendit, les peuples se connurent; au contact du sien leur goût s'épura; ils admirèrent et imitèrent la Grèce. Sans cette Grèce, encore parée après vingt-cinq siècles de sa double auréole militaire et artistique, que serait l'Europe de nos jours? Si ce petit État disparaissait de l'histoire avec ses hauts faits, ses œuvres et ses souvenirs, un vide que rien ne pourrait combler marquerait à jamais sa place vacante.

Sur toutes les côtes de la Méditerranée la Grèce essaima. Si, avant elle, les Phéniciens fondèrent Massalia, elle en fit la Phocée gauloise, aujourd'hui Marseille. Rome n'a pas effacé ses traces à Arles, où le type grec revit dans la femme arlésienne dont M. Lanthéric nous trace en quelques lignes le portrait. « Elle a conservé quelque chose de sa délicatesse native; grande et souple, au profil de camée, la vie heureuse semble frémir dans les ondulations de sa taille; son nez est droit, son menton très grec, son oreille fine; ses yeux, admirables de dessin, ont quelquefois une expression indéfinissable, et ses sensations subites et véhémentes sont tempérées par une sorte de grâce attique, don précieux de sa mère qu'elle saura transmettre à ses enfants. »

En Asie, ses colonies eurent nom : Milet, Smyrne, Éphèse et Phocée; en Afrique : Cyrène; en Espagne : Sagonte; en Italie : Crotone, Sybaris et Tarente; en Sicile : Messine, Agrigente et Syracuse. Toutes ont laissé un nom dans le souvenir des peuples et

sur les voies historiques tracées par le Grec voyageur, consolidées par Rome conquérante, court aujourd'hui à toute vapeur le voyageur inconscient, ignorant que là où il
passe, le Phocéen passa le premier, devançant les colons de la Narbonnaise et les
légions romaines.

Reconnu indépendant en 1832, agrandi successivement en 1864 et en 1881, le
royaume moderne de Grèce est borné à l'ouest par la mer Ionienne, à l'est par la mer
Égée, au sud par la mer de Crète, au nord par la Turquie d'Europe. La frontière part
des environs de Platamona, suit la crête des monts Othrys, oblique au sud de Diminitza,
franchit la chaîne du Pinde, coupe l'Aspro Potamo, descend entre cette rivière et la
vallée de l'Arta qu'elle rejoint à son embouchure.

Au premier coup d'œil trois divisions géographiques apparaissent : la Grèce continentale ou septentrionale, qui comprend l'Attique, la Béotie, l'île d'Eubée, la Phocide,
l'Acarnanie et l'Étolie, la Thessalie et l'Épire grecque. Au sud, séparée d'elle par le
golfe de Corinthe, à elle reliée par l'isthme étroit du même nom, s'étend la Grèce méridionale : la péninsule du Péloponèse ou de la Morée ; ce fut l'Achaïe et l'Élide, l'Arcadie, la Messénie, la Laconie, l'Argolide et la Corinthie. Puis enfin la Grèce insulaire ;
dans la mer Égée : les Cyclades, dans la mer d'Ionie : les îles Ioniennes.

Historiens et géographes ont noté le trait caractéristique de ces régions : le frac-
tionnement du sol en bassins étroits, isolés les uns des autres par des massifs montagneux et des plateaux. La configuration physique de la Grèce explique son histoire.
M. Puillon Boblaye, dans son compte rendu de l'expédition scientifique de la Morée,
a mis en pleine lumière l'escarpement énorme de ses rivages, leur forme dentelée et
morcelée, ses mers semées d'îles nombreuses qui ne sont que les pics d'une région
plus profondément accidentée que le continent lui-même, dont les rivages offrent de
longues courbes dessinées avec une étonnante régularité, le contraste enfin qu'offre
cette contrée âpre et montueuse semée de quelques petites plaines fertiles avec les
vastes et riches plaines du nord de l'Europe. L'histoire de la Grèce est écrite sur son
sol, orienté vers l'Asie ; on la lit dans l'étendue de ses rivages, dans ses vallées isolées,
les unes des autres séparées, s'ouvrant sur la mer, fermées du côté de la terre, cadres
tout faits pour des États distincts, pour l'expansion au dehors, pour l'individualisme au
dedans, pour le patriotisme étroit de la cité, pour la large intelligence des choses extérieures.

I. — LA GRÈCE CONTINENTALE.

Le voyageur qui, doublant successivement les trois caps méridionaux de la Péninsule, le cap Gallo, le cap Matapan et le cap Malée, longe les côtes grecques, remontant
vers Athènes et le golfe d'Égine, est tout d'abord frappé de l'aspect aride et singulièrement dénudé de ce pays dont les poètes ont exalté les beautés naturelles. Entre le
cap Malée et le cap Matapan, la mer est rude, la côte inhospitalière ; au delà, les sommets neigeux des montagnes de la Morée découpent sur le ciel leur profil net. Dans le

golfe d'Égine, plein de souvenirs d'Athènes, d'Éleusis, de Mégare, de Corinthe, les rochers de Salamine se dressent nus et stériles ; fermant la plaine d'Athènes, l'Hymette à l'horizon dessine ses formes rondes et molles aux couleurs grises et ternes. Au-dessus de la plaine, en face de l'Hymette, le Parnès aux contours harmonieux profile ses flancs couverts de noirs sapins.

Autrefois, semble-t-il, il n'en fut pas de même et les côtes riantes et boisées de la Grèce offrirent aux Pelasges, puis aux Hellènes émigrants, un autre aspect que celui qu'elles présentent aujourd'hui. Le climat lui-même s'est modifié ; la destruction des forêts, le défaut de culture, l'ont rendu plus extrême et moins sain. Les fléaux qui se sont abattus sur la Grèce, ravageant son sol et dépeuplant ses villes, n'ont laissé qu'un squelette. Squelette aux lignes élégantes et pures, séduisantes encore dans leur chaste nudité. Ni le temps ni les hommes n'ont pu en détruire l'harmonie, en altérer la beauté. Amoureux de sa terre, ingénieux à la parer, le Grec moderne s'efforce et, non sans succès, à lui restituer sa riche parure, ses verts pâturages, et, dans cette œuvre de résurrection, la nature lui vient en aide. Laissée à elle-même, en paix, elle poursuit son œuvre, semant sur les flancs arides des monts, sur les coteaux rocailleux, la lavande et le thym parfumés, reconstituant la terre végétale que les pluies ont emportée dénudant les roches.

Dans les cantons pierreux, le blé, le seigle, l'orge et le maïs prospèrent ; le sol se couvre d'oliviers, la vigne, plantée partout, défraie l'Europe de raisins secs et fait refluer dans le pays plus de 40 millions par an ; l'Argolide et la Laconie produisent le coton, le lin et le chanvre ; le mûrier, la garance, le tabac, les orangers, les citronniers, grenadiers, figuiers, amandiers, abricotiers sont partout cultivés et donnent d'excellents produits. Redevenue libre, la Grèce se métamorphose ; affranchie du joug musulman elle s'est ressaisie ; ayant recouvré son indépendance, elle redeviendra ce qu'elle fut autrefois : la terre gracieuse et riante, aux contours grêles mais harmonieux, aux sites pittoresques et ombreux, au climat sain, aux eaux courantes, aux verdoyants coteaux qu'ont décrits ses poètes et, aussi éloquemment qu'aucun d'eux, le dernier de tous, un Français, André Chénier :

> O coteaux d'Érymanthe ! ô vallons ô bocages !
> O vent sonore et frais qui troublais le feuillage,
> Et faisais frémir l'onde, et sur leur jeune sein
> Agitais les replis de leur robe de lin,
> Tu sais, tu sais, ma mère, Aux bords de l'Érymanthe,
> Là, ni loups ravisseurs, ni serpents, ni poisons...
> O visage divin ! ô fêtes ! ô chansons !
> Des pas entrelacés, des fleurs, une onde pure,
> Aucun lieu n'est si beau dans toute la nature.

Les montagnes de la Grèce continentale présentent, dans leurs grandes lignes, un système aux reliefs nets et simples. Les monts Cambuniens ferment la péninsule au nord ; ils courent de l'est à l'ouest, du mont Olympe au Pinde. Du Pinde, à angle droit et orientée du nord au sud, la chaîne de ce nom forme l'arête centrale de la Grèce continentale. Ses sommets, d'environ 2,000 mètres, laissent dans l'est la Thessalie, la plus grande plaine du royaume; dans l'ouest, l'Épire, à travers laquelle elle prolonge ses ramifications et dont elle fait, par opposition avec la plate Thessalie, la région montueuse par excellence. Au long de cette chaîne se trouve le mont Tymphreste. Un rameau se détachant vers l'est aboutit au mont Othrys, entre le golfe de Nolo et celui de Lamia; au sud le mont OEta.

Par le mont Lakmon, ou Zygo, le Pinde se rattache aux monts Cambuniens. Du Lakmon s'épanchent cinq rivières, deux à l'est: l'Haliacmon qui appartient à la Macédoine, le Pénée qui arrose la Thessalie, et par la vallée de Tempé, entre l'Olympe et l'Ossa, se déverse dans le golfe de Salonique;· deux à l'ouest: l'Aoüs et l'Arta qui se jettent dans l'Adriatique, enfin l'Achéloüs ou Aspropotamo qui, courant vers le sud, traversant l'Épire, l'Acarnanie et l'Étolie, débouche à l'entrée du golfe de Corinthe.

Des deux grandes chaînes montagneuses que nous avons indiquées, se détachent des ramifications secondaires; l'une, vers le sud-ouest, s'étend jusqu'au promontoire d'Antirrhium, à l'entrée du golfe de Lépante, elle forme la région montagneuse de l'Acarnanie et de l'Étolie; l'autre, orientée vers le sud-est, traverse la Phocide, la Béotie, formant en ses soulèvements réguliers le Parnasse, l'Hélicon, le Cithœron, le Parnès, l'Hymette, le Laurium. Par-delà la Mégaride, que sillonnent les monts Géraniens, reliés au Cithœron, par delà le golfe de Corinthe se dressent les montagnes de la Morée, système distinct de celui de la Grèce continentale et dont nous indiquerons le tracé en abordant l'étude de la presqu'île.

Torrents redoutables en hiver, souvent desséchés en été, les cours d'eau de la Grèce continentale se perdent parfois dans les sables, parfois aussi dans les *katavothra*, gouffres souterrains au delà lesquels ils reparaissent sous la forme de sources où se continuent sous leur forme primitive. Déversoirs naturels du trop-plein des lacs dans la saison des pluies, ces katavothra préservent les riverains des inondations, mais parfois aussi quand ils se bouchent, ils provoquent ces mêmes inondations. Tel le lac Copaïs, dans la Béotie, dont le débordement soudain, conservé dans les traditions grecques, nous a été transmis sous le nom de déluge d'Ogygès. Explorés dans la saison sèche, ces katavothra, dus aux tremblements de terre, se rencontrent surtout dans les terrains calcaires. Le limon qui les recouvrait contenait encore des ossements d'hommes et d'animaux entraînés par les eaux.

Les phénomènes volcaniques furent, en effet, fréquents sur ce sol. L'histoire antique en mentionne plusieurs: celui qui détruisit Sparte, 464 ans avant notre ère, ceux qui, soulevant les flots du golfe de Corinthe, engloutirent Hélice et Bura. Dans les temps modernes, en 1817, en 1856, de violents tremblements de terre ont ébranlé l'archipel entier; celui de 1869 détruisit la ville de Sainte-Maure dans les îles Ioniennes.

Capricieux et changeant, le climat de la Grèce continentale n'a rien d'excessif. La gelée est presque inconnue dans la plaine d'Athènes, par contre le sirocco et le vent de nord sont pénibles dans leurs alternances soudaines, surtout au printemps. « Je me souviens, écrit Ed. About, que le jour de mon arrivée à Athènes, je voulais, avant le déjeuner, gravir le sommet de l'Hymette, et je fus bien surpris d'apprendre que cette montagne qui semblait si près de nous, était à plus de deux heures de notre maison. Il faisait beau, vers midi le vent du sud-ouest se mit à souffler ; c'est ce célèbre sirocco, si terrible dans les déserts de l'Afrique, et qui fait sentir son influence non seulement jusque dans Athènes, mais jusqu'à Rome. L'air s'obscurcit insensiblement ; quelques nuages blancs, fouettés de gris, s'amassèrent à l'horizon ; les objets devinrent plus ternes, les sons moins clairs ; je ne sais quoi d'étouffant semblait peser sur la terre. Je sentais une lassitude inconnue s'emparer de moi et briser mes forces. Le lendemain, c'était le tour du vent du nord ; on le reconnut tout d'abord à sa grande voix, rude et sifflante, il ébranlait les arbres, il battait les maisons comme pour les renverser, et surtout il avait emprunté aux neiges de la Thrace une froidure si vive et si piquante qu'il nous faisait grelotter au coin du feu dans nos manteaux. Heureusement le vent du nord ne souffle pas tous les jours ; j'ai passé dans Athènes tout un hiver où il ne s'est pas montré quinze fois, mais lorsqu'il se déchaîne il est terrible... Les Athéniens ont en quinze jours de vent du nord tout l'hiver que nous avons en quatre mois. »

Par trois versants s'ouvrant et rayonnant sur trois mers, l'Attique était prédestinée par son orientation géographique à jouer le premier rôle dans l'histoire de la Grèce. Elle-même s'incarna dans une ville : Athènes, et cette ville fut à la fois le cœur et la tête, le centre intellectuel et commercial, la citadelle de la terre des Hellènes, la cité dans laquelle se répercutaient les échos de l'Asie dont cinquante lieues à peine la séparaient, à laquelle les Cyclades et les Sporades la reliaient. Entre elle et l'Asie Mineure la navigation n'était qu'une série d'escales ; le nautonnier ne perdait pas de vue la terre ; quand une île disparaissait à l'arrière une autre île se levait à l'horizon.

Entre l'Ilissos et le Céphise, à sept kilomètres dans les terres, adossée à la Béotie au nord-ouest, couverte par l'île d'Eubée au nord-est, la plaine de l'Attique au sol maigre et pauvre, qu'Homère appelait déjà pierreux et rocailleux, était hors d'état de nourrir une population nombreuse qui atteignit un moment le chiffre de 50,000 hommes libres et de 400,000 esclaves. Athènes ne pouvait vivre et grandir qu'à la condition de demander au commerce, à l'industrie et aux arts ce que sa terre lui refusait ; de rayonner au dehors et de tirer du dehors sa subsistance d'abord, son luxe et sa prospérité ensuite.

Aussi fut-elle, dès le début, commerçante, et, au début, seule à l'être. La Thessalie, la Messénie, l'Élide et l'Eubée possédaient un sol plus riche, des plaines assez étendues pour les besoins d'une population restreinte. La Béotie, terre grasse et plantureuse, nourrissait une race engourdie dans le bien-être matériel, lourde et pesante d'esprit ; l'Arcadie, aux vallées verdoyantes, sillonnée d'eau courantes, était habitée par un peuple pastoral et simple, satisfait de son sort, et de son pays, en sortant peu, jaloux de son indépendance. De ce côté l'Attique ne pouvait s'étendre ; la mer s'ouvrait à elle, elle la prit et la garda.

De même qu'Hercule que la légende représente mis en demeure d'opter entre Vénus et Minerve, entre la volupté et la sagesse, choisissant Minerve, Athènes fit de Minerve sa déesse tutélaire. Comme Hercule, elle aussi ravit les pommes d'or du jardin des Hespérides, l'or de l'Asie, de l'Afrique et de l'Europe. Sous Thésée, compagnon d'Hercule, elle débarrassa l'Argolide et l'isthme de Corinthe des pirates qui l'infestaient, elle s'affranchit du tribut qu'elle payait au Minotaure de Crète. De son libérateur elle fit son roi ; il lui conquit la toison d'or. De ces vieilles légendes, de ces chants mythologiques jaillisssent des lueurs historiques. Sur des faits vrais, l'esprit subtil des Grecs a rythmé de gracieux récits. L'Orient est proche, et à l'Orient il emprunta sa primitive forme littéraire : la fable, sur le voile transparent de laquelle il broda d'ingénieuses allégories.

Au cours des siècles le sens s'en obscurcit, la forme l'emporta sur le fond, l'image sur le fait oublié, mais longtemps, comme OEdipe, on déchiffra l'énigme du sphinx, on devina l'allusion dans laquelle se complaisait l'intelligence déliée d'une race merveilleusement douée.

Le territoire qu'elle occupe ne ferait pas la moitié d'un de nos plus petits départements. Ses trois plaines, d'Athènes, de Marathon et d'Éleusis mesurent quelques lieues de superficie ; elles produisent un peu de blé et d'orge, des figues, des olives et des raisins, la Pentélique ne fournit que du marbre, de ce marbre l'Athénien tirera des chefs-d'œuvre. N'ayant ni produits à vendre ni produits à échanger, il fit, il y a de cela trente siècles, ce que firent les Hydriotes au commencement du nôtre.

Fuyant la tyrannie et les exactions des fonctionnaires turcs, Hydra, parfaitement inconnue et inhabitée avant le xviiie siècle devint le refuge de proscrits volontaires. « Sur ce sol où, nous dit M. Henri Belle, la terre est si rare qu'il faut aller la chercher dans le Péloponèse, à vingt-cinq kilomètres de là, et la transporter à grands frais dans des barques, les Hydriotes devaient être amenés forcément à chercher d'autres ressources sur cette mer qui les entourait de toutes parts. Marins habiles et hardis, ils devinrent, en peu de temps, les pourvoyeurs de tout le commerce du Levant. Pendant les guerres européennes de la Révolution et de l'Empire, abrités par la neutralité du pavillon turc, ils sillonnaient la Méditerranée, soutenus par les capitaux des négociants de l'île de Chio, vendant dans les ports d'Europe leurs cargaisons à haut prix, achetant à bas prix des marchandises qu'on ne savait comment ni par où écouler, forçant les blocus, déroutant les navires de guerre, se sauvant des situations les plus périlleuses par une intrépidité, une adresse et une intelligence des choses de la mer qui, plus d'une fois, frappèrent nos marins d'admiration.

« Ce que l'occident paya alors à la Grèce, est incalculable. Des fortunes colossales s'élevèrent à Hydra ; des caisses d'or s'entassèrent dans les caves de ces insulaires... Toutes ces richesses accumulées, le luxe et le bien-être qui s'ensuivaient naturellement, n'avaient cependant pas éteint l'amour de la patrie et la fièvre d'indépendance dans l'âme des Hydriotes. L'or n'avait pas amolli le caractère de ces rudes marins et lorsque le signal de la révolte fut donné en 1824, ils furent les premiers à embrasser avec ardeur la cause de la liberté. Leur fortune, leur vie, tout fut donné pour soutenir la lutte. La famille Coundouriotis offre à la Grèce un million et demi ; d'autres envoient un million, cinq cent, quatre cent mille francs ; les femmes se dépouillent de leurs bijoux, les matelots eux-mêmes renoncent à leurs parts de bénéfice. Tous ces bricks de commerce qui battaient pavillon ottoman deviennent alors autant de corsaires redoutables qui vont attaquer la flotte du Sultan jusque sous les canons des forteresses d'Asie. »

Ainsi en fut-il d'Athènes ; si elle n'eût poursuivi et atteint que la fortune, l'histoire en ferait à peine mention. Elle sauva la Grèce et l'Europe, elle s'illustra par son génie ; à ce double titre, son nom est immortel. Si, pendant longtemps, son patriotisme jaloux se renferma dans l'enceinte étroite de la cité, il en franchit les murs à l'heure du danger et par une intuition supérieure devançant l'avenir, élargissant l'horizon, d'Athénien devint Grec. Ses œuvres d'art partout reproduites, copiées, imitées, servent encore de modèles. Dans sa majesté triste, l'Acropole aux sommets découronnés, aux chapiteaux effrités, aux bas-reliefs disparus, reste encore l'une des plus harmonieuses constructions qu'aient pu concevoir l'esprit et édifier la main de l'homme. Le Parthénon, foudroyé et dégradé, dressant au milieu de ses ruines et de ses statues en poussière, ses colonnes dorées par le soleil, demeure encore, après vingt siècles, le plus étonnant monument que le monde ait connu.

En y dépensant la somme, énorme pour l'époque, de deux mille talents, 12,000,000 de francs, en confiant à Phidias la direction des travaux, à Callicrate et Ictinus la construction, en appelant Critios, Hégias, Alcamène, Crésilas, Pœonios et tout ce que la Grèce contenait alors de grands artistes à l'orner, Périclès n'obéissait pas seulement au désir d'attacher son nom à une œuvre destinée à l'immortaliser. Il entendait aussi et surtout affirmer, dans le domaine de l'art, l'incontestable supériorité d'Athènes dont les riches villes de l'Asie Mineure se disputaient à prix d'or les chefs-d'œuvre. L'art enrichissait la stérile Attique et le Parthénon résumait ce que l'architecture, la sculpture et la peinture pouvaient produire de plus merveilleux.

Auprès de l'antique Athènes, l'Athènes de nos jours pâlit. Ce ne fut longtemps qu'un grand village, c'est aujourd'hui une ville gaie et jolie, reliée au Pirée par un chemin de fer, possédant une université, des collèges, des hospices, des gymnases. Elle s'est transformée, se conformant aux exigences de la vie moderne. Le chiffre de sa population, 86,000 habitants, en fait, comme autrefois, la ville la plus importante de la Grèce. Son port, le Pirée, vient en seconde ligne, avec 22,000 habitants, en première par le mouvement de sa navigation de plus de 4,000 navires, et par celui des échanges, dépassant à l'année 72,000,000 de francs. Le Pirée n'est pas seulement un port de commerce, mais aussi une ville manufacturière, possédant d'importantes usines, des filatures de soie, de coton, des distilleries, des moulins à vapeur.

Marathon, dans le nord, Éleusis, dans l'ouest et Salamine qui lui fait face éveillent les grands souvenirs de l'Attique. A Salamine, Xerxès, un moment maître de l'Attique et de la Béotie, de Thèbes, de Platée, de Thespies et d'Athènes incendiée, vit sa flotte anéantie et sa proie lui échapper. Il voulut ce combat auquel s'opposa seule Artémise, reine d'Halicarnasse, dont il loua fort les sages avis qu'il ne suivit pas, cernant la flotte grecque, la contraignant à combattre, comblant les vœux de Thémistocle qui tremble de voir s'évanouir son dernier espoir, qui voit la flotte grecque prête à se débander et l'arrête d'un mot : « L'ennemi vous enveloppe. A vos postes, car voici les Perses. » Ils débouchaient en masse compacte de l'ombre de Psytalie ; deux mille vaisseaux s'abattaient sur les trois cents navires grecs. Acculés, les Grecs combattirent et vainquirent; leurs lances eurent raison des flèches de leurs agresseurs, leur tactique eut raison du nombre. Dans une anfractuosité de la côte on montre encore l'endroit d'où Xerxès, sur son trône d'or, vit périr sa flotte et sombrer sa fortune.

Au nord de l'Attique s'ouvre la Béotie. Les pentes du Cithéron les séparent, landes odorantes où errent, en été, les pasteurs nomades que la sécheresse chasse des plaines. Du col du Cithéron, le regard plonge sur la plaine de Thèbes et les champs de bataille de Platée et de Leuctres. Sur la gauche, l'Hélicon et le Parnasse profilent leurs cimes dentelées, à droite l'Ida au cône blanc et les montagnes de l'Eubée; par delà l'horizon et le brouillard léger qui flotte au-dessus du lac de Copaïs, se dessinent les pics de l'OEta et du Saromata. Ce n'est plus le ciel de la maigre Attique, limpide et pur, d'une implacable transparence, mais un ciel doux et voilé au-dessus d'une terre grasse, sillonnée de cours d'eau. Deux régions et deux peuples distincts : l'Athénien, subtil et délié, le Béotien sur l'esprit lourd et pesant duquel s'émoussaient les railleries de son voisin moins favorisé de la nature; le Béotien, traître à la patrie, combattant à Platée dans les rangs des Perses contre la Grèce.

Thèbes n'est plus qu'un village que traverse une longue rue bordée de petites maisons basses à un seul étage. La ville qui vainquit Sparte à Leuctres et qui, grâce à Épaminondas, fut dix ans la plus puissante de la Grèce ne fut plus ensuite, ainsi que le disait Justin « célèbre que par ses infortunes ». Philippe, roi de Macédoine, la prit, Alexandre la détruisit, n'épargnant que la modeste demeure de Pindare. Rome acheva sa ruine.

Dans l'ouest, le lac Copaïs reçoit les eaux de la Béotie occidentale que lui amènent l'Hercyne, le Céphise et le Mélas. « Au mois de mars, dit M. Burnouf, le lac Copaïs est un vaste étang coupé çà et là de longues bandes de terres hautes, dont la couleur jaune et brunâtre tranché sur le bleu des eaux les plus profondes. A la fin du printemps, la chaleur du soleil et les pertes qui ont lieu par les *katavothra* ont réduit le volume et l'étendue des eaux; une riche végétation donne alors au lac l'aspect d'une plaine fertile. Dès le milieu de l'été toute cette décoration a disparu; ces prairies apparentes sont devenues un marais insalubre. »

Au fond du golfe d'Égine, en face de la baie d'Éleusis et de l'île de Salamine, Mégare se dresse sur deux monticules isolés à la lisière de la plaine. Ce fut une des villes florissantes de la Grèce, la cité rieuse, *magarensis risus*, où, dit-on, la comédie naquit. C'est aujourd'hui une petite ville de 6,000 habitants, renommée par la beauté de ses femmes et la richesse relative de sa population. En face de Mégare, sur un promontoire de Salamine, île rocheuse et aride que se disputèrent l'Attique et la Béotie, se trouve le monastère de Phanéroméni, célèbre par la fresque byzantine qui décore son église.

A l'est, longeant l'Attique et la Béotie, s'étend l'Eubée, ou Négrepont. Après la Crète c'est la plus grande des îles de la mer Égée. Sur une largeur de 12 lieues, elle mesure 48 lieues de longueur. Au nord, le massif du Kandili dresse à pic sur la mer ses

VUE GÉNÉRALE D'ATHÈNES.

hautes falaises ; au sud, une chaîne effilée se renfle au mont Ocha, masse volcanique située à l'extrémité méridionale de l'Eubée. Elle n'a d'une île que le nom ; l'étroit chenal qui sépare Chalcis, sa ville principale, de la côte de Béotie, n'a que 80 mètres de large ; un pont le franchit, reliant l'île à la terre ferme.

Célèbre autrefois par sa fertilité, l'Eubée n'a pas démérité de nos jours. Elle est encore la terre riche et féconde du dieu pastoral Aristée, la terre des forêts séculaires, des hauts platanes et des sites pittoresques. Athènes s'en empara, la Macédoine la prit, après elle : Rome, Venise et l'Ottoman. Si elle ne joua qu'un rôle effacé dans l'histoire de la Grèce, elle se distingua par son génie colonisateur ; elle fonda Cumes et Nola, Palœopolis qui fut Naples, Rhégium et Messine en Sicile ; Callipolis et Eubœa, dans la Thrace 32 colonies, d'autres en Asie.

Chalcis est restée la capitale de l'Eubée. En face de la Béotie, dominant de son promontoire les eaux bleues du golfe, elle dresse sa citadelle massive et ses murailles crénelées. Dans son port d'Hagios-Minas se pressent les barques grecques ; les mosquées turques sont transformées en casernes ou en magasins. Chalcis ne compte guère que 7,000 habitants.

A l'ouest de la Béotie, la Phocide morcelée comprenait une vingtaine de républiques confédérées, ou plutôt de cités fédérées. Delphes était son temple et Cirrha son port. Entre Delphes qui vivait des dons des pèlerins et Cirrha qui les rançonnait au passage, la rivalité dégénéra en guerre sacrée. Cirrha succomba sous les coups des Athéniens et des Thessaliens protecteurs de Delphes.

Peu de peuples ont possédé au même degré que les Grecs le sens profond de l'harmonie des choses. Le site où s'éleva le temple d'Apollon Pythien a un caractère de grandeur et de beauté sombre qui impressionne. Au pied de la haute muraille des monts Phœdriadès que surplombe encore la double cime neigeuse du Parnasse, la source de Castalie jaillit d'une crevasse gigantesque. Un rocher à pic la domine ; par un ravin sauvage, la source s'épanche dans la Pleistos.

« La voilà, écrit M. Paul Lefaivre dans le « Pèlerinage à Delphes » publié par la *Revue des Deux-Mondes*, la voilà disposée en amphithéâtre sur le flanc des roches Phœdriades. A notre gauche et devant nous, l'Hélicon recule, la vallée du Pléistos s'évase, et dans ce brusque élargissement du décor, au loin, tout au bout de la plaine qui commence au pied des monts que nous allons redescendre, le golfe de Corinthe pousse dans les terres un triangle de saphir : c'est la baie d'Amphissa. Quelques hautes cimes du Péloponèse dentèlent le fond de l'horizon, tandis qu'un rayon de soleil obliquement tombé des nuées parnassiennes promène en éventail, sur l'antique domaine d'Apollon, sa gerbe de lumière. »

C'est d'ici que Byron adressait au Parnasse sa vibrante apostrophe : « C'est toi que mes yeux contemplent en ce moment, non plus dans un rêve, non plus dans l'horizon nuageux évoqué par les poètes, mais dans toute la grandeur de ta mélancolique majesté... Que de fois ai-je souhaité te voir, et aujourd'hui pensant à tous ceux qui autrefois t'invoquèrent, je m'incline et fléchis le genou... Apollon n'habite plus ta grotte, et toi, qui fus le séjour des Muses tu n'es plus que leur tombeau, mais un génie charmant survit dans tes retraites; il mêle sa voix au bruit du vent et, silencieux dans tes cavernes, effleure d'un pied léger ton onde harmonieuse. »

Du temple du dieu il ne reste que des pierres éparses dans les murs de pisé de Kastri, des fragments de marbre que le soleil a teintés de rose, des inscriptions confuses et la grande muraille pélasgique qui plonge dans le sol et se perd sous les constructions modernes. De la Cella, sur laquelle la pythonisse se débattait dans son délire sacré, on voit encore quelques dalles et aussi une partie du stade que construisit plus tard Hérode Atticus. Sous le village de Kastri dorment les débris de Delphes, la ville riche entre toutes. Dans son trésor s'entassèrent les dons du monde antique, les dix cratères d'or massif de Gygès, roi de Lydie, qui pesaient 780 kilogrammes, le trône d'or de Médas de Phrygie, le trépied d'or supporté par un triple serpent d'airain fondu d'un seul jet. Les Grecs l'offrirent au Dieu après la bataille de Platée; Néron battit monnaie avec le trépied, Constantin transporta le serpent à Constantinople où il se trouve encore à demi enfoui au centre de la place de l'Atmeidan.

Que sont devenues les 4,000 statues d'athlètes vainqueurs, de triomphateurs, de rois et de villes qui décoraient l'enceinte sacrée? Où la statue d'or de Phryné, de grandeur naturelle que cisela Praxitèle; où les présents de l'Europe et de l'Asie? Néron enleva d'un seul coup cinq cents statues d'airain; Sylla, et avant lui les Phocéens et les Gaulois pillèrent les richesses de Delphes.

Le grand Pan était mort. Dans son sanctuaire abandonné la dernière prophétesse, en proie au délire sacré, avait hurlé son dernier oracle et le ravin solitaire de Delphes a vu disparaître ses ruines mêmes sous l'effort du temps qui n'a pu entamer encore les murs des Pélasges.

Du sommet du Parnasse, disent les Grecs dans leur langage imagé, on aperçoit Constantinople. Constantinople est à cent lieues de distance, par delà l'Égée et les brouillards de la mer de Marmara, plus à portée de la Crimée que de la Grèce.

Près de Delphes se trouve Amphissa, aujourd'hui Salona, petite ville de 6,000 habitants, puis Galaxidi, port d'armement; plus au nord, à droite de la route de Lamia s'ouvrent les Thermopyles que ni les Perses, ni les Macédoniens, ni le Gaulois Brennus ne purent forcer, mais que Philippe et Brennus tournèrent par l'Anopée. Lamia est ville frontière, turque d'apparence, grecque de cœur, hissant fièrement, en face du fanion à croissant d'argent sur fond rouge, le drapeau rayé de bleu et de blanc des Hellènes.

Entre ces deux étendards déployés, entre ces deux races hostiles, une troisième a surgi : les brigands, pillant indifféremment l'une et l'autre, enlevant les voyageurs, rançonnant les propriétaires et, le coup fait, passant d'un pays dans l'autre ou se réfugiant dans les montagnes, protégés par la terreur qu'ils inspirent aux bergers. La frontière est longue et difficile à garder; par des sentiers presque impraticables ces hommes aux jarrets d'acier franchissent soixante kilomètres en une nuit et déjouent les poursuites. Il a fallu l'incident de Marathon en 1870, le soulèvement de l'opinion publique en Europe pour contraindre la Grèce à agir. On fit marcher l'armée pour réduire les brigands, on en détruisit un bon nombre, mais il en reste, et de temps à autre quelque exploit retentissant rappelle sur eux l'attention.

A l'ouest de Galaxidi, dans une plaine fertile s'étend Vitrinitsa, dernière ville de la Phocide. Le Morno, l'ancien fleuve Hylœthos, sépare la Phocide de l'Étolie. Naupacte ou Lépante, son port, est célèbre dans l'histoire, moins encore par son rôle dans la guerre du Péloponèse que pour avoir donné son nom à la bataille navale dans laquelle Don Juan d'Autriche détruisit la flotte ottomane.

Plus à l'ouest encore : Missolonghi « la ville des broussailles », que la guerre de l'indépendance tira de l'oubli et que Mavrocordato illustra. Cinq mille Grecs y tinrent dix mois en échec toutes les forces de l'Empire ottoman et, plutôt que de se rendre, firent sauter la forteresse, les vainqueurs et les vaincus. Byron était venu y mourir en 1824, Botzaris avait voulu y être enseveli.

Au-dessus de Missolonghi, sur l'un des sommets du Zygos, se trouvent les ruines de Pleuron, l'une des villes de la Ligue étolienne. Les Grecs les désignent sous le nom de « Kastro de Kyra Irini », château de la Dame Irène. La princesse byzantine qui leur a probablement laissé son nom n'y a pas laissé souvenir de son histoire. L'Étolie est la région pittoresque de la Grèce, la région des sites verdoyants et frais, des bois et des lacs. Celui de Trichonis est une belle nappe d'eau de 50 kilomètres de circonférence.

Dans l'Acarnanie, Karavassaras, petite ville moderne, côtoie l'antique Lymnée ; les ruines de Thyrrhéon, dont parle Cicéron, dorment sous une forêt de chênes, celles d'Œnia sur un massif de collines qu'enserrent des marécages.

II. — PÉLOPONÈSE OU MORÉE

Au sud de l'Étolie et de l'Acarnanie, par delà les golfes de Patras, de Corinthe et d'Égine, s'étend la presqu'île de Morée ou Péloponèse. L'isthme de Corinthe la relie au continent. C'est la Grèce méridionale plongeant dans la mer ses trois pointes en forme de trident, semblables à celles de la Chalcidique plus au nord, de même que l'Argolide, par sa configuration, rappelle l'Attique.

Le golfe de Corinthe, mer intérieure de 130 kilomètres de longueur, ne communique avec la mer Ionienne que par un chenal de 2 kilomètres de largeur. Au long de son bassin se déroulent les plus hautes montagnes de la Grèce continentale et du Péloponèse. Le Cythéron, le Parnasse, l'Hélicon profilent leurs cimes majestueuses et leurs contours gracieux. Le golfe fuit, étroit et resserré entre ces rives, vers l'est, où brusquement les montagnes s'abaissent, et par-dessus les terres basses de l'isthme de Corinthe que l'œil ne discerne pas, semble se perdre à l'orient dans la mer Égée.

En face de Lépante sur la côte d'Étolie, Patras sur celle de l'Achaïe dresse, au sommet d'une colline, son acropole aux fortunes diverses, successivement forteresse franque et citadelle turque, aujourd'hui pénitencier et geôle. Patras, la ville moderne, est la seconde de la Grèce, par le chiffre de sa population, 25,000 habitants, et par son industrie vinicole. Au long de la côte, OEgée, OEgion, Sicyone se succèdent, puis Corinthe, vieille de-trente-huit siècles, dès sa naissance enrichie par le commerce, célèbre par son luxe et son amour des plaisirs, indifférente aux grands événements qui s'accomplissaient en Grèce. « Quand la Grèce, écrit M. Beulé, se confiait en son droit, en sa valeur, en son désespoir, Corinthe envoyait ses courtisanes demander à Vénus la victoire et la liberté. Une preuve de sa faiblesse, c'est le dédain qu'avaient pour elle ses colonies. Aucune ville n'en a fondé de plus florissantes ni de plus ingrates. Corcyre se révoltait contre elle et battait ses flottes ; Potidée se donnait aux Athéniens ; les autres, Épidamne, Syracuse ne se souvenaient de leurs liens de parenté qu'à l'heure du danger. »

Depuis, Mummius la saccagea, César la releva, les Hérules la pillèrent ; après eux et comme eux Alaric, les Slaves, les Latins, les Turcs, les chevaliers de Malte, les Vénitiens. Redevenue grecque, elle attend du percement de l'isthme un retour favorable de la fortune.

Plus au sud, s'ouvre le vallon de Némée et la vaste plaine d'Argos. Le rocher de Palamède surplombe les eaux bleues du golfe et les maisons blanches de Nauplie. Près de là : Mycène, aux tragiques souvenirs, aux murs cyclopéens intacts encore, située, comme un nid d'aigle, au milieu de sombres montagnes. Le docteur Schliemann y fit des fouilles heureuses.

« Dans les cinq tombes qu'il a explorées, écrit M. Belle, il a trouvé, sur un lit de sable fin, des squelettes entiers qu'on a pu conserver intacts en les arrosant d'alcool saturé de résine. Ils avaient la tête à l'est et les pieds à l'ouest et étaient d'une taille gigantesque. Sur un de ces squelettes, la figure avec les chairs avait été bien conservée sous un lourd masque d'or. Il ne restait aucune trace de cheveux, mais on distinguait les deux yeux et la bouche qui s'était entr'ouverte sous le poids du masque, laissant voir trente-deux dents intactes. Dans une autre tombe, autour d'un crâne malheureusement trop fragile pour qu'on pût le conserver, était placé un diadème d'or, orné de lignes en spirales et au centre duquel on voit deux soleils. Près du corps, on a trouvé un fer de lance, deux petites épées en bronze, deux longs couteaux du même métal et une coupe en or à une seule anse...

« Auprès de deux autres squelettes, dont l'un était celui d'une femme, on a découvert des ornements en or du poids de cinq kilogrammes, des gobelets en or et en argent, cent trente-quatre boutons en or, quatre poignées d'épée... quatre grandes cuirasses d'or..., enfin des disques en or couverts de végétaux et d'animaux asiatiques en relief. »

Trésor des Atrides ou tombeau d'Agamemnon, la découverte de M. Schliemann n'en est pas moins importante. Les critiques lui ont reproché d'avoir trop promptement conclu que les cadavres exhumés étaient ceux d'Agamemnon et de Cassandre égorgés par Égisthe. Il est aussi difficile de le prouver que de le nier et son erreur n'enlèverait rien en tout cas au mérite de ses travaux et à la valeur archéologique et artistique des objets mis à jour.

Au sud de Mycène, au fond du golfe de Nauplie, s'étend un gros bourg de cinq à six mille habitants. Il entoure une colline qui s'avance dans la plaine en forme de promontoire et que couronne un vieux château franc. Ce bourg fut Argos, la plus ancienne des cités helléniques, l'une des plus belles et des plus grandes, pendant un temps souveraine du Péloponèse, aussi longtemps qu'elle vécut l'implacable ennemie de Sparte, contre laquelle ses femmes défendirent la cité et, conduites par Télésilla, repoussèrent les agresseurs. La longue histoire d'Argos est celle de sa longue haine contre la rivale heureuse qui lui disputa et lui enleva la suprématie de ce coin de terre trop étroit pour deux maîtres.

Quand, plus tard, l'Épire déborda sur le Péloponèse, Pyrrhus tenta vainement d'emporter Argos et mourut sous ses murs. Devenue ville romaine, elle passa, lors du partage de l'Empire grec, aux mains des Villehardouin, princes d'Achaïe, puis des Vénitiens.

A l'est d'Argos et sur les bords du golfe qui porte son nom, Nauplie, construite au penchant d'une colline, tourne le dos à la mer et fait face à la plaine d'Argos. Resserrée entre ses fortifications, protégée par son fort Palamède édifié sur un pic élevé, accessible du côté de la ville et qui domine la mer et la plaine, Nauplie est surtout une ville militaire. Elle fut le port d'Argos; elle fut plus tard la capitale des Villehardouin, puis forteresse vénitienne, citadelle turque et siège du gouvernemant grec de 1829 à 1834. Remplacée par Athènes, elle perdit beaucoup alors de son importance, mais elle est restée une cité pittoresque et de belle apparence. Son port, bien abrité et profond, est encore assez fréquenté.

A l'ouest d'Argos, dans une plaine marécageuse et nue de l'Arcadie que traversent et où convergent les routes d'Argos, de Sicyone et du sud, point de rencontre et champ de bataille indiqué par le relief du sol, s'élevait Mantinée, ou plusieurs fois se décidèrent en de sanglants combats les destinées de la Grèce. Homère l'appelait « l'aimable Mantinée »; Pausanias a décrit ses forêts et sa luxuriante végétation. La ville n'existe plus, le sol est dénudé et ses montagnes ont perdu leur verdoyante parure. Sur ce champ de bataille, Sparte vainquit les Argiens, les Athéniens et les Mantinéens coalisés en 418 avant Jésus-Christ. Cinquante-six ans plus tard, Épaminondas y succombait enseveli dans son triomphe. Démétrius y vainquit Archidamus; Philopœmen y écrasa Sparte.

Sparte, l'antique Lacédémone, est plus au sud, au centre de la Laconie, par delà Tripolitza, construite des débris de Mantinée, de Tigée et de Pallantium, et dont les Turcs avaient fait le siège administratif de la Morée. Dans la profonde vallée de l'Eurotas, à l'ombre du Taygète, sur l'emplacement qu'occupait la grande cité, la Sparte moderne dresse ses constructions massives, lourdes et pauvres, telles que l'on se figure celles de la ville guerrière, ennemie du luxe, ennemie de l'or et de l'argent, leur préférant le bronze dont elle décorait ses sanctuaires.

« L'Eurotas, écrit M. Eugène Gandar, est un joli ruisseau, bordé d'un rideau d'arbres qui me rappelait nos agréables rivières de France. Seulement, ce ciel d'avril était plus pur, plus beau, plus chaud que le nôtre; aux saules, aux aunes et aux peupliers se mariaient avec une richesse de végétation et de couleurs que je n'ai jamais vue nulle part, même sur le Vulturne et sur l'Anio, des platanes, des arbres de Judée, des genêts et des aubépines en fleurs, des myrtes, des grands lauriers-roses, les célèbres roseaux que les poètes ont si souvent chantés... Nous étions dans la vallée de Sparte, vallée délicieuse, d'une richesse et d'une fécondité incomparables, traversée par de jolis ruisseaux ombragés qui apportent à l'Eurotas les neiges et l'eau des sources du Taygète, et couverte ou plutôt chargée d'une véritable forêt de mûriers, d'oliviers et d'orangers, sur une largeur d'une grande lieue depuis la montagne jusqu'au fleuve et sur une longueur de six lieues, depuis les rochers du fond jusqu'aux petites montagnes que l'Eurotas traverse pour se jeter dans la mer. Quelques grands peupliers, quelques cyprès, platanes et chênes s'élèvent en bouquets au-dessus de ces grands vergers. »

Dominant la plaine, et imprimant à ce riant paysage un cachet de grandeur, le Taygète projette sur lui son ombre, découpant sur le ciel ses pics hardis, ses lignes abruptes et puissantes, ses masses noires, austères et âpres. Il n'a ni la poésie, ni les courbes harmonieuses du Parnasse, mais un étrange caractère de rudesse et de force. De son sommet, disent les Grecs, de même que du sommet du Parnasse, par un ciel clair, on voit Constantinople. De partout, à l'horizon lointain, le Grec croit voir la grande ville qu'il convoite.

Dans cette vallée que surplombe le Taygète, dans ce cadre aux contrastes heurtés, naquit et grandit Sparte. Elle y grandit vite, étouffant dans son étroite vallée de l'Eurotas, impatiente d'en sortir, s'emparant de la Messénie, conquérant à Mantinée là suprématie sur tout le Péloponèse. En elle s'incarna le génie dorien, la conception sociale qui faisait de chaque citoyen la partie d'un tout compact, d'une agglomération vivante et agissante, la cité, antérieure et supérieure à la famille, absorbant à son profit l'individualité. Athènes personnifiait le génie ionien, aimable et serviable, épris des choses de l'intelligence et des formes de l'art, éloquent et disert. Entre la Sparte de Lycurgue, proscrivant le travail manuel et le tenant pour servile, et l'Athènes de Solon, exigeant que chaque citoyen eût un métier, entre la ville militaire et la ville commerçante, le conflit était inévitable. Il éclata au lendemain des guerres médiques, et le duel dura vingt siècles.

Athènes finit par l'emporter; sa victoire fut celle de l'intelligence sur la force. De Sparte il reste un nom, grand encore; un souvenir : celui du patriotisme ardent. Ce double héritage lui est commun avec Athènes; mais Athènes survit dans ses œuvres immortelles, dans ses chefs-d'œuvre et dans ses monuments. « Si quelque jour, écrivait Thucydide, Lacédémone devenait déserte et qu'il ne restât d'elle que les ruines de ses temples et l'espace occupé par ses monuments publics, la postérité aurait peine à croire à la puissance tant vantée du peuple spartiate. »

Au sud-ouest de Sparte, sur l'emplacement de l'antique Phéræ, Kalamata s'étend au long de la rive gauche du Nédon. Son mouillage est bon en été, mais l'hiver, force est aux navires de chercher un abri dans le port voisin d'Armyros. Kalamata, ville moderne est, à peu de distance de Messène, située dans l'intérieur des terres et donna son nom à la Messénie.

Ici chanta Tyrtée, dont les vers enflammés firent d'un peuple agricole et pacifique, assailli en pleine paix par les Spartiates, un peuple de héros. Ici, Aristodème lutta dix ans et se tua pour ne pas tomber aux mains de ses ennemis. Le double mont d'Ithôme et d'Éva couronné d'une riche végétation, domine la plaine et les ruines de la ville que fit construire Épaminondas pour remplacer celle que les Spartiates avaient détruite. Cette terre est semée de débris, mais elle est restée riche et fertile, de même que son peuple est demeuré sobre et simple, travailleur et persévérant.

Comme tous les Grecs, il a gardé le culte des souvenirs passés, des historiques traditions et des vieux chants. A ceux de Tyrtée en ont succédé d'autres, mélancoliques et doux, en harmonie avec les temps. Entre autres, cette chanson de l'hirondelle qu'Athénée nous a transmise et qu'en avril les enfants vont chantant, et quêtant de porte en porte :

« L'hirondelle est de retour ; elle est de retour et, avec elle le beau temps et la belle saison. L'hirondelle est blanche sous le ventre, sur le dos elle est noire.

« Va dans ta riche demeure, va quérir pour elle et des figues et du vin, et aussi du fromage et de la fine fleur de froment. Elle ne refuse rien l'hirondelle, elle acceptera même un petit gâteau.

« Partirons-nous les mains vides ? Si tu nous donnes pour elle, nous partirons. Si tu nous refuses nous emporterons et la porte et son linteau, et la femme qui est assise dans ta demeure.

« Elle est mignonne ta femme, et facilement nous l'emporterons. Hâte-toi, donne, donne donc. Quoi que tu donnes sera le bienvenu.

« Ouvre ta porte, ouvre à l'hirondelle. Ce sont des enfants, non des hommes, qui te demandent pour elle. »

Au sud de Kalamata s'étend la sauvage contrée du Magne. La chaîne du Taygète la traverse et prolonge jusqu'au cap Matapan son arête rocheuse. Le Magne et le Taygète se complètent et tous deux expliquent Sparte, que les Maïnotes peuplèrent en partie. Les côtes du Magne, peu connues et rarement visitées offrent un aspect terrible et désolé. « Des rochers à pic, écrivait M. E. Yéméniz dans la *Revue des Deux-Mondes*, complètement arides, torréfiés par un soleil brillant, semblent interdire aux navigateurs l'abord de ce dangereux pays. Les anfractuosités du roc recèlent çà et là de petits villages, nids d'aigle suspendus sur les précipices, hérissés de forteresses anciennes, les unes démantelées, les autres encore debout. La physionomie de cette contrée n'est pas moins sévère à l'intérieur. Le district qui termine le Magne vers la mer offre une véritable image du chaos. On dirait que les cyclones ont bouleversé, ravagé ce coin du monde. Nulle trace de végétation ; quelques maigres troupeaux broutent seulement çà et là, au bord des précipices vertigineux, une mousse rougeâtre imprégnée de saveurs salines. Le district est désigné sous le nom de *kakovouni*, la mauvaise montagne, ou de *kakovouli*, la terre du mauvais conseil, sinistres appellations que justifient la nature des lieux et les mœurs féroces, les instincts de brigandage des redoutables tribus disséminées sur ces roches incultes. Les Maïnotes se regardent comme les descendants directs des Spartiates ; il n'en est pas un, du plus fier au plus humble, qui ne prétende remonter par une filiation directe aux enfants de Lycurgue et de Léonidas. »

L'Élide est déserte. La vallée de l'Alphée est inhabitée. Comme autrefois, le sol en est riche, le climat doux, mais la fièvre qui la hante en a chassé l'homme. Entre le fleuve Alphée et son affluent le Cladéos, dans l'angle droit formé par leur jonction se trouvait l'Altis, ses temples et l'hippodrome où se célébraient les jeux Olympiques. Olympie n'était pas une ville, mais ainsi qu'Épidaure et Némée, un bois consacré à Jupiter. Ce bois, l'Altis, contenait des temples et des autels, un théâtre, un stade, des milliers de statues, entre autre la statue colossale de Jupiter, en or et en ivoire, chef-d'œuvre de Phidias. Elle fut transportée à Constantinople et anéantie par un incendie.

L'Altis n'existe plus. L'Alphée torrentueux a détruit le bois sacré et déversé sur la plaine une épaisse couche de limon. Sous ce limon, sous les éboulis de rochers dorment les ruines d'Olympie.

L'expédition de Morée en a mis au jour quelques précieux débris : la statue d'Hermès, œuvre de Praxitèle et la Victoire de Pœonios, déposées dans le musée d'Olympie et dont les doubles ornent le musée de Berlin.

III. — LA GRÈCE INSULAIRE. — LES CYCLADES. — LES ILES IONIENNES.

A l'est de l'Attique et du golfe d'Égine, les Cyclades, semées sur la mer Égée, se déploient entre le 35° et le 38° degré de latitude. Les Hellènes les nommèrent ainsi du mot grec *cercle* ou *courbe;* les poètes ont chanté leurs beautés naturelles, leurs sites pittoresques, leurs riants ombrages et leurs eaux courantes. Les riants ombrages ont disparu; sur les rocs dénudés dans les vallons pierreux, les eaux sont rares, mais les flots de l'Égée font aux Cyclades une ceinture azurée, et, dans la transparence de l'air, sur un ciel lumineux elles dessinent leurs contours gracieux.

Elles furent grecques et surtout athéniennes, par leur race, par leur génie propre, par le voisinage de l'Attique. Elles ne cessèrent jamais de l'être sous le joug romain ni sous celui de Venise, non plus que sous les Turcs; elles le sont redevenues de fait, en 1827, après l'avoir toujours été de cœur.

Syros fut, dit Homère, la patrie d'Eumée, compagnon et serviteur d'Ulysse. Syra, capitale de l'Ile, compte 25,000 habitants. C'est l'un des ports les plus fréquentés de la mer Égée et aussi l'un des ports les plus encombrés. Les marins de Syra sont renommés dans tout l'archipel pour leur adresse et leur audace. Juxtaposée à la ville antique, bâtie au sommet de la colline d'où la vue s'étend sur les Cyclades, Hermopolis, la ville moderne, déploie au long du rivage ses quais et ses chantiers de construction. L'île de Syros mesure 231 kilomètres de longueur sur 9 de largeur.

Andros, la plus septentrionale du groupe, fait face à la pointe méridionale de l'Eubée dont la sépare le canal d'Oro. Plus étendue que Syros, elle renferme une population d'environ 30,000 habitants. Sa ville principale, qui lui donne son nom, n'est qu'un gros bourg auquel son ancrage insuffisant ne permet pas de devenir une ville. Les tentatives faites pour y créer un port ont jusqu'à ce jour échoué contre les difficultés qu'offre la configuration du sol. Par contre, Andros, moins dénudée que Syros, est plus fertile et mieux arrosée. « En se rendant du bourg sur la côte nord-est on voit des gorges où partout l'on rencontre des citronniers et des mûriers qui forment de véritables bois. De nombreux villages sont disséminés sur tout le parcours ; Messaria, résidence de l'aristocratie, et Pitrofas, sont les plus considérables. En s'élevant sur la chaîne qui divise l'île en deux parties on voit peu à peu disparaître les citronniers. Au sommet de la montagne on rencontre une source abondante qui arrose un versant de l'île. »

La race est belle et fine ; elle s'est conservée pure de tout mélange avec les Turcs. Elle est aussi hospitalière et douce. Comme ceux de Syros, les marins d'Andros sont réputés parmi les meilleurs de l'archipel. Andros n'a d'autre commerce que celui de la soie et des citrons.

Un étroit chenal sépare Andros de l'Ile de Tinos, peuplée d'environ 25,000 habitants. Plus montagneuse, mieux arrosée et mieux cultivée, Tinos est surtout une île agricole. On y cultive avec succès la vigne et le mûrier ; on y exploite des carrières d'où l'on extrait le marbre connu sous le nom de vert antique. Le bourg de Tinos s'élève sur les ruines de l'ancienne ville ; son port, Stavros, ne vaut pas celui de la côte nord-est, Porto Panormo.

Mykonos, au sud de Tinos, est dépourvue d'eau et de bois ; on y cultive l'orge, et le gibier y abonde. Son port, très ouvert, n'en offre pas moins un excellent mouillage. Mykonos prit une part aussi active que glorieuse à la guerre de l'indépendance.

A l'ouest, Delos, l'île sacrée, est déserte. La Grèce y venait adorer

> « Apollon, dieu sauveur, dieu des savants mystères,
> Dieu de la vie et dieu des plantes salutaires,
> Dieu vainqueur de Python, Dieu jeune et triomphant. »

Athènes y déposait à l'abri de son grand nom, le trésor des contributions de la Grèce. Tel fut son prestige que les Perses la respectèrent, mais Mithridate la dévasta et, du coup qu'il lui porta Delos ne se releva jamais. Ses ruines sont une inépuisable carrière dans laquelle, depuis mille ans, les marins de Tinos, de Syros, de Mykonos, viennent charger sur leurs navires des matériaux de construction, calcinant les marbres et les statues, pour en faire de la chaux. Non moins redoutables, les amateurs d'antiquités ont achevé de renverser ce qui restait debout du temple d'Apollon.

« Il s'élevait aux bords du canal qui sépare Delos de Rhénée. Les fragments du marbre le plus blanc de Paros, dont le sol est au loin couvert, indiquent encore quelles furent les proportions de cet édifice immense construit à la même époque que les grands temples de l'Acropole d'Athènes ; quelques chapiteaux doriques mutilés, des tronçons de colonne permettent même de le restaurer en partie. Avec les débris de ce temple se confondent presque les ruines de l'immense portique que Philippe III de Macédoine avait consacré à Apollon et qui s'étendait du côté du sud, le long du rivage, sur un espace de 150 pas environ. »

Dans l'ouest : Céos, aujourd'hui Zéa, île fertile et cultivée. Elle produit des fruits, du vin et du miel: Les Grecs en firent la résidence d'Aristée, le demi-dieu des pasteurs. De ses quatre villes : Carthœa, Pœessa, Ioulis et Coressia, il ne reste que quelques ruines, des villages et un port, San Nicolo, l'un des meilleurs de l'archipel. La petite ville moderne de Zéa a remplacé Ioulis.

Thermia, qui fut Kytnos, contient des sources thermales, d'où son nom moderne. L'île est bien cultivée et son sol est fertile. La ville de Thermia ne compte que quelques milliers d'habitants.

Sériphos et Kimolos ne sont que des rochers. Milos ou Milo, plus au sud, est de formation volcanique. Longtemps muets, les cratères se sont rouverts au siècle dernier, chassant la population. C'est près du théâtre de Milos, qu'un paysan découvrit la statue célèbre dans le monde entier sous le nom de Vénus de Milo, et qui se trouve aujourd'hui dans le musée du Louvre. Brisée en plusieurs morceaux elle était enfouie sous les décombres.

Dans l'ouest, l'île de Paros est surtout connue par ses carrières de marbre. L'antiquité y puisa largement; celles du mont Marpèse étaient exploitées à ciel ouvert pour l'architecture; le marbre statuaire provenait des carrières percées dans une gorge profonde où roule un torrent écumant. On y voit encore une galerie antique, dont l'exploitation dût être brusquement interrompue; on y trouva des lampes, des outils de mineurs et, sur les parois, des inscriptions romaines. C'est à Paros que l'on découvrit, en 1627, les plaques de marbre dites « chronique de Paros », sur lesquelles est inscrite la chronologie grecque de Cécrops aux temps d'Alexandre. L'île est cultivée avec soin et possède de bons ports. Le plus fréquenté est celui de Parikia, capitale de l'île, construite sur l'emplacement de la vieille cité de Paros.

Antiparos n'est connue que par sa grotte à stalactites, ignorée des Hellènes et découverte, il y a deux siècles. Ios fut, dit la tradition, le lieu de sépulture d'Homère. Un officier hollandais croit avoir retrouvé son tombeau sur le pittoresque monticule où s'élève aujourd'hui le petit monastère de Plakolos.

Santorin ou Thira, la plus méridionale des Cyclades, est d'origine volcanique. Ses sombres falaises rappellent la *Somma* du Vésuve. Sur ce sol de scories la vigne prospère et exclut toute autre culture. « La capitale actuelle, écrit M. Benoit, est située au centre inférieur du croissant que dessine l'île, au bord de la falaise. De petites maisons blanches et bâties en dômes ou terrasses semblent se soutenir en étage les unes sur les autres, et courent le long de la crête avec une effroyable hardiesse... Les bâtiments ne peuvent mouiller auprès de la falaise, car au pied du roc où l'on débarque commence une mer sans fond. Au bas de la falaise on ne trouve qu'un quai étroit de béton et quelques huttes voûtées qui s'enfoncent sous les excavations de la montagne. Une rampe étroite monte en zigzag jusqu'à la ville. »

Santorin est surtout intéressante par ses phénomènes volcaniques, dont le dernier, l'éruption de 1866, dura près de deux années projetant à d'énormes hauteurs des blocs incandescents, soulevant le fond de la mer et dressant jusqu'à cent mètres au-dessus du niveau des eaux des collines de laves.

Anaphée, Amorgos et Astypalée, les dernières des Cyclades sont de peu d'étendue et peu peuplées. Anaphée contient des ruines intéressantes; Amorgos fut renommée dans l'antiquité pour ses étoffes et ses teintures; Astypalée vit périr l'héroïque Bisson qui, plutôt que de livrer son navire aux pirates en 1828 se fit sauter avec eux.

De l'autre côté du massif de la Grèce continentale et de la Morée, au long des côtes de l'Épire, de l'Acarnanie et de l'Élide, les îles Ioniennes s'étendent du canal d'Otrante au golfe d'Arcadie. Moins nombreuses que les Cyclades, elles sont plus étendues. Par elles la Grèce se reliait à l'Italie et par l'Italie à l'Europe ; par les Cyclades elle confinait à l'Asie. Corfou, Sainte-Maure, Zante et Céphalonie sont les plus importantes du groupe.

Peu d'îles voient aussi haut que Corfou remonter leur histoire... La sienne embrasse vingt-six siècles. Peu d'îles eurent une destinée aussi tragique, un passé aussi héroïque. Elle s'appela d'abord Phéacia, puis Dépranum ; Homère célébra dans ses vers la délicieuse Schéria et le jardin d'Alcinoüs, plus tard elle s'appela Corcyre et enfin Corfou. Ulysse y reçut l'hospitalité d'Alcinoüs, de la belle Nausicaa. Xénophon exalta la richesse et le luxe de Corcyre. Elle fut, pour les Spartiates qui s'en emparèrent, et quelque temps la gardèrent, ce que fut Capoue pour les soldats d'Annibal. « Les Lacédémoniens, dit-il, équipèrent une flotte de soixante galères. Mnasippe, chargé du commandement, reçut ordre d'attaquer Corcyre ; c'était le principal objet de sa mission sur ces parages... Dès qu'il eut pris terre il se rendit maître de l'île et ravagea un pays très bien cultivé, admirablement planté, orné de magnifiques bâtiments et de riches celliers répandus dans les campagnes. Les soldats de Lacédémone, le croira-t-on, en vinrent à un tel raffinement de luxe qu'ils ne voulaient plus boire que des vins parfumés. On fit là un grand butin d'esclaves et de bétail. »

Fille souvent rebelle de Corinthe, Corcyre fut la cause principale de la guerre du Péloponèse qui, pendant vingt-sept années, mit la Grèce en feu. Plus tard Pyrrhus la prit, puis les pirates d'Illyrie et enfin les Romains. Dans les luttes qui précédèrent l'Empire, Corcyre, mal inspirée dans ses choix, prit parti pour Pompée contre César, pour Brutus et Cassius contre Octave et Antoine, pour Antoine contre Octave. César lui pardonna ; Octave, moins magnanime, lui fit payer cher son erreur. Malgré les services qu'elle rendit à l'Empire en rejetant les Goths hors d'Illyrie, Dioclétien la châtia d'être devenue chrétienne. Elle le resta et, aussi, resta fidèle à la cause de Rome contre les Barbares. Elle lutta contre les Vandales et les Lombards, contre les Sarrasins, les Francs et les Bulgares. Contre les Turcs elle fit des prodiges, les forçant à se rembarquer; contre les Anglais elle résista six ans; sa garnison française, commandée par le général Donzelot n'évacua Corfou qu'en août 1814.

L'île a environ 20 lieues de longueur sur 10 de largeur et contient près de 80,000 habitants. Prodigue envers elle, la nature lui a donné un sol fertile, admirablement approprié à la culture de la vigne, du blé, de l'olivier, du citronnier et de l'oranger, des anses ombragées et des promontoires boisés, des baies riantes et des paysages merveilleusement beaux. Elle est restée ce qu'elle était déjà du temps où Homère

l'appelait « la fertile et délicieuse Schérie ». Ovide vanta ses fruits exquis et, pour les
Grecs comme pour les Latins elle est encore la Phéacie idéale, la terre riche et molle,
où « Nausicaa aux bras blancs s'ébattait avec ses compagnes aux longues chevelures. »

« Après tant de siècles, écrit M. Stanislas de Nolhac, les vergers corfiotes n'ont
point cessé de mériter les louanges de leurs admirateurs. La même abondance qu'autrefois y règne. Ce ne sont partout qu'étalages de fruits de toutes sortes : oranges, figues,
melons, pastèques, limons, raisins, dont les pyramides énormes, amoncelées çà et là
sur les places et dans les rues, attestent par leur superbe apparence que les ressources
du vieux sol phéacien sont toujours les mêmes et que le paradis homérique n'est point
perdu. Ajoutez que grâce à cette abondance, tout cela se vend pour rien. Dans la campagne une orange a à peine plus de valeur que l'eau qu'on puise pour se rafraîchir à la
fontaine commune... Et que de fleurs partout! Les jasmins et les roses montent aux
murs des maisons ou s'épanouissent en buissons le long des chemins. Les géraniums
s'étalent sur le sol en larges massifs; les jonquilles, les iris, les anémones tapissent le
fond des vallées et s'abritent dans le creux des ruisseaux, à l'ombre des cyprès séculaires. En un mot c'est un vaste jardin qui s'étend sur toute l'île et n'a d'autres limites
que la mer. »

Construite près de l'emplacement de l'ancienne Corcyre, Corfou est une ville aussi
grecque qu'italienne; l'occupation française jusqu'en 1814, l'occupation anglaise de
1815 à 1863, époque où les îles Ioniennes firent retour à la Grèce ont laissé, cette
dernière surtout, leur empreinte sur Corfou. Leur patriotisme n'empêche pas les
Corfiotes de regretter l'époque où les officiers et les touristes anglais affluaient chez
eux et dépensaient largement, où les fonctionnaires anglais employaient les revenus de
l'île à construire des routes, à embellir la capitale, élargissant les rues, édifiant des
marchés, organisant la police et construisant un aqueduc. « Les plaintes et les regrets
des Corfiotes, dit M. Belle, sont jusqu'à un certain point justifiés par l'orage démocratique qui s'est déchaîné sur les îles depuis leur annexion; mais en examinant de près
l'administration anglaise, on ne peut s'empêcher de trouver que ce calme et cette sécurité n'étaient que la torpeur amenée par l'absolutisme, torpeur que ne compensait point
la prospérité matérielle. »

Au sud de Corfou, l'île de Paxo n'en est qu'une réduction. Même sol, mêmes cultures
sur une superficie très réduite. Paxo n'a que 8 kilomètres de longueur, une population
de quelques milliers d'habitants; historiquement et commercialement, elle gravite autour
de Corfou.

Plus bas, au-dessous du golfe d'Ambracie, aujourd'hui golfe d'Arta, l'île de Sainte-
Maure, autrefois de Leucade, tenait, dit-on, à la terre ferme par un isthme que percèrent
ses premiers habitants. Les sables comblaient déjà ce canal au temps de Périclès;
Auguste le fit réparer et creuser. Leucade partagea le sort des autres îles Ioniennes,
leur histoire fut la sienne. Une chaîne de montagnes calcaires la traverse du nord-ouest
au sud-ouest. Sur le versant qui fait face à la côte d'Acarnanie s'ouvrent de pittoresques
vallées. Amaxi, capitale de l'île a été dévastée par le tremblement de terre de 1847.
Leucas, l'ancienne capitale s'élevait à peu de distance d'Amaxi, sur le promontoire qui

fait face au continent et dont la sépare le canal de 100 mètres de largeur au travers duquel les Romains jetèrent un pont.

A l'extrémité de l'île se trouve le rocher connu sous le nom de Saut de Leucade et qu'immortalisa le suicide de Sapho, dédaignée par Phaon. « Ce rocher, dit le Dr Wordsworth, était consacré à la fois à la religion et à la justice criminelle ; on y faisait des sacrifices expiatoires en précipitant de son sommet des esclaves et des criminels. »

Entre Sainte-Maure et Céphalonie se trouve l'île d'Ithaque ou de Thiaki. Elle n'a pas d'autre histoire que celle qu'Homère a retracée et que le nom d'Ulysse a illustrée. A Ithaque, le poète fit régner le fils de Laute, vivre Pénélope, et périr les prétendants dont le héros revint châtier l'insolence. On a contesté l'histoire, on a même nié que la Thiaki moderne fût l'ancienne Ithaque. Sur ce dernier point, les descriptions d'Homère ne laissent pas de doute. Le cadre est tel encore qu'il l'a décrit ; on y retrouve la caverne où les Phéaciens débarquèrent Ulysse endormi. L'unique entrée s'ouvre au nord-ouest, très étroite et ne laissant filtrer qu'une pâle lumière. De la voûte pendent les stalactites qu'Homère désigne comme des broderies de pierre, bleues comme les flots et dessinées par les nymphes.

L'île entière ne mesure que 25 kilomètres de longueur sur 6 de largeur et ne contient qu'environ 10,000 habitants, dont le quart habite Vathy, capitale à laquelle les rochers nus qui la dominent et l'enserrent donnent un aspect sombre et morne.

Au sud d'Ithaque, par le travers du golfe de Corinthe ou de Lépante, s'étend Céphalonie, la plus grande des îles Ioniennes. Elle mesure près de 200 kilomètres de circonférence ; une chaîne montagneuse la traverse du nord-ouest au sud-est, atteignant son point culminant au Monte-Néro, autrefois l'OEnos, dont l'altitude dépasse 1,600 mètres. Céphalonie prit part au siège de Troie ; plus tard, alliée d'Athènes, elle suivit sa fortune.

Samos, son antique capitale, faisait face à Ithaque. Située sur la voie la plus directe entre l'Italie et la Grèce, à l'entrée du golfe de Corinthe, Samos, dont le port était excellent, occupait une situation préférable à celle d'Argostoli, devenue le chef-lieu actuel de l'île. Le port d'Argostoli est bon, mais peu profond. La ville est bâtie sur la côte occidentale, à l'entrée d'un golfe profond qui, au nord, s'enfonce dans les terres. De l'autre côté du golfe, Cranion, ville antique, étale les débris de son enceinte cyclopéenne et ses nombreux tombeaux creusés dans les rochers. Lixouri, sur la plage ouest, est, après Argostoli, la ville la plus importante.

Au sud de Céphalonie : Zante, « la fleur du levant ». « C'est encore un paradis terrestre, écrit M. de Nolhac. Nous naviguons en vue de l'île par un temps d'une singulière douceur. L'atmosphère qui nous entoure est d'une limpidité extraordinaire. Un vent léger s'élève par instants et nous apporte je ne sais quels pénétrants aromes que nous respirons avec délices. Un gai soleil illumine autour de nous les îles rocheuses, met en relief les terres plus éloignées et revêt les belles vagues bleues de l'éclat resplendissant de l'or. Bientôt la côte apparaît plus distincte. Elle est sillonnée par de longues terrasses parallèles qui surplombent la mer à une grande hauteur et sur lesquelles croît toute une végétation confuse d'oliviers, de figuiers, de cyprès, de vignes, de cactus, d'aloès entremêlés dans un pittoresque désordre. L'effet de ces masses de verdure encadrées par l'azur du ciel et celui de l'eau, noyées dans les flots d'une incomparable lumière est vraiment merveilleux. C'est comme un concert de teintes exquises dont l'harmonieux accord, semblable à une douce musique, caresse étrangement, et s'insinue jusqu'au fond de votre âme. »

Zante, la capitale, occupe l'un des sites les plus pittoresques de l'île charmante. Au long d'une baie largement ouverte que dominent le mont Scopos et la citadelle, la ville, adossée aux riantes collines, déroule sur 2 kilomètres de longueur ses maisons blanches, son port et ses quais animés. De la vieille ville, il ne reste rien; la nouvelle la recouvre.

Moins grandiose que Corfou et aussi moins accidentée, Zante n'est guère moins séduisante. Ce fut la *Nemorosa Zacynthus*, l'île ombreuse; sa race n'a gardé que peu de chose de son origine hellénique; plus italienne que grecque, elle est plus vénitienne que romaine.

Au sud de la Morée, en face du cap Malie, Cythère, aujourd'hui Cérigo, forme la transition entre les îles Ioniennes à l'ouest et les Cyclades à l'est. Ce n'est qu'un rocher aride d'environ 32 kilomètres de longueur sur 15 de largeur. Les Grecs y firent aborder Vénus sortie du sein des ondes. Cythère devint son temple et n'eut jamais d'autre célébrité.

Telle que l'ont faite le relief de son sol, ses montagneux massifs, la destruction de ses forêts, son histoire et ses malheurs, la Grèce est hors d'état de nourrir les Grecs, dont deux millions seulement l'habitent et dont un nombre au moins égal vit à l'étranger. Non plus que les premiers, ces derniers n'ont répudié leurs coutumes et leurs traditions. Tous sont également fiers de leur origine, de leur grand passé, prélude pour eux d'un grand avenir. Ils y ont foi et impatiemment l'attendent.

Comme autrefois, ils demandent la fortune au négoce. Leur sol aride, sur une superficie de 65,000 kilomètres carrés ne leur en laisse que 15,000 arables, 10,000 en jardins et 20,000 en pâturages. Le reste ne saurait être cultivé. A défaut de terres, ils ont vécu de la mer, marins, trafiquants, aujourd'hui, comme alors, commerçants habiles, devenus industriels, mais surtout restés navigateurs. Leur flotte commerciale jauge plus de 250,000 tonneaux et leur population maritime comprend plus de 30,000 hommes. Leurs ports alimentent un mouvement commercial de plus de 17,000 navires à l'entrée et à la sortie et de près de 5,000,000 de tonnes.

La valeur de leur commerce propre dépasse 200,000,000 de francs. De pareils chiffres attestent l'énergique vitalité de ce peuple qui a joué un si grand rôle dans l'histoire, qui, longtemps, fut le premier dans les arts et dans les lettres, qui, toujours supérieur à la fortune, ne douta jamais de lui-même ni de l'avenir. Il a reconquis son indépendance, il s'est, de nos temps encore, illustré en de nombreux combats et, des épreuves subies sorti à son honneur, il aspire à redevenir une grande nation.

Vue de Venise.

III. — L'ITALIE

Par delà la mer Ionienne et les « flots tourmentés de l'Adriatique » que maudissait Horace, la longue péninsule italienne, coupant la Méditerranée en deux parties à peu près égales, déroule, des Alpes à la Sicile sa longue courbe inclinée vers l'Afrique. Entre Marsala, extrémité ouest de la Sicile et le cap Bon, sur la côte tunisienne, il n'y a que quarante lieues de distance.

Si la Grèce regarde vers l'orient, vers l'Asie, l'Italie fait face à l'occident, à Gibraltar, seuil de l'Atlantique. C'est de ce côté qu'elle penche, sur ce versant que s'élèvent ses ports et ses grandes villes : Gênes, la Spezzia, Pise, Livourne, Florence, Sienne, Rome et Naples, que s'allongent ses îles d'Elbe, de Sardaigne et de Sicile, que s'ouvrent Messine et Palerme, que se déroulent les plaines de la Toscane et de l'Ombrie, du Latium et de la terre de Labour. Mieux articulé, ce littoral occidental n'offre pas les lignes nettes et rigides qui, sur l'Adriatique, de Ravenne à Ancône, d'Ancône à Otrante, se profilent dures et droites, interrompues seulement par les monts Gargano. De Venise au détroit de Messine, sur 220 lieues de longueur, ce littoral oriental n'offre que trois ports : Venise, Ancône et Brindisi.

Les Alpes ferment l'Italie au nord; du golfe de Gênes au golfe de Venise elles l'isolent de l'Europe et leur montagneux massif, le plus élevé de cette partie du monde, entasse, pour en mieux couvrir l'accès, une triple rangée de monts. Partout ailleurs, la mer l'enserre : la mer Adriatique et Ionienne, la Tyrrhénienne et celle de Gênes et, comme si ce n'était pas assez de leurs barrières, les Apennins, soudés aux Alpes françaises, la traversent du nord au sud, la coupent en deux versants, rempart intérieur contre l'invasion.

Pendant deux mille ans, cette péninsule fut l'axe de l'univers alors connu, le point vers lequel se tournèrent les regards, d'où partaient les ordres, d'où venait l'impulsion. Nul lieu ne fut si grand, nul ne fut aussi célèbre que l'étroit coin de terre où s'éleva sa ville, la *ville* entre toutes, qui donna son nom au monde, fit de lui *l'Orbis romanus*, l'Empire le plus vaste et le plus durable que l'homme ait jamais édifié et, pendant des siècles, maintenu.

Au pied du figuier sauvage où, dit la légende, le Tibre débordé charriant le berceau de Romulus et Rémus, le déposa, et où la louve, attirée par les cris des enfants, les réchauffa et les nourrit de son lait, s'éleva Rome, la ville guerrière, ville de la force et du droit, des grands empereurs et des grands écrivains, l'héritière de la Grèce, l'élève d'Athènes où sa jeunesse étudiait, la ville des dieux et la ville catholique, aussi grande dans la guerre que dans la paix, dans tous les domaines où s'exerce l'activité humaine la première.

Elle conquit le monde, et, sous son joug, pendant deux siècles, le monde connut la paix; cette *pax romana* que le monde n'a jamais connue depuis et aussi longtemps, et dont le roi Agrippa disait : « Un consul, sans soldats, commande aux cinq cents villes d'Asie; trois mille légionnaires maintiennent dans l'obéissance le Pont, la Colchide et le Bosphore, pays rebelles à toute autorité. Quarante vaisseaux ont suffi pour ramener la sécurité sur les flots inhospitaliers de l'Euxin; la Bithynie, la Cappadoce, la Cilicie, la Pamphylie acquittent le tribut sans que la force les y contraignent. Deux mille hommes dans la Thrace; une légion chez les Espagnols, les Dalmates et les Africains; en Gaule, douze cents légionnaires, autant que la Gaule a de villes; telles sont les forces qui assurent la soumission de ces régions si vastes, de ces nations puissantes. Un dieu seul a pu élever si haut le peuple romain, qu'une révolte contre lui serait une révolte contre Dieu même. »

Il lui fallut, pour porter à pareil point sa grandeur, huit siècles d'une fortune et d'une discipline constantes, d'une concentration telle qu'un de ses poètes louait Rome de s'être substituée à l'univers :

« Urbem fecisti quod prius orbis erat. »

Quand Rome s'écroula, ce fut moins par le fait de l'apparition des Barbares que de la disparition des Romains. La cité « riche en hommes » n'avait plus de citoyens; à la race conquérante, s'était lentement substituée la foule des alliés, des vaincus, des affranchis, poussière d'hommes sans cohésion, sans traditions ni liens communs. Ils remplissaient les cadres des légions, ils siégeaient au Sénat, ils gouvernaient et défendaient l'Empire; le décor était le même, en apparence rien n'était changé, en réalité le cadre seul subsistait, l'âme était morte.

Dans ce Latium où Rome naquit et grandit, dans cette Italie dont l'écho, si long-temps ne répercuta que son nom, son histoire est tracée sur le relief même du sol. La cité qui s'élevait sur les sept collines ne pouvait ni ne devait être une des grandes villes commerçantes du monde. Cinq lieues la séparaient de la mer et, si le Tibre y portait, le Tibre en fermait l'accès par ses alluvions et, plus loin, la refoulait, élargissant son delta, ensablant le double port d'Ostie, celui de la République et celui de l'Empire. Les deux villes dorment aujourd'hui sous les blés et les chardons, à 7 kilomètres du rivage, et les fouilles entreprises en 1855 ont mis à jour des temples, un théâtre et des tombeaux.

Agricole, Rome ne pouvait l'être. Son sol aride se prêtait mal à la culture et n'eût pu nourrir une grande agglomération humaine. Les terres riches et fertiles se trou-vaient au nord et au sud. A l'est, se dressaient les monts Sabins et par delà les Abruzzes et les Apennins. Pour subsister seulement, sinon pour grandir, il fallait sortir de ce cadre étroit, prendre et conquérir, s'étendre du côté du Latium, de l'Étrurie, de la Sabine, être un camp avant de devenir une ville. Camp de pillards qui se peupla d'aventuriers attirés par le « droit d'asile », retenus par l'espoir du butin, par la com-munauté de goûts et d'instincts. Ne pouvant être ni commerçante, ni agricole, ni maritime, la cité naissante fut cosmopolite et guerrière, recruta partout ses citoyens et en fit des soldats.

La légende que nous a conservée Plutarque résume sous une forme saisissante l'ori-gine de Rome : « Romulus, dit-il, fit venir d'Étrurie des prêtres pour lui enseigner les formules sacrées. Autour du Comitium ils donnèrent l'ordre de creuser un fossé dans lequel chacun des citoyens de la ville dut jeter une poignée de terre de son sol natal. On mélangea cette terre et on donna au fossé le nom d'*Univers*. »

Du dehors, Rome n'avait rien à redouter. Longtemps elle put s'étendre, s'organiser et s'agrandir sans se heurter au monde extérieur. La Grèce le représentait seule alors par son activité commerciale, par sa force d'expansion, par sa puissance colonisatrice, mais la Grèce ignorait le nom et l'existence de Rome. La rude côte de l'Adria-tique n'était pas pour l'attirer. C'est plus au sud qu'elle se portait, vers les rives enso-leillées du golfe de Tarente qu'elle appelait la grande Grèce. Là s'élevaient Héraclée et Sybaris, Crotone et Métaponte, colonies florissantes dont les archéologues ont peine à retrouver l'emplacement.

Entre ce monde grec qui, en 720 abordait le golfe de Tarente, en 735 la Sicile, et Rome, nul contact. A cette dernière date, Romulus disparaissait, Numa lui succédait et les premiers exploits de la ville guerrière ne dépassaient pas un cercle restreint de quelques lieues d'étendue. Ce ne fut qu'un siècle plus tard que la Grèce fonda Marseille, que Parthénope, Naples, s'éleva au fond de son golfe. Il fallut la première guerre punique pour amener Rome sur la mer ; il fallut une quinquérème carthaginoise échouée sur les côtes de Sicile pour lui servir de modèle.

Quelques mois plus tard, elle avait construit une flottille de 120 navires, en perdait 17 et avec les autres gagnait, près de Myles, sa première victoire navale (260). Il fallut la guerre avec Philippe et les agressions des pirates Illyriens pour amener

Rome. dans la Grèce et lui donner l'Illyrie. De cette époque date la fusion des deux mondes :

Græcia capta ferum victorem cepit et artes
Intulit agresti Latio.

Si grandiose que fût la barrière des Alpes, si inaccessible qu'elle parût être, on pouvait la tourner par ses deux extrémités du golfe de Gènes et du golfe de Venise, dans sa partie médiane ; par les défilés du mont Genèvre et du mont Cenis, du Saint-Gothard et du Saint-Bernard, de la Valteline et du Brenner, des Alpes Juliennes et du col de Tarvis on pouvait la forcer.

Par la première voie pénétrèrent les Ligures, les Insubres, les Sénons ; par les cols des grandes Alpes, les Étrusques qui se fixèrent dans l'Ombrie, s'y étendirent et exercèrent sur Rome une grande influence. Rome leur dut ses premières notions d'art, ses premiers germes de civilisation. Plus tard, remontant vers le nord, par de là le pays des Ligures et la courbe des Apennins dans la Gaule cisalpine. et les plaines de Lombardie, les Romains se heurtèrent aux races descendues de la Rhétie et des Gaules, dans le nord-est aux Vénètes. La péninsule atteint ici sa plus grande largeur, 600 kilomètres ; de Ravenne à la Spezzia, elle n'en a plus que 200, d'Ancône à Piombino, 300. En descendant vers le sud, elle s'effile, et, dans l'étranglement des Calabres, ne mesure que 30 kilomètres. Du nord au sud, de Bellinzona au détroit de Messine, l'Italie se développe sur une longueur de plus de 1,000 kilomètres.

Les Apennins la traversent ; de Savone, ils obliquent à l'est, séparant de l'Italie péninsulaire les riches plaines du Pô, unies et plates de Turin à Venise. Longeant la plaine de Ligurie, la chaine s'abaisse jusqu'à 1,000 mètres, s'exhausse à l'est du Latium où le monte Corno atteint 2,900 mètres d'altitude, fléchit de nouveau et se scinde en deux rameaux qui viennent mourir dans les Calabres et la terre d'Otrante. Serrant de près les côtes de l'Adriatique, les Apennins abritent à l'ouest des régions fertiles : la Toscane, le Latium, la Campanie. Vallées et plaines diminuent à mesure que la péninsule s'amincit ; dans les Abruzzes et la Calabre elle se hérisse en un étroit et montagneux massif.

Parallèlement aux Apennins, comme eux sillonnant la péninsule dans toute sa longueur, une coulée de feux volcaniques s'agite sous l'ossature rocheuse et, à intervalles inégaux, s'épanche par les cratères méridionaux du Vésuve, de l'Etna et des îles Lipari.

Étant donnée l'orographie de l'Italie, aucun grand fleuve, sauf dans le nord, ne saurait y exister. Le plus considérable, le Pô, ne mesure que 630 kilomètres de longueur. Navigable depuis Turin, il se déverse dans l'Adriatique, grossi par les eaux tributaires du Tanaro, de la Trebbia, du Tessin, de l'Adda, du Mincio. Les fleuves de l'Italie péninsulaire n'ont qu'un cours restreint. L'Adige, le premier après le Pô, n'a que 320 kilomètres de parcours, l'Arno, 244, le Tibre 356, le Volturne 133. Par contre, ils sont nombreux. Nombreux aussi les bassins naturels dans les cratères éteints et les grands lacs alimentés par les rivières : le lac Majeur formé par le Tessin, le lac de

Côme par l'Adda, le lac de Garda par la Sarca, le lac d'Iseo par l'Oglio, tous dans la haute Italie. Plus au sud, nous retrouverons, dans le Latium, les lacs d'Albano, de Némi, de Régillo, de Gabii; dans la Campanie, ceux d'Averne et de Lucrin, d'autres enfin, dans la Toscane.

Si l'Italie ne possède ni les articulations souples, ni les anses profondes, ni les havres naturels de la Grèce, ni ses îles nombreuses semées comme les Sporades et les Cyclades sur les flots de l'Égée, ni les îles de la mer d'Ionie, par contre les îles qui lui appartiennent sont plus riches et plus étendues. La Sicile au sud, la Sardaigne à l'ouest contiennent une population nombreuse et alimentent un commerce considérable. Leur superficie dépasse 49,000 kilomètres carrés, un cinquième environ de la superficie totale de l'Italie : 296,000 kilomètres carrés, habités par 30,000,000 d'habitants. Par contre aussi, l'Italie possède un bien autre développement de côtes. « Aucune partie de l'Europe, écrivait Napoléon dans ses mémoires, n'est située d'une manière plus avantageuse que l'Italie pour devenir une grande puissance maritime. Elle a, depuis les bouches du Var jusqu'au détroit de la Sicile, 230 lieues de côtes ; du détroit de la Sicile au cap d'Otrante 130 lieues, du cap d'Otrante à l'embouchure de l'Isonzo sur l'Adriatique 230 lieues; les trois îles de Corse, de Sardaigne et de Sicile ont 530 lieues de côtes. L'Italie, comprises ses grandes et petites îles, a donc 1,200 lieues de côtes. La France en a, sur la Méditerranée, 130, sur l'Océan 470, en tout 600. L'Espagne. comprises ses îles, a sur la Méditerranée 500 lieues de côtes et 300 lieues sur l'Océan ; ainsi l'Italie a un tiers de côtes de plus que l'Espagne et moitié plus que la France. »

De l'examen du relief et de la configuration du sol de l'Italie, trois grandes divisions géographiques apparaissent : 1° l'Italie continentale, comprenant le Piémont, la Ligurie, la Lombardie, la Vénétie et l'Émilie. Par sa situation, elle fait partie du continent; les Apennins la séparent de : 2° l'Italie péninsulaire qui, des Marches et de la Toscane, par l'Ombrie, le Latium, les Abruzzes et la Campanie, la Pouille, la Basilicate et la Calabre, rejoint le détroit de Messine. Enfin, 3° l'Italie insulaire. Nous les étudierons dans cet ordre en commençant par le nord.

Arc de Septime Sévère à Rome.

Château de MONCALIERI.

I. — L'ITALIE CONTINENTALE

I. — LE PIÉMONT.

L'Italie continentale s'étend du golfe de Gênes à l'ouest, au golfe de Venise à l'est ;
elle est séparée de la France, de la Suisse et de l'Autriche par la chaîne des Alpes au
nord, de l'Italie péninsulaire par la courbe que décrivent les Apennins au sud.

De la Roya, dont le cours central, à l'est de Menton, appartient à la France, la frontière suit le col du Tende et du Longet, le mont Viso, le mont Genèvre, les sommets
du Tabor, de Fréjus, du mont Cenis, la source de l'Isère et le grand Paradis. Longeant
le versant oriental du mont Blanc, par le col Ferret et le Saint-Bernard, elle rejoint les
Alpes centrales dont elle suit les contours capricieux vers l'est ; par les Alpes Cado-
riques elle gagne les Alpes Juliennes, puis s'infléchissant vers le sud vient aboutir au
golfe de Trieste, à l'est du Tagliamento.

Bizarrement contournée, capricieusement découpée, cette frontière, naturelle dans
ses grandes lignes, cesse d'être géographiquement exacte dans ses détails. Tel versant
et telle vallée arbitrairement attribués à ses voisins sont italiens de par le relief du

sol, tels autres occupés par l'Italie relèvent de l'Autriche, de la Suisse ou de la France.
Fréquemment remaniée par les diplomates, déplacée ou supprimée par les guerres,
cette frontière est logiquement l'une des plus difficiles à établir. Non que le sol qu'elle
traverse soit de ceux que les peuples se disputent à cause de leur richesse ou de leur
fertilité, mais parce que son tracé ouvrant ou fermant l'accès de l'un chez l'autre, rend
la défense ou l'agression possible et facile, parce qu'il importe à chacun d'eux d'être
maître des cols et des défilés qui sillonnent la chaîne imposante des Alpes.

Par ces voies séculaires les peuples ont passé, l'un sur l'autre débordant. Les con-
quérants les ont suivies, leurs armées les ont franchies, depuis Annibal jusqu'à nos
jours. Du sommet des Alpes, le Gaulois voyait se dérouler au-dessous de lui les riches
plaines du Piémont et de la Lombardie, s'ouvrir devant lui la route de Rome, la ville
éternelle. Par le mont Cenis et le Saint-Bernard, par le Simplon et le Saint-Gothard,
par le Splugen et le Stelvio, l'homme du nord débouchait dans la région ensoleillée,
dans la péninsule, au centre de laquelle la cité, reine du monde, fixait tous les regards,
éveillait toutes les convoitises, attirait tous les audacieux.

Au pied de ces monts le Piémont, bien nommé. Ils lui font un amphithéâtre grandiose, un cadre majestueux de montagnes : Viso, Genèvre, Cenis, mont Blanc, Corvin,
mont Rose; au sud les Alpes Maritimes et les Apennins; à l'ouest les Alpes Cottiennes.

Là fut le berceau de cette maison de Savoie qui, de si bas s'éleva si haut. Les descendants de Umbert « aux blanches mains » pétrirent et façonnèrent de leurs mains,
plus rudes que celles de leur ancêtre, ce duché de Savoie dont ils firent le royaume de
Sardaigne, annexant à leurs maigres terres patrimoniales de la Maurienne, d'une partie
de Savoie et de la Tarentaise le comté de Turin qu'Adélaïde apporta en dot à Oddone
fils d'Umbert, en attendant d'y joindre le Gex et le Faucigny, Nice et le pays de Vaud,
Genève et la Sardaigne, puis la Lombardie; et de poser sur leur tête la couronne d'Italie, dans Rome, capitale.

Si les circonstances les servirent, ils s'aidèrent. Si le sol était montagneux, les habitants étaient industrieux, robustes et vigoureux, les enfants nombreux, et telle était la
sobriété de cette population qu'une famille de huit ou dix personnes « vivait des produits d'un lopin de terre et de quatre ou cinq vaches ».

Le plus grand fleuve de l'Italie naît dans le Piémont et l'arrose, s'épanchant au travers de la Lombardie dans l'Adriatique. Il descend des pentes du mont Viso, d'une
altitude de près de 2,000 mètres, sillonnant, parallèlement aux grandes Alpes, les
plaines piémontaises et lombardes, arrosant Carignan, Turin, Casale, Stradella, Plaisance, Crémone, Guastalla, déversant à la mer, par ses embouchures multiples, de
40 à 100 millions de mètres cubes de boue par an. C'est l'un des plus actifs parmi
les fleuves travailleurs de la Méditerranée, un de ceux qui roulent le plus fort volume
d'eau, et qui, refoulant le plus loin la mer, élargissent et comblent le plus rapidement leur delta.

C'est aussi l'un de ceux dont les crues sont les plus désastreuses. Dans la vaste plaine
créée par lui et fécondée par lui, l'homme n'a pas eu trop de son ingéniosité pour se
défendre contre lui, pour empêcher le fleuve de se promener librement dans ce domaine

uni, sans un plissement de sol, sans une colline qui l'arrête. Ce que l'homme défend ainsi, c'est une plaine de 1,200,000 hectares, un capital de plusieurs milliards rendant, bon an mal an, plus de 200 millions. Aussi multiplie-t-il les *argini* ou digues ; il les surveille et les entretient avec soin, les consolidant par des contre-digues, ménageant des espaces vides, des coulées aux eaux d'inondation.

Dans cette lutte entre la nature et l'homme, l'homme l'emporte, domptant le fleuve rebelle, élevant contre son débordement, ainsi que le firent en 1872 les habitants d'Ostiglia, deux digues successivement emportées, luttant sans relâche pour édifier la troisième, sourds aux avertissements des ingénieurs, et du haut de leur barrière improvisée voyant enfin les eaux décroître. Ainsi firent les habitants de Rovère, jetant bas leur première ligne de maisons pour empierrer leurs digues et sauver le reste de la ville.

Mais parfois à l'instinct de solidarité se substitue l'égoïsme froidement féroce. On a vu des propriétaires de champs menacés crever au-dessous d'eux les *argini*, inonder leurs voisins pour diminuer la pression des eaux sur leurs barrières chancelantes et ouvrir une issue au fleuve menaçant. Contenu maintenant, il cesse d'exhausser le niveau de la plaine, mais il prolonge d'autant plus avant et d'autant plus rapidement son delta dans l'Adriatique, charriant sa fine poussière de sable qu'il n'épanche plus par delà ses rives.

Tout ce bassin du Pô constitue un vaste système d'irrigation admirablement aménagé, un réseau d'affluents saignés sur leur parcours. Ces affluents sont nombreux ; à droite : la Vailtra, la Macra, le Tanaro, la Scrivia, le Tidone, la Trebbia, la Parma, la Secchia. A gauche : le Chisone, la Dora Riparia, l'Orco, la Dora Baltea, la Sésia, l'Agognia, le Tessin, l'Adda qui sort du lac de Côme, l'Oglio, et le Mincio qui vient du lac de Garda.

Sur une superficie de 29,000 kilomètres carrés le Piémont compte un peu plus de 3,000,000 d'habitants, soit 107 par kilomètre carré. Cette densité n'est dépassée en Europe que par la Belgique (203), les Pays-Bas (135) la Grande-Bretagne (112). En France elle n'est, en moyenne que de 72. Dans la Lombardie, plus peuplée encore que le Piémont, elle atteint le chiffre de 159 habitants par kilomètre carré.

Ancienne capitale du Piémont, Turin en est encore la ville principale. Elle fut la cité des Tauriniens, Taurisia, l'alliée de Rome dont Annibal ne put ébranler la fidélité et qu'il punit en la pillant. César en fit une ville militaire, la clef des Gaules. Plus tard elle passa aux mains des Lombards, puis de Charlemagne. Tour à tour prise et reprise par la France et le Piémont, chef-lieu du département du [Pô et capitale de royaume, elle vit naître Lagrange, Gioberti et Alberto Nota.

Elle gagna plus qu'elle ne perdit à cesser d'être le siège du gouvernement, transféré d'abord à Florence puis à Rome. Elle redevint ce qu'elle devait être, le centre commercial et industriel de la haute vallée du Pô, le point d'intersection des routes qui, des Apennins et des cols des Alpes, par Mondovi et Coni, par Pignerol et Saluces, par Aoste, Suse et Biella convergent vers elle. Elle est, avec Milan, l'axe du réseau des voies ferrées ; en tous sens elles rayonnent autour d'elle, mettant Turin en communication directe avec la France, la Suisse et l'Autriche, avec le golfe de Gênes et le golfe de Venise, avec l'est et le sud de la péninsule. A tous égards mieux placée que Rome, mieux qu'elle reliée au monde extérieur, plus qu'elle accessible et vivante, elle ne le cède qu'à Milan encore plus heureusement située.

Sur la rive gauche du Pô, Turin, peuplée de 303,000 habitants, a conservé de son passé, en dépit des embellissements modernes, de ses rues se coupant à angle droit ainsi que celles d'une ville américaine, de ses constructions récentes, de ses promenades et de ses musées, l'aspect d'une ville militaire. Le temps n'a pas oblitéré l'empreinte de l'histoire et dans la cité populeuse et commerçante on retrouve encore l'avant-poste de l'Italie sur la route des Gaules. Quand, par la longue vallée de Suse on descend dans la plaine, Turin apparaît comme une place forte, ville de transition entre le froid climat des hauteurs et l'air tiède de la Lombardie que l'on devine à l'horizon. Ce n'est qu'au delà de Turin, en effet, que s'ouvre la région des oliviers, des myrtes et des orangers. La plaine, bien cultivée rappelle celles du nord.

Du sommet de la Superga, à 7 kilomètres de Turin, se déroule l'un des beaux panoramas d'Europe. Au travers des prairies, le fleuve s'allonge et fuit; au centre : Turin, ses bourgs et ses villages, ses châteaux et ses villas. A l'horizon les Alpes déploient en amphithéâtre grandiose, depuis le mont Viso jusqu'au massif du mont Rose leurs cimes étincelantes ; dans la plaine qui s'étend vers l'est se livra, près de Verceil la sanglante bataille dans laquelle Catulus et Marius, vainqueurs des Ambrons et des Teutons écrasèrent l'armée des Cimbres.

Turin est un centre autour duquel gravitent dans toutes les directions d'importantes et populeuses cités. Centre stratégique que couvrent des places fortes, centre industriel et commercial auquel se relient des villes commerçantes. Dans le nord : Ivrée située sur la Dora Baltea, au débouché des cols du mont Rose. Térentius Varron y vendit comme esclaves 30,000 prisonniers Salasses. Aoste, l'ancienne Augusta Prœtoria, est au point d'intersection de vallées dont elle concentre les produits. Là s'ouvre la grande voie de comunication qui, par le Saint-Bernard, débouche à Martigny, dans le Valais.

Dans l'ouest : Suse, à la jonction des routes du mont Genèvre et du mont Cenis. Les Romains en firent un camp qui commandait l'entrée des Gaules. Au-dessous de Suse : Pignerol, ville de 17,000 habitants, française pendant près d'un siècle, prison du Masque de fer, de Fouquet et de Lauzun. Bâtie sur la croupe du mont Pepino, Pignerol ne fut longtemps qu'une place fortifiée, elle est aujourd'hui une ville de commerce et d'industrie.

Au sud, dominant le confluent de la Stura et du Gesso, couvrant les défilés des Alpes Maritimes, se trouve Coni, 25,000 habitants, place forte, souvent assiégée. De sa terrasse l'on domine un panorama grandiose, tout un horizon de vallées et de montagnes, une mer de verdure escaladant les pentes des monts. Au-dessous de Coni et plus rapprochée de Turin, la petite ville de Saluces se dresse à la base des contreforts du Viso. Ce fut la capitale du marquisat de Saluces qu'Henri IV échangea contre la Bresse, le Bugey et le pays de Gex. Puis Carmagnola, qui donna son nom à François

Bussone, ce fils d'un porcher qui releva la fortune des Visconti et celle de Venise, et que Venise soupçonneuse récompensa en le mettant à mort.

Toujours au sud de Turin et à l'est de Coni : Mondovi, célèbre par la victoire remportée en 1796 par les Français sur les Piémontais; Acqui, capitale du haut Montferrat, située sur la Bormida, établissement thermal très fréquenté des Romains, nommé par eux *Aquæ Statiellæ*, d'où son nom actuel. Dans l'est : Novi, au débouché des Apennins que sillonnent des cols étroits et difficiles ; Tortona l'ancienne Dortona, autrefois grande ville dans une plaine fertile, aujourd'hui déchue, et ne comptant plus que 15,000 habitants, puis Alexandrie, la seconde ville du Piémont.

C'est l'une des plus fortes places de l'Italie, une ville essentiellement militaire; c'est aussi, avec Milan et Turin, l'un des principaux points d'intersection des voies ferrées. Au sud d'Alexandrie, à quelques kilomètres de distance, s'ouvre la plaine de Marengo, où, dans une bataille à jamais célèbre, Bonaparte écrasa l'armée autrichienne commandée par Mélas. D'Alexandrie, le général autrichien, victorieux dans la matinée, data et expédia les dépêches que ses courriers emportèrent en hâte. A Alexandrie, Mélas rentrait prisonnier le même soir, et, quelques jours plus tard, la convention signée dans ses murs livrait à la France la haute Italie.

Entre Alexandrie et Turin se trouve Asti, cité populeuse et commerçante de 34,000 habitants, célèbre par ses vins mousseux très estimés dans la péninsule. Ce fut une importante ville qui, des cent tours de son enceinte n'a conservé que quelques ruines. Le grand poète Alfieri y naquit dans le palais de sa famille; sa statue se dresse sur l'une des places de la ville. Sur la route d'Alexandrie à Turin, aux portes de cette dernière ville, s'élève le château de Moncalieri, résidence royale.

Dans l'ouest de Turin, à 25 kilomètres de distance, nous rencontrons Chivasso, demeure des ducs de Montferrat; Verceil, fondée, dit Justin, par Bellovèse; Casale, ville de 29,000 habitants, ancienne capitale du duché de Montferrat, sur la rive droite du Pô. Par de là s'ouvre la Lombardie. Avant d'y pénétrer, nous reviendrons au sud-ouest, dans la Ligurie.

II. — LIGURIE.

De Vintimille à Gênes, adossée aux Alpes Maritimes, par elles abritée des vents du nord, la Ligurie se déploie sur la Méditerranée en une étroite bande de terre de plus de 200 kilomètres de longueur. C'est la côte ensoleillée, la rivière de Gênes, chère aux touristes, semées de stations hivernales. C'est la voie du littoral, reliant la Provence à l'Italie, contournant le massif des Alpes, qui, par une insensible gradation forment la chaîne des Apennins, et prolongent jusqu'aux extrémités de la péninsule leur ossature rocheuse, rameau détaché du tronc central, sans que l'on puisse préciser le point de soudure.

C'est une région distincte qui n'a rien de commun avec l'âpre et montueux Piémont et qui débouche à l'est sur la molle Toscane, sur l'Italie péninsulaire à laquelle elle

VUE GÉNÉRALE DE TURIN, PRISE DU MONT DES CAPUCINS.

se rattache par son ciel et son climat, bien que sa position géographique en fasse la ceinture méridionale de l'Italie continentale. Séparée de cette dernière par le massif alpin, isolée de la Lombardie par les Apennins, elle vit de sa vie propre, dans son cadre nettement délimité, terre de transition et de passage entre la France et l'Italie, tenant de toutes deux et cependant originale et distincte.

Au long de son golfe, au fond duquel trône Gênes « la Superbe », elle déroule sa plage dentelée, ses anses, ses promontoires et ses caps, ses cols évasés sur la mer, ses torrents descendus des montagnes, ses bosquets d'orangers et de palmiers, ses villas fleuries, ses palais et ses cabanes de pêcheurs, et, parallèle à la côte, sa merveilleuse route de la Corniche. Les plaines y sont rares et étroites, seuils de vallées, échancrures de ravins; les fleuves y sont sans portée; entre les montagnes et la mer l'espace est trop resserré, on ne voit que minces filets d'eau se frayant entre les rocs et les galets un chemin vers la plage. Les pâturages manquent; sur les pentes abruptes les broussailles et les pins persistent seuls. La mer est inféconde, les bas-fonds, les forêts d'algues, les îlots faisant défaut, et la rive étroite plongeant à pic dans la mer.

Mais ce que la terre et la mer ont refusé à la Ligurie est, et au delà, compensé par son doux climat, par ses sites merveilleux, par son beau soleil, son air léger et par le travail de l'homme. Sur ce littoral étroit, il a, trouant les montagnes, creusant 33 kilomètres de tunnels, de Nice à Gênes, jeté l'une des plus belles voies ferrées qui existent. Tout au long, semant les fleurs et les vergers, il a fait de cette côte presque africaine un lieu de plaisance, un immense jardin embaumé où, chaque hiver, affluent les millionnaires des deux mondes.

Dépourvue de produits naturels, cette région, où ni l'agriculture, ni le pâturage, ni la pêche ne sont lucratifs n'en est pas moins très populeuse. Sur sa superficie d'un peu plus de 5,800 kilomètres carrés elle compte plus de 900,000 habitants, soit 170 habitants par kilomètre carré. Ils ont trituré, pulvérisé les rocs, étagé le sol en gradins, multiplié la vigne, l'oranger, le citronnier, l'olivier, créé des jardins, aménagé l'irrigation, développé un luxe nouveau, celui des fleurs, dont ils inondent les grandes villes septentrionales, un commerce important, celui des primeurs et des fruits, acclimatant sous leur ciel plus chaud les produits des zones plus méridionales.

Depuis que, rendant les communications rapides, les chemins de fer ont mis Nice à vingt-deux heures de Paris, ce littoral s'est couvert de palais et d'hôtels, de somptueuses villas et d'habitations plus modestes. Elles se succèdent en une interminable rue que coupent çà et là un golfe ou une anse, un promontoire ou une villa, des parcs et des vergers. Sur la voie ferrée, les stations se pressent et se touchent, animées, bruyantes, remplies d'une foule cosmopolite qu'attirent et retiennent sur ces rives, les charmes d'un incomparable climat.

La pauvreté de leur sol contrebalança pour les Ligures ce que le climat pouvait avoir d'énervant. Elle fit d'eux un peuple actif et entreprenant. A défaut de la terre, ils demandèrent leur subsistance à la mer, ils devinrent navigateurs et commerçants. Longtemps Gênes régna sur la mer; l'antique Antium était une pépinière de hardis matelots, Gênes l'est restée. Christophe Colomb et Jean Cabot y naquirent. Partout, sur toutes les mers, on retrouve les marins génois; pêcheurs habiles, ils sont sur toutes les côtes; l'auteur de ces lignes les a vus, aux extrémités du monde, dans le Pacifique et sous les tropiques, s'enrichir par l'industrie de la pêche, faire fructifier leurs capitaux et accumuler en peu d'années de grosses fortunes.

Tout au long de cette côte, villes, bourgs et villages abondent. A l'est de Menton, aujourd'hui française, le pont de Saint-Louis, jeté sur une profonde ravine, sert de limite entre la France et l'Italie. Vintimille est la première ville italienne que l'on rencontre. Elle eut son importance militaire et fut renommée pour la beauté de ses femmes. C'est aujourd'hui une ville douanière. Au delà de Vintimille apparait Bordighera avec son bois de palmiers et ses collines d'oliviers. Chaque année Bordighera s'étend et s'accroît, malgré le voisinage de Menton et celui de San Remo, réputé le point culminant de la végétation tropicale de la Ligurie. San Remo compte 16,000 habitants. Situé sur le versant d'une colline, entouré d'une ceinture de vignes, d'oliviers, d'orangers, de citronniers et de palmiers, San Remo offre un aspect des plus pittoresques avec ses belles villas étagées et ses jardins fleuris.

En suivant la route de Gênes on rencontre ensuite Porto-Maurizio, petite ville bâtie sur une colline escarpée. Si étroit que soit son port, il n'en entretient pas moins un commerce important avec Gênes, exportant des huiles, des pâtes et des pierres lithographiques. Du sommet de sa colline l'œil embrasse un admirable panorama. A trois kilomètres plus loin : Oneglia, petit bourg fortifié et excellent port. Près de là, bien abritée par les montagnes, Diana Marina étale ses bosquets d'orangers et de palmiers; puis Cervo se dresse fièrement campé sur son promontoire. La plage s'étend, sablonneuse et plate jusqu'à Alassio, bourg et port actifs, chantier de construction d'une certaine importance. Plus loin : Albenga, vieille ville que les alluvions de son torrent ont peu à peu éloignée de la mer, recouvrant son Ponte Longo. Loano n'est qu'une longue rue; Pietra qu'un port de cabotage.

Au delà de Pietra s'ouvre un vaste panorama sur le golfe de Gênes, Final Marina surgit au premier plan. Plus loin : Noli. « Au détour d'un cap que couronne le fort de San-Stefano, on voit se déployer toute la baie de Savone avec sa ceinture de maisons presque continue, ses innombrables maisons de campagne éparses sur les coteaux, ses pentes ravinées couvertes d'oliviers et de pins. »

Savone, ville de 30,000 habitants, osa disputer à Gênes la prééminence maritime; Gênes, victorieuse, fit combler son port. Depuis, Savone a creusé sa plage, étendu ses môles, mais n'a pu encore reconquérir son antique importance. Ici la chaîne de l'Apennin s'abaisse et n'atteint plus que 450 mètres d'altitude. Après Savone : Varazze, puis Cocoletto. Voltri, petite ville de 13,000 habitants fabrique des draps et des papiers. Au delà les villes se pressent, les bourgs se succèdent, Gênes se profile à l'horizon. Pégli, Sestri di Ponente, Cornigliano, bordent la plage, reliés à la grande cité par le faubourg de San Pier d'Arena, ville ouvrière, d'usines et de fabriques; enfin Gênes et son port, animé, bruyant, que fréquentent annuellement près de 6,000 navires jaugeant plus de 2,250,000 tonnes.

Les Ligures fondèrent Gènes il y a 26 siècles; les Romains en firent le port de la Gaule cisalpine. Détruite par les Carthaginois, relevée par Rome, prise et pillée par les Barbares, soumise à Charlemagne, elle reconquit son indépendance et inaugura, en 1100, l'ère de grandeur et de désordres, de factions et de guerres qui faisait dire à Louis XI à qui Gènes offrait sa suzeraineté : « Gènes se donne à moi, mais moi, je la donne au diable », et il la donnait en effet au duc de Milan. Peu de villes furent à ce point haïe :

Mare senza pesii, monti senza ligno,
Uomini senza fede, donne senza vergogna.

« Mer sans poissons, montagnes sans bois, hommes sans foi, femmes sans vergogne », répétaient à l'envi ses adversaires et ses rivaux. Ils étaient nombreux; Savone et Venise, Milan et l'Espagnol, la France et l'Autriche, la Corse, Pise et la Sardaigne, tous et toutes eurent à lutter contre la ville turbulente, indisciplinée, ambitieuse et arrogante, incapable de vivre en paix chez elle, convoitant et prenant partout. Elle prit la Corse qu'elle exploita, Minorque aux Maures, des villes à l'Espagne, Chio, Lemnos et Lesbos aux Grecs; elle faillit prendre Constantinople dont ses princes marchands achetèrent des quartiers entiers, prétendant faire de la capitale de l'Empire d'Orient une succursale, un comptoir de Gènes. Elle occupa la Crimée, les villes de l'Asie Mineure, le Caucase et la route d'Asie, avide, insatiable, aspirant l'or, édifiant des palais, prêtant à tous et à des taux usuraires jusqu'au jour où la faillite des princes ruina la cité républicaine.

Elle s'est relevée, car sa race est tenace. « Actuellement, écrit M. E. Reclus, Gènes est de beaucoup le port le plus actif de l'Italie, et les principales compagnies maritimes de la péninsule y ont leur siège. Ses armateurs possèdent près de la moitié de la flotte commerciale italienne et construisent les trois quarts des navires ajoutés chaque année au matériel des transports maritimes; sa douane perçoit le tiers des recettes faites dans les ports italiens. Pour le va-et-vient des vapeurs et des voiliers qui fréquentent la rade et qui s'y trouvent parfois au nombre de sept cents sans compter des milliers de petites embarcations, le port, dont la superficie dépasse pourtant 130 hectares, n'est plus assez grand et surtout il n'est plus suffisamment abrité : un quart seulement de sa surface est garanti de tous les vents, et cette partie est précisément celle qui a le moins de profondeur, il serait urgent de doubler le port d'étendue et de le rendre beaucoup plus sûr par la construction d'un troisième brise-lames qui séparerait de la haute mer une vaste superficie de la rade extérieure. »

Au delà de Gènes, vers la Spezzia, commence « la rivière du Levant », par opposition à « la rivière du Ponent » ou du couchant, que nous venons de parcourir. De Nice à la Spezzia le golfe autrefois n'avait pas d'autre nom; c'était « la rivière de Gènes », « la Riviera », comme ses habitants la désignent encore. Dans l'est, comme à l'ouest, au long du golfe, les bourgs, les villages et les villes s'égrènent. C'est d'abord San Martino d'Albaro avec ses coquettes villas; Recco d'où l'on domine Gènes et son port; Rapallo enrichie par la pêche des thons, appauvrie depuis qu'ils ont déserté ces parages, puis Chiavari, ville de 12,000 habitants, commerçante et pittoresque.

Sestri di Levante, bourg de pêcheurs, précède Borghetto, et San Benedetto. Les falaises surplombent le littoral. De Porto Venere où s'éleva un temple de Vénus on découvre le golfe de la Spezzia, la chaîne des Apennins et la plaine couverte d'oliviers.

Port militaire de l'Italie, la Spezzia passait déjà du temps de Strabon pour l'une des rades naturelles les plus vastes et les plus sûres. Napoléon entreprit d'en faire son principal port de guerre, mais ce projet, qui eût ruiné Toulon, fut poursuivi mollement. Le gouvernement piémontais le reprit et, après lui, le gouvernement italien, qui en a fait un arsenal redoutable.

Ici finit la Ligurie ; par delà, vers Pise, s'ouvre la Toscane. Nous l'aborderons par le nord après avoir achevé de parcourir l'Italie continentale : la Lombardie, la Vénétie et l'Émilie.

III. — LA LOMBARDIE.

À l'est du Piémont et du cours de la Sésia, affluent du Pô, s'ouvrent les plaines de la Lombardie. Peu de régions en Europe sont aussi populeuses ; peu comptent un aussi grand nombre de villes, d'aussi fertiles campagnes et de plus industrieux habitants. Nulle part le sol intelligemment cultivé, irrigué, ensemencé ne fut à tel point métamorphosé par le travail acharné de l'agriculteur. C'est lui qui a fait de cette plaine du Pô et de ses affluents, semée de marécages et de forêts, de pentes arides sur les monts et de champs de cailloux à leurs pieds, ce qu'elle est aujourd'hui. Il a créé ces fermes qui font de la Lombardie une terre abondante en produits, monotone peut-être par l'interminable régularité de ses guérets, merveilleuse par son rendement.

Les générations qui s'y sont succédé ont endigué le fleuve, pratiqué les saignées au long de son cours. Sur les pentes des montagnes elles ont étagé ces vastes gradins empierrés, construit ces murs de soutènement qui retiennent les terres, converti d'âpres coteaux en terrasses verdoyantes chargées de fruits, parées de verdure et de fleurs. Entre leurs mains ce sol est devenu le plus productif de l'Europe ; la volonté et le labeur de l'homme l'ont asservi, dompté, assaini et, bon an mal an lui font rendre près de deux milliards de produits.

Mais, si riche que l'homme l'ait fait, ce sol n'enrichit pas l'homme.

La population y est trop dense, et force lui est d'émigrer, d'aller chercher ailleurs sa subsistance. Par les cols des Alpes, les habitants de la vallée du Pô débordent sur la France, offrant à des « prix de misère » leurs bras vigoureux, faisant baisser le taux des salaires par leur concurrence avec l'ouvrier français qui les hait parce qu'ils réduisent ses bénéfices. Les Piémontais et les Bergamesques sont partout, âpres au gain, durs au travail, sobres et économes ; on les retrouve en Suisse et en Russie, dans la Suède et en Algérie, dans l'Amérique du Nord et dans celle du Sud, partout luttant pour l'existence.

Cette région fertile est aussi des plus pittoresques. Au pied des Alpes, les lacs Majeur, de Lugano, de Côme, d'Orta, de Varèse, d'Iseo, de Garda reflètent dans leurs eaux limpides des jardins fleuris, des villas aux blancs péristyles, des terrasses enguir-

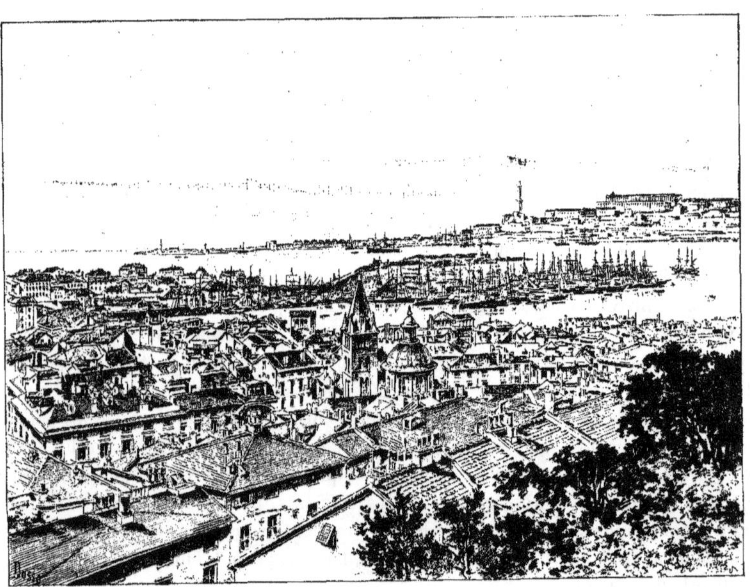

VUE GÉNÉRALE DE GÊNES.

landées de vignes luxuriantes que soutiennent des étais de granit. Entre l'industrieuse culture dè la plaine et la culture horticole qui prodigue autour des palais de marbre les merveilles de son art, la Lombardie apparaît au débouché des Alpes comme l'Arcadie des poètes, comme l'asile des arts et de la paix.

Et cependant il n'est pas un de ces sites qui ne soit tristement célèbre dans l'histoire, et dont le nom n'évoque le souvenir de sanglants combats, de mémorables rencontres de peuples. Peu de plaines ont bu autant de sang humain. Dans celles de Milan, sur les rives du Pô et de l'Adige se sont livrées les grandes batailles qui ont décidé du sort de l'Italie. Par le nord, l'ouest et l'est, l'envahisseur débordait; par les Alpes Maritimes, entre le col de Tende et le mont Viso ; par les Alpes Cottiennes entre le Viso et le mont Cenis; par les Alpes Grecques et les Alpes Pennines, du mont Cenis au mont Rose ; par les Alpes Helvétiques et les Alpes Rhétiques, du mont Rose à la Valteline ; par les Alpes Carniques et les Alpes Juliennes, ils descendaient dans la vaste plaine que, du doigt, Bonaparte montrait à ses soldats comme la terre d'abondance où ils oublieraient leurs misères.

Sous Turin, convergent les routes des Alpes et des Apennins; sous Milan celles du Saint-Gothard et du Simplon, du Splugen, du Bernardin, du Stelvio, du Julier, de la Maloya. Le vrai centre, le cœur de l'Italie est là et non dans Rome isolée, à soixante lieues de Naples dans le sud, à 75 de Florence dans le nord, à vingt lieues de son port Civita-Vecchia. C'est dans le Piémont et la Lombardie qu'est née et qu'a grandi l'Italie moderne, commerçante et vivante, où les villes se pressent, où les routes se croisent, où les voies ferrées autour de Turin, de Milan, d'Alexandrie, en tous sens rayonnent, ainsi que les rais autour du moyeu de la roue.

Après des siècles de dépendance durant lesquels l'Italie ne fut, selon le mot cruel de M. de Metternich, qu'une expression géographique, dans ces mêmes plaines, s'effectua l'affranchissement et se décida l'unité de l'Italie, tour à tour romaine, gothique, byzantine, franque, tudesque, angevine, espagnole, autrichienne, enfin italienne et, comme au début, monarchique. Dans ces mêmes plaines du Milanais d'où Stilicon chassa Alaric, Alaric rentra quand Stilicon, lâchement assassiné par l'ordre d'Honorius, ne fut plus là pour lui barrer la route de Rome. Par Milan passa Attila; sur l'Adda, Théodoric, à la tête de deux cent mille Ostrogoths, traînant dans leurs chariots femmes, enfants et armes, *toto migrante in Italia mundo*, conquit l'Italie, que Théodoric gouverna de Vérone dont il fit sa capitale.

Entre Turin, Milan, Alexandrie et Vérone s'étend la plaine historique, traversée par le Pô, sillonnée par le Tessin, l'Adda, l'Oglio et les nombreux affluents du fleuve, fermée au nord par les Alpes; au sud et à l'est, par les Apennins; à l'ouest, par l'Adige, champ clos dans lequel les armées se déployaient et manœuvraient à l'aise. Les lignes stratégiques fluviales sont nombreuses dans cette haute Italie. La plus importante et la plus célèbre est celle du Pô, qui de l'est à l'ouest coupe la Lombardie en deux parties, mais elle est longue et difficile à garder. Les autres sont guéables, comme le Mincio, la Brenta, la Piave et le Tagliamento que l'on peut tourner par la grande route du Tyrol. L'Adige seul couvre toute l'Italie. Il est profond, et son parcours, des montagnes à la mer, est peu étendu. Bonaparte le prit pour base de ses opérations en 1796 et son immortelle campagne prouva la justesse de son coup d'œil.

Vérone et Legnano, sur l'Adige forment, avec Peschiera et Mantoue la position militaire connue sous le nom de *quadrilatère*. Au nord, s'élève un groupe de collines dont le point culminant, Solférino, domine toute la plaine. La bataille qu'y livrèrent, en juin 1859, les armées piémontaise et française aux Autrichiens, décida de l'affranchissement de l'Italie unifiée désormais sous la maison de Savoie.

Dans cette région populeuse, les villes abondent. A l'est, reliant, par Verceil, Turin à Milan, capitale de la Lombardie, se trouve Novare, célèbre par la bataille que livra le 23 mars 1849, Charles-Albert aux Autrichiens et dans laquelle faillit sombrer la dynastie de Savoie et périr l'espoir de l'Italie. Dans l'est : Magenta, où la France prit pour l'Italie la revanche de Novare. Puis, dans sa riche plaine inclinée du nord au sud : Milan peuplée de 320,000 habitants.

Trois canaux, le Naviglio Grande, le canal de Pavie et celui de la Martesana la relient au Tessin et à l'Adda, au lac de Côme et au lac Majeur d'une part, au Pô de l'autre. Si, par le chiffre de sa population elle ne vient qu'après Naples et par celui de son commerce qu'après Gênes, elle les dépasse toutes deux par son mouvement intellectuel et sa situation privilégiée fait d'elle la première des villes d'Italie.

C'est la cité des vivants et non une nécropole. Tout y est moderne. N'y cherchez pas des ruines romaines. Attila en 452, Frédéric Iᵉʳ en 1162, les ont anéanties. Sur le sol nivelé par eux, s'élève une ville luxueuse aux portes monumentales, aux larges rues bordées de palais, animée, mais non fiévreuse comme Londres et Paris. Stendhal la tenait pour la patrie de la bonhomie et du plaisir. Ses maisons, disait Th. Gautier, ont l'air d'hôtels, ses hôtels de palais et ses palais de temples; tout y est grand, régulier, majestueux, un peu emphatique même. Il lui trouvait quelque ressemblance avec Madrid et Versailles, avec une netteté que Madrid n'a pas.

Le Dôme, avec ses cent trente-cinq aiguilles, ses milliers de statues, son peuple d'anges et de saints est, avec ses musées, la merveille de Milan. « Au premier coup d'œil, écrit M. Taine dans son *Voyage en Italie*, cette cathédrale est éblouissante : le gothique, transporté tout d'un bloc en Italie à la fin du moyen âge, y atteint à la fois son triomphe et son excès. Jamais on ne l'a vu si brodé, si compliqué, si surchargé, si semblable à une pièce d'orfèvrerie; et comme au lieu de pierre grossière et terne, il prend ici pour matériaux le beau marbre luisant d'Italie, il devient un pur joyau ciselé, aussi précieux par sa substance que par son travail... On entre, et l'impression s'approfondit encore. Quelle différence entre la puissance religieuse d'une pareille église et celle de Saint-Pierre de Rome! On pousse un cri tout bas : Voilà le vrai temple chrétien... C'est vraiment ici la vieille forêt germanique et comme une réminiscence du bois religieux d'Irmensul. Le jour y tombe, transformé par les vitraux verts, jaunes, pourpres, comme à travers les feuilles rougissantes et orangées des feuillages d'automne... Je n'ai jamais vu d'église où l'aspect des forêts septentrionales soit plus sensible, où l'on imagine plus involontairement les longues allées de troncs terminées par une percée de jour, les branches courbées qui se rejoignent par des angles aigus, les dômes de feuillages irréguliers et entrelacées, l'ombre universelle semée de clartés par les feuilles colorées et diaphanes... Au second regard, on sent bien les exagérations et les disparates. Ce gothique est du dernier âge, inférieur à celui d'Assise ; au dehors surtout, les grandes lignes disparaissent sous l'ornementation. On n'aperçoit qu'aiguilles et statues ; quantité de ces statues sont du xvii⁰ siècle, sentimentales et gesticulantes dans le goût du Bernin ; les principales fenêtres de la façade portent l'empreinte de la Renaissance et font tache. Au dedans saint Charles Borromée et ses successeurs ont plaqué en vingt endroits les affectations de la décadence. Un pareil monument dépasse les forces de l'homme ; on y travaille depuis cinq cents ans et il n'est pas fini... »

Au nord de Milan, au pied des Alpes, s'étendent les lacs de la Lombardie, les lacs Majeur, d'Orta, de Varèse, de Lugano, de Côme. Le Tessin forme le lac Majeur. Sa superficie est de 210 kilomètres carrés, sa profondeur moyenne dépasse 200 mètres. Il est peu de lacs en Europe qui puissent se comparer à cette nappe d'eau d'un bleu d'azur à laquelle les Alpes font un cadre merveilleux de grandeur. A l'horizon, elles profilent leurs cimes sourcilleuses, leurs pentes abruptes et sauvages au long de ses rives ensoleillées. Pallanza découpe son golfe riant en face des îles Borromée, de l'Isola Bella, de ses palais tant vantés et tant critiqués, ornés de tourelles, d'aiguilles, de statues, de fontaines, de portiques, de colonnades, de vases, et de l'Isola Madre, bien autrement belle avec sa végétation tropicale, ses massifs de feuillages et de fleurs, ses fins gazons, sa fraîcheur et ses parfums.

Dans le lac Majeur se déversent les torrents des Alpes, du mont Rose au Bernardin, la Tosa, la Maggia, le Tessin qui en débouche près de Sesto Calende et rejoint le Pô, la Trésa qui lui apporte les eaux du lac de Lugano. Sur sa rive occidentale : Pallanza, Intra, Canero, Cannobio, Locarno, gros bourgs ; sur sa rive orientale : Angera, Laveno, Luino, patrie du peintre Luini, Magadino où aboutissent les routes du Saint-Gothard, du Bernardin et du Splugen. Beaucoup plus restreint, le lac d'Orta ne couvre qu'une superficie de 14 kilomètres carrés dans les Alpes Lépontiennes ; celui de Varèse, près de la ville du même nom, est bordé de riantes villas construites sur les débris d'antiques cités lacustres. Entre le lac Majeur et le lac de Côme, le lac de Lugano s'étend sur une superficie de 50 kilomètres carrés.

Plus étendu, le lac de Côme couvre 156 kilomètres carrés. C'est l'un des plus pittoresques de la haute Italie, l'un des plus fréquentés par les touristes. Il surpasse en beauté le lac Majeur ; tout au long de ses rives charmantes se succèdent des villas, des jardins en pente, des terrasses dont les flots baignent les dalles bleuâtres. De nombreux cours d'eau se déversent dans son bassin ; les plus importants sont l'Adda, descendue de la Valteline, la Méra venant de Chiavenna. Vers le milieu du lac, sur un promontoire formant saillie, Bellaggio, le plus riant des sites de l'Italie du nord déroule jusqu'au bord de l'eau sa luxuriante végétation. De la haute terrasse de la villa Serbelloni l'œil embrasse un merveilleux panorama de verdure d'où surgissent les blanches villas Carlotta, Frizzoni, Pliniana, Artaria, Vigoni, puis de nombreux villages et, à l'horizon lointain, les Alpes étincelantes.

Côme mire dans son lac ses vieilles demeures et ses hôtels modernes. C'est une ville de 26,000 habitants; au xɪɪ^e siècle, elle disputa à Milan la prééminence; vaincue, elle se résigna et suivit le sort de sa rivale devenue sa suzeraine. Aujourd'hui, elle ne lui dispute plus que le commerce des soies et les produits de la Brianza, région située entre les deux bras du lac de Côme et, avec raison, surnommée le jardin de cette Lombardie qui est, elle-même, le jardin de l'Italie. On trouve, dans la Brianza, des lacs et des eaux courantes, des collines et des plaines fertiles, un air pur et un climat doux, des fleurs et des fruits, des villages et des villas. C'est l'une des excursions que négligent parfois les touristes impatients que Florence, Rome et Naples attirent et qui ne trouveront ni à Florence, ni à Rome, ni à Naples des sites aussi charmants, une aussi séduisante nature.

Monza en occupe le centre. Le Lambro traverse la ville qu'enserrent des parcs, des jardins, des palais, parmi lesquels celui de la villa Reale. Monza est la ville des couronnements. Dans sa cathédrale repose la couronne de fer qu'Henri VII porta le premier, que Napoléon prit et posa sur sa tête, que les Autrichiens transportèrent à Mantoue, puis à Vienne et restituèrent en 1866. L'Empire d'Allemagne passait en d'autres mains et l'inutile couronne revenait à Monza.

Au sud : Pavie, l'antique Ticinum, célèbre au moyen âge, la ville aux cent tours, autrefois remuante et agitée, pillée par Lautrec qui, sept jours durant, la livra à ses soldats, pillée par Bonaparte, aujourd'hui calme et paisible, à demi assoupie dans le cadre verdoyant que lui font ses prairies et ses vergers. Elle n'a pas oublié qu'elle fut la capitale des rois Lombards et garde encore grand air, fière de son université qui est l'une des plus anciennes et de sa Chartreuse qui est l'une des merveilles de l'Europe. Pavie compte 32,000 habitants.

Lodi, sur l'Adda, n'en possède que 25,000. C'est une ville comparativement moderne, construite sur l'emplacement qu'occupait sa devancière, Lodi Vecchio, superposée elle-même à une cité romaine disparue, Laus Pompeia. Comme toutes les villes italiennes du moyen âge, Lodi eut des fortunes diverses. Elle appartint aux Visconti et fit partie du duché de Milan; la victoire remportée par Bonaparte sur les Autrichiens le 10 mai 1796 a rendu son nom célèbre.

Les murs de Bergame renferment deux villes distinctes : l'une, la vieille ville, la *Citta* qui se tient pour plus ancienne que Rome; c'est le haut quartier, celui de la noblesse et des palais, des rues étroites et sombres; l'autre, la ville neuve, mouvementée et vivante est le centre du commerce et de l'industrie. Un dicton de Bergame affirme que si Florence n'existait pas, Bergame serait la ville qui aurait donné le plus de grands hommes à l'Italie moderne. Elle lui en a donné plusieurs, dont le plus célèbre et le plus universellement connu est, à coup sûr, Arlequin, ce personnage légendaire des *Atellanes* romaines, descendant de ces bouffons au visage barbouillé de suie, que Rome appelait le *Sannio*, depuis *Zanni*. Personnage alerte et vif, spirituel et railleur, il joua un rôle important dans l'histoire du théâtre en Italie. Bergame en réclame la paternité.

A Bergame débouchent les vallées bergamesques, celles du Brembo et du Serio.

LE LAC DE CÔME

Elles descendent des montagnes qui séparent la Valteline des plaines de la Lombardie, et offrent aux touristes les sites les plus variés, les aspects les plus inattendus : des cascades, des précipices et, sur des pentes douces, de belles forêts de châtaigniers.

« Il n'y a point, dit un vieux proverbe, de contrée sans passereaux, ni sans Bergamasques », et de fait, on est étonné de la quantité d'émigrants que fournit la province de Bergame. Il convient toutefois d'ajouter que l'on désigne souvent du nom de Bergamasques nombre de Piémontais que la misère chasse de leur patrie et qui vont chercher au loin la subsistance que cette patrie ne saurait leur donner.

A l'est de Bergame, Bréscia, fabrique d'armes et qui s'intitule « la mère des héros », est une ville de 45,000 habitants, entourée de murailles et affectant la forme d'un quadrilatère, située entre le canal qui relie le Chiese, l'Oglio et la rivière Mella. Dominée par une colline sur laquelle se dresse son antique château, le *Falcone d'Italia*, transformé en caserne, Brescia est industrielle et militaire. Son origine est ancienne; elle est aussi incertaine. Elle fut fondée, croit-on, par une tribu gauloise qui lui donna le nom de Bresse, d'où Brescia. César la fit romaine, les Barbares lombarde; son libre choix fit d'elle une de ces petites républiques italiennes impuissantes à maintenir leur indépendance, déchirées par des luttes intestines, passant d'un maître à l'autre, et toujours hantées par d'irréalisables rêves de grandeur et de domination.

Durement éprouvée de nos jours, Brescia, après le désastre de Novare en 1849, refusa de se rendre aux Autrichiens vainqueurs, et tint en échec le général Haynau; elle ne capitula qu'après une résistance héroïque. Déjà, 400 ans avant Novare, Brescia, défendue par ses femmes, conduites par Brigitte Avogadro, avait vaillamment repoussé l'assaut du Piccinino.

Au sud de Brescia, sur la rive gauche du Pô, Crémone, située dans une plaine fertile que domine sa haute tour, est une des plus gracieuses villes de la Lombardie. C'est aussi l'une des plus anciennes, l'une de celles qu'Annibal ravagea, que les Barbares dévastèrent et qu'après des fortunes diverses, Milan absorba. Crémone obéit à sa destinée, ville plus artistique que militaire, renommée pour ses instruments de musique, pour ses luths et ses violons dont les Amati, les Guarneri et les Stradivari lui assurèrent le monopole. Non moins célèbres furent ses peintres qui, au xvie siècle, firent de l'école de Crémone l'une des plus illustres de l'Italie. Ses églises et son musée sont riches en peintures, en sculptures sur marbre et sur bois, en collections d'antiques et en manuscrits. Du sommet de son *Torrazzo*, tour de 121 mètres de hauteur, le regard embrasse les riches plaines de la Lombardie.

Mantoue, la patrie de Virgile, est devenue une ville militaire, l'une des places fortes du quadrilatère italien. Trois lacs l'enserrent, alimentés par les eaux du Mincio : le lac Supérieur, lac du Milieu et lac Inférieur; un canal la coupe en deux parties à peu près égales et aboutit à un petit port où mouillent les barques qui, de l'Adriatique, remontent le cours du Pô. Les Étrusques fondèrent cette ville, les Gaulois l'occupèrent, après eux les Romains. Virgile naquit sous ses murs, à Andes, aujourd'hui Pétiola, alors comme aujourd'hui un village, dans une modeste ferme qu'Arius confisqua et qu'Octave rendit au poète.

Municipe romain, Mantoue n'eut pas alors d'histoire ; la sienne ne commence qu'au moyen âge et dès le début elle apparaît comme une patrie des lettres et des arts, personnifiée plus tard par Isabelle d'Este, protectrice déclarée des poètes, des savants et des artistes. Il semble qu'à travers les siècles l'ombre de Virgile ait protégé la terre qu'il immortalisa, et que son doux et charmant génie qu'effarouchaient les clameurs guerrières ait voué sa ville natale au culte du beau.

L'école de Mantoue fut célèbre. Mantegna et Jules Romain portèrent haut son nom. Depuis la Renaissance, Mantoue, entraînée au cours des événements politiques, envahie par les Impériaux qui la pillèrent, décimée par la peste qui réduisit à 10,000 sa population de 50,000 habitants, ne fit que déchoir. Elle se relève lentement, son climat trop humide est insalubre.

Par delà Mantoue, dans l'est, s'ouvre la Vénétie.

IV. — LA VÉNÉTIE.

Moins peuplée que la Lombardie, la Vénétie contient sur une superficie à peu près égale, 23,400 kilomètres carrés, 2,874,000 habitants. A travers les âges elle a gardé le nom de ses primitifs occupants, des Vénètes, originaires, croit-on, des îles des Lagunes de l'Adriatique auxquelles César donna le droit de cité, désireux de se concilier une population maritime difficile à soumettre, utile pour la protection des côtes.

Adossée au nord, aux Alpes du Frioul, au sud et à l'est ouverte sur la mer, à l'ouest formée par les alluvions de l'Isonzo, du Tagliamento, de la Piave, de la Brenta descendus des Alpes, de l'Adige et du Pô, les grands fleuves de la Lombardie, de la Secchia, du Tanaro, du Reno, du Fiumicino, torrents des Apennins, la Vénétie voit incessamment se modifier les contours de ses côtes et sa plaine gagner sur la mer. Dans cette plaine, Adria, qui donna son nom à l'Adriatique, en est à plus de 20 kilomètres aujourd'hui. Ravenne, autrefois en communication directe avec la mer, ne s'y relie plus que par un canal de 11 kilomètres. Cette terre lacustre devient une région agricole. Le climat même se modifie ; Milan est plus pluvieux que Venise qui ne compte en moyenne que 75 jours de pluie par année et dont l'air reste salubre, en dépit de sa lagune vaseuse que découvre et recouvre le flot.

Sur cette plaine inclinée vers l'est, en pente douce vers l'Adriatique, les villages sont nombreux et les cités populeuses. Vérone, sur la lisière de la Lombardie, toute déchue qu'elle soit de son antique prospérité, compte encore 72,000 habitants. Sa vaste enceinte de murs et de bastions en contient un nombre bien autrement considérable, ainsi que l'attestent les énormes proportions de son cirque où 50,000 spectateurs peuvent s'asseoir.

« Sous une croûte parasite d'échoppes et de boutiques à ferraille, écrit M. Taine, un vieux cirque romain, le plus vaste et le plus intact après ceux de Rome et de Nimes, dresse sa forte courbe. Il a pu contenir dans ces derniers temps cinquante mille spectaeurs ; lorsqu'il était muni de ses galeries de bois, je suppose qu'il pouvait en recevoir 70,000. Toute la population d'une ville y trouvait sa place. Par sa structure et par son emploi, le cirque est la marque propre du génie romain. Ses énormes pierres, longues ici de six pieds et larges de trois, ses gigantesques voûtes rondes, ses étages d'arcades appuyées les unes sur les autres, sont capables, si on les laisse à elles-mêmes, de durer jusqu'au dernier jour. L'architecture ainsi entendue a la solidité d'une œuvre naturelle ; l'édifice, vu d'en haut, a l'air d'un cratère éteint ; quand on veut bâtir, c'est de cette façon ; j'entends pour l'éternité.

« Mais d'autre part ce monument de bon sens grandiose est une institution de meurtre continu. Nous savons qu'il fournit incessamment les blessures et la mort en spectacle aux citoyens, qu'avec l'élection d'un duumvir ou d'un édile ce jeu sanglant forme le principal intérêt et la première occupation d'une ville municipale, que les candidats et les magistrats le multiplient à leurs frais pour gagner la faveur populaire, que les bienfaiteurs de la cité lèguent de grandes sommes à la curie pour le perpétuer, que, dans une bicoque comme Pompéi, un duumvir reconnaissant fait combattre trente-cinq paires de gladiateurs en une seule représentation, qu'un homme poli, lettré, humain, assiste à ces massacres comme nous assistons à une comédie, que ce divertissement est régulier, universel, officiel, à la mode et qu'on va au cirque comme nous allons au théâtre, au club ou au café. On aperçoit alors une espèce d'âme que nous ne connaissons plus, celle du païen élevé dans la gymnastique et la guerre, c'est-à-dire dans l'habitude de cultiver son corps et de dompter les hommes, poussant à bout ses belles institutions corporelles et militantes, et traversant l'activité de la palestre et l'héroïsme de la cité pour finir par l'oisiveté des bains et la férocité du cirque. »

Avec ses vieilles murailles bastionnées, ses ponts crénelés, ses longues rues et ses constructions du moyen âge, Vérone a gardé grand air. Elle se souvient d'avoir été la résidence de Théodoric et la capitale d'un duché lombard avant de devenir celle du royaume d'Italie sous les descendants de Charlemagne. Depuis, ballottée par la destinée, passant des mains de Milan en celles de Padoue, de Venise à Maximilien, de l'Autriche à la France, elle abrita dans ses murs le Congrès de Vérone dont Châteaubriand nous a laissé l'histoire.

Patrie de Catulle, de Cornélius Népos, de Pline l'Ancien et aussi de Maffëi et de Paul Véronèse, elle est riche en collections et en musées, riche aussi en palais. Ceux de Bevilacqua, de Canossa, des Orti, des Ridolfi, des Maffei, des Giusti sont célèbres dans cette Italie où les palais abondent. Vérone garde aussi les tombeaux des Scaliger, « tour à tour ou à la fois tyrans et guerriers, politiques et lettrés, assassins et proscrits, grands hommes et parricides, qui ont donné, comme les princes de Ferrare, de Milan, de Padoue, un exemple de ce puissant et immoral génie propre à l'Italie, que Machiavel a décrit dans son *Prince* ou mis en scène dans sa *Vie de Castruccio*. »

Aussi réelles et plus vivantes encore sont restées dans le souvenir, ces images de Roméo et de Juliette qu'a immortalisées le génie de Shakespeare. On montre, à Vérone, dans la rue Capelle, la sombre et massive demeure des Capulets, « la maison de Juliette » convertie en auberge. Une inscription ainsi conçue attire les regards des passants : « Ici vécurent les Capulets, ici vécut Juliette dont le sort a fait verser des pleurs et qu'ont chantée les poètes. »

A l'est de Vérone, Vicence, dans son enceinte de murs écroulés et de fossés comblés, est située au confluent du Retrone et du Bacchiglione, au pied des monts Berici. Heureuse et paisible sous la domination romaine, elle expia durement ses années de prospérité. Alaric et Attila la ravagèrent; Frédéric II l'incendia, Radetzky la prit d'assaut malgré son héroïque résistance.

Vicence compte 39,000 habitants. C'est à Palladio, architecte habile, né dans ses murs en 1518 et mort en 1580, que Vicence est, en grande partie, redevable de sa célébrité. Profitant de l'impulsion que ses prédécesseurs, Brunelleschi, Alberti, Bramante, Peruzzi, San Gallo avaient donnée à l'architecture, Palladio inaugura un style clair et élégant que partout en Europe on s'empressa d'imiter et de copier. M. Ad. Lance loue dans le Palladio « une certaine grandeur dans la disposition générale des édifices, des plans bien conçus, clairement tracés, une architecture savamment étudiée dont l'ordonnance est toujours calme, sévère, et empreinte d'une sévérité imposante ; une grande sobriété d'ornements et la science des proportions. » La plupart des palais particuliers de Vicence ont été construits par Palladio. On lui doit aussi la restauration de la Basilica, Hôtel de Ville, le palais communal et le théâtre Olympique, bâti à l'imitation des théâtres antiques et où l'on jouait, traduites en vers italiens, les tragédies de Sophocle et d'Euripide.

Dans l'est, à trente-sept kilomètres de Venise, Padoue, déploie dans sa vaste plaine ses antiques murailles, ses dômes et ses clochers. Padoue est une grande ville de 80,000 habitants, ville universitaire à laquelle le voisinage de Venise enlève une partie de sa population, le mouvement et la vie. Anténor, dit-on, la fonda après la prise de Troie, Rome l'assigna à la tribu Fabienne. Détruite par les Lombards et relevée par Charlemagne, dévastée par les Hongrois et rétablie par Othon, elle faillit disparaître à jamais sous l'odieuse tyrannie d'Ezzelino le Féroce. Sa tragique histoire s'acheva par sa soumission à Venise.

De loin, Padoue apparaît grandiose. « On avance, écrit M. Taine, et on trouve une ville bien tenue, provinciale, munie de ses arcades et d'un *prato* toujours vert. A voir sa tranquillité, son aspect décent, le voyageur se dit qu'on y doit, comme dans toute ville bien réglée, manger bien, dormir mieux, prendre des glaces au café, s'amuser sans fracas, suivre les cours d'une université qui ne fait pas de bruit ; la seule affaire grave pour les habitants, c'est de payer l'impôt au jour dit. Là-dessus on pense à ce qu'elle fut au moyen âge, à son podestat Ezzelino, le bourreau d'enfants, aux supplices de ses nobles qui jour et nuit criaient dans les tortures, à ces jeunes seigneurs condamnés qui, s'échappant des mains des gardes, poignardaient leur juge ou déchiraient avec leurs dents le visage de leur persécuteur, aux combats acharnés, aux aventures romanesques des Carrare. Et comme à Boulogne, à Florence, à Sienne, à Pérouse, à Pise, on ne peut s'empêcher de mettre en regard la vie terrible, hasardeuse, énergique des cités ou des principautés féodales avec l'ordonnance sage et la douceur plate des monarchies modernes. »

Patrie de Tite-Live et plus tard de Mantegna, Padoue dut aux Carrare sa célébrité artistique. Donatello et Giotto exercèrent sur elle une grande influence. Les églises et les musées de Padoue sont riches en œuvres d'art, en bronzes, en inscriptions, en terres cuites et en ivoires. Son université comprend les facultés de droit, de médecine, de philosophie et de mathématiques. Fondée en 1222, elle fut longtemps considérée comme l'une des plus importantes de l'Europe.

Plus rapprochée encore de Venise, Trévise s'étend au confluent du Sile et du Botteniga. C'est une ville originale et pittoresque, bien qu'irrégulièrement construite. Son église de San Nicolo et sa cathédrale contiennent des œuvres curieuses, des cryptes anciennes et l'admirable tableau du Titien, l'*Annonciation*. Mais Venise est trop près pour que le touriste impatient s'attarde à Trévise ; 30 kilomètres à peine le séparent de la grande ville qui, par de là la plaine bien cultivée et par delà son viaduc de 3,600 mètres, repose sur les flots.

A mesure que l'on avance, la verdure décroît ; les champs et les prés disparaissent. On entre dans les lagunes et soudainement le paysage prend un aspect et une couleur étranges. « Point d'herbes ni d'arbres, tout est mer et sable ; à perte de vue des bancs émergent, bas et plats, quelques-uns demi lavés par le flot. Un vent léger ride les flaques luisantes et les petites ondulations viennent mourir à chaque instant sur le sable uni. Le soleil couchant pose sur elles des teintes pourprées que le renflement de l'onde tantôt assombrit, tantôt fait chatoyer. Dans ce mouvement continu, tous les tons se transforment et se fondent. Les fonds noirâtres ou couleur de brique sont bleuis ou verdis par la mer qui les couvre ; selon les aspects du ciel, l'eau change elle-même, et tout cela se mêle parmi des ruissellements de lumière, sous des semis d'or qui paillettent les petits flots, sous des tortillons d'argent qui frangent les crêtes de l'eau tournoyante, sous de larges lueurs et des éclairs subits que la paroi d'un ondoiement renvoie. Le domaine et les habitudes de l'œil sont transformés et renouvelés. Le sens de la la vision rencontre un autre monde. Au lieu des teintes fortes, nettes, sèches des terrains solides, c'est un miroitement, un amollissement, un éclat incessant de teintes fondues qui font un second ciel aussi lumineux, mais plus divers, plus changeant, plus riche et plus intense que l'autre, formé de tons superposés dont l'alliance est une harmonie. On passerait des heures à regarder ces dégradations, ces nuances, cette splendeur. Est-ce d'un pareil spectacle contemplé tous les jours, est-ce de cette nature acceptée involontairement comme maîtresse, est-ce de l'imagination remplie forcément par ces dehors ondoyants et voluptueux des choses, qu'est venu le coloris des Vénitiens ? »

Reine de l'Adriatique, Venise fut, cinq siècles durant, la plus grande puissance maritime de la Méditerranée. Les richesses de l'Orient et de l'Occident s'entassèrent dans cette ville de pêcheurs qu'Attila et les Lombards dédaignèrent de piller, trop pauvre alors pour en valoir la peine, et dont l'insaisissable population se dérobait sur ses barques quand on approchait de son repaire. Son étoile semble se lever le jour où son second doge, Giustiniano Partecipazio, lui apporte les reliques de saint Marc l'Évangéliste, auquel Venise reconnaissante construit une première église. Sa population nomade se fixe au sol, se groupe autour de ce premier édifice que l'incendie consume et que Venise, plus riche, reconstruit plus vaste en 980. A dater de cette époque, sa fortune grandit. Elle conquiert l'Istrie et la Dalmatie et défait à Bari les Sarrasins en marche vers le nord et qui lui barrent l'Adriatique.

Couverte par ses *lidi* et ses canaux, elle n'a rien à redouter d'un agresseur par terre ; maîtresse de la mer elle n'a rien à craindre de personne. Les guerres peuvent désoler l'Europe, Venise reste seule à naviguer, à négocier, à s'enrichir. De son golfe, moins bien situé que celui de Gênes, de sa mer, étranglée entre les côtes de d'Italie et celles de l'Istrie et de la Dalmatie, elle fait le centre du mouvement commercial d'alors ; sa flotte militaire protège sa flotte marchande ; 300 navires de guerre font respecter son pavillon qu'arborent 3,000 navires de commerce montés par 35,000 marins.

L'or du monde afflue à Venise. Pour consolider les rives de boue où le Vénète avait dressé sa frêle et chancelante cabane de pêcheur, elle multiplie les pilotis et dépouille les forêts de la Dalmatie qui servent d'assises à ses deux mille palais et à ses deux cents églises, de digues à ses canaux sur lesquels elle jette quatre cents ponts de marbre. Tout est possible à cette ville qui « à l'or de Venise joint l'audace de Rome ».

Aussi son ambition croît avec sa fortune. Quand le grand mouvement des croisades emporte l'Europe vers l'Asie, Venise prête aux princes qui empruntent de toutes mains, rivalisant de luxe et de zèle pour la sainte cause, comptant sur les dépouilles des musulmans pour payer. Elle prête sur gage et ses gages sont des villes et des provinces. Quand les Latins prirent Constantinople, Venise reçut d'eux la plupart des îles de l'Archipel, Négrepont, Candie, les ports de la Morée et un quart de Constantinople. Mahomet II les lui reprit, mais non sans peine, et, sur la terre ferme, elle garda la marche de Trévise, le Padouan, le Bressan, une partie de l'Albanie et le royaume de Chypre que lui céda Catherine Cornaro. Elle se mesure avec la France, forme une ligue contre Charles VIII, vainqueur de Naples, et le contraint à reculer.

De l'an 1000 à l'an 1500, gouvernée par son ombrageuse aristocratie, Venise est la première ville d'Italie, la première peut-être de l'Europe. La découverte de l'Amérique, celle de la route des Indes par le cap de Bonne-Espérance lui portent un coup terrible. Impuissante à écraser Venise, Gênes prend sa revanche en ruinant le commerce de Venise, en dépouillant de son prestige la grande ville des Lagunes. Mais une autre suprématie lui reste, et, plus durable que l'or et la puissance, l'art va immortaliser son nom. C'est au moment même où la fortune semble l'abandonner, où la suprématie lui échappe que sa suprématie artistique s'impose. «En effet, écrit M. Taine, c'est de 1454 à 1572, entre l'institution des inquisiteurs d'État et la bataille de Lépante, entre l'achèvement du despotisme intérieur et le dernier des grands triomphes extérieurs, qu'apparaissent les œuvres éclatantes de la peinture vénitienne, Jean Bellin naît en 1426, Giorgione meurt en 1511, Titien en 1576, Véronèse en 1572, Tintoret en 1594.»

Si elle cesse d'être Venise la Grande, elle reste Venise la Belle. Commines l'a décrite telle qu'elle était en 1495 ; il vante « le canal Grand, la plus belle rue, dit-

il, qu'il y ait au monde et la mieux maisonnée; les maisons sont fort grandes, hautes
et de bonnes pierres. Toutes ont le devant de marbre blanc, qui leur vient d'Istrie,
à cent milles de là, et encore mainte grande pièce de porphyre et de serpentine sur le
devant, ont pour le moins deux chambres qui ont les planchers dorés, riches manteaux
de cheminées de marbre taillé, les châlits des lits dorés et les ostevents peints et
fort bien meublés dedans. C'est la plus triomphante cité que j'aie jamais vue. »

C'est aussi la ville des plaisirs élégants et des amours faciles. On y compte mille
nobles ayant « de 4,000 à 70,000 ducats de revenus, et 3,000 ducats suffisent pour
acheter un palais ». Les riches étrangers y affluent, attirés par ses fêtes et ses mascarades, par ses arts et ses courtisanes. L'Arétin y règne, ce « Fléau des Princes »,
écrivain satirique et licencieux, payé pour se taire ou bâtonné pour avoir écrit, la
terreur ou la joie de Venise pour ses traits malicieux ou son impudence. Il en est fier,
fier surtout de sa notoriété. « Je vois, dit-il, mon effigie dans les façades des palais ;
je la retrouve sur les boîtes à peignes, sur les ornements des miroirs, sur les plats de
majolique, comme celle d'Alexandre, de César et de Scipion. Je vous assure encore
qu'à Murano une espèce de vase en cristal s'appelle les *Arétins*. Une race de chevaux
s'appelle Arétine, en souvenir d'un cheval que j'ai reçu du pape Clément et donné au
duc Frédéric. Le ruisseau qui baigne un des côtés de la maison que j'habite sur le
grand canal a été baptisé du nom de l'Arétin. On dit le style de l'Arétin; que les pédants
en crèvent de dépit. Trois de mes chambrières qui m'ont quitté pour devenir des
dames se font appeler les Arétines. » Lui-même s'appelait le *divin Arétin;* il mourut
comme il avait vécu, d'un fou rire, dans sa ville de Venise, en 1557.

Sous la domination autrichienne, Venise vit tomber au-dessous de 100,000 le chiffre
de sa population. Il s'est relevé depuis à 149,635, et Venise est restée l'une des villes
d'Italie les plus fréquentées par les touristes et les artistes. Bien déchu de ce qu'il fut
autrefois, le mouvement de son port est représenté par 4,000 navires jaugeant
1,300,000 tonnes. Trieste lui a ravi le sceptre de l'Adriatique et, avec son commerce,
son industrie a décru. Elle n'en reste pas moins une ville unique entre toutes, une ville
qui ne connaît ni le bruit ni la poussière, une ville riche en chefs-d'œuvre, grande par
ses souvenirs historiques, étrange par la mystérieuse poésie d'un passé sombre et souvent tragique, luxueux et licencieux, brillant et grandiose, étrange aussi par son cadre
féerique, ville semi-orientale et semi-européenne, moresque, byzantine et italienne,
majestueuse comme une reine, souriante comme une courtisane.

A l'ombre de Venise les autres villes de la Vénétie pâlissent. Chioggia, cité romaine
édifiée sur la Fossa Claudia, fut célèbre dans les fastes de Venise, à laquelle les
Chioggiotes fournirent d'excellents marins. Ils sont redevenus pêcheurs; restés beaux
et bien découplés, ils ont aussi la spécialité de servir de modèles aux peintres.
Chioggia compte encore 26,000 habitants. Au nord, Vittorio, ville moderne de
17,000 habitants, construite sur l'emplacement occupé par Cénéda et Serravalle. De la
première elle a gardé son siège épiscopal, de la seconde sa place Flaminio et son
couvent de Santa-Antonia. Située au pied des montagnes du Frioul, Vittorio devient le
séjour d'été des Vénitiens.

Bellune, dont parla Pline, occupe le confluent de l'Ardo et du Piave. Elle joua un rôle important comme position stratégique pendant les guerres de la République et de l'Empire qui en fit le chef-lieu du département du Piave et conféra au général Victor le titre de duc de Bellune, de même que le général Moncey fut fait duc de Conegliano, petite ville importante par son commerce et par son école de viticulture. Enfin Udine, ancienne capitale du Frioul, ville de 37,000 habitants, située dans une plaine fertile mais fréquemment ravagée par les inondations. N'était Venise, on admirerait son musée et on visiterait ses collections.

Si la Vénétie a conservé sa supériorité dans l'art de la verrerie, si Venise et Murano produisent et exportent plus encore que par le passé; la concurrence a beaucoup réduit les prix et rendu cette industrie peu rémunératrice. Vérone, Sondrio et Brescia possèdent des exploitations de marbre, mais elles sont inférieures en rendement et en qualité à celle des provinces de Côme et de Bergame. L'anthracite, très abondant sur le territoire de Vérone, est encore négligé. Venise et Vérone possèdent quelques raffineries de sucre et Venise a conservé sa supériorité pour la fabrication des brocarts, des mosaïques, des dentelles et aussi celle des verroteries polychromes. Ces industries y sont en voie de progrès; les fabriques se multiplient et les villes des lagunes, Chioggia, Murano, Malamocco, Burano voient s'accroître leur population ouvrière.

V. — L'ÉMILIE

Entre les Apennins et le Pô, au sud de la Lombardie et de la Vénétie, s'étend l'Émilie. Elle doit son nom à la voie Émilienne qui la traversait dans toute sa longueur, d'Ariminum, aujourd'hui Rimini, sur l'Adriatique, à Placentia, Plaisance, en passant par Bologne, Modène et Parme. La voie ferrée qui, de nos jours, relie Rimini à Milan au nord, et à Gênes au sud, suit le même tracé et court en ligne droite de Rimini à Plaisance. L'Émilie comprend les anciennes provinces de Bologne, Ferrare, Modène, Forli, Plaisance, Ravenne et Reggio.

Son histoire est celle de ses villes, résidences ducales ou princières, presque toutes et, à quelque titre, célèbres. Son orographie tient de celle de la Lombardie et de la Vénétie auxquelles elle confine. Ses lagunes rappellent celles de Venise, mais sont bien autrement poissonneuses. Son bassin de Comacchio, d'une superficie de 49,000 hectares, est l'un des plus riches viviers du monde. Spallanzani affirme y avoir vu prendre dans un seul champ de pêche et dans une nuit jusqu'à 60,000 kilogrammes de poissons. Le produit moyen annuel est de 2,000,000 de kilogrammes. Une population de 5,000 pêcheurs exploite cet étang qui appartient en partie à l'État, en partie à de riches particuliers. Mais, non plus qu'en Lombardie, l'homme n'a ici la vie facile. Assujettis à un rude labeur, campant sur les îlots; les pêcheurs de Comacchio ne peuvent ni recevoir les visites de leurs femmes ou de leurs enfants, pendant la saison de pêche, ni regagner leurs villages sauf à certains jours fixés et pour un temps limité.

VUE DE MODANE ET DE LA CHAINE DES ALPES.

A quelques lieues à l'ouest de l'étang de Comacchio, dans une plaine fertile qui rappelle celles de la Lombardie, Ferrare s'élève solitaire, près de l'un des bras du Pô ; d'apparence, elle est monumentale et grandiose. Ville artistique et littéraire, elle doit aux arts et aux lettres sa renommée ; dans ses murs se déroula la longue et tragique histoire des princes et de la famille d'Este. « Situé au cœur même de la ville, dit Th. Gautier, le château des anciens ducs de Ferrare a une belle tournure féodale... Qu'on ne se figure pas un *burg* comme ceux qui hérissent les rochers du Rhin. Le gothique, en Italie, n'a pas la même physionomie que chez nous. Point de pierres verdies, de sculptures moussues, de manteaux de lierre tombant de vieux balcons brisés ; nulle trace de cette rouille du temps, inséparable pour nous d'un monument du moyen âge... Le château des ducs de Ferrare tout en briques et en pierres rougies par le soleil a une teinte vermeille qui lui ôte de son effet imposant. C'est dans ce château qu'habitait cette fameuse Lucrèce Borgia que Victor Hugo nous a représentée si monstrueuse, que l'Arioste dépeint comme un modèle de chasteté, de grâce et de vertu, cette blonde Lucrèce qui écrivait des lettres respirant l'amour le plus pur, et dont Byron possédait quelques cheveux fins comme la soie et brillants comme l'or. C'est là que se jouèrent les drames du Tasse, de l'Arioste et de Guarini ; là qu'eurent lieu ces orgies étincelantes, mêlées de poison et d'assassinats, qui caractérisent cette période de l'Italie savante et artiste, raffinée et scélérate. »

Le mouvement de Ferrare est concentré sur la Place-Neuve, devant l'église et autour du château. La vie n'a pas encore abandonné ce cœur de la ville, mais à mesure qu'on s'en éloigne les pulsations s'affaiblissent, la paralysie commence, la mort gagne ; le silence, la solitude et l'herbe envahissent les rues ; on sent qu'on erre dans une Thébaïde peuplée des ombres du passé et d'où les vivants se sont écoulés comme une eau qui tarit.

Ferrare ne compte plus que 28,000 habitants. Bologne, plus au sud, et au cœur même de l'Émilie, dont elle est la ville la plus importante et la capitale, est traversée par le canal du Reno et entourée d'une muraille percée de douze portes. Ce fut la Felsina des Étrusques, Bologne l'universitaire et la « docte », la ville la plus originale peut-être de l'Italie, à coup sûr celle qui a le mieux conservé la marque du passé. Elle fut, pendant un temps, Bologne « la grasse », la ville riche, au sol plantureux et fécond. Sa plaine n'a pas démérité, mais les inondations du Réno ont souvent compromis ses récoltes et dévasté ses champs.

Les Apennins la séparent de la Toscane, de Florence, située droit dans le sud, à vingt lieues au-dessous d'elle, bien plus loin, croirait-on, tant ces deux villes diffèrent. Cette barrière des Apennins, habitée, cultivée jusqu'au sommet sur le versant qui fait face à la Toscane, semée de terrasses d'oliviers, de jardins et de vergers, de prairies vertes aux pentes des collines, de châtaigniers aux flancs des ravins, roule sur le versant de l'Émilie, des torrents écumeux dans un âpre paysage de roches nues, de longues et blanches coulées de galets, d'étroits défilés de vallons et de gorges.

Bologne est au-dessous, dans la plaine ; république autrefois turbulente, aujourd'hui ville morte, que ses grands peintres ont illustrée : les Carrache et Guido Réni leur plus brillant élève, le Dominiquin et l'Albane, le Guerchin et Lanfranc, dont les œuvres ornent la Pinacoteca de Bologne, sa cathédrale, ses églises et ses palais.

A l'ouest de Bologne, Modène, traversée par la voie Émilienne, est située dans la plaine humide et fertile qu'entourent la Secchia et le Passaro. Par cette dernière rivière, à laquelle la relie un canal de 12 kilomètres, Modène communique avec le Pô et l'Adriatique. Les Étrusques, dont l'indélébile empreinte a marqué toute cette région de l'Italie centrale, fondèrent Bologne. Ce peuple industriel et commerçant, rival heureux des Grecs et des Carthaginois, établi sur les rives du Pô, s'y maintint longtemps. La prospérité seule eut raison de lui, corrompant ses mœurs et multipliant le nombre de ses ennemis. De ville étrusque, Modène devint colonie romaine et prit une part active aux luttes du triumvirat. Sous ses murs, Antoine, vainqueur le matin des légions d'Octave, le même soir vaincu par Octave, fut obligé de lever le siège de la ville. Ce que n'avait pu faire Antoine, les Goths et les Lombards le firent. Modène fut saccagée par eux ; sous Charlemagne, elle respira ; redevenue prospère, elle passa successivement aux mains des papes et des Vénitiens, des ducs de Milan, de Ferrare et de Mantoue, des princes d'Este et de la France qui fit d'elle un chef-lieu de département.

A l'ouest de Modène se trouve Reggio, que l'on désigne du nom de Reggio Emilia, pour la distinguer de Reggio, ville de la Calabre. Reggio Emilia, dont Lépide fit une colonie romaine, fut, avec Ferrare, Modène, Brescia, l'une des villes qui constituèrent l'apanage de la grande comtesse Mathilde, cette amie dévouée de la papauté qui donna asile à Grégoire VII dans son château de la Canossa, près de Reggio. L'empereur Henri IV d'Allemagne y vint en grand appareil s'humilier devant celui auquel il contestait le droit d'investiture. Reggio fut, dit-on, la patrie de l'Arioste ; elle fut aussi le chef-lieu de canton de Crostolo. Napoléon donna au maréchal Oudinot le titre de duc de Reggio.

L'ancien duché de Parme et de Plaisance, incorporé aujourd'hui dans la province de l'Émilie, s'étendait à l'ouest de Reggio, entre les Apennins et le Pô, région montueuse, triste et sauvage au sud où l'Apennin dresse ses cimes les plus élevées : la Penna et l'Orsajo, et se couvre de forêts de chênes et de châtaigniers ; région fertile au nord où de riches plaines bordent le Pô, arrosées par le Tidone, la Trebbia, l'Ongina, le Taro, la Parma qui traverse Parme, et l'Enza. C'est le pays de l'élevage du bétail et des vers à soie, il est habité par une population d'environ 500,000 habitants. Ce fut l'apanage de Marie-Louise et de son fils.

Parme, capitale de la province, renferme 45,000 habitants. Elle est située dans la plaine et coupée en deux parties inégales par sa rivière, torrentueuse l'hiver, à sec l'été, qui descend des Apennins et se déverse dans le Pô. Parme fut la ville privilégiée du Corrège dont elle possède quatorze ou quinze tableaux, entre autres, le fameux *Saint Jérôme* que Monge et Berthollet forcèrent Bonaparte à accepter, quoique le duc de Parme offrît au vainqueur un million en échange de ce chef-d'œuvre, que la dame Briseis Corsa, Parmesane, avait payé 47 sequins (552 francs), plus la nourriture de l'artiste pendant les six mois de travail qu'il y consacra. Satisfaite de l'œuvre, dit la tradition, elle ajouta même au prix convenu « deux voitures de bois, dix mesures de froment et un porc engraissé ».

La cathédrale de Parme est l'un des beaux monuments gothiques de l'Italie. Ici encore des fresques admirables du Corrège, des cénotaphes, des bas-reliefs et des autels, et, auprès, une simple pierre recouvrant les restes d'Annibal Carrache, qui, pauvre et malheureux, recueilli par les moines, dut à la générosité de deux de ses amis sa modeste sépulture.

Située sur la rive droite du Pô, Plaisance est entourée de remparts en terre, promenade favorite de sa population qui s'élève à 35,000 habitants. On croirait, en y entrant, pénétrer dans une ville morte. Quelques édifices encore debout attestent l'ancienne splendeur de cette cité dans laquelle François Sforza commit, en 1448, ses sacrilèges dévastations.

A l'est de Bologne, sur la voie Émilienne et la route de Rimini, Imola, petite ville de 10,000 habitants, s'élève sur les ruines du Forum Cornelii. Plus au nord : Lugo, puis Ravenne, autrefois ville riveraine de l'Adriatique, aujourd'hui à 9 kilomètres de la mer, avec laquelle elle communique par un double canal que des palissades protègent comme les atterrissements.

Ce fut un port important et une ville considérable ; si considérable qu'Honorius en fit la capitale de l'empire d'Occident, qu'Odoacre, roi des Hérules, et que Théodoric, roi des Ostrogoths, y fixèrent leur résidence, qu'elle devint la capitale de l'Exarchat auquel elle donna son nom et de l'Italie grecque. Pépin le Bref en fit don à la papauté qui la perdit, puis la reconquit en 1509, sur le champ de bataille d'Agnadel. Ravenne est bien déchue depuis le temps où elle joua un rôle important dans l'histoire. Dans son enceinte trop large pour ses 19,000 habitants, 60,000 vivraient à l'aise. Ses monuments, disproportionnés à sa fortune actuelle, trop vastes et trop gigantesques, l'écrasent et donnent à Ravenne un cachet de tristesse et d'abandon.

A Ravenne finit l'Émilie, et, avec elle, l'Italie continentale ; au sud, s'étendent les Marches, au long de l'Adriatique. Les Apennins s'inclinent vers l'est, se rapprochant de la mer, limitant l'espace aux Marches, à l'ouest desquelles, par delà les monts, la Toscane déroule ses plaines accidentées et ses artistiques cités. Nous abordons ici l'Italie péninsulaire.

Église de la Vierge et monument de Superga, à Turin.

Église de la Trinité-des-Monts, à Rome.

II. — L'ITALIE PÉNINSULAIRE

I. — LES MARCHES

Au sud de Ravenne la côte s'allonge, rigide, sans échancrures et presque sans courbe jusqu'à l'éperon d'Ancône. A mesure que l'on s'éloigne des bouches du Pô, les lagunes disparaissent et aussi les terres d'alluvions ; la plaine se resserre, les Apennins se rapprochent et les cours d'eau qui en descendent, plus rares et plus courts, n'ont qu'une portée restreinte. La rive elle-même se redresse, plus âpre, serrée de près par les contreforts de l'ossature rocheuse. La route court droite, longeant l'Adriatique, dominée par la longue chaîne qui déroule sur la gauche ses sommets ininterrompus, pendant que sur la droite les flots ternes clapotent sur la plage grise.

C'est la région des Marches, région aux frontières contestées, dont, longtemps, ses voisins se sont disputé la possession, accessible qu'elle était par le nord, par les larges plaines du Pô, mal couverte par les Apennins aux passes multiples et dont, au sud, les vallées latérales débouchaient dans la campagne de Rome. Dans cette région accidentée, sur ce sol tourmenté, les villes, escaladant les pentes, se sont construites sur les hauteurs plus faciles à défendre et d'où l'on pouvait mieux surveiller l'approche de l'ennemi.

Sur une superficie de 9,703 kilomètres carrés, les Marches possèdent une population de 956,000 habitants, soit 98 par kilomètre carré. Les grands centres y sont rares. Au nord : Faenza, située sur le Lamone, et qui donna son nom à l'industrie de la faïence. Ce fut l'antique Faventia des Boïens, la patrie du célèbre physicien Torricelli, l'inventeur du baromètre. C'est encore une ville active et industrieuse.

Plus bas : Forli, puis Céséna, au pied des Apennins, centre d'importantes exploitations de soufre. Près de là, sur la route de Rimini, deux cours d'eau insignifiants : le Pisciatello et l'Uso se disputent l'honneur d'avoir porté un nom célèbre dans l'antiquité. L'un d'eux fut le Rubicon que passa César; portée devant le tribunal de la Rote, la contestation fut tranchée par lui en faveur de l'Uso, sur la rive duquel se dresse une colonne commémorative.

A Rimini commençait la voie Émilienne qui traversait l'Italie septentrionale. Les Ombriens fondèrent Rimini et lui donnèrent le nom d'Ariminium. Les Romains la conquirent et la relièrent à Rome par la voie Flaminienne; ils en firent une place forte couvrant la cité contre la Gaule cisalpine et leur en ouvrant l'accès. Nul peuple ne comprit mieux l'utilité des grandes voies stratégiques, n'en construisit de plus durables. Elles ont bravé le lent travail des siècles et leur tracé est encore celui qu'adoptent nos ingénieurs. Longtemps romaine, Rimini continua de l'être même après la chute de Rome et les Vénitiens, qui la prirent au pape, ne la gardèrent que peu d'années. Rimini, chef-lieu d'arrondissement de la province de Forli, est une ville de 11,000 habitants, située dans une belle plaine, entre l'Ausa et la Marecchia, à quelques centaines de mètres de l'Adriatique.

Entre Rimini au nord et Pisaro au sud, dans l'intérieur des terres, sur la cime du mont Titan, se trouve la ville capitale du plus microscopique des États indépendants de l'Europe, la république de Saint-Marin. Sa superficie est de 85 kilomètres, sa population de 7,800 habitants. Un maçon dalmate, Marino, employé aux travaux du port de Rimini, chrétien convaincu fuyant la persécution de Dioclétien, se réfugia sur ce sommet presque inaccessible où d'autres chrétiens le rejoignirent. Il y fonda une communauté. Au cours des siècles, la communauté devint une commune et au xⁱⁱⁱ siècle se constitua en république. Protégée par la papauté, respectée par ses voisins et par Bonaparte qui lui offrit un agrandissement de territoire que sagement elle refusa, la république de Saint-Marin, officiellement reconnue en 1862 par l'Italie, reste autonome et indépendante.

Bien que comptant quinze siècles d'existence, Saint-Marin n'a pas de dette publique. Son armée se compose de 950 hommes, son budget dépasse de peu 100,000 francs. Le pouvoir législatif est représenté par une chambre de 60 membres, 20 nobles, 20 bourgeois, 20 propriétaires ruraux, nommant une chambre haute de 12 membres. Le pouvoir exécutif est confié à deux *capitaines-régents* qui restent chacun six mois en fonction.

La capitale, Saint-Marin, possède 900 habitants. C'est une petite ville, située au sommet de la montagne, entourée de murs et dominée par de vieilles tours ; à deux autres villages, Serravalle et Borgo, se bornent l'étendue de ce petit pays. « L'accès en est si âpre et si difficile, écrit M. E. Desjardins, que je ne suis point surpris qu'on ait respecté la liberté des habitants, comme on a l'habitude de respecter l'aire des aigles et des vautours. Il faut bien trois heures d'un bon pas pour gagner la capitale depuis Serravalle. Du haut de la petite esplanade qui précède l'église de Saint-Marin, on découvre un vaste panorama, on a devant soi toute la Romagne encadrée à l'ouest par la courbe majestueuse de l'Apennin ; on devine la marche lente du Pô au sillon de brume qui ferme l'horizon de ce côté ; l'Adriatique apparaît dans toute sa largeur et l'on distingue même les montagnes de l'Illyrie au delà. »

Sur la côte, à 35 kilomètres au sud de Rimini, Pesaro se dresse sur une éminence à l'embouchure de la Foglia. C'est une ville pittoresque entourée de remparts convertis en boulevards et d'où la vue s'étend sur l'Adriatique et les belles villas semées sur les collines environnantes. Patrie de Rossini, Pesaro a été dotée par lui d'un conservatoire musical.

Dans l'intérieur des terres, sur une montagne isolée qu'entourent d'autres montagnes plus élevées : le Cessano, la Pietralata, le Monte Nerone, le Petrano, le Simone, dont les masses sombres et sévères ajoutent encore à son apparence austère, Urbino n'a plus rien du temps où elle fut l'une des cours les plus brillantes de l'Italie, illustrée par l'esprit et la beauté d'Elisabeth de Gonzague. Raphaël y naquit, et si Urbino n'a aucune de ses œuvres, elle a gardé le souvenir du grand peintre et pieusement conservé la maison où il vint au jour le 28 mars 1483.

Sur le versant d'une colline dont le pied baigne dans l'Adriatique, Ancône apparaît au loin. Du large, comme de la terre, l'œil est attiré par ce promontoire qui rompt la rigidité de la côte et se dessine en relief puissant. De la mer, Ancône se présente comme une grande et belle ville, solidement assise entre le mont Guarco au nord et le mont Astagno au sud. Du côté de la terre elle prend l'aspect d'une bourgade fortifiée, aux rues étroites, irrégulières et en pente rapide. C'est une ville d'environ 30,000 habitants, l'une des plus importantes des Marches dont elle occupe le centre et tient la clef.

Son port, peu profond, ne répond guère aux exigences du commerce moderne ; il n'en entretient pas moins un commerce actif avec toute cette partie de la côte et celle d'Illyrie. Syracuse fonda Ancône, dont les Romains s'emparèrent et dont Trajan fit élargir le bassin et construire le môle. Les Lombards l'érigèrent en marquisat ; les Sarrasins la pillèrent ; ville libre, elle fit partie de la ligue lombarde. Prise par la France et longtemps occupée par elle, Ancône ne fut rendue au pape qu'en 1814. Trajan y a laissé la trace de son passage et l'arc de triomphe qui se dresse sur le môle a conservé grand air avec ses colonnes corinthiennes et ses soubassements de marbre. Une inscription y rappelle, avec les grands travaux qu'entreprit Trajan, le souvenir de sa sœur et de sa femme. Le mouvement du port d'Ancône est représenté annuellement par 2,600 navires jaugeant 700,000 tonnes.

Macerata, plus au sud et dans l'intérieur des terres, est située dans la région la plus riche et la plus fertile des Marches, c'est une ville de 20,000 âmes, bâtie, comme toutes ces villes des Marches, sur une hauteur qui sépare la vallée du Chienti de celle du Potenza. A l'est, Lorette dresse au-dessus de la plaine son éblouissante Santa Casa que l'on aperçoit longtemps avant de l'atteindre. Cet unique, mais superbe monument de Lorette fut achevé en 1513 sous la direction du Bramante. La maisonnette qu'il renferme serait, selon la tradition, celle qu'occupa la sainte Vierge et que des anges transportèrent, d'abord de Nazareth sur les côtes de la Dalmatie, puis sur celles de l'Italie.

A l'extrémité des Marches : Ascoli Piceno, ville de 18,000 habitants, qu'assiégea Pompée et que cinq siècles plus tard prit Odoacre. A droite, vers l'ouest, se dressent les montagnes, ouvertes de distance en distance par de larges vallées « au fond desquelles on aperçoit les sommets des Apennins qui baignent dans la mer leurs derniers escarpements couverts de maquis solitaires, de lentisques et de chênes, ou bien de bois d'oliviers séculaires que traverse le chemin de fer et d'où l'on voit, entre les troncs noueux et le feuillage, briller au pied des falaises les flots de l'Adriatique ».

De l'autre côté de cette chaîne des Apennins, que nous avons suivie jusqu'au seuil du Latium, s'ouvre la Toscane. Nous l'aborderons par le nord, au-dessous de la Spezzia et de la rivière du Levant.

II. — LA TOSCANE

Prolongement de la Ligurie étranglée entre les Alpes et la mer, la Toscane s'évase largement, et suit la longue courbe que décrivent les Apennins orientés du nord-ouest au sud-ouest. Sa longue façade de 200 kilomètres sur la Méditerranée est échancrée par un petit nombre de golfes sans grande pénétration dans les terres. Ce sont ceux de Piombino, de Grosseto, d'Ortobello et d'Ercole. Entre eux et au long de la côte s'étendent les Maremmes, plaines marécageuses et basses, souvent malsaines, presque toujours désertes, et que séparent de la mer des digues d'alluvions formées par le flux et le reflux de la mer. Le mélange des eaux douces avec les eaux saumâtres de la Méditerranée a créé là une région fiévreuse redoutable. Elle l'est surtout dans la province de Grosseto où la mortalité est excessive, où l'on comptait, en 1841, 36,000 fiévreux sur 80,000 habitants qui, cependant, habitaient presque tous sur les hauteurs et ne descendaient dans les plaines que pour les semailles et les récoltes. La Maremme, qui s'étend aux environs de Pise, Livourne et Sienne, fut autrefois la partie la plus peuplée de l'Italie. Elle ne contenait, il y a quelques années encore, que 25 habitants par kilomètre carré. Depuis, les grands travaux d'assainissement entrepris ont rendu à ces localités une salubrité relative, et au cultivateur un sol d'une grande fertilité.

La chaîne des Apennins, qui enserre la Toscane au nord et à l'est, compte de nombreux seuils d'accès et, par quinze routes, dont neuf sont carrossables en toute saison, peut être franchie à des altitudes variant entre 2,000 et 700 mètres. L'Arno est le

principal fleuve de la Toscane; il naît dans les Apennins sur les pentes méridionales
du Monte Falterona, traverse Florence et Pise et s'épanche dans la Méditerranée, à
10 kilomètres de cette dernière ville, après un parcours de 185 kilomètres. L'Ombrone
Sarrese, ainsi nommé pour le distinguer de l'Ombrone Pistojese, affluent de l'Arno,
naît près de Sienne et se déverse au sud de Grosseto. Le Serchio descend de la
province de Modène et a son embouchure près de celle de l'Arno, à 7 kilomètres au
nord. Enfin, le Tibre, le fleuve romain, naît au sud de la Toscane. Seul de ces cours
d'eau l'Arno est navigable, de Pise à Florence, et cela toutefois dans les saisons
pluvieuses.

La Toscane n'aurait qu'une navigation intérieure presque nulle, n'étaient les grands
travaux entrepris pour assainir les régions marécageuses et le creusement du canal de
la Chiana dont, par suite du relief du sol, les eaux, en équilibre parfait, n'avaient pas
plus de pente vers l'Arno que vers le Tibre et se dispersaient en petits lacs ou s'éta-
laient en marais. Les travaux, poursuivis pendant trois siècles, ont eu pour résultat de
déterminer l'épanchement des eaux dans le lit de l'Arno. Dans cette région accidentée,
aux pentes indécises, les lacs sont assez nombreux. Les principaux, ceux de Chiusi,
de Montepulciano, de Massaciucculi à l'ouest de Lucques, de l'Accesa, de Porta, de
Lago Sulfureo, dans le val Cornia, et ceux du territoire de Volterra, sont presque tous
bordés de vastes marécages, qui, près de la côte, se relient à la Maremme et se
confondent avec elle.

Ancêtres des Toscans, les Tyrrhéniens, qui donnèrent leur nom à cette partie de
la Méditerranée comprise entre le golfe de Gènes et l'extrémité méridionale de l'Italie,
et que les Latins désignèrent du nom d'Étrusques, furent les premiers occupants
connus de cette région, qui s'étend du Tibre à l'Arno.

Hérodote les dit originaires de la Lydie; Niebuhr voit en eux des Rhétiens venus
du nord, descendus des Alpes. Lepsius déclare qu'ils ne se rattachent à aucun peuple
du monde; et il n'en est aucun cependant auquel on ne prétende les rattacher. Furent-
ils d'origine phénicienne ou grecque, ibère, celtique ou germaine? Leur langue est
encore un mystère. « Si, dit M. Noël des Vergers, dans son ouvrage sur l'Étrurie et les
Étrusques, si, laissant de côté toutes ces thèses des érudits discutant des textes, on veut
s'en tenir au simple examen des monuments, des objets divers, des peintures, dont les
fouilles ont multiplié de nos jours les découvertes, tout en reconnaissant la large part
que l'hellénisme a eu dans le développement intellectuel de l'Étrurie, on reconnaîtra
également les rapports qui existent entre ses mythes et ceux de l'Asie Mineure; entre
les représentations figurées des monuments étrusques et ceux de la Lydie, de la
Phrygie, de la Carie, de la Lycie et de la Cappadoce. On s'étonnera moins du caractère
assyrien de certaines figures étrusques, en se rappelant que la mythologie lydienne, à
mesure qu'on l'étudie davantage, offre plus de rapports avec l'Assyrie dont elle semble
avoir tiré son origine. On en reviendra, après ce long circuit, à l'opinion du père de
l'histoire, d'Hérodote, et l'on sera en droit de dire, jusqu'à un certain point, avec Sénèque : « L'Asie revendique les Toscans : *Tuscos Asia sibi vindicat.* »

Tels qu'ils se représentent eux-mêmes sur leurs vases funéraires, ils n'ont, avec les Hellènes et les Italiens, aucune analogie. Le type le plus ordinaire est celui d'hommes vigoureusement charpentés, trapus, larges d'épaules, au front fuyant, à la chevelure ondulée, au teint foncé, au crâne déprimé. Initiateurs de Rome, ils avaient poussé loin l'art du dessin et de la peinture; leurs poteries et leurs bronzes sont célèbres et témoignent d'une parenté intime de génie avec les Grecs. Ce génie, qu'ils transmirent à l'Italie, leurs descendants l'ont conservé; à deux reprises, et à vingt-quatre siècles d'intervalle, cette terre étrusque prit et garda le premier rang dans le domaine de l'art : douze siècles avant notre ère, puis lors de la Renaissance.

Si l'antique Étrurie fut une confédération de cités, la Toscane fut un groupe de républiques. Dans les deux cas le relief du sol, sa division en bassins séparés par des chaînes et des ramifications montagneuses en furent cause. Dans ces bassins distincts naquirent et grandirent les villes de la Toscane. Dans le plus largement ouvert, Florence, vingt siècles après la Grèce, réveilla dans l'Europe le goût des jouissances intellectuelles et artistiques. Un nouveau foyer de civilisation apparut sur les rives de l'Arno, au pied des Apennins, et ses rayons éclairent encore le monde. Le libre et souple génie toscan créa la langue italienne que Rome déchue avait été impuissante à former; il créa un art italien et, sans le savoir ni le vouloir, fit plus encore pour l'unité italienne que ne firent les diplomates, les hommes d'État et les soldats.

Florence est l'Athènes moderne, la ville admirablement équilibrée, dont on subit le charme sans l'analyser, ville du moyen âge par ses palais, de la Renaissance par ses musées, antique mais vivante, animée sans être bruyante, d'heureuses proportions, grande et non démesurée, élégante et sérieuse, gracieuse et dans son cadre du passé incarnant les élégances modernes. C'est la ville des fleurs et de la vie facile, du doux parler et des fines jouissances aristocratiques, l'une de celles où s'est le mieux conservé l'art de causer, de se distraire sans fatigue, de bien vivre sans luxe, de varier sans effort ses plaisirs et ses amusements.

Ses palais construits de blocs énormes, rappellent par leur sombre aspect, par leurs fenêtres grillées, par leur masse imposante et rugueuse, la tragique vie féodale; par leur confort intérieur, par les artistiques chefs-d'œuvre qui les ornent, ils évoquent le souvenir de temps plus paisibles, de préoccupations autres que celles des luttes intestines dont ils portent encore l'empreinte. C'est la ville des contrastes, mais des contrastes harmonieux, produisant sur l'esprit une ineffaçable impression. « Il y a là, écrit M. Taine, des contrastes pareils à ceux de Rome, mais au lieu de se heurter, ils s'accordent. La beauté est aussi originale, mais elle tourne vers l'harmonie, non vers la disproportion et l'énormité.

« Un beau fleuve aux eaux claires, taché çà et là par des bancs de gravier blanc, coule le long d'un quai superbe. Des maisons qui semblent des palais, modernes et pourtant monumentales, lui font une bordure. Dans le lointain on aperçoit des arbres qui verdissent, un doux et joli paysage, pareil à ceux des climats tempérés; plus loin des sommets arrondis, des coteaux ; plus loin encore, un amphithéâtre de rocs sévères. Florence est dans une vasque de montagnes comme une figurine d'art au centre d'une vaste aiguière, et sa dentelure de pierre s'argente avec des teintes d'acier sous les reflets du soir. On suit la rivière et on arrive aux Cascines. Le vert naissant, la teinte délicate des peupliers lointains ondulent avec une douceur charmante sur le bleu des montagnes. Une futaie, des haies épaisses et toujours vertes défendent le promeneur contre le vent du nord. Il est si doux aux approches du printemps de se laisser pénétrer par les premières tiédeurs du soleil ! L'azur du ciel luit magnifiquement entre les branches bourgeonnantes des hêtres, sur la verdure pâle des chênes verts, sur les aiguilles bleuâtres des pins... Des lauriers fins comme dans un tableau profilent sur la rive leurs têtes sérieuses et l'Arno, tranquillement épandu, développe dans la rougeur du couchant ses nappes pourprées, reluisantes. »

De quelque côté que l'on aborde Florence, des hauteurs de San Miniato ou de celles de Fiesole, elle justifie la réputation de beauté que lui ont faite ses nombreux visiteurs. Et ici, les monuments, si beaux soient-ils, ne sont que des écrins dans lesquels reposent des bijoux, des palais encombrés de chefs-d'œuvre. Florence en était fière. Elle eut, de bonne heure, conscience de sa grandeur et de son artistique mission. Quel beau cri d'orgueil national que ce décret rendu en 1294 pour la reconstruction de la cathédrale : « Attendu qu'il est de la souveraine prudence d'un peuple de grande origine de procéder en ses affaires de telle façon que par ses œuvres extérieures se reconnaisse non moins la sagesse que la magnanimité de sa conduite, il est ordonné à Arnolfo, maître architecte de notre commune, de faire les modèles ou dessins pour la restauration de Santa-Maria Reparata avec *la plus haute et la plus prodigue magnificence*, afin que l'industrie et la puissance des hommes n'inventent ni ne puissent jamais entreprendre quoi que ce soit de plus vaste et de plus beau ; selon ce que les citoyens les plus sages ont dit et conseillé en séance publique et en comité secret, à savoir qu'on ne doit pas mettre la main aux ouvrages de la commune si l'on n'a pas le sujet de les faire correspondre à la grande âme que composent les âmes de tous les citoyens unis dans une même volonté. »

D'aussi grandioses conceptions expliquent les œuvres merveilleuses qu'ont laissées ces cités républicaines passionnées pour leur gloire et leur renom ; elles expliquent les admirables monuments de Florence, leur souveraine magnificence et leur harmonieuse grandeur. Ces monuments reflètent l'âme d'un peuple, son grandiose orgueil et son ardent patriotisme.

Au-dessous de la Spezzia, à l'endroit où la Ligurie finit et où la Toscane commence, Carrare et Massa dressent leurs arêtes de marbre, carrières inépuisables auxquelles travaillent 6,000 ouvriers et dont on extrait annuellement 140,000 tonnes. L'antiquité ne les a pas épuisées ; elles lui ont fourni le marbre du Panthéon et aux sculpteurs de la Renaissance leurs plus beaux blocs ; Michel-Ange eut, dit-on, un moment l'idée de tailler un colosse dans le sommet d'une des montagnes de Carrare. Si Carrare l'emporte pour les marbres blancs, ceux de Massa offrent une plus grande variété de couleurs.

Plus au sud, Lucques, enfouie dans ses remparts et dans un nid de verdure, élève au-dessus de la plaine fertile qui l'entoure le clocher carré de sa cathédrale.

Lucques appartint à la grande comtesse Mathilde.. Martino della Scala la vendit pour 180,000 florins d'or aux Florentins. Elle-même, s'évaluant plus bas, se racheta moyennant 25,000 à l'empereur Charles IV d'Allemagne. Napoléon l'érigea en duché et en fit don à sa sœur Élisa Bacciocchi. Lucques est célèbre par ses églises et ses tableaux, par son musée et ses archives. Sà population, de 20,000 habitants, est industrieuse; Lucques possède des fabriques de soie et de lainages, des filatures de coton et une manufacture de tabac.

Au pied des Apennins, Pistoia est riche en sculptures des xii⁰, xiii⁰ et xiv⁰ siècles, elle le devient en manufactures; Prato est un centre agricole dont les carrières de serpentine ont fourni à Donatello de merveilleux motifs d'ornementation. Au pied des monts Pisans et sur le cours de l'Arno, « Pisa la morta » étale, à 10 kilomètres de la mer, sa double ville : l'une, la cité moderne, habitée, et l'autre, de peu d'étendue, solitaire, déserte et merveilleuse, coin de terre où se dresse son étonnante cathédrale, son baptistère, son Campo Santo et son étrange tour penchée. Pise « la grande » n'est plus que l'ombre d'elle-même. La rivale de Lucques, la cité qui longtemps disputa le premier rang à Florence, qui lutta glorieusement contre les Sarrasins et leur arracha les îles Baléares, qui lutta contre Gènes et ne se soumit à Florence qu'abandonnée de ses alliés, vendue pour 100,000 florins par le roi de France, pour 50,000 par Ferdinand le Catholique, était fatalement condamnée à succomber, moins sous le coup de ses ennemis que sous ceux de son fleuve. L'Arno ensabla son port si Gènes détruisit sa flotte; l'Arno l'enserra de marais et rendit son climat malsain; la fièvre décima la ville et si les ingénieurs en ont affranchi Pise ils ne lui ont pas rendu le Porto Pisano dont il ne reste plus trace et sur l'emplacement duquel on n'est même pas d'accord.

A Pise découronnée il reste son université, l'une des meilleures d'Italie, ses chefs-d'œuvre artistiques, ses monuments, son doux climat et un important mouvement agricole.

Livourne hérita du commerce de Pise. C'est l'un des grands ports de l'Italie, le troisième après Gènes et Naples. Les Juifs y sont nombreux, comme dans toutes les villes d'avenir : sa population de 106,512 habitants s'accroît, la ville s'embellit. Ville comparativement pauvre en œuvres d'art, mais remarquable création du génie humain qui, sur cette plaine de boue flottante, a consolidé le sol, édifié des îlots artificiels, creusé des canaux et doté Livourne d'un port conquis sur la limite indécise entre les alluvions de l'Arno et les flots de la mer Tyrrhénienne.

Au sud-est dans l'intérieur des terres, sur un pic dominant la plaine profondément sillonnée de coulées de laves, Volterra se dresse comme un nid d'aigle. De près, ses hautes et massives murailles courant au long des crêtes lui donnent l'aspect d'un repaire de bandits. C'est la ville des sculpteurs, des ouvriers en albâtre dont les carrières se trouvent à peu de distance, à Castellina. Plus loin, dans l'est: Sienne, assise sur ses trois collines, la plus curieuse peut-être de toutes les villes de Toscane. Dans cette étrange cité, en proie aux luttes intestines, on comptait autant de villes que de quartiers, Sienne en possédait dix-sept, toujours en guerre les unes avec les autres. « Ses palais, écrit M. Taine, semblent des bastions. La Piazza en est bordée et nul

spectacle n'est plus propre à mettre devant l'imagination les mœurs municipales et
violentes des anciens temps. Cette place est irrégulière de forme et de niveau, étrange
et frappante comme toutes les choses naturelles que n'a point déformées ou réformées
la discipline administrative. En face s'étale le *Palazzo publico,* massif hôtel de ville.
bon pour résister aux coups de mains et jeter les proclamations à la foule assemblée
sur la place. On en a lancé bien des fois par ces fenêtres ogivales, et aussi des corps
d'hommes tués dans les séditions. Une bordure de créneaux la hérisse ; la défense en
ce temps-là se rencontre sous l'ornement. A sa gauche, une tour gigantesque élève à une
hauteur prodigieuse sa forme svelte et son double renflement de créneaux ; c'est la tour
de la cité qui plante à la cime son saint, son drapeau et parle de loin aux cités voisines. »

L'impression produite par sa cathédrale est incomparable. Dans une forêt de
colonnes aux assises noires et blanches, une légion de statues de marbre noyées dans
l'ombre de l'immense vaisseau semblent des fantômes errants dans un crépuscule voilé.
Plus encore que le souvenir de Saint-Pierre de Rome, la vision de la cathédrale de
Sienne hante l'esprit et ravit l'imagination.

Au sud de Sienne s'ouvre l'Ombrie et par delà le Latium. Les centres deviennent
plus rares. Aux côtés de la ville des villes il n'y avait pas de places pour d'autres
cités.

III. — OMBRIE ET LATIUM

Avant Rome, l'Ombrie fut une grande et populeuse contrée. Sa domination s'étendait de la haute Italie jusqu'au Tibre. Elle eut alors quelques grandes villes : Ravenne
et Rimini ; un commerce important, une agriculture avancée. Aujourd'hui, ce n'est
plus qu'une province de 9,600 kilomètres carrés, possédant une population de 584,000
habitants, et une ville : Pérouse, de 17,000 âmes. Par le nord, elle confine à la Toscane, par le sud au Latium. Dans l'est, les Apennins se renflent, leurs sommets
s'exhaussent, atteignant leur point culminant de 2,900 mètres au grand Sasso d'Italia
près d'Aquila. Les groupes volcaniques apparaissent, et, avec eux, les bassins
lacustres.

Au nord, c'est le lac de Trasimène, d'une superficie de 112 kilomètres carrés.
Pérouse a vainement tenté de lui donner son nom ; celui qu'il porte fut trop célèbre
dans l'histoire pour le changer. Sur ses rives, Annibal vainquit Rome et écrasa l'armée
de Flaminius. Depuis, le lac, exhaussé par les détritus que lui apportent les torrents, a
gagné en étendue ce qu'il a perdu en profondeur et, au-dessous du niveau de ses eaux,
apparaissent des murailles.

Au sud-est, près d'Orvieto, s'étend le lac de Bolsena, à 300 mètres d'altitude
Si sa superficie est moindre que celle du lac de Trasimène, sa profondeur est bien autre ;
elle atteint 140 mètres. Sa forme circulaire, les roches volcaniques qui l'enserrent ont
fait supposer que le lac occupait le fond d'un cratère. La *malaria* infecte ses rives
dépeuplées. Plus bas, le lac de Vico, et au centre le monte Venere, cône boisé auquel

le Vico formait autrefois une ceinture ; le seuil par lequel le lac s'épanchait dans le Tibre s'est écroulé et le Vico ne décrit plus qu'un croissant autour du monte Venere. Près de Rome s'étend le lac de Bracciano aux rives couvertes de forêts séculaires: L'excédent de ses eaux forme l'Arrone qui se perd dans les marais de Maccarese. Il s'appelait autrefois Sabatinus, de Sabate, ville engloutie dans le lac à la suite d'un tremblement de terre.

Au-dessous de la grande ville se déroule le lac d'Albano: C'est l'un des beaux sites de l'Italie; les poètes l'ont exalté dans leurs vers. Pour se mettre à l'abri de ses redoutables inondations, les Romains creusèrent dans le roc un canal émissaire souterrain, long de 2 kilomètres, et si solidement construit qu'il est encore, après 2,200 ans, en parfait état de conservation. Du sommet du mont Cavi, *Mons Albanus*, sur lequel Tarquin le Superbe avait élevé le temple de Jupiter Latialis, le regard plonge sur les lacs d'Albano et de Némi, au loin sur Rome et sa campagne, sur les rivages de la mer et leur sombre lisière de forêts. Le lac de Némi était, son nom l'indique, entouré de bois. Ce fut le miroir de Diane, dont le temple s'élevait sur ses rives. « Pour être prêtre de ce temple, écrit Strabon, il fallait avoir tué de sa main celui qui l'était auparavant. Ces prêtres marchent donc toujours armés d'une épée, prêts à se défendre contre les embûches. »

Au mont Comero et aux sources du Tibre commencent les Apennins romains; ils s'étendent jusqu'aux gorges du Tronto, torrent de l'Adriatique, et forment l'imposant massif des monts Sibyllins. Comme les montagnes de l'Abruzze qui, plus au sud, n'en sont que le prolongement, ils serrent de près la côte de l'Adriatique jusqu'au Monte Amara et se divisent en deux chaînes parallèles, dont l'une, celle de l'est, atteint au grand Sasso d'Italia son point culminant, et dont l'autre, celle de l'ouest, aboutit au monte Velino.

Le fleuve romain, le Tibre, naît dans les Apennins toscans, au pied du mont Comero et à peu de distance des sources de l'Arno. Il suit une direction différente, coulant du nord au sud, grossi par ses affluents de gauche : la Nera descendue des monts Sibyllins et l'Anio ou Teverone qui, lui apportant les eaux des monts Sabins, franchit les chutes de Tivoli et rejoint le Tibre un peu au-dessus de Rome. Son affluent de droite, la Chiana, se relie à l'Arno par un canal. Le Tibre et l'Arno forment un triangle dont le sommet serait le monte Comero et la base le littoral compris entre Pise et Ostie. Dans ce triangle : une région montueuse et accidentée, que traverse l'Ombrone, le plus important cours d'eau entre les deux fleuves.

Au nord du Tibre, s'étend l'*Agro Romano*, la campagne de Rome, immense territoire de 200,000 hectares entre la mer et les montagnes, région grandiose et désolée, hantée par la fièvre et désertée par l'homme, envahie par les marais, foyer de malaria aux portes mêmes de la ville éternelle.

Quand, parti le matin de Florence, le voyageur voit, aux rayons obliques du soleil à son déclin, se dérouler devant lui l'Agro Romano, il reste frappé d'étonnement. Ces collines boisées, ces cours d'eau ombragés, ces verts feuillages, ces épais pâturages dans lesquels paissent les grands bœufs aux yeux pensifs, aux mufles humides, que

surveille de loin un pâtre nonchalamment penché sur sa docile monture, les lignes
pures des montagnes de la Sabine qui se profilent à l'horizon, celles du Soracte neigeux aux harmonieux contours, tout ce qui l'entoure attire et retient ses yeux, lui
parle de l'antique vie rustique. Il revoit les sites chantés par Virgile, les brebis aux
mamelles gonflées reposant à l'ombre des pins, les gras chevreaux, les chênes à la
haute ramure et ces bois profonds « où l'yeuse projette ses ombres noires et véné-
rées ». La vieille Italie lui apparaît telle que la virent les pâtres du Latium, avec ses
riches pâtures, ses eaux murmurantes et paresseuses, ses courbes gracieuses, ses
moelleux contours.

Il avance, et à l'horizon se profilent des ruines perdues dans la verdure, un fantastique décor de colonnades debout et de toitures écroulées, d'arceaux et de débris de
temples, et, sur le sol bossué, des tombeaux circulaires. Au loin, dorée par le soleil
couchant, une coupole surgit, première vision de Rome, le dôme de Saint-Pierre, dont,
longtemps avant d'arriver, l'on aperçoit la croix gigantesque dominant la *ville*, les
collines et la plaine. Dans cet Agro Romano, dont tout l'or de la Libye, du Pont et de
la Cappadoce n'auraient pu payer la possession, s'élevèrent les palais des patriciens de
Rome, s'entassèrent les trésors de l'Asie et de l'Europe. Dans leurs somptueux domaines
entourés de parcs ombragés et de jardins fleuris, les maîtres du monde, les descendants
des pâtres errants, rivalisèrent de luxe et de prodigalités, nourrissant des nuées de
clients et des armées d'esclaves. « Bientôt, chantait Horace, bientôt nos immenses
palais laisseront à peine quelques arpents à la charrue, et, de toutes parts, on verra
s'étendre des viviers plus spacieux que le lac Lucrin. Le platane solitaire usurpe la
place de l'ormeau; le myrte, la violette, les fleurs aux odeurs enivrantes parfument la
plaine où l'olivier enrichissait l'ancien possesseur, et l'épais feuillage du laurier abrite
des ardeurs brûlantes du soleil. Il n'en était pas ainsi sous Romulus, sous l'austère
Caton, sous la rude discipline des vieux Romains; les citoyens étaient pauvres et la
république opulente; un simple particulier n'édifiait pas de vastes et profonds portiques
pour capter la fraîcheur et, sans permettre à un Romain de dédaigner la chaumière
qu'il tenait de ses aïeux, les lois réservaient le marbre pour embellir aux frais de
l'État les temples des dieux et les monuments publics. »

De ces palais, il ne subsiste que des débris : des merveilleux aqueducs qui ame-
naient à Rome l'eau *Tepula*, l'eau *Marcia*, la *Virgo* captée sur la voie Collatine et que
déverse encore la fontaine de Trévi, l'eau Alsiétine, il ne reste que les ruines monumentales qui sillonnent la campagne de Rome et profilent à l'horizon leurs lignes
grandioses. Les Barbares, et surtout les Lombards, du même coup déplacèrent Rome
et ruinèrent sa campagne. Ce furent eux qui coupèrent les aqueducs, privant Rome de
l'eau qu'elle recevait du dehors, forçant les Romains à déserter les hauteurs et à
refluer aux alentours du Tibre. Le Champ de Mars, inhabité du temps de Cicéron,
devint ainsi le centre de la Rome moderne, attirée par le fleuve.

En même temps les eaux, qui n'arrivaient plus à la ville, se répandaient dans la
campagne, et ces eaux stagnantes engendraient la malaria. Chaque année, plus morne,
plus désolé, plus insalubre, envahi par les marais et mortel à l'homme, l'*Agro*

Romano est devenu ce qu'il est encore aujourd'hui : un site sauvage, d'un charme étrange et d'une incomparable mélancolie, que les peintres admirent et que maudit Rome sur laquelle le vent d'ouest sème les miasmes délétères qu'il ramasse au passage.

Par delà Rome, par delà le Tibre, la côte qui fuit au sud vers le cap Circée est aussi désolée que la campagne romaine. Sur ces rivages où les palais succédaient aux palais, où proconsuls et personnages consulaires, patriciens et riches chevaliers, à prix d'or se disputaient le sol, au long de cette voie Appienne qu'Horace appelait « la Reine des grandes voies, *Regina viarum* », et qui, de Rome à Capoue pavée de dalles énormes, se déroulait jusqu'à Brindes, des tombeaux seuls demeurent. C'était la route de Baïa, la ville voluptueuse entre toutes, c'est celle du lac d'Albano et des marais Pontins, grandes plaines à demi noyées que recouvre une végétation luxuriante, sur lesquelles plane la fièvre. On n'y voit que de rares bergers à cheval hâtant du fer de leurs longues lances, la marche lente des grands bœufs enfoncés jusqu'au poitrail dans les hautes herbes.

Entre les plaines de l'Étrurie au nord et celles du Latium, au-dessous des monts Sabins, à cinq lieues de la mer, sur sept collines dominant le Tibre, s'éleva Rome, « la cité riche en hommes », pendant vingt siècles, la reine et le centre du monde. On sait ce qu'elle fut. Son histoire passée, sa description actuelle exigeraient des volumes. La population de Rome moderne, 407,044 habitants, dépasse de peu celle de Milan 406,592 et est très inférieure à celle de Naples qui en compte 512,000. Plus grande par ses souvenirs que par son présent, plus attrayante par ses ruines que par ses monuments modernes, Rome est, avec la Grèce et Jérusalem, la nécropole d'un monde d'institutions, d'idées, de croyances et d'art dont nous sommes les héritiers directs. « Entre la Grèce et Rome, écrit M. V. Duruy, la différence est profonde. Lorsque de l'Hellade, si pleine de vie, de lumière et de beauté, vous passez dans le monde romain, froid, silencieux et sévère, l'horizon d'abord se rétrécit, le ciel paraît plus sombre, l'imagination s'éteint et la pensée s'arrête. C'est que la Grèce garda longtemps les élans, la passion et les enthousiasmes de la jeunesse, tandis que Rome eut, dès ses premières années, la maturité sérieuse, mais forte, de l'âge de la réflexion et du dévouement calculé. Au lieu de l'art, vous trouvez aux bords du Tibre la politique; au lieu de la pensée, l'action; au lieu d'individualités brillantes, une discipline austère ; mais aussi à l'anarchie, à la faiblesse sociale succèdent l'ordre et la grandeur publique. Pendant longtemps, la gloire de Rome n'a pas de nom; elle peut dire : Je m'appelle *Légion*. Si donc l'artiste et le philosophe s'éloignent, le jurisconsulte, l'homme d'État et l'historien demeurent à regarder croître cette grande chose qui commence au pied du mont Palatin, dans un berceau d'enfant et qui devient un univers, *orbis romanus*. Et cette fortune arriva sans secousse, sans coups soudains et imprévus. Grâce au plus habile mélange de prudence et d'audace, d'ambition active et de constance infatigable, tout se développe avec la régularité d'une déduction logique ou l'enchaînement nécessaire des lois naturelles; on dirait la croissance lente, mais puissante, de l'arbre qui couvrira la terre de son ombre. »

Sur ce sol où chaque pierre est une date, chaque monument est aussi un feuillet de l'histoire, feuillet mutilé ou maculé. Du Forum, dont l'origine remonte à l'alliance de Rome et des Sabins, au palais des Césars, du Colisée à Saint-Pierre de Rome, les ruines se succèdent et se superposent. Sous la Rome visible s'étend une Rome souterraine : 876 kilomètres de galeries et de voies étroites, de chambres mortuaires, d'oratoires et de catacombes. Dans les musées, dans les palais, dans les églises, s'entassent des chefs-d'œuvre ; au Vatican, Raphaël, dans un rêve sublime, retrouve l'humanité parfaite dans son inaltérable simplicité et l'harmonie de sa structure ; Michel-Ange, poursuivant son insatiable idéal, étale aux yeux ses êtres surhumains, vivants d'une vie superbe et puissante.

Cette ville eut toutes les gloires et toutes les fortunes. Elle fut la capitale du monde païen et celle du monde chrétien. Elle eut la grandeur militaire, celle des soldats et des héros, celle des historiens et des poètes, des jurisconsultes et des orateurs, des hommes d'État et des philosophes, des sages et des saints, des peintres et des sculpteurs, tous, dans leurs genres différents les premiers. C'est la ville éternelle dont, semble-t-il, le nom ne périra point.

Au nord de Rome : Civita-Vecchia, son port, dans une campagne aride et monotone, semée de rares habitations. C'est une petite ville de 12,000 habitants qui doit à son voisinage de la capitale le peu de mouvement qui lui reste. Dans l'est, se trouve Tivoli, l'ancienne cité des Sicules, de cinq siècles antérieure à Rome, convertie par Rome en lieu de délices. A Tivoli, alors Tibur, s'élevait le palais de Mécène. Horace y vécut, et aussi Properce et Tibulle. « Que d'autres, dit Horace, exaltent Mithylène, Rhodes, Éphèse, Corinthe entre deux mers assise... que d'autres célèbrent Argos et ses coursiers, Mycène et ses richesses... elles me touchent moins que le bois sacré de Tibur, la grotte retentissante de l'Albunée, les cascades de l'Anio et les vergers qu'arrosent les eaux vagabondes. » Près de Tibur, Hadrien fit construire sa villa de 18 kilomètres de tour. Au sud : Palestrina, l'antique Prœneste, chantée par Horace, depuis patrie du célèbre compositeur de ce nom. Plus bas, Ostie, port de Rome creusé par Ancus Martius et comblé par le Tibre ; Claude et, après lui, Trajan, entreprirent de le rouvrir, mais sans succès. Dépeuplée par la malaria, Ostie n'est plus qu'un pauvre village.

Dans le nord, entre Ancone et Rome, Pérouse, l'une des douze villes étrusques et l'une des plus antiques, tassée sur ses hautes collines, domine un horizon de plaines et de montagnes. Chef-lieu de l'Ombrie, c'est, écrit M. Taine, « une vieille ville du moyen âge, ville de défense et de refuge, posée sur un plateau escarpé d'où toute la vallée se découvre. Des portions de murs sont antiques ; plusieurs fondations de portes sont étrusques ; l'âge féodal y a mis ses tours et ses bastions. La plupart des rues sont en pente et des passages voûtés y font des défilés sombres. Souvent une maison enjambe la rue ; le premier étage va se continuer dans celui qui fait face ; de grandes murailles de briques roussies, sans fenêtres, semblent des restes de forteresses. Vingt débris y mettent devant l'imagination la cité féodale et républicaine : la noire porte San Agostino, énorme donjon de pierres tellement ravagées et rongées qu'on dirait une caverne naturelle, et tout au sommet une terrasse soutenue par de jolies colonnettes encore romaines, délicates créations, premières idées d'élégance et d'art qui fleurissent au milieu des dangers et des haines du moyen âge ; puis, le *palazzo del governo*, sévère et massif comme il le fallait pour les batailles et les séditions des rues, mais avec un gracieux portail où s'enroulent des torsades de pierre et des cordons, de sincères et naïves figures sculptées ; des formes gothiques et des réminiscences latines ; des cloîtres d'arcades superposées et de hautes tours d'églises en briques noircies par le temps. »

Au sud se trouve Orvieto, pittoresque et délaissée, sur le Paglia, affluent du Tibre. Ce fut l'asile des papes ; trente-deux s'y réfugièrent ou y résidèrent pendant les guerres civiles. Orvieto montre avec orgueil sa cathédrale, l'un des plus beaux monuments gothiques de l'Italie. Plus bas, Viterbe, « la ville des belles fontaines et des belles filles », aujourd'hui le Nuremberg de l'Italie, étale sur les pentes du mont Cisnino ses maisons noires et enfumées aux corniches sculptées, aux croisées gothiques. Près de Viterbe s'élevait l'antique Volumnia. Puis, dans une plaine bien cultivée : Assise et, sur une éminence abrupte, son monastère posé sur un double rang d'arcades superposées, et sa triple église recouvrant la fosse où reposent les ossements de saint François. Entre Assise et Orvieto, on rencontre successivement Trevi, Spolète qu'Annibal ne put réduire après sa victoire de Trasimène, Terni à laquelle on conteste la gloire d'avoir vu naître Tacite.

IV. — LES ABRUZZES, LA CAMPANIE, LA CALABRE.

Au sud de Rome, par delà les marais Pontins que traversait la voie Appienne, s'ouvrait la *Campania Felix*, la Terre de Labour, depuis royaume, puis province de Naples. Ce fut aussi, et à une époque antérieure, la Grande Grèce, ainsi nommée en souvenir de la terre des Hellènes dont elle rappelait la configuration par son vaste développement de côtes de 1,600 kilomètres, par ses échancrures, ses golfes et ses baies ; dont elle rappelait l'orographie par son sol montueux, accidenté, coupé de gorges et de défilés. Ici les Apennins se brisent ; leur longue chaîne disloquée projette en tous sens ses rameaux qui s'entrecroisent : les monts des Abruzzes et de la Sabine au nord, ceux du Matese au sud, entre Naples et Bénévent les *Fourches Caudines* où l'armée romaine, prise comme dans un étau, dut courber la tête devant les Samnites. Une ligne ininterrompue de chaînons aux allures incertaines traverse la péninsule du nord au sud, de Termoli à Conza, oblique à l'ouest et vient enserrer, au-dessous de Sorrente, le golfe de Naples, et, au large, l'île de Capri.

Entre les Abruzzes et la Campanie les communications sont faciles, les seuils d'accès fréquents, nonobstant l'aspect hérissé et montueux de la région centrale. Des rives de l'Adriatique à celles de la mer Tyrrhénienne, de Terramo dans le nord-est à Salerne dans le sud-ouest, elles décrivent une vaste courbe autour du Latium.

Au-dessous de la ligne brisée des Apennins, le sol s'incline en longues pentes vers le golfe de Salerne et celui de Tarente. Aux montagneux massifs coupés de vallées succèdent des plateaux ondulés aux courbes indécises, aux croupes sinueuses ravinées par les eaux. L'ossature rocheuse des Apennins qui, depuis les plaines de la Romagne serrait de près la côte de l'Adriatique, s'en détourne dans la Capitanate, laisse sur sa gauche l'Apulie et la presqu'île d'Otrante pour reparaître dans les Calabres et s'infléchir vers la mer Tyrrhénienne. Étranglée entre les deux mers, la péninsule fuit, s'affinant vers le sud au-dessous du golfe de Squillace. Du sommet du mont Polino, par le travers du golfe de Tarente, l'œil plonge déjà sur les deux mers; au sud de celui de Squillace la péninsule n'est plus qu'une bande de terre amincie, qu'un promontoire allongé et rugueux que l'Aspromonte soulève à 1,900 mètres de hauteur et qui va mourir en longues pentes rougeâtres dans les flots à Spartivento « partage des vents ».

C'est la région volcanique de l'Europe qui, par delà le détroit de Messine, se prolonge dans la Sicile. Son étendue est restreinte, ses éruptions de peu d'importance, comparées à celles des volcans du Pacifique, de l'Amérique centrale, des Andes et de l'Archipel d'Asie; mais outre que l'on ignora longtemps l'existence de ces *terres de feu*, l'imagination des peuples était bien autrement impressionnée par les phénomènes secondaires dont ils étaient témoins, qu'elle ne l'eût été par les récits les plus circonstanciés d'éruptions lointaines. Aussi le Vésuve et l'Etna passèrent-ils longtemps pour les bouches de l'enfer, et les champs Phlégréens pour l'une des plus étonnantes régions de l'univers.

C'est au sortir du défilé de Gaëte, à l'entrée de la Terre de Labour, qu'apparaît le cratère de Massico, muet depuis des siècles. Les vins de Massico, vantés par Horace, étaient célèbres dans le monde romain. Sur le sommet de la montagne, dans la bouche aujourd'hui verdoyante du volcan, un village s'est niché. Au nord du Massico, Gaëte, avec ses vergers de citronniers et d'orangers, offre un ravissant aspect. Énée, rapporte la tradition, fonda Gaëte et lui donna le nom de Caïeta, sa nourrice. Sa situation fit longtemps de cette ville la clé de l'Italie méridionale. François II s'y enferma en 1860 et, couvert par 800 bouches à feu, tint quatre mois en échec les troupes italiennes. Dans le nord Avezzano s'étend, près du lac Fucino, dont les redoutables débordements ruinèrent à maintes reprises la région environnante. César, Claude, Trajan, Adrien, tentèrent vainement d'ouvrir une issue aux eaux du lac. Ce qu'ils ne purent faire, des ingénieurs français l'accomplirent, aidés par les millions du prince Torlonia, dont l'intelligente et patriotique initiative a restitué à l'agriculture plus de cinq mille hectares d'excellentes terres.

Dans le nord-est, Solmona, située entre l'Avella et le Gizio, s'élève sur l'emplacement de Sulmo, patrie d'Ovide, dans un bassin pittoresque qu'entourent de hautes montagnes. L'Aterno roule plus au nord ses eaux rouges, chargées d'ocre et d'hématite. Tite-Live raconte que pendant la seconde guerre Punique, le torrent charriait du sang. Dans l'Abruzze ultérieure, Aquila, célèbre au moyen âge, domine une riante vallée qu'arrosent de nombreux cours d'eau. Elle est elle-même dominée par le plus haut massif des Apennins, le *Gran Sasso d'Italia*, dont le point culminant, le *Corno Grande*, atteint 2,921 mètres. Sur son sommet neigeux les chamois errent comme dans les solitudes des Alpes. La base du massif est couverte de forêts, mais les hautes régions sont dépourvues de végétation.

Sur l'autre versant du *Gran Sasso*, Téramo est le point extrème des Abruzzes, de même qu'Ascoli, au nord, est celui des Marches Méridionales. A l'est d'Aquila : Chieti, petite ville de 20,000 habitants, et, sur la côte de l'Adriatique, Vasto, d'où la vue s'étend, par delà Termoli, sur le promontoire du mont Gargano et les îles Tremiti. Au pied du mont Gargano se déroule le lac de Pesina, lagune poissonneuse que continue le lac de Varano. Sur cette côte marécageuse la malaria reparaît. Le massif du mont Gargano représente, par sa saillie, l'éperon de la botte à laquelle on compare l'Italie. Sa cime la plus élevée, le Monte Calvo, ne dépasse pas 1,560 mètres d'altitude, ses pentes et ses vallées verdoyantes, ses belles forêts de hêtres et sa plage couverte d'oliviers en font un des sites pittoresques, mais peu connus, de l'Italie méridionale.

Au sud, abrité des vents du nord par l'épais massif du Gargano, s'ouvre le golfe de Manfredonia. La petite ville qui lui donne son nom, coquettement assise sur la plage, est entourée d'une plaine charmante dont la végétation rappelle celle de la Calabre et de la Sicile. Manfred la construisit, les Turcs la brûlèrent. Relevée de ses ruines, elle tint tète à Lautrec et le repoussa. A l'ouest de Manfredonia, sur la route de Naples, s'étend la vaste plaine du *Tavoliere di Puglia*, l'ancienne Capitanate, plaine sans arbres, tapissée d'une herbe courte. Ce désert où l'on n'aperçoit aucune habitation possède un sol fertile, lequel, mis en culture, pourrait devenir un des greniers de l'Italie. Asservie par les lois napolitaines à la pâture, condamnée par l'ignorance des lois économiques à demeurer en friche, cette riche contrée n'a été affranchie qu'en 1865 de ce joug odieux. Depuis, de grands progrès ont été faits et les résultats obtenus par les cultivateurs sont des plus encourageants. La rareté et la cherté des capitaux retardent seules l'œuvre entreprise.

Au centre de cette immense plaine, Foggia est aujourd'hui une des belles villes des provinces méridionales de l'Italie. Durement éprouvée par le tremblement de terre de 1751, elle s'est relevée de ses ruines et sa prospérité, intimèment liée à celle de la plaine du Tavoliere, suit une marche ascendante. Foggia compte aujourd'hui 40,000 habitants et fait un important commerce de blé et de bestiaux. L'une des curiosités de la ville est sa vaste place *delle Fosse*, sillonnée d'innombrables *silos* dans lesquels s'entassent les grains du Tavoliere. A 18 kilomètres de Foggia et à l'extrémité de la plaine, sur un plateau escarpé, s'élève Lucera, l'antique Lucéria, où se réfugièrent Pompée et Cicéron. Frédéric II en fit une place forte dominant la Capitanate et Foggia.

A l'est de Foggia et sur la route de Naples, Bénévent construite sur une colline que contournent le Sabato et la Calore, domine la plaine de Grandella où se livra, en 1266, la bataille dans laquelle Manfred, vaincu par Charles d'Anjou, chercha et trouva la mort. La ville est d'aspect morne et sa population n'atteint pas 20,000 âmes. Entre Bénévent et Naples, à huit lieues de cette dernière ville, apparait Caserte, le Versailles italien, et le célèbre palais construit en 1752 par Charles III sur les plans de Vanvitelli : « Une plus grande conception, dit Quatremère de Quincy, n'existe pas en Europe. Si le xvi⁰ siècle a produit, quoique dans des masses moins considérables, des palais d'un style d'architecture plus sévère, plus riche en détails classiques et d'une plus haute harmonie, cependant l'avantage du palais de Vanvitelli est d'être un tout immense réduit à la plus simple expression : un dans chacune de ses parties, simple avec variété, complet sous tous les rapports. L'architecte dut à de favorables circonstances de terminer lui seul toute sa construction dans le cours d'un petit nombre d'années. Aussi le palais ressemble-t-il à ces ouvrages que l'on appelle coulés d'un seul jet. »

Au delà de Caserte l'horizon s'élargit, les flots bleus de la mer Tyrrhénienne scintillent au loin et Naples apparaît mollement étendue au fond de son golfe.

C'est la plus grande ville de l'Italie, plus grande et plus peuplée que Rome, Milan, Turin, Gênes et Venise; elle compte 512,000 habitants et sa population s'accroît. De toutes les villes italiennes c'est la plus heureusement située, l'une des plus connues, des plus vantées et des plus visitées. Les poètes l'ont célébrée dans leurs vers, les peintres ont reproduit ses paysages et l'hyperbolique admiration a créé pour elle un dicton partout répété : « Voir Naples et mourir. »

Aucun site en Europe, ne peut rivaliser avec celui de Naples, aucun golfe n'offre d'aussi charmants contours, des courbes aussi gracieuses, aucune plage n'évoque autant de souvenirs.

« C'est, écrit M. Taine, un autre climat, un autre ciel, presque un autre monde. En approchant du port, quand l'espace s'est élargi et que l'horizon s'est découvert, je n'ai plus vu tout d'un coup que des blancheurs et des splendeurs. Dans le lointain, sur la brume qui couvrait la mer, les montagnes s'étageaient et s'allongeaient, lumineuses et satinées comme des nuages. La mer s'avançait à grandes ondes blanchissantes, et le soleil, versant son fleuve de flammes, faisait comme une traînée de métal fondu jusqu'à la plage. Impossible de rendre ce spectacle. Lord Byron a bien raison : on ne peut pas mettre de niveau les beautés des arts et celles de la nature. Un tableau reste toujours au-dessous et un paysage toujours au-dessus de l'idée qu'on s'en peut faire. Cela est beau, je ne sais pas dire autre chose, cela est grand et cela est doux; cela fait plaisir à tout l'homme, cœur et sens ; il n'y a rien de plus voluptueux et il n'y a rien de plus noble. Comment se donner l'embarras de travailler et de produire quand on a cela devant les yeux ? Ce n'est pas la peine d'avoir une maison bien ordonnée, de construire laborieusement ces vastes machines qu'on appelle une constitution ou une église, de chercher des jouissances de vanité ou de luxe : on n'a qu'à regarder, à se laisser vivre ; on a toute la fleur de la vie avec un regard. »

Le golfe évasé décrit une courbe d'environ 50 kilomètres de longueur, du cap Misène, que continuent au large les îles de Procida et d'Ischia, à la pointe Campanella que prolonge l'île de Capri. Au sud de Naples, au long de la plage, se succèdent Portici, Rosina, Herculanum, Torre del Greco, Torre Annunziata, Pompéi, Castellamare, bâtie sur les ruines de Stabiœ où mourut Pline l'Ancien, Sorrento, patrie du Tasse. Le Vésuve domine tout ce littoral. Objet d'orgueil et de terreur pour Naples, dont quarante-cinq fois, depuis 1700, il a, par ses éruptions, éveillé les craintes, le Vésuve atteint à son point culminant, 1,200 mètres. Sa forme a fréquemment changé depuis l'époque où Spartacus faisait camper dans le cratère

VUE GÉNÉRALE DE NAPLES.

muet, son armée de 10,000 gladiateurs: Il n'avait alors qu'un seul cône tronqué ; aujourd'hui il est divisé en deux : le cône volcanique, ou Vésuve proprement dit, et la Somma, ceinture semi-circulaire à parois abruptes intérieurement. Entre le Vésuve et la Somma se creuse un profond ravin large de 500 mètres. Pline le Jeune nous a laissé, dans une lettre célèbre, adressée à Tacite, le récit de l'éruption de 79 qui coûta la vie à son oncle Pline l'Ancien et ensevelit Herculanum et Pompéi. Aussi violente, mais moins désastreuse fut celle de 472 dont parlent Procope et Ammien Marcellin, et dont le vent porta jusqu'à Constantinople la pluie de cendres.

Peu de sites ont été autant visités, décrits et reproduits que ceux d'Herculanum et de Pompéi. Ils sont uniques au monde. A Pompéi, une ville est là, sous les yeux, telle qu'elle fut il y a 1,800 ans. Les traces des roues des chars y sont aussi fraîches que si elles dataient d'hier et les inscriptions crayonnées sur les murs, les caricatures charbonnées, les comptes des cabaretiers notés sur la muraille, semblent de la veille. En une nuit, figée dans la cendre comme dans une gangue, enfouie sous la lave, effacée du sol et oubliée des hommes pendant des siècles, Pompéi retrouvée, exhumée, sort de son tombeau. Telle est l'illusion, que la vie semble seulement suspendue, tant le cadre intact, tant ce qui vous entoure, les amphores et les fours, les magasins et les maisons, semblent attendre leurs propriétaires et leurs hôtes. S'ils revenaient après vingt siècles, sans hésitation ils s'orienteraient dans ces rues, dans ces ruelles, dans ces couloirs, reprenant leur vie d'alors, au point où ils l'ont laissée.

Virgile, Ovide, Properce y étaient populaires, car sur les murs on retrouve inscrites de nombreuses citations empruntées à leurs œuvres. Si soudaine que fut la catastrophe, on n'a retrouvé dans Pompéi que 500 à 600 squelettes. La ville contenait 12,000 habitants. Les uns ont pu s'enfuir, d'autres ont dû trouver la mort plus loin. Combien en reste-t-il sous l'épaisse couche qui recouvre encore la plus grande partie de Pompéi, et qu'il faudra près d'un siècle pour déblayer?

A droite de Naples s'étendent successivement : Pausilippe, son tunnel et le tombeau supposé de Virgile qui mourut à Brindes, à son retour d'Athènes, et exprima le désir d'être enterré sur le mont Pausilippe, dans la villa où il avait écrit les *Églogues* et les *Géorgiques*. Le rocher qui termine la pointe de Pausilippe, sur la mer, porte le nom du poète. Au delà s'ouvrent le golfe de Pouzzoles et le bassin desséché du lac d'Agnano. Les ruines commencent : l'amphithéâtre, le Sérapeum ou temple de Sérapis, les débris de la villa de Cicéron. « On la rencontre, dit Pline, sur le rivage de la mer, en allant du lac Averne à Pouzzoles ; elle est facile à distinguer par son portique et son bois. Cicéron l'appelait l'*Académie* en mémoire de l'Académie d'Athènes. C'est là qu'il composa ses *Académiques* et aussi son traité *De Fato* ». « Que je me plairais dans ce riant séjour, écrivait Cicéron à Atticus, si les importuns ne venaient m'y relancer et me forcer à déserter. » Plus loin, le lac Lucrin, renommé pour ses huîtres et le lac d'Averne dont les Romains firent l'une des portes de l'Enfer.

Les ruines se multiplient, le sol en est jonché ; c'est Baies, plage déserte, insalubre et triste qui fut Baiæ et dont Horace disait :

Nullus in orbe sinus Baiis prælucet amœnis.

« Nul lieu sous le soleil n'est plus charmant que Baiæ. » Nul, en effet, ne fut plus vanté, plus recherché, plus luxueux, nul ne vit autant de folies, de prodigalités et d'orgies. Tout ce que Rome posséda d'hommes illustres et de beautés célèbres : Cicéron, Marius, Pompée, Caton, César, empereurs et patriciens, courtisanes et grandes dames affluèrent sur cette plage « où les villas empiétaient sur la mer, se disputant l'espace trop étroit ».

Sur le sol nivelé le pas du visiteur éveille l'écho des voûtes souterraines, des thermes et des salles de bains enfouies; elles s'étendent jusqu'au cap Misène où la villa d'Hortensius est encore sous les flots; sur la hauteur se dressait le palais de César qu'habita Octavie; plus loin Bauli où Néron accueillit Agrippine et la conduisit à la barque fatale. Échappée au naufrage, elle réussit à gagner sa villa du lac Lucrin où les assassins envoyés par son fils l'achevèrent. Son corps fut, dit-on, enfoui sur cette plage, au pied du palais de César.

De l'autre côté du cap Misène : Cumes, fondée par les Grecs à une époque contemporaine de la guerre de Troie, et qui, elle-même fonda Naples. Au delà de Cumes la côte, remontant vers le nord, vers Rome, se déroule en une série de lacs marécageux qu'une bande de terre couverte de forêts isole de la mer. La malaria règne sur cette côte que l'on s'efforce d'assainir.

Sur les flots azurés du golfe, Nisida, Procida, Ischia, Capri rappellent par leurs lignes harmonieuses et leurs contours gracieux les îles de la Grèce. Tout, d'ailleurs, ici évoque le souvenir de l'Hellade. Ce fut le point de rencontre et de fusion des deux races. Naples est à demi grecque; le Napolitain est *græculus*, Nisida est grecque, par son nom, par sa terre, ses rochers et son port. Procida fut la Prochyta des anciens. Énée, dit-on, y aborda. Les Grecs possédaient à Ischia des fabriques de poterie, d'où le nom de Pithecusæ qu'ils lui donnèrent. Ischia est fertile, elle possède aussi des eaux minérales renommées. Malheureusement le tremblement de terre de 1883 a causé dans l'île de grands ravages en détruisant Casamicciola, sa ville thermale. Capri, l'île des chèvres, fut le séjour d'Auguste qui l'acheta aux Napolitains en échange d'Ischia. Le palais qu'il y fit construire, élargi et embelli plus tard par Tibère, devint le repaire de ses cruautés et de ses débauches. On montre encore les énormes substructions de ce palais, rasé, après lui, sur l'ordre du Sénat.

A l'est de Naples, dans l'intérieur des terres, se trouve Nola. Sous ses murs Marcellus battit deux fois l'armée carthaginoise commandée par Annibal. Auguste y mourut et, avant lui, son père Octavien. Sur la rive gauche du Sabato et au pied du Monte Vergine se rencontre Avellino, de toute antiquité renommée pour ses avelines auxquelles elle doit son nom; au sud, Salerne et son golfe que le promontoire de Sorrente sépare du golfe de Naples.

Salerne fut célèbre par son école de médecine dont les aphorismes en vers léonins longtemps firent loi. Bon nombre ont survécu et méritaient de survivre, nul mieux que le dernier :

Contra vim mortis non est medicamen in hortis.

« Contre la puissance de la mort nos jardins sont sans remèdes. »

Sanctuaire de la médecine, Salerne est loin d'être une ville salubre ; par contre c'est une ville pittoresque. Près d'elle, Viétri est située à l'orée de la vallée de la Cava, puis Amalfi, qui fut, au ve siècle l'une des plus importantes villes de l'Italie. Plus tard, au xiie, elle accapara un moment presque tout le commerce de l'Orient. Dépossédée par les Pisans, elle n'est plus aujourd'hui qu'une jolie ville de 8,000 habitants exploitant des fabriques de papier et de macaroni.

Dans le vaste espace qui s'étend du golfe de Salerne à Bari sur l'Adriatique, se trouvent peu de grands centres. Potenza, avec ses 20,000 habitants, est l'un des plus importants comme chef-lieu de la rude et froide Basilicate. Potenza est située à 1,200 mètres d'altitude sur le sommet d'un mamelon escarpé dominant la rive gauche du Basento, ici près de sa source, car il naît dans le mont Arióso, à quelques kilomètres de Potenza et se déverse, à Métaponte dans le golfe de Tarente. Plus à l'est, Altamura, chef-lieu de la province de Bari, est une ville d'avenir, ainsi que Bari, sur l'Adriatique, et qui compte aujourd'hui près de 60,000 habitants.

Bari, située dans une riche plaine, occupe le centre d'une région fertile en oliviers, en vignes et amandes. C'est une ville toute moderne, juxtaposée à une vieille cité habitée par les ouvriers du port dont le mouvement annuel se chiffre par environ 2,000 navires jaugeant plus de 800,000 tonnes. Au sud de Bari, Brindisi offre aux navires le meilleur port de toute cette côte. A l'exception des paquebots à vapeur, ils n'y relâchent guère, et le mouvement du port de Brindisi est inférieur comme nombre de bâtiments à celui de Bari, s'il lui est de quelque peu supérieur comme tonnage. Le long promontoire dont Brindisi est le port et Lecce le chef-lieu fut autrefois connu sous le nom de terre d'Otrante. Lecce, qui a dépossédé Otrante, dépeuplée par la malaria et réduite à 2,300 habitants, est une ville salubre, bien située et dont la population de 25,000 âmes s'accroît. La terre d'Otrante, par la longue courbe qu'elle décrit à l'est s'infléchit vers la rive turque dont, à sa saillie méridionale, vingt lieues à peine la séparent. Elle ferme l'Adriatique qui, par son détroit communique avec la mer Ionienne. Au sud d'Otrante, à l'ouest du cap de Leuca, le golfe de Tarente décrit sa courbe profonde.

Ce fut la porte ensoleillée, hospitalière et large ouverte par laquelle la Grèce aborda l'Italie. Tout l'y invitait ; d'eux-mêmes les vents du sud-ouest y poussaient ses vaisseaux et, sur les côtes de ce vaste golfe abrité du nord, le Grec retrouvait les sites familiers et le climat de l'Hellade. Il l'appela la *Grande Grèce* et y fonda de puissantes cités aujourd'hui disparues : Héraclée, Sybaris, Crotone, Métaponte. Peu visitée des touristes modernes qu'en écarta longtemps la crainte des brigands, qu'en écartent encore la malaria et la fièvre, cette région est une Italie peu connue, mais aussi intéressante que l'autre à laquelle elle ne le cède en rien pour la beauté des paysages et la grandeur des souvenirs historiques.

Tarente, colonie de Lacédémone, en est encore, après 2,600 ans, la ville importante. Tête de ligne des chemins de fer de la Calabre, Tarente est située sur une île rocheuse entre le golfe qui porte son nom et le Mare Piccolo, superbe lac salé de 25 kilomètres de tour, assez vaste et profond pour abriter des flottes dans le port le plus étendu de la Méditerranée orientale. M. Fr. Lenormant a décrit, dans son intéressant ouvrage « La

Grande Grèce », cette mer intérieure si vivante par la pêche et la pisciculture. « Ses eaux, dit-il, ont une profondeur considérable et leur tranquillité attire les poissons qui y viennent par bandes de la grande mer, à l'époque du frai. C'est donc un des lieux les plus poissonneux du monde et l'on y compte jusqu'à 93 espèces différentes qui le fréquentent aux diverses époques de l'année, chacune ayant son passage particulier, en quantités suffisantes pour donner lieu à des pêches fructueuses dont le revenu monte à plusieurs millions. » Les coquillages y abondent; les anciens en extrayaient la teinture des laines en pourpre, pour laquelle Tarente ne le cédait qu'à Tyr, et aussi les filaments soyeux par lesquels la pinne marine s'attache aux rochers et dont on fabriquait des étoffes recherchées.

Aujourd'hui les pêcheurs de Tarente exploitent surtout les *bouchots,* parcs à moules du Mare Piccolo. « D'un pieu à l'autre ils disposent en festons complètement immergés de gros câbles d'étoupes. C'est sur ces cordes que se fixe le naissain des moules et bientôt, absolument couvertes de coquillages sur toute leur longueur, elles prennent l'aspect de chapelets noirs d'une dimension gigantesque... Chaque jour, quelques-uns de ces chapelets sont apportés sur le marché où l'acheteur choisit lui-même ses moules de la grosseur qu'il veut et les fait détacher devant lui. Elles sont d'un goût exquis et d'une qualité parfaitement saine, car jamais la vase ne vient les souiller. C'est évidemment la même méthode de culture que devaient employer les Grecs de Cumes, chez qui l'élève des moules dans les lacs salés du Fusaro et de Licola était une source de richesses assez importante pour qu'ils aient fait de la moule le type le plus habituel de leurs monnaies. »

Au sud-est de Tarente, s'élève Gallipoli, l'une des plus pittoresques cités du beau golfe. Sa situation est ravissante, son port excellent et très fréquenté. Gallipoli est le centre d'un commerce important d'huile. Au sud-ouest, Métaponte qui compta plus de 40,000 habitants et qui fit alliance avec Annibal après la bataille de Cannes, n'est plus qu'un petit village dans une plaine fertile, et un champ de ruines. Son port envasé n'est qu'un marais et, du côté de la terre, les routes font défaut. Plus bas : Policoro, sur la côte de la Basilicate. Ici fut Héraclée, cité grecque d'où l'on déterra les fameuses tables d'Héraclée transportées dans le musée de Naples.

Sur toute cette côte de la Basilicate subsiste encore le régime des *latifundia* dont les économistes ont tant de fois dénoncé la fatale influence et qui a si puissamment contribué à l'appauvrissement de l'Italie. M. Fr. Lenormant nous décrit ce mode de culture dont bientôt il ne restera plus trace :

« Tout le vaste espace compris entre les montagnes et la mer dans un sens; et les deux fleuves de l'Agri et du Sinno dans l'autre, forme un seul domaine, propriété du prince de Gérace, sur le territoire de Policaro. La superficie en est d'environ 140 kilomètres carrés; c'est le *latifundium* qui depuis la fin de la république romaine, a été l'obstacle à tout progrès de l'agriculture italienne et l'un des plus puissants facteurs de la dépopulation du pays. Vingt-cinq mille têtes de bétail, des buffles en majeure partie, paissent dans les forêts marécageuses qui s'étendent du côté

de la mer. Pour les parties du domaine qui sont en labour, leur exploitation emploie
2,000 hommes au temps des grands travaux, et 250 seulement le reste de l'année. Ce
dernier chiffre est celui de la population qui habite dans les différentes *masserie*
répandues sur l'étendue du domaine. Au moment des labours et de la récolte, les montagnards descendus en bandes de la Basilicate, viennent se faire embaucher comme
ouvriers pour la durée des travaux. Sur leur route, ils gîtent dans de véritables
caravansérails, aussi rudimentaires, aussi barbares et aussi repoussants de saleté que ce
qu'on peut voir de pire en Orient. Au moment des labours, on voit dans les champs
jusqu'à vingt ou trente charrues marchant en ligne, ou bien un front de plusieurs centaines d'hommes qui s'avancent en retournant la terre avec la houe. Le *fattore*, l'intendant, et ses agents sont à cheval, parcourant incessamment le front de bandière des
travailleurs, les excitant à la besogne, les dirigeant, pressant et gourmandant ceux qui
faiblissent. On dirait une troupe sur le champ de manœuvre, commandée par ses officiers montés. Rien de pittoresque comme ce spectacle; c'est la culture entreprise à la
façon d'une expédition militaire.

« Ainsi s'est formée cette classe des *fattori* ou *mercanti di campagna*, qui prennent
à bail, moyennant une redevance fixe, l'exploitation des grands domaines et ont su
s'imposer partout comme les intermédiaires indispensables entre le propriétaire et les
paysans. Ils sont là ce que la ferme générale était, sous l'ancien régime, entre l'État et
les contribuables, et de même, ils s'engraissent aux dépens des uns et des autres. On
cite des intendants de propriétaires aristocratiques qui, à ce métier, sont devenus
rapidement millionnaires. Ce que rend la terre à son propriétaire, avec ce système
d'exploitants intermédiaires, le domaine de Policoro peut nous en faire juger. Avec sa
superficie de 140 kilomètres carrés, c'est à peine s'il produit au prince de Gérace
296,000 francs par an. Même dans l'état d'imperfection de la culture, administré directement, il donnerait un bien autre revenu.

« ... Quant au paysan, ce n'est, le plus souvent, qu'un simple ouvrier agricole,
plongé dans la plus dure pauvreté, vivant au jour le jour, sans qu'un salaire trop
minime lui permette d'espérer même d'améliorer sa condition par l'épargne. Ou bien,
par le fait, attaché à la glèbe, ou bien habitué à une vie nomade qui exerce sur lui
une influence démoralisante, c'est à peine s'il possède ses instruments de travail, et
pour ainsi dire, jamais il n'est propriétaire de la demeure insalubre et insuffisante
qu'il occupe, dans les bouges infects où la longue insécurité du pays l'a forcé à
s'entasser. Les *contadini* de la majeure partie de l'ancien royaume de Naples habitent,
à la façon de l'Orient, des villes de plusieurs milliers d'âmes, dont l'agglomération
assurait, dans une certaine mesure, une protection réciproque contre les brigands et
les pirates. A part quelques maisons bourgeoises, le bourg est possédé tout entier par
un grand propriétaire, en général celui dont les paysans cultivent les domaines. A son
égard ils sont des tenanciers sans bail fixe, sans garantie d'aucune sorte, que la simple
volonté du propriétaire ou de son intendant peut, du jour au lendemain, expulser de
leur demeure et jeter dehors sans feu ni lieu, sans travail et sans ressources... Le

paysan de ces contrées est donc toujours « l'animal farouche » dont parle la Bruyère, « noir, livide, tout brûlé du soleil, attaché à la terre qu'il fouille et remue. » C'est de lui qu'on peut dire, sans exagération, qu'il se retire la nuit dans des tanières, où il vit de pain noir, d'eau et de racines. »

Cette côte du golfe de Tarente est semée de ruines et riche en souvenirs. Il est impossible de remuer le sol sans rencontrer des fondations de murailles, sans ramener à la surface des débris du passé. Au sud de Policoro, à Buffaloria, s'ouvre la plaine de Sybaris. « Je ne crois pas, dit M. Lenormant, qu'il existe nulle part au monde rien de plus beau que les champs où fut Sybaris. Tout y est réuni à la fois, la riante verdure des environs de Naples, la grandeur des plus majestueux paysages alpestres, le soleil et la mer de la Grèce. Pour ma part, après avoir parcouru tous les rivages de la Méditerranée, je ne trouve à y comparer que certains sites du Liban. »

Cotrone, l'ancienne Crotone, est située à l'extrémité ouest du golfe de Tarente. La ville des athlètes, la patrie de Milon, fournit à Xeuxis ses plus beaux modèles. Crotone eut d'autres titres de gloire : Pythagore y professa et elle fut la métropole philosophique de l'Italie. De la rivale heureuse de Sybaris il reste à peine quelques fragments de murailles. La Cotrone moderne est une jolie petite ville. Entre Tarente et Reggio c'est la seule cité de la côte qui ait des rues propres et bien bâties, une population prospère, des palais entourés de jardins. Cotrone est une résidence aristocratique ; nombre de familles nobles y habitent, occupées à surveiller et gérer leurs riches domaines. Cotrone, desservie par les paquebots à vapeur de la ligne Messine-Tarente-Bari, entretient avec le dehors un commerce assez important d'oranges, citrons, raisins, figues et de manne, matière d'un goût douceâtre, d'une odeur fade et caractéristique, très purgative, que la Calabre fournit à l'Europe et que l'on extrait du suc du frêne à feuilles rondes.

Au-dessous de Cotrone la côte s'infléchit vers l'ouest décrivant une nouvelle courbe qui forme le golfe de Squillace. Catanzaro en occupe le centre. C'est une ville de 22,000 habitants, située au débouché d'une étroite et profonde vallée où la végétation atteint une puissance remarquable. Le fond de la vallée est admirablement cultivé et les pentes sont couvertes d'oliviers. De même que Sybaris, Catanzaro fut autrefois la ville des loisirs élégants, de l'abondance et de la vie facile. Sur la plaque de marbre de son jardin public on lit encore sa vieille devise : *Hic carpe diem, hic sume delicias.*

Au sud de Catanzaro, Squillace, l'antique Scylacium, qui a donné son nom au golfe, fut une ville purement grecque. Elle le redevint sous les empereurs de Constantinople, et servit de refuge aux prêtres, moines et laïques orthodoxes qui, par milliers, émigrèrent de la Grèce dans la Calabre pour se soustraire aux persécutions de Constantin Copronyme. Plus bas : Gerace, petite ville de 6,000 habitants. La côte se profile vers le sud et le cap Spartivento marque ici la pointe extrême de la longue péninsule.

Remontons au nord, sur la côte ouest, au point où nous l'avons quittée, à Salerne, et suivons-la en descendant vers Reggio. La plage, abrupte au-dessous du cap Licosa, s'abaisse ; sur l'arrière les montagnes s'écartent pour livrer passage à l'Alento qui, entre la pointe de Pollice et celle d'Ascea forme la baie de Vélia. Plus bas, et plus profondément enfoncé dans les terres s'ouvre le golfe de Policastro semé de petits ports sans importance. Paola, au sud, vit naître saint François de Paule. En arrière, dans les terres et au confluent du Busento et du Crati : Cosenza, ville étroite et sombre, mais centre agricole important ; puis Nicastro, cité byzantine, bâtie en amphithéâtre et que domine son vieux château situé sur une colline escarpée entre deux torrents qui lui font un cadre de cascades. Du sommet, la vue plane sur un horizon grandiose de montagnes, sur le golfe de Santa Eufemia, sur le cap Vaticano au delà duquel apparaît comme voilée la cime du Stromboli.

Ici la péninsule se rétrécit encore et atteint sa moindre largeur. Entre le golfe de Santa Eufemia et celui de Squillace, d'une mer à l'autre, on compte à peine trente kilomètres. Au sud elle se renfle de nouveau. Monteleone, Mileto, Palmi se succèdent. Cette dernière, ville de 11,000 habitants, est l'une des plus pittoresques de toute cette région, si peu connue et méritant de l'être. De sa hauteur, dominant la mer, des forêts d'oliviers et d'orangers, Palmi domine aussi les côtes de Sicile et voit se dresser à l'horizon le massif de l'Etna. En face du cap Faro, pointe septentrionale de la Sicile, Scylla s'élève sur la pente d'un rocher ; de l'autre côté Charybde. Ces deux écueils fameux de l'antiquité, passés en proverbe à Rome :

Incidit in Scyllam cupiens vitare Charybdim,

n'ont plus de terreur pour les marins, mais devaient être redoutables, par suite du remous des vagues, pour les petits bâtiments qui se hasardaient alors dans le détroit. Au-dessous de Scylla : Reggio.

L'antique Rhegium, la Reggio moderne, fut entièrement détruite en 1783 par un tremblement de terre. Rebâtie depuis et aujourd'hui peuplée de 25,000 habitants, c'est une belle ville aux rues spacieuses, située dans une région riche en fruits, surtout en oranges et en citrons. Reggio exporte chaque année pour près de douze millions de francs d'essence de bergamote. Les palmiers y sont abondants, le climat en est salubre et peu de points sur la côte offrent de plus admirables points de vue.

A Reggio se produit un phénomène optique remarquable, la *Fata Morgana*, effet de mirage qui montre, reflétée dans le ciel ou sur la mer, la configuration des côtes et les sites environnants. Ce n'est qu'au lever du soleil, par un temps calme, et à l'époque des hautes marées que ce phénomène, dont la durée n'excède pas quelques minutes, se produit.

Mélito, plus au sud, est la localité la plus extrême de l'Italie. Entre Melito et le cap Spartivento, quelques villages sans importance. Ici finit l'Italie péninsulaire ; par delà le détroit de Messine, dont la largeur entre Scylla et le cap Faro n'est que de quatre kilomètres, et entre Reggio et Messine ne dépasse pas huit lieues, s'étend la Sicile, la première et la plus importante des terres de l'Italie insulaire.

Vue de MALTE.

III. — L'ITALIE INSULAIRE

I. — LA SICILE ET LES ILES SICILIENNES, MALTE.

La superficie de la Sicile est de 29,241 kilomètres carrés, sa population dépasse 3 millions d'habitants soit 105 habitants par kilomètre carré, densité notablement supérieure à celle de la France, qui n'est que de 71, presque égale à celle de l'Angleterre, qui est de 112. Son développement de côtes est énorme : 1,098 kilomètres.

Sa forme est celle d'un triangle, d'où son nom antique de Trinacria. L'une de ses faces regarde la Grèce, l'autre l'Afrique, la troisième l'Italie ; trois caps forment les angles, celui du Faro au nord, celui de Passaro au sud, celui de Marsala à l'ouest. Cette ile est le point culminant d'un énorme renflement sous-marin qui relie l'Afrique à l'Europe, la Tunisie à l'Italie, et dont la profondeur moyenne de 100 mètres se relève parfois jusqu'à 17, alors que, de droite et de gauche elle atteint 2,000 et 3,000 mètres. Ce vaste dos d'âne recouvert par les flots partage, avons-nous dit, la Méditerranée en deux bassins inégaux.

Le cataclysme qui a séparé la Sicile de l'Italie n'a pas fait nette la cassure entre les deux sections. Une partie de l'île, la partie septentrionale, est volcanique de même que la partie méridionale de la péninsule, à laquelle appartient le massif de l'Etna, d'une altitude de 3,313 mètres. Au nord, une chaîne montagneuse suit toute la côte septentrionale de l'île, depuis Messine jusqu'au cap San Vito. C'est le prolongement des monts de la Calabre. Une autre, parallèle à celle-ci, comme elle orientée de l'est à l'ouest, scinde l'île dans sa partie médiane. Les cimes les plus élevées de ces deux chaînes n'atteignent pas 2,000 mètres. Entre ces deux arêtes principales courent, dans le même sens, des chaînes secondaires, inférieures à 1,000 mètres, dont l'entrecroisement donne à toute cette partie de la Sicile un relief singulièrement tourmenté, mais aussi singulièrement pittoresque.

Dans le sud les montagnes s'abaissent jusqu'à la côte monotone et plate. La Sicile contient peu de plaines : celle de Catane est la plus étendue, viennent ensuite celles de Terranova, de Milazzo, de Licata, et, autour de Palerme, *la Concha d'Oro.* « Dans l'intérieur de l'île, dit M. J. Clavé, dans son intéressant article sur la Sicile, publié par la *Revue des Deux-Mondes,* le paysage a, au plus haut degré, le caractère antique et virgilien. Il n'a pas changé depuis des siècles. Le terrain est accidenté ; dans les fonds, des oliviers au feuillage grisâtre, au tronc crevassé, cherchent à grimper sur les flancs des collines ; des haies d'aloès bordent des champs d'avoine et de seigle ; plus haut, des bouquets de chênes verts, de caroubiers, de myrtes, tachent d'un vert plus sombre la prairie aux herbes courtes, qui tapisse la montagne, au sommet de laquelle un escarpement de rochers calcaires laisse apercevoir ses puissantes arêtes rougies par le soleil. Les cours d'eau sont assez nombreux, mais ils ont presque tous le caractère torrentiel, coulant à pleins bords et divaguant au loin pendant la saison des pluies, à sec le reste de l'année. Ils portent leur tribut aux trois mers qui entourent la Sicile : la mer Tyrrhénienne, la mer d'Afrique et la mer Ionienne. Des sources jaillissent fréquemment du flanc des montagnes calcaires ; elles sont recueillies et canalisées avec soin, car sous ce ciel de feu, l'eau est un bienfait inappréciable et souvent une cause de luttes et de vengeances entre voisins. La fontaine Aréthuse, qui sourd claire et abondante dans l'île où est aujourd'hui bâtie Syracuse, est presque un phénomène géologique, car elle vient, par des canaux souterrains, des montagnes de l'intérieur en passant sous les marais qui entourent la ville. Les anciens Syracusains, reportant sans cesse leurs regards vers la Grèce, que leur rappelaient les rochers rougeâtres, les sinuosités des golfes, l'aspect du paysage, croyaient qu'Aréthuse elle-même en venait et qu'elle s'était échappée poursuivie par Alphée pour se fondre en eau sur ce rocher. »

Isolé dans la partie orientale de l'île, le massif de l'Etna se dresse en une pyramide d'une épaisseur moyenne de 37 kilomètres sur une base de 144 kilomètres de circonférence. La mer l'entoure à l'est, l'Alcantara et le Simeto le contournent, l'environnant d'une ceinture d'eau. C'est la région fertile et cultivée, la plus peuplée de la Sicile. Soixante-cinq villes ou villages habités par près de 300,000 habitants se pressent au pied du volcan et sur ses versants inférieurs convertis en vergers et en jardins arrosés par des sources abondantes. Au-dessus de cette riche région s'élevait la zone boisée ; elle a presque entièrement disparu, moins par le fait même du volcan que par l'imprévoyance des montagnards. Au-dessus s'étend la région déserte que se disputent le feu et le froid, que recouvrent alternativement les noires scories et les neiges éblouissantes. De longues coulées de laves sillonnent les pentes ouest semées de centaines de cratères secondaires dont l'origine se perd dans la nuit des temps.

C'est le plus considérable des volcans de l'Europe, c'est probablement aussi le plus ancien. Si l'on admet, d'après les calculs faits sur les éruptions les plus récentes, que l'Etna vomisse, en moyenne et dans le cours de chaque siècle un milliard de mètres cubes de laves et de cendres, il lui aurait fallu 400,000 années pour exhausser au-dessus des eaux son gigantesque massif. Des calculs sur la pesanteur spécifique des laves, M. E. Reclus déduit que « les rochers rejetés par l'Etna proviennent probablement d'une profondeur de près de 123,000 mètres. Ainsi le puits qui s'ouvre au fond du cratère n'aurait pas moins de 124 kilomètres et la lave qui bout dans cet abîme serait soulevée par une force de 36,000 atmosphères. » De la fin du xve siècle à 1886 on n'a pas relevé moins de cinquante-sept éruptions de l'Etna; la plus désastreuse fut celle de 1669 qui détruisit quatorze villages et, déversant dans la direction de Catane son fleuve de feu, vint mourir sous les murs de la ville, non sans avoir détruit 300 maisons, des églises, et le couvent des bénédictins.

Étape indiquée et nécessaire sur la grande voie de la Méditerranée, de partout accessible et à tous ouverte, la Sicile était une proie que fatalement se disputèrent tous les peuples qui se disputèrent l'empire du monde. Les Phéniciens et les Grecs, les Carthaginois et les Messéniens s'en emparèrent. La bataille d'Ecnome la donna à Rome et l'enleva à Carthage; ce fut le plus grand combat naval qu'eût encore vu la Méditerranée, 300,000 hommes luttant pour conquérir, avec la Sicile, la suprématie des mers. Plus tard les Sarrasins, maîtres de l'Égypte et d'une partie de l'Afrique, envahirent l'île, ruinant Syracuse. Le Normand Tancrède les en chassa. Après lui, les dominations se succèdent. L'Allemand remplace le Normand; l'Aragonnais l'Angevin; la France Naples; aujourd'hui l'Italie est rentrée en possession de la grande île.

« Sur le tuf sicane, qui forme l'assise fondamentale de la population sicilienne, écrit M. J. Clavé, tous ces peuples ont laissé leur empreinte plus ou moins profonde suivant qu'ils ont séjourné plus ou moins longtemps. Aussi, bien que la fusion des divers éléments soit aujourd'hui complète, on n'en remarque pas moins des différences notables dans le caractère des habitants des diverses parties de l'île. Ainsi, dans la province de Palerme, les mœurs se ressentent de la longue présence des Arabes et des Espagnols, elles sont moins douces que dans celle de Catane, où domine l'élément grec. C'est à cet élément que la Sicile doit, sans nul doute, les nombreux grands hommes auxquels elle a donné le jour et parmi lesquels on peut citer Théocrite, Moschus, Diodore, Empédocle, Archimède, outre de nombreux peintres et sculpteurs. La Corse, au contraire, située sous le même ciel que la Sicile, montagneuse comme elle, peuplée comme elle par des populations d'origine ibérique, mais restée en dehors de l'influence hellénique, n'a produit ni poètes, ni philosophes, ni savants, ni artistes; elle n'a enfanté qu'un seul grand homme, au génie sombre et fatal, Napoléon. C'est aux Grecs que l'on doit ces temples nombreux dont les ruines dorées par le soleil, sont

une des grandes beautés du paysage sicilien. Placés le plus souvent sur des collines
éloignées de toute habitation, entourés de myrtes, de lentisques, de chênes verts, ces
temples semblent faire corps avec ce qui les entoure, et, si parfaits qu'ils soient au
point de vue architectural, ne tirent toute leur valeur que de la place qu'ils occupent
et que les Grecs choisissaient avec un soin extrême. Ils firent de même pour leurs
théâtres, qu'ils construisaient toujours sur les points d'où les contours de la côte apparaissent dans toute leur beauté, car ils tenaient à ce que le paysage charmât les yeux
des spectateurs et servît de cadre splendide à l'action que les acteurs déroulaient devant
eux. Tel est notamment le théâtre de Taormina, situé sur une plate-forme dominée
par des rochers escarpés, où vingt mille spectateurs pouvaient applaudir les vers
d'Eschyle tout en contemplant le colosse fumant de l'Etna, les rivages découpés du
détroit de Messine et les montagnes de Calabre. »

La Sicile fut longtemps le grenier de Rome, l'île nourricière de la grande ville militaire et conquérante. Nulle terre ne pouvait se comparer à cette terre consacrée à Cérès,
riche en blés et en pâturages, en figuiers, en amandiers, en pistachiers, produisant en
abondance le bétail, l'huile et le vin, hospitalière aux cultures de l'Asie et de l'Afrique,
aux dattiers, aux bambous, aux palmiers et à la canne à sucre, fertile en orangers et en
citronniers. Bien cultivé, le sol était salubre. Hiéron, roi de Syracuse, avait édicté un
code agraire dont les sages prescriptions, rigoureusement suivies et maintenues par
les Romains, assurèrent longtemps la prospérité sans égale de l'île. Depuis, l'introduction du régime des *latifundia* a malheureusement modifié cet heureux état de choses.
Les cultivateurs réduits par la domination normande à une condition voisine de l'esclavage ont travaillé en mercenaires, désintéressés du résultat de leur labeur.

Quand, plus tard, revenus à des mœurs plus humaines, les propriétaires substituèrent
le système du métayage à la culture forcée, il était trop tard. Le paysan appauvri, sans
espoir de devenir possesseur du sol, de cultivateur s'était fait ouvrier, exploitant les
gisements de soufre épars dans les bassins de Girgenti, de Licata, Palma, Lescara,
Bivona et dont on extrait annuellement 200,000 tonnes de soufre, soit les deux tiers
de ce que réclame l'industrie moderne. Comme autrefois le sol continue à porter des
céréales, des haricots et des fèves, mais, sur les terres voisines des torrents, les con-
duits d'irrigation mal entretenus, négligés depuis des siècles, laissent échapper et
croupir l'eau, et, ainsi que dans la maremme de Toscane, la malaria hante ces magnifiques campagnes.

« Certains points de la Sicile, dit M. J. Clavé, sont exposés à l'influence de la *malaria*
et voient leurs habitants émigrer pendant l'été pour échapper à la fièvre. On a prétendu
que les forêts exerçaient une action préservatrice et qu'on y remédierait par le reboisement des parties exposées au fléau. Cette opinion n'a pas été confirmée par l'enquête
faite en 1881, par ordre du gouvernement, dans la campagne de Rome ; car la com-
mission qui en a été chargée n'a pu recueillir aucun fait qui la motivât. En revanche,
il est à peu près hors de doute que les plantations d'*eucalyptus* produisent cet heureux
résultat. C'est à elles, notamment, qu'il faut attribuer l'assainissement de l'établissement pénitencier de Trois-Fontaines, qui est exploité par des trappistes français, et qui,

autrefois, était très fiévreux. Le principe de la *malaria* a été longtemps méconnu. On a
cru le trouver dans la présence des marais, mais on a dû abandonner cette hypothèse
après avoir constaté que le fléau sévit même sur les hauteurs et dans les quartiers de
Rome qui semblent les plus sains, et qui sont dépourvus d'eau stagnante. C'est à M. le
professeur Tommasi Crudéli qu'on doit la découverte du microbe malarien, auquel il a
donné le nom de *bacillus malariæ*. Les organismes séjournent dans le sol, mais il faut,
pour qu'ils se développent, une température minima de 20 degrés, une certaine humidité et l'action de l'air sur le terrain qui les renferme ; en sorte qu'on peut empêcher
qu'ils ne se répandent au dehors si l'on intercepte la communication du sol infecté avec
l'air extérieur, en le recouvrant soit d'eau, soit d'une végétation dont les racines forment
un feutre imperméable. Si les parties marécageuses sont plus particulièrement pesti-
lentielles, c'est parce que la vase, toujours humide, mais fréquemment découverte, est
propre au développement du microbe et à son expansion dans l'air ambiant. C'est aussi
pourquoi, dans certaines villes, à Rome, par exemple, les quartiers où les maisons
pressées les unes contre les autres empêchent l'air d'arriver jusqu'au sol, sont moins
fiévreux que ceux qu'on a dégagés, et où, dans un intérêt de salubrité, on a ouvert des
squares et des boulevards. Le même fait se produit dans nos pays tempérés, où l'on ne
peut faire de mouvements de terrain, pendant l'été, sans que des cas de fièvre se mani-
festent ; si ces cas ne sont pas plus nombreux, c'est parce que la température n'est pas
assez élevée pour que la malaria exerce son effet d'une manière persistante, mais le
germe n'en existe pas moins. Comment agit l'eucalyptus? Est-ce en drainant le sol,
est-ce en tuant les organismes pernicieux par ses émanations? C'est ce qu'on ignore,
mais le fait est là et il faut savoir le mettre à profit. L'eucalyptus croît parfaitement en
Sicile, où il n'a pas à craindre les gelées, qui, quelquefois, le font périr sur notre littoral
méditerranéen. »

Contrairement à la plupart des pays essentiellement agricoles, la Sicile possède des
centres importants de population. Les grandes agglomérations datent surtout de l'invasion des Barbares et des périodes troublées que l'île dut traverser. Les villages se sont
vidés; les villes se sont remplies d'habitants cherchant dans le groupement une sécurité relative: Palerme compte 264,000 âmes, Catane 106,000, Messine 134,215 ; huit ou
dix villes ont une population supérieure à 20,000 et cent vingt à 10,000. Cette population se divise en deux classes : les nobles et les paysans, la classe moyenne faisant à
peu près défaut. Peu nombreux, les nobles, encore mal résignés aux nouvelles conditions sociales qui ont diminué leur importance et leur fortune, vivent du revenu de
leurs terres. Laborieux mais pauvre, le paysan vit de peu, fataliste et résigné, farouche
et sauvage, redoutable dans ses colères.

La plupart des grandes villes se succèdent au long des trois grandes plages de l'île.
En face de Reggio et de la côte méridionale de l'Italie apparaît Messine, l'une des principales cités commerçantes de l'île. Elle étale, au bord de la mer et au pied des montagnes, sa belle et longue façade d'édifices et de quais, ses collines que sillonnent cinq
torrents, son port, l'un des plus sûrs de la Sicile et auquel sa forme de faucille a fait

COSTUMES POPULAIRES DE LA CAMPAGNE ROMAINE.

donner le nom de Zancla, sa citadelle en partie détruite par l'ordre de Charles II d'Espagne. Son mouvement commercial, plus important que celui de Palerme, bien autrement peuplée, est desservi par plus de 8,000 navires à l'entrée et à la sortie, jaugeant 2,200,000 tonnes. Au sud, Taormina, autrefois Tauromenium, est pittoresquement située sur un rocher d'accès difficile. Aci-Reale compte 29,000 habitants. Ses eaux thermales, son doux climat et ses beaux sites en font une station d'hiver désirable et fréquentée.

Plus bas, au long de la côte et au pied de l'Etna, Catane souvent détruite et toujours reconstruite, concentre dans son port les produits de la riche région de l'Etna, dont les feux dominent et menacent ses belles terrasses étagées, couvertes d'orangers et de citronniers. Augusta, à l'entrée du golfe de Mégare, est une place forte bâtie sur un rocher; Malilli, sur les collines de l'Hybla, célèbres par leur miel, fait face aux ruines de Mégare.

A l'autre extrémité du golfe, Syracuse occupe l'île d'Ortygie. Ce fut autrefois la plus grande ville de la Sicile. Elle posséda 500,000 habitants, et son enceinte mesurait 35 kilomètres de circonférence; aujourd'hui sa population n'excède pas 25,000 âmes. Cicéron, dans son plaidoyer contre Verrès, nous en a laissé la description : « Syracuse, dit-il, est si vaste qu'elle semble composée de quatre grandes villes : la première est l'île d'Ortygie; baignée par les deux ports, elle se prolonge jusqu'à leur embouchure. C'est là que se trouve l'ancien palais d'Hiéron, devenu le palais du Préteur. Là aussi se trouvent un grand nombre de temples, dont deux l'emportent sur tous les autres : celui de Diane et celui de Minerve, riches avant la préture de Verrès. La seconde ville, l'Achradine, renferme un forum spacieux, de très beaux portiques; un superbe Prytanée, un temple majestueux de Jupiter Olympien. La troisième a été nommée Tycha, parce qu'il y avait autrefois un temple de la Fortune. C'est la partie la plus populeuse. La quatrième est la ville neuve, ainsi nommée parce qu'elle a été construite la dernière. Dans sa partie la plus haute est un théâtre immense; on y voit de plus deux temples très bien construits, l'un de Cérès, l'autre de Proserpine, et une statue d'Apollon surnommé Téménitès, très belle et d'une colossale grandeur. Verrès l'eût enlevée, s'il eût su comment la transporter. »

De tous ces monuments, Syracuse n'a gardé, de nos jours, que son amphithéâtre, moins grand que celui de Capoue et plus grand que celui de Vérone, son théâtre grec; l'autel de Hiéron, sa voie des tombeaux et sa curieuse *latomie,* carrière de pierres, convertie en prison, et où l'on montre l'*Oreille de Denys.* Au-dessous de Syracuse se succèdent Avola, Noto, Rosolini, puis le cap Passero, pointe méridionale de l'île.

Au delà du cap Passero se déroule la longue côte qui fait face à l'Afrique. Plus rigide elle est aussi moins vivante et moins peuplée. Dans l'intérieur des terres on rencontre successivement Modica, ville de 42,000 habitants, pittoresquement située sur les bords du Scicli, Ragusa, puis Vittoria. Terranova s'élève sur l'emplacement de l'antique Géla; Licata sur celui qu'occupait la ville construite par Phintias. Ce fut le tombeau de la flotte carthaginoise qu'écrasa Régulus. Plus à l'ouest : Girgenti, qui fut Agrigente, l'une des plus opulentes cités du monde antique, l'une aussi des plus luxueuses et des plus aristocratiques. Dans son temple de Junon Lacinienne, Zeuxis prenant pour modèle les cinq plus belles jeunes filles d'Acragas, avait fait du portrait de la déesse un type merveilleux de beauté. Respecté par le temps, qui n'a laissé subsister qu'une rangée de colonnes du temple de Junon, celui de la Concorde, encore debout sur une éminence, produit un saisissant effet dû à ses merveilleuses proportions. « Ce fut seulement en examinant pour la troisième fois le temple de la Concorde, dit M. de Valon, que je m'aperçus de sa petitesse. Il est moins grand que le Parthénon, et le Parthénon est deux fois plus petit que la Madeleine de Paris. Outre la perfection jusqu'à présent inimitée de leur dessin, les monuments des Grecs ont encore pour eux ce caractère de sublime tristesse que le temps imprime à tout ce qu'il laisse survivre... La solitude est pour les ruines une telle condition de beauté, et ajoute si bien au sentiment qu'elles inspirent, que les débris d'Agrigente, par cela seul qu'ils sont répandus çà et là sur une grève déserte, frappent plus vivement, à mon sens, que les monuments de l'ancienne Athènes, bien supérieurs cependant au point de vue de l'art, mais entourés de maisons, de murailles et des bruits de la ville. »

A l'ouest, sur la côte, les ruines de Sélinonte gisent dans un vallon marécageux que traverse le Modione; un peu plus loin, dans une région étrange, montagneuse, bouleversée par les tremblements de terre, dans un cadre de montagnes écroulées, de ravins desséchés, d'éboulis de rochers, sur un monticule arrondi se dresse le temple de Ségeste. « Ce n'est peut-être pas, dit M. Gaston Boissier, le plus beau de ceux que possède encore la Sicile; mais il n'y en a pas qui produise un plus grand effet sur les voyageurs... La colline même sur laquelle il est bâti lui sert de piédestal; il fait corps avec elle, il en est le couronnement et, si l'on veut l'en isoler, on le tronque et on le mutile. »

Au delà de Sélinonte, la côte s'infléchit, remontant vers le nord, vers Marsala, l'antique Lilybée, aujourd'hui célèbre par ses vins et peuplée de plus de 40,000 habitants. Plus au nord, Trapani ne tient à la terre ferme que par une langue de terre. On l'appela Drepanum, Saturne y ayant, dit-on, laissé tomber sa faux, ou Cérès sa faucille. C'est une ville bien bâtie, peuplée de 32,000 habitants, centre de la pêche du thon et du corail. Le cap San Vito s'élève à l'horizon; plus à l'est se creuse le golfe de Castellamare qui fut le port de Ségeste. Les anses se succèdent et aussi les vignobles renommés; Zucco en occupe le centre. Au-dessous du cap Gallo, et au fond du golfe auquel elle donne son nom : Palerme, capitale de la Sicile.

« Palerme, dit M. J. Clavé, est une ville grecque, carthaginoise, arabe, normande, espagnole, et ses monuments témoignent de ses vicissitudes historiques. Dans les maisons particulières, c'est le caractère espagnol qui domine; elles ont à toutes les fenêtres des balcons cintrés, permettant aux femmes d'assister, sans être vues, aux spectacles du dehors; car c'est une particularité de cette ville, vestige de la domination arabe, que les femmes se montrent peu en public. Quant aux hommes, ils encombrent les rues et passent leur vie en plein air; ils y font leurs affaires et laissent toutes grandes ouvertes les portes et les fenêtres de leurs maisons, où les regards pénètrent sans obstacle. Palerme n'est pas seulement une des plus belles villes d'Europe, c'est une des plus cultivées ; elle possède, outre ses musées, une Académie des sciences médicales, un institut astronomique, une société d'acclimatation, un observatoire, de nombreux cercles et sociétés savantes, un jardin botanique de toute beauté, dans lequel on cultive un grand nombre de plantes tropicales. La plupart de ces institutions sont dues à l'initiative privée ; c'est notamment le cas de l'hôpital des fous fondé par le baron Pisani, qui pourrait servir de modèle à la plupart de ceux d'Europe. De nombreux journaux politiques et scientifiques discutent les intérêts spéciaux de l'île, qu'ils ne confondent pas avec ceux de l'Italie. »

Palerme, dont on ignore l'origine, fut de tout temps l'une des plus importantes villes de la Sicile avant de devenir sa capitale. Sa population de 264,000 âmes, son mouvement commercial, inférieur seulement à celui de Messine et se chiffrant par 7,420 bâtiments à l'entrée et à la sortie, et 2,237,000 tonnes, sa merveilleuse situation en font la métropole de l'île. Palerme donna le signal des Vêpres Siciliennes, auxquelles deux villes seules refusèrent de s'associer, Catalafini et Sperlinga. Une inscription rappelle ce souvenir. Sur l'une des portes du château de Sperlinga, on lit encore :

Quod Siculis placuit, sola Sperlinga negavit.

De Palerme au cap Faro on rencontre peu de villes importantes. Termini, à laquelle sa belle situation a fait donner le surnom de *splendidissima*, n'est qu'une petite cité de 23,000 habitants. Céfalu, blottie contre un rocher à pic, n'en compte que 13,000 ; Milazzo, construite sur l'emplacement de Milœ, occupe une situation ravissante et fait face aux îles Lipari. A droite se dresse le cap di Faro et Messine que nous avons décrite.

Au nord de Messine, les îles Éoliennes ou de Lipari, fragments détachés de la grande île, s'allongent sur la ligne droite qui, tracée au travers des flots, aboutirait du Vésuve à l'Etna. De formation volcanique, les îles Éoliennes ne sont que des cratères secondaires du foyer sous-marin dont le Vésuve et l'Etna forment les points culminants.

Elles sont au nombre de sept, mesurant ensemble 148 kilomètres carrés et contenant une population totale d'environ 22,000 habitants. A elle seule, l'île de Lipari en possède plus de la moitié. Seule elle est cultivée et renferme une ville de quelque importance, Lipari, qui lui a donné son nom. Ici, les volcans sont au repos, San Calogero ayant, selon la tradition lipariote, contraint les démons à émigrer dans l'île voisine de Vulcano. Si, depuis des siècles les éruptions ont cessé, il n'en est pas de même des tremblements de terre, mais les secousses violentes s'espacent de plus en plus, et la dernière date de plus d'un siècle, de 1780. Lipari produit de l'huile, du vin, des oranges et surtout des pierres ponces dont une de ses collines, le Campo Bianco, est jonchée.

Vulcano, au sud de Lipari, offre un tout autre aspect. Sauf sur l'un de ses versants planté de vignes et d'oliviers, l'île de Vulcain est telle encore que la connurent les Hellènes, striée de noires scories, de longues coulées de lave, de roches rouges et dénudées. Son volcan central, d'une altitude de 500 mètres, couronné de vapeurs, gronde sans cesse, laissant échapper par mille fissures entre les interstices des rochers des jets de gaz et des émanations sulfureuses. Stromboli, plus au nord, fut longtemps le phare naturel des navigateurs, phare à feux alternants, plus menaçant que redoutable, et dont les éruptions ont épargné la plage plantée d'oliviers. Panaria, Féliculi, Alicudi et Salina, semblent n'être que les fragments d'une île plus vaste, brisée par les phénomènes volcaniques. Au temps de Strabon on voyait, dit-on, des langues de feu et des flammes évanescentes se jouer à la surface des eaux environnantes.

A l'ouest de Trapani, les Égades, ainsi nommées à cause de la grande quantité de chèvres qu'elles nourrissaient, constituent un groupe de rochers, d'écueils, et d'îles minuscules, dont la plus large est Favignana. Plus au sud, Pantellaria, plus importante, se trouve entre la Sicile et la Tunisie dont on aperçoit, du sommet de sa montagne, les promontoires avancés. Située presque au centre du large détroit qui met en communication les deux bassins de la Méditerranée, sur le passage des navires, Pantellaria semblait appelée à devenir un point de relâche important, à l'époque où la navigation consistait en une série d'escales. Dépourvue de havres de refuge, elle ne fut qu'un obstacle, un écueil à éviter, de même que Linosa à l'ouest de Malte.

Malte, l'île anglaise, est géographiquement terre italienne. Elle a pour assise le même plateau géologique que la Sicile ; elle fait partie de la vaste région disloquée qui jadis prolongeait le continent au sud et dont les découvertes de fossiles d'animaux continentaux : éléphants nains, hippopotames, tortues terrestres, attestent l'existence.

Malte, ou Mélita, l'Ile de miel, *fior di mare*, *fior del mondo*, occupe le centre de la Méditerranée, et domine l'entrée du détroit entre la Tunisie et la Sicile. Elle a dû à cette position unique d'éveiller les convoitises de tous les peuples qui se sont disputé la suprématie maritime, Romains, Byzantins, Arabes, Normands, Espagnols, des chevaliers de Rhodes devenus chevaliers de Malte, de Bonaparte et de l'Anglais, qui la prit en 1800 et l'a gardée, qui en a fait un port militaire, un poste d'observation, un dépôt d'armes, de munitions et de charbon, un entrepôt commercial, une étape sur la route des Indes. Il en a fait aussi une station hivernale.

Malte eut des fortunes diverses, selon ses maîtres et selon les temps. Sa population tomba à 10,000 âmes après le siège des Turcs. Elle est aujourd'hui de 157,000, soit, étant donné sa superficie de 369 kilomètres carrés, y compris Gozzo et Termino, de 426 habitants par kilomètre carré, densité supérieure à celle qu'offrent les pays les plus populeux de l'Europe. Prodigieusement fertile, le sol de l'île est admirablement cultivé. Malte produit en abondance des fruits exquis; mais, si riche qu'elle soit, elle ne saurait nourrir un aussi grand nombre d'habitants. Bon nombre d'entre eux émigrent dans les différents ports de la Méditerranée, et les Maltais figurent comme appoint important dans nos colonies d'Afrique. Entre Malte et le cap Passaro sur la côte sicilienne, la distance n'est que de 90 kilomètres, elle est de 270 entre Malte et la côte tunisienne.

Sur ce rocher calcaire, haut de 300 à 400 mètres, la terre arable faisait défaut. On l'apporta de la Sicile où les navires maltais la prennent comme lest. Dans des sillons de 30 centimètres de profondeur, creusés en forme de damier et destinés à la retenir, on l'étend sur le roc qu'elle recouvre et lentement exhausse. Ce que l'île gagne ainsi en hauteur elle le perd en largeur ; ses falaises s'effritent et se désagrègent ; minées par les vagues, elles se creusent en grottes profondes et s'écroulent sur la plage.

Le port de la Valette a fait la fortune de Malte, qui lui doit et le grand rôle qu'elle a joué et de n'être pas, comme Pantelleria, un îlot dédaigné, sans histoire et sans nom. Le port de la Valette, défendu par le fort Saint-Elme et les batteries taillées dans le roc est l'un des meilleurs, des plus profonds et des plus sûrs de la Méditerranée. Il est l'étape centrale des navires à vapeur qui sillonnent cette mer. La Valette, capitale de l'île, et à laquelle un Français, grand-maître de l'ordre des Chevaliers de Saint-Jean, donna son nom, est une ville de 70,000 habitants. Son mouvement commercial s'élevait en 1889 à 669,000,000, à l'importation, et à 648,000,000 à l'exportation, soit un total de 1,317,000,000, employant 11,730 bâtiments jaugeant 10,545,967 tonnes. La majeure partie de ce commerce n'est toutefois qu'un commerce de transit.

« La Valette, dit M. Élisée Reclus, contient, avec ses faubourgs, environ la moitié de la population de l'île ; elle a gardé son originalité pittoresque, en dépit des murs qui l'enserrent et du tracé régulier de ses rues. Ses hautes maisons blanches, ornées de balcons en saillie et de cages vitrées pleines de fleurs, s'élèvent en amphithéâtre sur la pente de la colline ; des escaliers aux larges dalles gravissent le versant, de palier en palier ; mais à l'extrémité de presque toutes les rues, les hautes murailles de l'enceinte empêchent de voir la mer bleue, les grands navires immobiles et le fourmillement des barques. La plupart des embarcations sont des espèces de gondoles qui regardent fixement le voyageur de leurs deux yeux peints sur la proue ; plus de trois mille de ces esquifs entretiennent les communications entre les rives, tandis que sur la terre ferme roulent par centaines d'élégantes calèches. Une foule bariolée de Maltais, de soldats anglais, de matelots de tous les pays s'agite dans les rues. »

Hors de la ville, Malte n'est rien moins qu'un séjour agréable. La poussière flotte dans l'air, recouvrant la végétation de son uniforme teinte grise. L'eau courante fait défaut, mais la patience et l'ardeur au travail du Maltais suppléent à tout ; elles suffisent pour faire produire à ce rocher dénudé d'abondantes moissons et de riches récoltes. Gozzo et Comino, près de Malte, ne sont que des îlots peu peuplés.

II. — LA SARDAIGNE ET L'ILE D'ELBE.

A l'ouest de l'Italie et au sud du golfe de Gênes, l'île d'Elbe, la Sardaigne et la Corse forment un groupe d'îles distinct, géographiquement italien, italien aussi par la langue et les traditions historiques. Si un plateau sous-marin relie la Corse aux rives de la Toscane alors que de grandes profondeurs maritimes la séparent de la Provence, si sa langue, son climat, ses productions la rattachent à la Péninsule, sa volonté librement exprimée, constamment affirmée l'ont faite française. A ce titre sa place est tout indiquée dans l'étude de notre pays dont elle fait partie intégrante.

La Sardaigne, par contre, est restée essentiellement italienne. Dépendance, depuis plus d'un siècle et demi, de la maison de Savoie, elle est peu connue, étant peu visitée et n'ayant guère fait parler d'elle. Sur 24,250 kilomètres carrés de superficie, représentant 2,425,000 hectares, dont 953,000 sont en culture, 252,000 en forêts, et 925,000 incultes et le reste en villes, villages, fleuves et marais, la Sardaigne renferme une population de 636,000 habitants, inégalement répartie entre ses deux provinces de Cagliari, 393,000 habitants, et de Sassari, 243,000.

Une chaîne de montagnes, orientée du nord au sud, court au long de la partie orientale de l'île, occupant près d'un tiers de la surface; son massif central, le Genargentu, atteint 2,000 mètres d'élévation et les ramifications de cette chaîne forment les régions alpestres de Gallura, de Barbagia, Ogliastra, Budiu et Sarabus. Sur la côte ouest, des massifs montueux, dont quelques-uns de formation volcanique, se profilent dans la mer, découpant des anses et des promontoires. Entre ces deux lignes de faîte longeant les côtes est et ouest, le sol se creuse formant un long couloir en pente du nord au sud, dans lequel s'engouffrent parfois avec violence les vents de nord-ouest et de nord-est, abaissant la température moyenne et la ramenant, l'hiver, au-dessous de celle de Gènes située trois degrés plus au nord. Cette région est la région des plaines, des *Campidani* qui occupent la partie centrale et près du tiers de l'île, et où se trouvent les trois villes principales de la Sardaigne : Sassari, Oristano, et Cagliari. Cette région est aussi celle de la malaria, qui y règne de juin en novembre, par suite de l'écoulement difficile des eaux amenées par les pluies torrentielles des équinoxes d'automne et de printemps et des chaleurs intenses de l'été.

Les cours d'eau sont nombreux en Sardaigne, mais de peu de portée et de peu de longueur. Le plus considérable est le Tirso, qui descend du versant septentrional du mont Acuto, court vers le sud-ouest et se déverse dans le golfe d'Oristano après un parcours de 100 kilomètres. Après lui, le Coghinas, qui naît près d'Ozieri et s'épanche dans le golfe d'Asinara; puis le Flumendosa, torrent descendu du massif central du Genargentu et dont l'embouchure est près de Muravera. Enfin le Bosa, navigable dans son cours inférieur et qui arrose un pays riche et bien cultivé. Le régime torrentueux de la plupart de ces cours d'eau alimente de nombreux étangs, tant sur le littoral que dans l'intérieur, et partout où débouche l'un d'eux se forme un de ces marais qui sont la cause principale de l'insalubrité de l'île.

Au nord, dans le golfe de l'Asinara et la province de Sassari, Porto-Torres, port septentrional de la Sardaigne et tête de ligne du chemin de fer central, n'est qu'un village, commercialement assez actif, mais déserté en été et en automne par ceux que leurs occupations n'y retiennent pas et que la malaria met en fuite. Porto-Torres est à 205 kilomètres de Marseille et 222 de Gènes. Après Cagliari, c'est le port le plus important de l'île. Alghero, plus au sud, est l'un des ports les plus sûrs; on y charge, sur de grands bâtiments, les minerais du cap della Nursa.

La voie ferrée qui relie Porto-Torres à Sassari, capitale de la Sardaigne septentrionale, fait de Porto-Torres qui n'en est distant que de quelques kilomètres, le port
de Sassari, ville de 33,000 habitants. Située sur le versant d'une colline, à 200 mètres
d'élévation, elle est à l'abri de l'influence délétère des marais de la côte. La population
de Sassari est presque exclusivement agricole; les laboureurs y sont au nombre
de 22,000. Il en est presque partout de même en Sardaigne où les fermes n'existent pas
et où les paysans habitent les villes, souvent à grande distance des champs qu'ils
cultivent, perdant chaque jour un temps précieux. M. H. Bennet, dans son curieux
opuscule sur la Sardaigne en donne les raisons suivantes : 1° la crainte des brigands qui
autrefois mettaient le pays à contribution et contraignaient les travailleurs à se réunir
pour leur défense commune. La cause a disparu, mais l'usage persiste ; 2° la crainte de
la malaria, les villes construites sur des hauteurs en étant comparativement exemptes ;
3° le désir des femmes de vivre avec leurs parents et amis dans l'intimité journalière à
laquelle elles sont accoutumées depuis leur enfance, afin de pouvoir se voir et de
causer toute la journée. Aucune d'elles ne consentirait à habiter, dans la campagne, une
ferme isolée. Il en résulte que toute opération agricole est si dispendieuse, nonobstant
le peu d'élévation des gages, qu'elle ne donne presque aucun profit.

A l'est de Sassari et à 16 kilomètres de distance, Osilio, petite ville de 3,000 habitants, est l'une des plus antiques cités de la Sardaigne. La province de Gallura, dont elle
fait partie, renferme de riantes vallées, des sites pittoresques et des terres fertiles. La
grande route centrale, qui relie Sassari au nord et Cagliari au sud, traverse la plaine
de Campeda, au centre de laquelle s'étend l'important village agricole de Macomer,
puis Oristano, ville de 4,500 habitants située à 2 kilomètres du golfe de ce nom.
Le Tirso rend Oristano malsaine, par suite des marais de son embouchure, des sables
et des graviers qu'entassent les coups de vent d'hiver sur la plage, barrant tout écoulement aux eaux stagnantes.

Oristano, ville très ancienne, a livré aux fouilles des explorateurs des urnes et des
statues phéniciennes d'une antiquité reculée. L'ouverture du chemin de fer semble
inaugurer une ère nouvelle de prospérité pour Oristano. Plus loin, Milis, dont la forêt
d'orangers de 4 kilomètres de longueur sur 2 de largeur est célèbre par la qualité
des fruits qu'elle produit.

Iglésias, dans le sud-est, est le centre de la région des mines sardes. Entre Oristano et Iglésias la voie ferrée court au travers d'une plaine marécageuse qui lentement,
s'exhausse. Les tentatives de drainage ont réussi et le jour approche où les marais,
désséchés, rendront à l'agriculture des terres fertiles. Au delà, le sol se relève, les montagnes apparaissent. Iglésias est située à l'entrée du massif montueux de l'ouest,
où abondent les minerais de plomb argentifère, de calamite ou carbonate de zinc. Les
Romains ont connu et exploité ces richesses minérales de la Sardaigne. On retrouve
dans les montagnes avoisinantes les traces de leurs travaux, et, à Iglésias, des ruines
importantes attestent l'antique prospérité de la ville.

Elle est en voie de la reconquérir. « Iglésias, dit M. Bennet, est aujourd'hui
le centre, le point de départ et d'arrivée de presque toute l'activité minière et forestière

de la région sud-ouest, elle fournit à tous les besoins matériels de la vie des milliers
d'ouvriers qui y travaillent; aussi elle se développe comme une ville d'Amérique. On
voit de chaque côté de nouvelles rues, de nouvelles maisons. Les boutiques sont
nombreuses et bien approvisionnées et la population semble bien nourrie, saine
et joyeuse. Par sa position elle est presque en dehors de l'influence de la malaria. »
La houille faisant défaut, on est obligé de recourir au charbon de bois, aussi les belles
et vastes forêts de cette région, incessamment mises à contribution pour alimenter
les fourneaux, sont-elles menacées d'une destruction prochaine.

On ne compte pas moins de 80 exploitations minières en Sardaigne occupant
environ 10 à 12,000 ouvriers dont près d'un quart est employé à l'extraction des
minerais de plomb. La production minière est évaluée annuellement à 15 millions de
francs.

Reliée à Iglésias par la voie ferrée, Cagliari, capitale de la Sardaigne, est située à
l'extrémité de l'île, dans le golfe auquel elle donne son nom. C'est une ville de 39,000 habitants dont le mouvement commercial se chiffre par 2,500 navires, jaugeant environ
600,000 tonnes. Située dans une position magnifique et comparativement salubre, sur
une hauteur, elle domine les plaines centrales que traverse la voie ferrée, la haute mer
qui fuit vers l'Afrique et tout un horizon de montagnes s'étendant de la région d'Iglésias aux chaînes de l'est.

Bien qu'insulaire, le Sarde est sédentaire et nullement soucieux de la mer. Il a toujours abandonné aux Génois le commerce maritime de ses propres produits, de même
qu'il abandonna aux pêcheurs italiens et corses la pêche du corail qui amène dans le
port d'Alghero des centaines d'embarcations, celle des bancs d'anchois et de sardines,
dits « poissons sardes » qui abondent sur ses côtes et des thons qui, émigrant de l'Atlantique, franchissent en avril le détroit de Gibraltar. Ils suivent les côtes d'Espagne et
de France et côtoient les rivages de la Sardaigne où de nombreuses stations de pêche
les attendent à Saline, à Porto Paglia, à Porto-Scus et surtout aux îles de San Pietro
et de San Antiocho. Tel est le nombre de ces poissons qu'on en prend jusqu'à 50,000 dans
une seule saison. La pêche du corail n'est pas moins avantageuse. Chaque *felucca*, ou
barque, en récolte pour environ 7,000 francs, sans compter un coquillage de *Pinna
nobilis*, qui contient des perles de qualité inférieure. Ce coquillage est fixé au rocher
par un chevelu soyeux d'une valeur supérieure à celle des perles. C'est le *Bissus* des
anciens, dont les filaments, d'un brun luisant, tissés et apprêtés, donnent un tissu très
apprécié.

Parmi les antiquités de la Sardaigne, qui ont le plus piqué la curiosité des archéologues, figurent les *nuraghi* où nurags, constructions bizarres, dont il ne subsiste pas
moins de 4,000 éparses dans l'île. Si l'on tient compte du nombre des nurags que le
temps a dû niveler on peut, à bon droit, s'étonner de leur quantité et de leur usage.

« Le nur-hag, écrit M. Roissart de Bellet, représente certainement ce que l'homme
a dû faire de plus ancien et de plus primitif en fait de bâtisse. C'est une construction
ayant la forme d'un cône tronqué, soit circulaire, soit elliptique, faite de gros blocs
réguliers en porphyre, en quartz, mais le plus souvent en basalte noir. Ces blocs sont

bruts et ne paraissent pas avoir subi l'action d'instruments tranchants; ils reposent les uns au-dessus des autres, par assises horizontales et régulières, mais sans être cimentées, ce que l'on nomme une *maçonnerie à sec*, ceux de la base ont 1 mètre de long et plus, et *cubent quelquefois jusqu'à 2 mètres*. La hauteur du monument est de 10 à 15 mètres, et le diamètre de la partie inférieure du cône est à peu près égal à sa hauteur. La forme conique et la maçonnerie à sec sont les deux caractères distinctifs de ces constructions. Une ouverture formée au moyen de deux blocs en hauteur, un à droite et l'autre à gauche, reliés par un troisième qui sert de linteau, ménage une entrée, placée à ras du sol et quelquefois à une certaine hauteur. Dans quelques nur-hags on trouve deux entrées superposées l'une à l'autre, la plus élevée servant de fenêtre; dans d'autres, au contraire, cette fenêtre est du côté opposé à la porte. L'entrée est en général étroite et basse, et l'on ne peut guère la franchir qu'en rampant sur le ventre; le seuil dépassé, on se trouve dans un corridor assez haut pour qu'un homme puisse se tenir debout, et conduisant à une chambre à plafond ogival dont les dimensions varient suivant celles des nur-hags. Le plus souvent cette grande chambre a 4 ou 5 mètres de diamètre et 5 ou 6 de hauteur; de plus, elle est presque toujours entourée de deux ou trois réduits pris dans l'épaisseur du mur; ce sont des espèces de niches de 1 mètre de haut sur 1 de large et 0^m,80 de profondeur, ainsi que nous l'avons constaté dans un nur-hag de ce genre, que nous avons visité aux portes du village de Domus Novas. Lorsque le monument contient deux et quelquefois jusqu'à trois chambres superposées, comme il en existe quelques-uns, les dimensions des chambres diminuent en hauteur. En ce cas, elles sont mises en communication entre elles par une rampe à spirale, exécutée d'une manière très entendue et très habile. »

Quel peut être l'usage de ces étranges constructions qui jonchent le sol de la Sardaigne et quels en furent les constructeurs? Les archéologues semblent d'accord pour les attribuer aux Carthaginois, bien qu'ils diffèrent sur leur destination. Les uns ont voulu y voir des tombeaux, mais dans un très petit nombre on a découvert des ossements; les autres, des forteresses, mais s'il était possible de s'y enfermer, il ne l'était pas d'attaquer l'ennemi faute d'ouverture, ni d'y loger la famille et les troupeaux faute d'air et de jour. On a suggéré que ce pouvait être des trophées, cependant le nombre en est tel et le pays si peu étendu que l'hypothèse est inadmissible. Les *nurhags* sont-ils, comme quelques-uns le supposent, des édifices religieux? Mais on n'a pas découvert jusqu'ici dans un seul d'entre eux, et le nombre en est encore, avons-nous dit, de plus de 4,000, un objet de nature à autoriser cette supposition.

Non moins curieux sont les « tombeaux des géants » *sepolturas de is gigantes*, qui consistent en un hémicycle formé d'un certain nombre de pierres posées les unes à côté des autres, autour d'une plus grande pierre plantée dans le sol en forme de stèle conique et masquant l'entrée d'un caveau. Ces monuments se rencontrent un peu partout dans l'île. Ils recouvrent, disent les traditions, les restes des compagnons d'armes de Iolas, conquérant de l'île. « Tout porte à croire, dit M. de la Marmora, que les anciens peuples qui édifièrent ces tombeaux n'avaient pas la coutume de brûler leurs morts et qu'ils les déposaient, au contraire, tout entiers, la tête placée dans la cavité de la pierre du fond travaillée à cet effet; fort probablement les cadavres des hommes les plus marquants étaient embaumés; de là la fable rapportée par Aristote et son commen-. tateur Simplicius, des héros qui dormaient en Sardaigne. De tous les genres de tombeaux sardes, ceux-ci sont les seuls qui puissent se prêter à la fable des dormeurs, car la tête reposait dans une espèce de chevet, et on pouvait les voir de face par l'ouverture sans découvrir pour cela la tombe, ni troubler leur repos en aucune façon... En supposant que les héros dont nous parlent Aristote et Simplicius fussent des compagnons ou des parents de Iolas, nous aurions dans cette particularité d'être ainsi tournés vers l'est une raison de plus pour croire à leur origine plutôt phénicienne que grecque. »

L'île d'Elbe est située par le travers de la Toscane, en face de Piombino, dont la sépare un chenal de 10 kilomètres de largeur. Elle mesure 100 kilomètres de tour et, sur sa superficie de 22,000 hectares, compte 24,000 habitants. Ce fut l'OEtolia des Grecs et l'Ilva des Romains ; ce fut le petit royaume où Napoléon, vaincu, résida huit mois ; royaume pittoresque et riant que domine la masse granitique de la Capanna, haute de 1,018 mètres. De nombreux cours d'eau en descendent, arrosant les vallées et les plaines. Sur les côtes poissonneuses, les thons et les sardines abondent et l'île d'Elbe possède d'importantes pêcheries.

Toutefois, sa principale production est le fer, son principal commerce l'exportation des minerais. On estime à plus de 250 hectares la superficie que recouvrent les masses ferrugineuses dont les hautes falaises se dressent à l'extrémité nord-est de l'île, et à plus de cent millions de tonnes la quantité de minerai qu'elles contiennent.

Porto-Ferrajo, capitale de l'île d'Elbe, est une petite ville de 5,800 habitants, située en amphithéâtre au long de la mer. San Martino, Porto Lungona et Rio Marina sont les seuls centres à noter. Les petites îles de Palmajola au nord-est de l'île d'Elbe, de Gorgona entre la Corse et Livourne, de Capraja, d'accès difficile, à 28 kilomètres du cap Corse, de Pianosa fertile et boisée; de Monte Cristo et de Giglio, complètent l'Italie insulaire.

De la superficie totale de l'Italie, 86,9 pour cent est terre productive, 13,1 improductive. Les forêts couvrent 12 pour cent de cette superficie dont 40 pour cent est cultivé en céréales. La moyenne du commerce extérieur, d'environ 2 milliards et demi de francs par an, de 1875 à 1885 était tombée à 2,209,000,000 dont 1,242,000,000 à l'importation et 957,000,000 à l'exportation, en 1888 à la suite de la rupture des conventions commerciales avec la France. L'Italie importe des céréales et des bestiaux pour environ 350 millions à l'année; du combustible minéral, des métaux, des fils et des tissus. Elle exporte des matières brutes, minerais de fer, de cuivre, de zinc, des soies, des vins; des huiles, des fruits, du soufre, du coton. En 1888, ses importations dépassaient de 283,000,000 ses exportations.

On peut évaluer à 4,670,000,000 la production annuelle de l'Italie, dont 3,400,000,000 de produits agricoles, 1,180,000,000 en animaux, laine, cocons, minerais, pêcheries, salines, etc., et 90,000,000 de produits forestiers. En 1887, avant la

rupture des conventions, la France occupait le premier rang sur les marchés italiens ;
elle ne vient, depuis, qu'au second, après l'Angleterre. L'Autriche et l'Allemagne
figurent au troisième et au quatrième. « A cette date, dit M. Marcel Dubois, la France
achetait à l'Italie pour 496 millions de vins, fruits, bestiaux et matières brutes, et lui
vendait pour 400 millions de produits manufacturés. L'Italie a cru pouvoir, sans
danger, rompre ses relations et fermer, par des tarifs élevés, ses frontières aux objets
industriels de la France. A coup sûr l'Autriche-Hongrie, l'Allemagne et la Suisse lui
enverront ce qu'elle nous achetait jadis, mais elles ne lui prendront pas ses vins que
la France pourra remplacer, comme aussi les fruits et les huiles, par les provenances
d'Algérie, d'Espagne et de Tunisie. La Grande-Bretagne est vendeuse plus qu'ache-
teuse. Elle n'a que faire des vins italiens, s'approvisionnant en Espagne et en Portugal,
écoulant en Italie pour près de 300 millions d'objets manufacturés, ne lui demandant
que pour 115 millions de ses produits. Il en est de même pour l'Allemagne qui
remplacera peut-être la France pour les ventes à faire à l'Italie, mais jamais pour
ses achats, et qui ne supprimera pas ses brasseries pour consommer des vins italiens. »

Au 1er janvier 1889, la marine marchande italienne comprenait 6,544 navires à
voiles, jaugeant 677,933 tonnes et 266 navires à vapeur d'un tonnage de 175,100, soit
ensemble 6,810 navires et 853,033 tonnes. A la même date, l'armée italienne
comprenait un effectif total de 2,765,373, dont 255,418 hommes de l'armée permanente
sous les drapeaux, 588,651 en congé illimité, 298,900 de la milice mobile et 1,622,404
de l'armée territoriale. La marine de guerre comprenait 238 bâtiments jaugeant
209,138 tonnes, portant 583 pièces d'artillerie et montés par 16,786 marins; 17 de
ces bâtiments sont des cuirassés de première classe, 21 de seconde classe.

BARDONÈCHE.

Les jardins du palais de San-Telmo à Séville.

IV. — L'ESPAGNE

La longue muraille des Pyrénées s'étend entre la France et la péninsule Ibérique que le détroit de Gibraltar, large de 20 kilomètres, sépare de l'Afrique; la Méditerranée à l'est et au nord, l'Atlantique au nord et à l'ouest, isolent cette péninsule du reste du monde. Par le nord elle est européenne, par le sud africaine. Entre les deux continents, elle est la terre de transition, et le détroit de Gibraltar est une moindre barrière que le massif pyrénéen. Ce détroit semble dater d'hier, tant sa cassure est nette et fraîche, tant les flots de l'Atlantique, se déversant dans le bassin de la Méditerranée, ont respecté le relief des deux pointes l'une vers l'autre allongées.

Par sa configuration physique, la péninsule Ibérique est cependant plus africaine qu'européenne. Comme l'Afrique, elle est massive et compacte, rigide dans ses articulations et ses contours. Sur ses quatre grandes façades baignées par les flots, les flots ont peu de prise; ils ont à peine érodé ses côtes abruptes; ils ont à peine entamé sa puissante ossature. Sentinelle avancée de l'Europe vers le noir continent, elle tient de l'Europe que longtemps elle couvrit contre l'invasion de l'Islam, de l'Afrique qui la conquit sans la soumettre. Bien que d'accès difficile par mer, elle ne fut longtemps abordable que par la mer aux Phéniciens, aux Grecs et aux Carthaginois qui s'y heurtèrent aux Ibères et aux Celtes.

Il fallut deux siècles à Rome pour l'arracher des mains de Carthage qui la tenait et y avait fondé Carthagène, fille de la métropole africaine. La prise de Numance fit de la péninsule Ibérique une province romaine. Pompée la gouverna et la fortune de César faillit y sombrer. Plus tard, cette province donna des empereurs à Rome : Trajan, Adrien, Théodore II. Elle débuta en lui donnant Sénèque, Lucain, Florus, Quintilien, Martial. Puis, quand l'Empire s'écroula, quand le flot débordant des Alains, des Suèves, des Vandales, des Goths eut submergé l'Ibérie, le catholicisme triomphant s'imposa à ces barbares, inconscients soldats de sa cause. Il les convertit et les opposa à l'Islamisme menaçant. Huit siècles durant, les descendants de Pélage et de ses néophytes luttèrent, presque sans espoir mais toujours sans faiblesse, contre les hordes incessamment renouvelées des sectateurs de Mahomet, Syriens, Persans, Arabes, Maures et Égyptiens, vaincus enfin à Las Novas de Tolosa.

Alors se levèrent les grands jours de l'Espagne : ceux de Ferdinand d'Aragon et d'Isabelle de Castille. L'année même où Grenade capitulait, Christophe Colomb découvrait le Nouveau-Monde. Charles-Quint, roi d'Espagne en 1516, empereur en 1519, incarnait en lui le sang et la grandeur des maisons d'Aragon, de Castille, de Bourgogne et d'Autriche; il était à lui seul une coalition. Il fit de l'Espagne ce royaume sur lequel le soleil ne se couchait jamais; il rêva la domination universelle, un Empire autrement vaste que ne fut celui de Rome. Il le posséda un moment, mais la tâche était trop lourde, même pour son génie; elle écrasa ses débiles successeurs, plus moines que rois, et, de la fortune la plus haute, l'Espagne tomba dans la misère la plus profonde. Elle fit pitié au monde qu'elle avait dominé; elle perdit ses conquêtes d'Europe et ses royaumes d'Amérique, son or et sa grandeur, tout, hormis son héroïsme qui fit d'elle l'ennemie la plus redoutable de Napoléon et arrêta celui que rien n'avait encore arrêté.

Une si prodigieuse fortune et de si étonnants revers, une décadence si profonde suivie de relèvements si brusques, une pareille ténacité unie à un fatalisme aussi résigné ne s'expliquent que par le génie des races qui ont pris racine sur ce sol, dont les premiers occupants furent les Ibères et les Celtes descendus du Nord par les deux seuils d'accès que laisse à l'est et à l'ouest la longue chaîne des Pyrénées, par la voie de Bayonne et par celle de Perpignan.

Cette décadence et ces revers s'expliquent aussi par l'épuisement de l'Espagne, à la suite du formidable effort qui fit de l'Amérique une dépendance de la couronne de Castille. Tout ce que l'Espagne contenait alors d'aventuriers hardis déborda sur le Nouveau-Monde; la soif de l'or et l'amour de l'inconnu, les merveilleux récits et les non moins merveilleuses réalités agirent puissamment sur l'imagination de cette race fière et fanatique. La croix d'une main, l'épée de l'autre, elle se rua sur ce vaste champ de conquêtes, de conversions et de pillage qui s'ouvrait devant elle. Les galions affluaient dans les ports, chargés de l'or du Mexique et du Pérou; vice-rois, gouverneurs, capitaines et soldats s'enrichissaient. Brusquement le luxe succédait à la misère, corrompant les plus nobles et les meilleurs, épuisant le plus pur de la race, alors qu'au loin coulait à flots son sang le plus généreux. Mais les conquêtes de l'Espagne furent aussi celles de l'Europe et, si tout n'est pas exact dans l'éloquent et patriotique plaidoyer de M. V. Almirall, il contient beaucoup de vrai.

« Notre orgueil national, écrit-il dans l'introduction de son livre *L'Espagne telle qu'elle est*, ne doit se fonder ni sur l'expulsion des Maures, ni sur notre prépondérance éphémère dans la politique européenne ; car toutes les nations comptent des pages aussi glorieuses dans leurs annales. Notre orgueil national doit se fonder précisément sur le fait qui détermina notre chute : sur la découverte, la conquête et l'assimilation de l'Amérique ; toutes les causes de notre décadence découlent de ce fait culminant dans l'histoire de la civilisation. En patronnant l'idée prophétique de Christophe Colomb, l'Espagne se disposait à se sacrifier pour l'humanité. Grâce à notre énergie, de nouveaux continents furent découverts et l'étendue des terres habitées fut doublée en un instant. Notre virilité et notre constance, jamais ébranlées, les conquirent pour la civilisation et il existe aujourd'hui dans le Nouveau-Monde une vingtaine de nations qui parlent la langue que l'Espagne leur enseigna, qui ont les mœurs et les coutumes que nous leur donnâmes, qui sont, en un mot, la chair de notre chair. »

La politique et l'histoire ont scindé la péninsule Ibérique en deux États inégaux en superficie et en population ; elle mesure 591,775 kilomètres carrés, dont 499,700 pour l'Espagne et 92,075 pour le Portugal. Ce dernier possède 4,700,000 habitants, soit 51 par kilomètre carré ; l'Espagne en compte 17,600,000, soit 33 par kilomètre carré. Cette population est très inégalement répartie, car, tandis que la province de Barcelone atteint une densité de 108 habitants par kilomètre carré, densité égale à celle de l'Angleterre, c'est à peine si l'on relève dans les provinces centrales, comme Albacète, Cuenca, Caceres, Soria, Guadalajara, 15 habitants par kilomètre carré, moyenne de la Russie d'Europe.

Au nord, l'Espagne est séparée de la France, du col des Aldudes au cap Cerbère, par la crête des Pyrénées, dont la courbe sinueuse donne à la France, sur le versant espagnol, une partie de la Haute Monga, la vallée de la Haute Sègre ou Cerdagne dans les Pyrénées Orientales et celle de l'Irati, dans les Basses Pyrénées, laissant par contre à l'Espagne, sur le versant français, le val d'Aran ainsi qu'une partie du bassin supérieur de la Nive et de la Nivelle.

A l'ouest, du côté du Portugal, la frontière remonte le Minho jusqu'à Crécientes ; de l'ouest à l'est elle suit les sierras de Girez et de la Culebra, descend le cours du Douro jusqu'à sa jonction avec l'Agueda, traverse la sierra de Gata, rejoint le Tage en aval d'Alcantara, la Guadiana à Badajoz, s'en détourne à l'est, la retrouve à Pomarao et ne la quitte plus jusqu'à son embouchure dans le golfe de Cadix. Partout ailleurs la mer étreint l'Espagne ; la Méditerranée à l'est et au sud-est, l'Atlantique au sud-ouest, au nord et au nord-ouest.

Simple dans son architecture, régulière dans ses lignes, la chaîne des Pyrénées dressé entre deux plaines sa longue muraille de 430 kilomètres hérissée de pics. Ils se profilent à l'horizon comme les dents d'une scie, d'où le nom de sierras ou sierras qu'ils ont gardé. Au centre : une brusque fissure d'où s'échappe la Garonne ; c'est le val d'Aran. A l'est, les Pyrénées Orientales déroulent leurs sommets granitiques et leur dômes arrondis auxquel succède une ligne de faîtes élevée et ininterrompue ; à

l'ouest, les Pyrénées Occidentales, de moindre altitude; entre elles : le massif de Piedra-
fitta, dont les cimes atteignent 2,500 à 2,800 mètres. Ce ne sont pas les plus hautes; le
Néthou, point culminant de la Maladetta, des monts Maudits, dresse à 3,400 mètres son
pic, qu'entourent d'éblouissants glaciers dont les eaux alimentent la Garonne et l'Escra
coulant en sens contraire. En face, le pic Posets, le mont Perdu, le Marboré épanchent
indifféremment leurs eaux sur le versant français et le versant espagnol. Ce sont les
Pyrénées Centrales dont les Pyrénées Occidentales forment le prolongement.

A ses deux extrémités, la chaîne s'abaisse, livrant passage aux cols de Banyuls,
des Balistas, de Perthus, de la Perche, seuils d'accès du Roussillon vers la Catalogne,
à ceux de Luchon, de Gavarnie, de Roncevaux, de la Nivelle que traverse la route de
Bayonne à Pampelune. Plus à l'ouest, à la sierra d'Andia, commencent les Pyrénées
Cantabriques qu'escalade la voie ferrée de Bayonne à Burgos. D'une altitude moyenne
supérieure à celle des Alpes, la chaîne des Pyrénées, plus régulière et plus unie, n'offre
pas ces renflements puissants que l'on rencontre dans les Alpes, ces sommets dépassant
de 2,000 à 2,500 mètres les hauts plateaux. Tout au plus les cimes pyrénéennes sur-
plombent-elles de 800 mètres leurs hautes assises et s'enlèvent-elles en relief vigoureux sur leur forte base.

Entre les Pyrénées au nord et la sierra Nevada au sud, s'étend l'Espagne, double
plateau d'environ 700 mètres de hauteur, que sillonne et sépare dans sa partie médiane
une chaîne de bordures connue sous le nom de monts de Castille. Ce sont les sierras de
Gata, de Gredos et de Guadarrama. Elles décrivent une courbe sinueuse du nord-est au
sud-ouest, s'inclinant en pente abrupte du côté de la Nouvelle-Castille. La plus élevée
est la sierra de Guadarrama dont les cimes de granit forment à l'horizon le cirque dans
lequel s'étend Madrid et dont les pentes escarpées séparent comme un mur gigantesque
la Vieille de la Nouvelle-Castille, bassins lacustres, inclinés vers le sud-ouest, aujour-
d'hui desséchés et peuplés. Celui de la Vieille-Castille mesure près de 500 kilomètres
du nord au sud et presque autant de l'est à l'ouest, il est sillonné de nombreux plissements de sol. Plus restreint, celui de la Nouvelle-Castille est aussi accidenté.

A l'extrémité méridionale de la péninsule, la sierra Nevada dresse sur son étroite
base de 40 kilomètres de largeur des cimes neigeuses, des glaciers, dont quelques-
uns mesurent de 50 à 100 mètres d'épaisseur, la Veleta de 3,470 mètres d'altitude, le
Mulahacen de plus de 3,500. Le col d'Alhendin la traverse. La tradition raconte que
Boabdil, le dernier roi Maure de Grenade, vaincu par les troupes de Ferdinand d'Aragon et d'Isabelle de Castille, fugitif et errant, s'arrêta au col d'Alhendin pour jeter un
dernier regard sur les fertiles plaines de la Véga, sur Grenade et ses palais, sur ce beau
royaume perdu qui se déroulait à ses pieds et qu'il ne devait plus revoir. Il soupira,
disent les uns; il pleura, affirment les autres; d'où le nom d'*Ultimo suspiro del Moro*,
le dernier soupir du More, et de *Cuesta de las lagrimas* que porte encore le col
d'Alhendin. « Mais, écrit M. Reclus, du haut des sommets de la chaîne, combien le
spectacle est plus grandiose encore et plus étendu ! Du Picacho de la Veleta la vue n'est
peut-être pas moins belle que du sommet de l'Etna. On voit à ses pieds tout le midi de
l'Espagne avec ses riches vallées d'irrigation, ses âpres rochers, ses solitudes rousses

rendues vaporeuses par l'éloignement, la noire muraille des monts de l'Estremadure et
de la sierra Morena qui bordent le plateau central. Au sud, d'autres montagnes jaillissent
comme d'un abîme, mais le regard se sent attiré surtout vers la lisière verdoyante du
littoral, vers la mer et le profil embrumé des monts de la Barbarie que l'îlot d'Alborand
et le haut promontoire marocain de *las Tres Horcas*, situés précisément au sud de
la sierra Nevada, semblent rattacher comme un reste d'isthme au continent d'Europe.
Parfois, quand le vent souffle du midi, on entend distinctement le bruit des eaux
grondantes. Le Mulahacen est un des sommets espagnols, que l'on a rattachés
aux monts de l'Algérie par une étoile de lumière pour la mesure d'un arc de méridien. »

　Nette et distincte comme si elle datait d'hier, apparaît ici la cassure qui, détachant
l'Afrique de l'Europe, a fait du continent noir un vaste continent, qu'un lambeau de
terre, traversé par l'isthme de Suez, relie encore à l'Asie. Sur la côte marocaine,
au delà du détroit de Gibraltar, se prolongent et s'étendent avec la même disposition
fragmentaire, les mêmes massifs distincts, à l'aspect grandiose, aux croupes superbes
et aux escarpements abrupts.

　La plus grande partie de la péninsule Ibérique s'incline vers l'ouest. C'est de ce
côté que s'affaissent les sierras, que se déversent les cours d'eau et les rivières. La zone
méditerranéenne, celle qui penche vers l'orient, est moins étendue et la ligne de partage
des eaux se trouve reportée, sauf au nord, à peu de distance du littoral qui fait face à
l'Italie. Aussi, sur ce versant, ne relève-t-on qu'un seul grand fleuve, l'Ebre, et qu'un
vaste bassin, celui de l'Ebre. Né dans la sierra Reinosa, il reçoit à droite le Jalon et le
Guadalupe ; à gauche, les torrentueuses rivières descendues des Pyrénées : la Zadorra,
l'Aragon, le Gallego, la Sègre, le Llobregat, le Ter, la Fluvia et la Monga. Dans son
cours de 616 kilomètres l'Ebre traverse Miranda, Logrono, Calahorra, Tudela, Sarragosse, Tortose ; par des détours sinueux il contourne la chaîne de la Catalogne et se
déverse dans la Méditerranée, au nord du cap de Tortose, poussant jusqu'à 24 kilomètres des côtes les terres-basses d'alluvion et les sables dont il se charge dans sa trouée
au travers des monts de Catalogne.

　Entre la France et l'Espagne la haute vallée de l'Ebre fut longtemps la voie naturelle et historique, le seuil qui donnait accès par l'extrémité des Pyrénées Occidentales
dans l'Aragon et par l'Aragon dans la Catalogne. La Navarre et le pays Basque étaient
le lieu de passage, la région intermédiaire par lesquels la France méridionale, dont
Toulouse était la capitale, pénétrait dans la péninsule, de même que par la côte méditerranéenne, par Béziers, Carcassonne et Perpignan, elle s'infiltrait, débordant ainsi par
l'ouest et par l'est. Longtemps la vallée de l'Ebre subit l'influence de la Provence ; sa
langue, ses mœurs et ses coutumes en gardent encore les traces. Il ne fallut rien moins
qu'une convulsion religieuse, la guerre des Albigeois, pour rompre ces liens, rejeter
l'Aragon et la Catalogne vers l'Espagne et faire d'elles une annexe des Castilles.

　A l'ouest du bassin de l'Ebre et sous la même latitude, s'ouvre celui du Douro,
fleuve plus portugais qu'espagnol. Il naît en Espagne, d'un lac, au nord de Soria ;
sur son parcours de 800 kilomètres, il traverse successivement Aranda, Tordesillas,

Tordesillas, Toro, Zamora, puis franchissant la frontière du Portugal, il passe à Miranda, et se déverse dans l'Atlantique à Porto. Au long de son cours, il reçoit à droite, la Pisuerga, la rivière de Torquemada et de Valladolid, grossie des eaux du Carrion et de l'Arlanzon la rivière de Burgos ; sur le territoire portugais : l'Esta et le Sabor, le Tua et le Taméga. Ses affluents de gauche sont : en Espagne, l'Eresma qui traverse Ségovie, le Tormes qui arrose Alba et Salamanque, puis en Portugal : le Coa, la Vouga et le Mondego.

Le Minho, au nord-ouest, sépare la province portugaise à laquelle il donne son nom, de la Galice espagnole. Au sud du bassin du Douro s'étend le long bassin du Tage, le fleuve le plus considérable de la péninsule Ibérique, mesurant 900 kilomètres de parcours. Ainsi que le Douro, il naît sur terre espagnole, dans la sierra de Albaracin, traverse les provinces de Cuenca, Guadalaxara, Tolède, Badajoz, sert quelque temps de frontière entre les deux pays, puis pénètre en Portugal, traverse Abrantès, Santarem et se déverse dans la magnifique rade de Lisbonne, dans la *mer de la Paille*. Si la plus grande partie de son cours est sur territoire espagnol, il ne devient navigable qu'en Portugal. Entre des rives encaissées et souvent désertes, le Tage, chanté par les poètes, roule ses eaux bourbeuses que grossissent le Jarama, le Guadarrama, l'Alborche et l'Alagon en Espagne, l'Elja, le Ponsul et la Zezer en Portugal. Par son orientation du nord-ouest au sud-sud-est, par la longueur de son cours, le Tage coupe l'Espagne en deux parties à peu près égales. Son bassin forme la région médiane de la péninsule.

Parallèlement au Tage et décrivant, plus au sud, une courbe analogue, la Guadiana naît au sud du plateau de Cuenca, dans la Manche, région à pente indécise où les eaux souvent immobiles et stagnantes hésitent et cherchent une voie d'écoulement, aussi prêtes, semble-t-il, à s'épancher au sud vers le Guadalquivir, qu'à l'est vers le Jucar ou la Ségura, qu'à l'ouest, par la Guadiana. A peine dégagée des marais de Ruidera, elle disparaît près d'Alcaçar, pour reparaître 27 kilomètres plus loin au lieu dit *Ojos de la Guadiana*, les yeux de la Guadiana. Enserré entre les chaînes Lusitanique et Marianique, le fleuve coule vers l'ouest, puis décrivant sa courbe au sud-ouest, il forme de Badajoz à Cheles, sur 50 kilomètres, la limite entre l'Espagne et le Portugal. Jusqu'à Pamarao, sur 100 kilomètres de parcours, ses eaux sont portugaises. A Pamarao il redevient fleuve frontière et s'épanche dans l'Atlantique entre Castromarim et Ayamonie. Dans son parcours de 660 kilomètres la Guadiana n'est navigable que sur 75. Ses affluents, plus nombreux qu'importants, sont, à droite : le Zangara, le Rianzarès, la Caya et le Corbes ; à gauche : l'Azuer, le Jasalon, la Guadalema, le Matachel, la Chanza et l'Ardila.

Au sud s'ouvre le bassin du Guadalquivir, de l'*Oued-Al-Kebir*, le grand fleuve des Arabes ; ce fut le *Bœtis* des anciens. Comme l'Ebre, la Ségura et le Jugar, il est fleuve espagnol dans tout son cours ; il est surtout le fleuve de l'Andalousie, fleuve aux eaux troubles et fertilisantes. Il ne mesure que 400 kilomètres de longueur, mais il arrose les plus riches terres et les plus antiques cités de l'Espagne. Issu de la sierra de Cazorla entre Jaen et Murcie, le Guadalquivir baigne Andujar, Cordoue, Séville et se déverse à San-Lucar de Barrameda, au nord de Jérez, dans le golfe de Cadix. Ses prin-

cipaux affluents de droite sont le Guadalimar, la Campana, le Guadiato et la Biar ; à
gauche il reçoit les eaux de la Guadiana, du Jaën, du Guadajoz, du Xénil et du Cor-
bones.

Plus restreinte dans son parcours, mais plus dangereuse dans ses crues, la Segura
forme à l'est un bassin plus étroit auquel se relie celui du Jucar au cours torrentueux.
La Segura descend de la Sagra, dans la province de Murcie. Orientée de l'est au sud-
est, elle arrose Murcie et déverse dans la Méditerranée, à 28 kilomètres d'Alicante, les
eaux du Sangonera, du Mando et du Quipar. Grossi du Cabriel, le Jucar arrose Cuenca
et se jette dans la Méditerranée, au sud de Valence.

Sur ce sol au relief montueux et aux eaux rares, que l'on a souvent comparé au sol
africain, vécurent, longtemps séparés du reste du monde, les premiers habitants dont la
tradition fasse mention, les Ibères aux origines inconnues. Les uns voient en eux, sans
autre raison qu'une analogie de nom, des descendants des Ibères asiatiques, des Abori-
gènes de l'Imiréthie, sans pouvoir toutefois expliquer leur migration des versants du
Caucase à cette extrémité de l'Europe. Les autres les croient descendus de tribus can-
tonnées dans les Gaules, refoulées par les Celtes et auxquelles on a donné le nom
d'Ibères, dérivé de celui de l'Iberus ou Ebre. Cette dernière explication est la plus vraisemblable et la plus logique. Quoi qu'il en soit, les Ibères primitifs n'entrèrent que
tard en contact avec le reste de l'Europe ; la région qu'ils occupaient n'était alors
accessible que par les seuils des Pyrénées, faciles à défendre.

C'est par ces seuils, et peut-être à la suite des Ibères dépossédés, que pénétrèrent
les Celtes, en trop petit nombre pour leur faire la loi, en assez grand nombre pour se
maintenir. Sur ce terrain neutre l'apaisement se fit, suivi de croisements, qui donnèrent
naissance à une race mixte : les Celtibères. Sur les hauts plateaux qu'elle occupait,
dans le cirque de sierras qui, de toutes parts, la couvrait ; l'écho des bruits extérieurs ne
parvenait pas et, par mer, la péninsule n'était guère accessible. Sur l'Atlantique on ne
se hasardait pas encore ; le littoral du golfe de Biscaye est abrupt et rocheux ; les ports y
sont rares et les abris peu sûrs. Du cap Ortegal à l'embouchure du Minho les côtes plus
articulées se découpent en baies profondes ; plus bas, la plage est sablonneuse ou marécageuse. Sur la Méditerranée, les sierras de Ronda et des Alpujarras serrent de près
la côte andalouse qui, plus au nord, dessine trois grandes courbes régulières, au long
desquelles se déroule un littoral ensablé recouvert de marécages. Au nord, la côte se
relève, échancrée de baies et de golfes.

Par cette côte seulement les navigateurs accédaient ; sur cette côte, plus tard, ils
débarquèrent et se fixèrent. Les Phéniciens fondèrent Cadix et Malaga ; Carthage
créa Carthagène ; Rhodes éleva Rosas. Mais ces colonies, essentiellement maritimes,
hésitèrent longtemps à s'étendre dans l'intérieur des terres, à franchir les sierras qui
les en séparaient. Résolument elles leur tournaient le dos, faisant face à la mer dont
elles vivaient et dont le trafic les enrichissait. La bande de littoral qu'elles occupaient
et que l'aborigène ne leur contestait pas, ignorant qu'il était d'elles le plus souvent,
leur suffisait. Il fallut, pour forcer la barrière, pour pénétrer au delà, l'ambition

carthaginoise et, pour asservir la péninsule, la conquête romaine, la rude main des Scipions, décidés à ne rien laisser subsister de l'empire de Carthage. Par la prise de Carthagène, arsenal et trésor des Barcas, Rome ouvrit l'Espagne et sur l'Espagne ses rudes légionnaires débordèrent. Soldats, ils la conquirent; colons, ils l'occupèrent, imposant aux vaincus leur langue, leurs usages, leurs coutumes, impuissants toutefois à emporter le pays des Basques, citadelle naturelle adossée aux Pyrénées, dernier refuge où se cantonnèrent les vaincus insoumis.

Seuls ceux-ci conservèrent leur langue et leur nationalité et telle est leur force de résistance qu'à travers les siècles ils ont maintenu l'une et l'autre. Ibères et Celtes, Carthaginois et Romains, puis Alains et Suèves, Vandales et Visigoths, ont contribué, à des degrés inégaux, à créer l'Espagnol actuel. Il tient d'eux tous, mais d'aucun autant que du Visigoth qui lui a transmis, avec le meilleur de son sang, sa gravité courtoise et pompeuse, son emphatique élocution, sa foi tenace et vivace, à laquelle il doit d'avoir rejeté le More en Afrique, d'avoir haï l'infidèle, d'avoir poursuivi le Juif « d'une haine immortelle, dit Michelet, que le feu, le fer, les tortures, les bûchers n'assouvirent jamais ».

Comparée à l'altitude moyenne des trois autres continents, celle de l'Europe est inférieure, ainsi qu'il résulte des chiffres suivants, qui pour l'Afrique, ne sont encore qu'approximatifs :

Europe. . . . . Altitude moyenne 300 mètres.
Asie. . . . .   —   —   500   —
Afrique. . . . .   —   —   600   —
Amérique. . . .   —   —   400   —

et en Europe, l'Espagne est l'une des régions où l'altitude moyenne est la plus élevée. Sur le plateau central des Castilles elle atteint 500 mètres. Aussi le climat de la péninsule, généralement tempéré, offre-il, sur les plateaux, les contrastes d'un climat continental, tel que nous les avons observés en Asie. Dans les Castilles, la température a des revirements soudains; les froids sont rigoureux, les chaleurs intenses; le thermomètre oscille entre — 10 et + 40 degrés et les températures réelles sont encore intensifiées par les vents qui balayent les grandes prairies dénudées. Le *norte,* ou vent du nord, apporte avec lui les froidures dont il se charge en passant sur les glaces des Pyrénées et les neiges de la Guadarrama. Le *solano,* ou vent du sud, refoule devant lui les chaleurs brûlantes de l'Afrique, dessèche la végétation et surexcite chez l'homme le système nerveux. Sur Madrid, la Guadarrama déverse un froid pénétrant et redoutable que ne trahit aucun souffle de vent. Sur le steppe dénudé des Castilles on ne rencontre que des plantes basses et des sous-arbrisseaux; au nord du Douro on ne trouve que les aromates vivaces : romarin, lavande, hysope, thym et bruyères. L'eau manque, et dans les plaines monotones de la Manche les sauterelles abondent comme en Afrique, les chardons atteignent une taille gigantesque, et l'œil cherche vainement un bouquet d'arbres sur le sol déboisé.

Tout autre est le climat de l'Andalousie. Dans ces Indes de l'Espagne la chaleur est suffocante l'été, la pluie presque inconnue de juin à septembre. L'hiver y est la belle saison, c'est en février que la campagne apparaît dans tout son éclat; de Gibraltar à Alicante la température est semi-tropicale. « Mais, écrit M. Élisée Reclus, ce climat est quelquefois accablant pour les Européens du nord; la sécheresse de l'atmosphère finit par leur devenir intolérable. On souffre surtout de la chaleur au fond des vallées latérales dont l'air n'est pas renouvelé par les brises, et jusque dans la plaine libre, parce que les vents alizés qui renouvellent l'atmosphère sous les latitudes tropicales ne soufflent pas dans le bassin du Guadalquivir. Même à Cadix, qui pourtant se trouve environnée par les eaux, le vent de terre, connu sous le nom de *medina*, parce qu'il traverse les solitudes du domaine de Medina Sidonia, apporte un air étouffant, intolérable pour les gens nerveux; les actes de violence, les disputes et les meurtres sont beaucoup plus fréquents sous l'influence de ce vent que dans tout autre état de l'atmosphère. Pour les côtes méridionales le vent le plus redouté est le courant dit *solano* ou *levante*. Quand il se met à souffler, l'air chauffe comme l'haleine d'un four; on se croirait transporté en plein Sahara. Une vapeur quelquefois rougeâtre, blanchâtre le plus souvent et de nature inexpliquée, la *calina*, pèse sur l'horizon du sud; les chaudes bouffées soulèvent sur les chemins, dans les campagnes mêmes, des tourbillons de poussière et flétrissent le feuillage des arbres; souvent, lorsque le vent a persisté pendant plusieurs jours, on a vu les oiseaux périr comme étouffés. »

Par contre, cette région abonde en richesses agricoles; les orangers, les dattiers, les cotonniers et la canne à sucre y croissent comme dans une vaste serre chaude.

L'Espagne est administrativement divisée en 49 provinces subdivisées elles-mêmes en capitaineries générales. Réparties entre leurs principales régions naturelles, elles se groupent ainsi :

1° La Galice, les Asturies et les provinces Basques au nord;

2° L'Aragon et la Catalogne, comprenant la vallée de l'Ebre;

3° Les Castilles, l'Estrémadure et Léon, régions centrales;

4° La Manche ou la région des steppes;

5° L'Andalousie, Murcie et Valence au sud;

6° Les îles Baléares, et

7° Les îles Canaries, érigées ces deux dernières en capitaineries générales et assimilées aux provinces continentales.

Nous les étudierons dans cet ordre, laissant en dehors Cuba, « la perle des Antilles », et Porto Rico, colonies espagnoles, mais terres océaniques, qui trouveront place dans l'étude des côtes américaines.

I. — GALICE. — ASTURIES. — PROVINCES BASQUES.

Situées à l'angle nord-ouest de la péninsule, la Galice et les Asturies forment un tout compact, homogène et distinct, sans analogie avec le grand plateau central, non plus qu'avec le versant méditerranéen de l'Espagne. Réléguée, par sa situation géographique, en dehors des agitations et des convulsions des provinces centrales et méridionales, cette région s'est développée et peuplée comparativement en paix. La race primitive des Ibères et des Celtes s'y est conservée plus pure de mélange. Il semble qu'elle se soit cantonnée ou ait été refoulée par les migrations incessantes descendues du nord, dans ce grand quadrilatère adossé à l'Atlantique et aux frontières du Portugal, couvert au sud par les monts Cantabriques. La grande voie historique qui, par Bayonne et les provinces basques abordait le bassin de l'Ebre et le plateau des Castilles le laissait de côté obliquant à l'est et au sud, par Burgos, Palencia, Valladolid et Ávila se dirigeant vers Madrid, par Pampelune, Sarragosse et Lérida gagnant l'Aragon et la Catalogne.

Cette région de la Galice et des Asturies n'est pas seulement isolée du reste de l'Espagne, elle en est distincte, par son climat, par le relief du sol, par la population et par les productions, par l'histoire et les traditions. C'est la contrée la plus peuplée de l'Espagne; sur une superficie de 45,445 kilomètres carrés elle renferme une population de 2,700,000 habitants, soit près de 60 habitants par kilomètre carré, alors que la moyenne générale du royaume n'excède pas 33. C'est aussi la contrée la plus humide et la plus arrosée de la péninsule, la plus boisée et l'une des mieux cultivées et des plus salubres. Les côtes sont abruptes, bordées de hautes falaises, découpées en golfes largement ouverts au nord, en anses profondes et en estuaires où se déversent à l'ouest de torrentueux cours d'eau. Le pays n'est que vallées et montagnes, vallées fertiles sillonnées d'eaux courantes, montagnes aux pentes couvertes de noyers, de châtaigniers, de chênes et de beaux bois de construction. Ramifications des Pyrénées cantabriques, ces montagnes vont mourir en pente douce dans le Portugal, séparant le bassin du Minho de celui du Douro, ou projeter dans l'ouest le cap hardi du Finisterre, péninsule rocheuse au sommet de laquelle s'élevait un temple païen qu'a remplacé une église catholique.

Soulevés en apparent désordre à la surface de la péninsule, les monts de la Galice, moins élevés que ceux des Asturies, se croisent et se coupent à angle droit, orientés du nord au sud et de l'est à l'ouest. D'une altitude bien autrement considérable, les montagnes des Asturies dressent au long de la côte leur chaîne majestueuse et la haute saillie du cap de Penas. Ce furent les *monts illustres* où Pelage, vaincu à la bataille de Xérès en 711, se réfugia avec une poignée d'hommes ; d'où il sortit en 718 pour écraser les Maures sous des quartiers de rochers dans les gorges de Cavadonga. Son souvenir vit dans cette région qu'il affranchit et dont les chants nationaux célèbrent encore le combat homérique dans lequel Notre-Dame des Batailles vint en aide au héros chrétien, faisant éclater l'orage et grossir les torrents, si bien que pas un homme n'échappa de cette armée More que Sébastien de Salamanque dit avoir compté 124,000 combattants.

Les Mores ne revinrent plus, et pendant que le reste de l'Espagne se débattait encore dans l'étreinte de l'Islam, les descendants de Pélage fondaient en paix cette dynastie qui devait donner des rois à l'Espagne.

Non moins héroïque fut la Galice dans les luttes qu'elle eut à soutenir contre les

Carthaginois d'abord, puis contre les Romains. Les *Callaici* qui lui donnèrent leur nom semblent être issus des Galls ou Gaulois. Successivement dépendance du royaume du Portugal, annexe de la couronne de Léon, province des Asturies, la Galice revendiqua toujours son indépendance et son autonomie. Le Galicien, surnommé l'Auvergnat de l'Espagne, a conservé sa rude écorce primitive, ses mœurs simples, ses traditions hospitalières. Travailleur infatigable, il émigre volontiers, son sol ne suffisant pas à le nourrir. Domestiques ou portefaix, les Galiciens sont nombreux à Madrid où les *mozos de cordel* sont presque tous *gallegos;* ils parcourent l'Espagne à l'époque des moissons, louant leurs bras vigoureux dans les Castilles où les bras manquent, en Portugal où l'indolence des paysans laisserait pourrir les moissons sur pied. Sobres et courageux, ils font d'excellents soldats, soumis et disciplinés; serviteurs silencieux mais vindicatifs, ils supportent mal le dédain du Castillan hautain qui les traite comme des bêtes de somme et qui, pour résumer en quelques mots un manque de convenance dont il se croit l'objet, dit : *He sido tratado como si fuero Gallego,* « on m'a traité comme un Galicien ».

Bien cultivé, le sol de la Galice produit le vin, les céréales, le chanvre, les fruits et les légumes dans les plaines de Monterey et d'Orense; celles de Redardillo, de Rosamonde, de Tuy portent du maïs et du lin; dans les parties abritées, les orangers et les citronniers prospèrent; du côté de Pontevedra on rencontre de riches prairies, à Vigo d'importants vignobles, à Bitanzos les avoines et le lin; presque partout des fruits estimés et de grands troupeaux de moutons, chèvres et bêtes à cornes.

Par contre, l'industrie est peu avancée dans la Galice; le commerce y est sans activité. On n'exporte guère que les cristaux de la Corogne et les toiles de Vivero et de Tuy; les mines sont à peine exploitées et cependant le sous-sol recèle des gisements de fer, de cuivre et d'étain, et cependant les ports ne font pas défaut sur ces côtes, où se succèdent Vigo, Noya, Muros, Corcubion, Camarinas, la Corogne, le Ferrol, Vivero et Rivadeo.

Sur les rives du Minho se rencontrent trois des principales villes de la Galice : Tuy, Orense et Lugo. Célèbre du temps de Pline, Tuy, située sur un plateau élevé dominant le cours du fleuve, se dresse en face de Valencia, place forte portugaise, qui, de l'autre côté du Minho se hérisse de canons. D'une rive à l'autre les deux villes sont à portée de tir. Élégante et coquette, Tuy bien bâtie, aux rues droites et ombragées, tient plus du climat chaud et doux du Portugal que de celui, plus rude, de l'Espagne. Sa plaine bien cultivée est semée de villas et de maisons de campagne. Tuy compte environ 12,000 habitants.

En remontant le cours du Minho, dans le nord-ouest, Orense s'annonce par son pont, l'une de ses trois merveilles locales.

> *Tres cosas hay en Orense*
> *Que non las hay en España :*
> *El Santo Cristo, la Puente,*
> *Y la Burga hirviendo el agua.*

« Orense possède trois choses, — que l'on ne trouve pas en Espagne : — le saint Christ, le pont, — et la Burga d'où l'eau jaillit. »

Le Christ d'Orense, qui décorait autrefois la chapelle du cap Finisterre est en grande
vénération dans toute la région et attire à Orense de nombreux pèlerins. Le pont, sur
le Minho, franchit d'abord un ravin fréquemment envahi par les hautes eaux, puis, par
sept hautes arches, le fleuve. Les *Burgas*, ou les sources, sont au nombre de trois.
Célèbres dans l'antiquité, elles débitent 125 litres d'eau par minute à une température
constante de 66 à 68 degrés centigrades. Le gaz qu'elles dégagent comprend 14 parties
d'acide carbonique et 80 de nitrogène ou azote.

Peuplée de 19,000 habitants, Lugo fut la capitale d'une des quatre provinces de la
Galice. Enserrée de hautes murailles bastionnées, elle domine, du haut de sa colline
un magnifique horizon. Lugo, la Lucense des Romains, la métropole des Suèves et
l'une des places fortes des Arabes, n'a gardé que peu de traces de ces occupations
diverses. Dans sa vaste enceinte quadrangulaire qu'elle ne remplit plus, des jardins et
des champs cultivés occupent la place des maisons absentes. Comme Orense, Lugo
possède des sources d'eau chaude autour desquelles on a construit un établissement
thermal assez fréquenté.

Au nord de Tuy, sur la côte, s'ouvre la baie de Vigo. « Qu'on se figure, dit M. O.
Merson, une ville couvrant le versant d'une montagne, des maisons assises tout le long
de la plage, une baie se prolongeant fort loin, fermée de tous côtés par des montagnes
chargées d'une riche et énergique végétation, qu'au sommet de cette cité on installe un
château fort; qu'en face l'on bâtisse une autre petite ville; que l'on étende entre les
deux une vaste nappe d'eau unie, comme le ciel, bleue comme le ciel et l'on aura Vigo
à droite, Cangas à gauche, tout autour la plus belle, la plus sûre et la plus imposante
rade du monde. »

La rade de Vigo, qui mesure 30 kilomètres de longueur, est la plus importante en
effet de tout le littoral espagnol. Ses pêcheries alimentent de nombreux établissements
de salaisons et son port représente un mouvement de près de 1,600 navires montés
par 28,000 matelots. Vigo entretient avec l'Amérique un commerce chaque année
croissant, sa population est de 23,000 habitants.

Une voie ferrée relie Vigo à Pontevedra, située à 31 kilomètres au nord. La vieille
cité romaine de *Pons vetus* s'élève dans une riche vallée qu'enserrent à distance de
hautes montagnes. Sur les antiques demeures gothiques s'écartèlent les héraldiques
écussons ; de nombreux couvents profilent au long des rues leurs murailles de pierres
et leurs monumentales façades. Plus au nord : Santiago, qui fut autrefois la capitale de
Galice. C'est aujourd'hui une ville de 24,000 habitants, chef-lieu d'arrondissement,
mais elle est restée l'un des plus importants sièges épiscopaux de l'Espagne. L'archevêque de Santiago-de-Compostelle est, de droit, premier chapelain de la couronne. A
Santiago repose, dit-on, le corps de l'apôtre saint Jacques, retrouvé par miracle et
reconnu, dit la légende, à des signes certains, dans un petit bois qui couronnait une
colline déserte. Sur cette colline s'éleva la cathédrale que se plurent à enrichir Alfonso II
et ses successeurs, où affluèrent les pèlerins chargés d'offrandes. Le cloître de Saint-
Jacques-de-Compostelle est le plus vaste qui existe en Espagne. Près de Santiago, sur
la route de Nova, se trouve l'église de Los Angeles ; « les anges, dit la légende, en furent

les architectes ; ils l'édifièrent sur une poutre d'or empruntée à la charpente du ciel et qui, sous terre, s'étend jusqu'à la cathédrale de Compostelle ».

La Corogne, chef-lieu de la capitainerie générale de Galice, est une ville de 30,000 habitants. C'est surtout un port de commerce, une place militaire et un entrepôt, l'avant-poste de l'Espagne sur l'Atlantique, faisant face à l'Amérique et appelé à un grand avenir. C'est aussi l'une des plus pittoresques cités du littoral. A l'extrémité de la presqu'île sur laquelle la Corogne est bâtie, s'élève la tour d'Hercule, que les Romains, suivant les uns, que les Carthaginois ou même les Phéniciens, suivant les autres, érigèrent. De nombreuses manufactures se sont fondées à la Corogne où le gouvernement possède une importante fabrique de tabacs. Des baies secondaires du grand golfe partit l'*Invincible Armada* que Philippe II envoyait contre l'Angleterre et que la tempête détruisit.

Entre le port commercial de la Corogne et le Ferrol, port militaire, la distance est courte, 44 kilomètres par terre. Par mer, elle est moindre encore. Les baies de Sada et de Betanzos, coupées par la Pena de Marola les séparent, mais la Pena de Marola, haute falaise autour de laquelle se heurtent les courants contraires, est souvent dangereuse :

> *Quien pasa la Marola*
> *Pasa la mar toda.*

« Qui passe la Marola passe la mer entière », dit un proverbe galicien.

Le Ferrol est d'origine moderne. Avant 1730, ce n'était qu'une bourgade de pêcheurs. Philippe II conçut le projet d'en faire un port militaire, Ferdinand IV et Charles III le réalisèrent, mais dans des proportions telles que l'Angleterre, inquiète, affecta de voir une menace dans la construction de ce port à l'endroit même d'où était partie l'*Armada*. Elle bloqua le Ferrol, que le mauvais temps débloqua, forçant la flotte anglaise à gagner le large. Port exclusivement militaire, le Ferrol ne reçoit pas les navires de commerce, qui trouvent d'ailleurs à la Corogne un abri aussi sûr. Le Ferrol possède d'immenses bassins, de vastes magasins, un arsenal, une fonderie, de nombreux ateliers de réparations et des chantiers de construction. Très peuplé ou à demi désert suivant les travaux en cours, le Ferrol voit osciller le chiffre de ses habitants nomades ; sa population fixe ne dépasse pas 22,000 âmes.

Nous avons décrit plus haut l'orographie de l'étroit royaume des Asturies dont le nom, synonyme de fidélité, conféré au premier né du roi d'Espagne, dénommé prince des Asturies, attestait la vieille foi religieuse et monarchique de cette terre loyale. Les Asturies se déploient au long de la côte nord sur 238 kilomètres de longueur et 80 dans leur plus grande largeur.

En langue *euskarienne*, les Asturies signifieraient « pays des torrents » ; elles méritent ce nom. Les pluies y sont fréquentes en toute saison, abondantes en automne où les tempêtes sévissent sur le golfe de Gascogne, l'une des mers les plus tourmentées et les plus dangereuses de l'Europe. Les *brétimas*, nuages lourds, épais et bas, rampent alors

VUE PANORAMIQUE DE MADRID.

à la surface du sol, transportant, disent les légendes locales, les fantômes d'un cimetière à l'autre. Ce sont les *estadeas* redoutées des Asturiens auxquels ils inspirent une superstitieuse terreur.

La zone étroite du littoral asturien resserré entre la mer et les monts Cantabriques ne comporte pas de fleuves. Les cours d'eau qui descendent des montagnes, l'Eo, la Navia, le Nalon, le Nansa, l'Anson, le Bosaya, le Sella rencontrent la mer au débouché des plaines. Ils arrosent, dans leur cours rapide, de belles vallées boisées, des champs fertiles semés de métairies. Peu de pays offrent des aspects aussi riants et gracieux que ceux de la vallée de Mieres s'ouvrant sur des prairies aux couleurs variées, de la vallée de Grado dans son majestueux cirque de rochers, de celle de Villaviciosa avec ses champs de pommiers et ses jardins en terrasses. Les fruits abondent dans cette région; on les exporte par Gijon en Angleterre; la production de blé et de maïs suffit aux besoins des habitants. Si le vin est rare le cidre est abondant, et il est la boisson préférée des Asturiens.

Le sous-sol est plus riche que le sol. Partout le charbon de terre se rencontre en gisements abondants et fait l'objet d'une exploitation importante; le cuivre, le cinabre, le cobalt, le fer, l'étain et l'antimoine, reconnus en maints endroits, commencent à attirer l'attention des capitalistes encouragés par leurs premiers essais de mise en valeur. Non moins nombreuses sont les sources d'eaux minérales; celles des environs d'Oviédo sont bien connues et celles de Bruyères attirent déjà bon nombre de visiteurs.

En façade sur la mer et sans profondeur dans l'intérieur des terres, les Asturies ne possèdent guère que des ports. Gijon est le plus important. Bâtie au penchant d'une colline que la mer Cantabrique baigne sur trois côtés, la ville de Gijon compte plus de 30,000 habitants. Du sommet qui la domine, la vue s'étend sur le beau panorama des Asturies, sur les Picos d'Europa qui se dressent à 70 kilomètres de distance, sur le Monte Sacro, le cap de Torres et le littoral. Le port de Gijon est un des plus sûrs de cette côte; il est l'entrepôt et le débouché des nombreux bassins houillers de la province et son outillage perfectionné y rend facile le chargement et le déchargement des navires. A l'ouest de Gijon, par delà le promontoire rocheux du cap de Penas, Aviles, puis Luarca concentrent les produits agricoles de la région; à l'est s'ouvrent les petits ports de Lastres, Rivadesella et Llanes. Une voie ferrée relie Gijon à Oviédo, capitale de la province, ville de 35,000 habitants, située à 23 kilomètres de la côte.

Peu commerçante, Oviédo est une jolie ville dans une plaine fertile. Siège de l'une des dix universités espagnoles, elle est surtout célèbre par la tour de sa cathédrale, l'une des plus belles qui existent et que fit contruire don Francisco de Mendoza. « On ne saurait imaginer sans le voir, dit M. J. M. Quadrado, dans son volume des *Recuerdos y Bellezas de España*, quelle hardiesse et quelle richesse l'art gothique a su communiquer à cette tour audacieuse qui domine les plus hauts édifices de la ville. Assise sur les quatre piliers de la droite du portail, elle se détache du temple dès son deuxième corps, au-dessus duquel s'élève un troisième étage richement couronné par un balcon à ornements gothiques... Le principal ornement de cette construction et le secret de sa légèreté consistent dans les faisceaux de sculpture qui enveloppent ses angles de bas en haut, s'élançant les uns du centre des autres et diminuant à mesure qu'ils s'élèvent. ...Les tourelles se couronnent de chapiteaux coniques terminés en spirale; des aiguilles de pierre s'élancent de la balustrade comme les fleurons d'un diadème, puis, au milieu de ce groupe de légères ciselures, surgit la pyramide octogone, creusée, transparente, hérissée de feuillages sur ses arêtes, finement brodée, qui se détache sur l'azur du ciel et qui, depuis plus de trois cents ans, résiste au vent dont le souffle semble devoir la renverser chaque jour. »

A l'est d'Oviédo, et à 20 kilomètres de distance, se trouvent Cangas de Onis, Covadonga, Abamia, pauvres bourgades, mais terre classique des exploits de Pélage. A Covadonga, il vainquit les Maures, Cangas fut sa capitale, Abamia garda son tombeau.

Entre les Asturies et les provinces basques, au long de la côte Cantàbrique, s'étend la province de Santander. Elle relevait autrefois du territoire de la Vieille-Castille; elle en a été séparée administrativement et est aujourd'hui le siège d'un gouverneur civil et d'un gouverneur militaire. Santander est sa capitale et son port, port important, accessible aux navires de tout tonnage, est admirablement situé dans un cirque de rochers qui l'abritent. Santander compte plus de 40,000 habitants et sa situation géographique fait d'elle l'une des premières places de commerce de l'Espagne. Son port est le débouché naturel des blés et des farines des Castilles, des laines de Léon; il entretient un commerce actif avec Cuba et Porto-Rico, commerce de céréales, celles des Castilles étant plus estimées que les blés d'Amérique. Située sous un climat doux bien que variable, mais sans froids excessifs ni chaleurs intolérables, Santander est, en outre, une ville de bains de mer très fréquentée l'été, aussi bien par les étrangers que par les Espagnols. C'est la ville *muy noble, siempre leal y decidida,* dont les armoiries sont surmontées d'une couronne ducale.

A l'est de Santander et à 48 kilomètres de distance, Santona, gros bourg de 5,000 habitants, faillit, sinon supplanter Santander, tout au moins lui faire une concurrence redoutable. Ce fut autrefois une ville importante, dominée par une haute montagne facile à fortifier, et dominant elle-même l'un des plus beaux ports militaires que la nature ait formés. Quand Napoléon donna l'Espagne à son frère, il en excepta Santona, et y fit commencer des travaux de défense que les événements interrompirent. Ils ont été repris depuis et se poursuivent lentement. Les Espagnols voient, dans Santona, le Cherbourg et le Gibraltar de leur côte septentrionale.

Les autres centres un peu considérables de la province sont, au sud de Santander : Torrelavega, los Corrales, Barcena, Reinosa, vieille ville aux maisons écussonnées et armoriées, centre d'un commerce local de grains, de vins et d'eaux-de-vie, de verreries et d'exploitations minières. A l'est commencent les provinces basques.

Elles sont au nombre de trois : Biscaye, Alava et Guipuzcoa. Elles constituèrent la Vasconie, d'où leur nom de provinces *vascongadas,* que l'on a voulu faire dériver du verbe grec *askeo,* s'agiter, dont l'on a fait ensuite le mot Gascogne. Peu de races ont excité au même degré que la race basque la curiosité des savants, donné naissance à plus de commentaires et de discussions quant à son origine et à sa langue. Les Basques se disent *Euskariens* et parlent l'*Euskara;* en dépit de toutes les recherches ils sont encore le peuple mystérieux entre tous, le peuple sans frères, aux origines inconnues.

Ils apparaissent dans l'histoire sous le nom de Vascons ou de Basques. « Les Basques, disait Voltaire, sont un petit peuple qui saute et danse au sommet des Pyrénées. » Ils furent, dit l'histoire, un peuple belliqueux et vaillant, impétueux dans l'attaque et terrible dans la mêlée, qui sut maintenir son indépendance et conserver le sol sur lequel il s'était établi, comme il conserva sa langue, ses mœurs et ses traditions. Il eut d'autant plus de mérite à ne pas se laisser entamer que, placé sur la voie même des migrations, là où l'inclinaison des Pyrénées ouvre l'un des seuils d'accès de l'Europe dans la péninsule, il vit passer par ses vallées les armées en mouvement et les nations en marche. Sur son sol au relief tourmenté, les monts se succèdent et se heurtent comme les vagues marines soulevées par le vent, les monts Cantabriques y rencontrent les contre-forts des Pyrénées, débordant les uns sur les autres, s'étalant en longues nappes boursouflées.

Et cependant le pays est riche, riche en forêts et en mines, en vallons fertiles, en prairies inclinées. Les pluies abondantes qu'apportent les nuages du golfe de Gascogne, qu'arrêtent les crêtes, entretiennent toute l'année une température égale, une humidité favorable à la végétation, et une rare salubrité. Non seulement les provinces basques se suffisent à elles-mêmes, mais elles exportent encore des bestiaux dans le midi de la France, du maïs et du blé en Angleterre et en Allemagne. Sillonnées par les bandes carlistes et les armées espagnoles pendant les luttes intestines, elles ont nourri les unes et les autres sans épuiser leurs ressources.

« La race basque, écrit M. de Quatrefages, est extrêmement remarquable par la beauté de son type qui, grâce à la rareté des croisements, s'est conservé avec une pureté surprenante. Ses principaux caractères sont un crâne arrondi, un front large et développé, un nez droit, une bouche et un menton finement dessinés, un visage ovale plus étroit dans le bas, des yeux, des cheveux et des sourcils noirs, un teint brun et peu coloré, une taille moyenne parfaitement proportionnée, des mains et des pieds petits et bien modelés. » Ces signes caractéristiques de la race se retrouvent, plus accentués encore, dans la Basquaise. D'après M. Garat, le sentiment de l'indépendance et l'amour de leur pays sont les deux mobiles principaux des Basques. Orgueilleux de leur origine, ils dédaignent leurs voisins. Entreprenants et actifs ils quittent leur patrie, mais pour y revenir après avoir conquis la fortune.

Bilbao, capitale de la province de Biscaye et son port principal, est aussi la plus importante des villes du pays basque. Sa population dépasse, en y comprenant les faubourgs, 50,000 habitants. Par le chiffre de ses affaires elle est le troisième port de la péninsule. Située sur la rive droite du Nervion, dans une plaine que dominent au nord les monts d'Archanda, à l'est le Morro, et la Maravilla au sud, elle est ouverte au nord-est aux vents de l'Océan. La colline sur laquelle s'élève le vieux Bilbao est riche en minerais de fer, aussi la ville est-elle en voie de déplacement, la couche souterraine chaque jour plus exploitée rendant le sol peu stable. Au nord-ouest de la ville il en va de même; on extrait de cette région d'immenses quantités de minerai dont on expédie jusqu'à 3,500,000 tonnes annuellement par le port de Portugalète. Autour de Bilbao, les carlistes et les troupes du gouvernement se sont livré de sanglants combats. Sous ses murs, Zumalacarreguy fut tué en 1835.

Au sud de Bilbao, Victoria, ancienne capitale de l'Alava, dresse sur une colline sa triple ville, la ville haute, la vieille ville et la ville moderne; des murailles et des boulevards entourent la première; dans la seconde, de grands hôtels blasonnés font une ceinture à la ville haute. Également bastionnée, la vieille ville communique par trois portes avec la ville moderne, plus vivante et plus animée. A l'est de Bilbao, Durango, ville de couvents, est dominée par de hautes montagnes ; Vergara que traverse le Deva, est entourée de sources ferrugineuses; on en compte jusqu'à 17 autour de la petite ville, célèbre par la capitulation des carlistes, qui y rendirent leurs armes au général Espartero. Sur la route de Saint-Sébastien, Tolosa, Andoain, Hernani se succèdent au long de la voie ferrée de Bayonne à Madrid.

Saint-Sébastien, ancienne capitale du Guipuzcoa, est aujourd'hui le siège de la capitainerie générale des provinces basques. Elle occupe l'un des sites les plus pittoresques du littoral. Adossée au mont Orgullo, la ville, autrefois serrée dans son étroit corset de murailles, aujourd'hui déborde au dehors entre le Rio Urumea et la Concha autour de laquelle se déroule sa plage envahie l'été par une foule de baigneurs. Port commercial, centre de fabrication, place militaire et ville d'eaux, Saint-Sébastien grandit rapidement. Le mont Orgullo qui la domine dresse, à 130 mètres au-dessus de la « conque » d'eau bleue qui s'évase à l'ouest, son sommet hérissé de bastions et les hautes murailles de la citadelle. Plus de 800 navires fréquentent le port, près de 50,000 baigneurs affluent annuellement dans cette ville, alors animée et bruyante, point de rencontre de la France et de l'Espagne. Plus au nord : Renteria, puis Pasages, l'un des bons ports de la Biscaye, bien déchu, mais en voie de relèvement; on l'approfondit, on construit des quais et les docks récemment construits attirent à Pasages les vins de l'Espagne.

Près de la frontière française, Fontarabie, en ruines, garde encore grand air avec ses maisons que le temps a noircies, ses balcons de fer ouvragé, ses boutiques sombres et ses fenêtres grillées. Les fortifications s'écroulent, les portes se descellent, les murailles trouées par les boulets s'effondrent et disent les luttes dont elles furent les témoins et les victimes. François Ier prit Fontarabie, Condé l'assiégea vainement, Lamarque l'emporta avec 300 hommes. En 1808, en 1813, en 1823, en 1837 elle fut prise et reprise. De sa tragique histoire elle n'a gardé que ses ruines et son titre de ville *muy noble, muy valorosa y siempre muy fiel*. A Irun commence la France et finit l'Espagne. Irun est ville frontière, *vigilante custos* de la péninsule.

Au centre de la Navarre, Pampelune, place forte et capitale, eut, ainsi que Fontarabie, des fortunes diverses, mais non un sort aussi triste. « Je ne sais pas, dit M. Louis Lande, de site plus pittoresque, de panorama plus complet que celui de Pampelune; dans le fond, sur un large plateau taillé presque à pic du côté de la plaine, la ville découpant au milieu des airs la fine silhouette de ses nombreux clochers; en bas, l'Arga, petite rivière aux eaux troubles, une double ligne de peupliers en marque le cours sinueux... On entre dans Pampelune par un chemin en retour et un pont-levis. A l'opposé de tant d'autres villes fortes lacées trop dru, celle-ci respire et s'étend à l'aise au centre de ses remparts; les rues, surtout dans les quartiers neufs, sont larges et bien percées; les maisons, généralement bâties de briques, ont un air qui plaît d'aisance et de propreté. Deux promenades, se continuant l'une l'autre, longent à l'intérieur la ligne des remparts : la *Taconera*, la plus belle, est ombragée d'arbres magnifiques. Chaque soir, en été, la population entière s'y donne rendez-vous. Jeunes femmes et jeunes filles passent par petits groupes, coquettes, sémillantes, confiantes dans leur beauté, sur leur tête la mantille noire, à leurs pieds le mignon soulier découvert qui fait crier le sable des allées; les grands yeux noirs pétillent, les éventails frissonnent, les jupes bruissent et se balancent. Selon l'usage espagnol les hommes ne donnent pas le bras aux femmes; ils se tiennent auprès d'elles; on rit, on cause, on s'interpelle avec une liberté toute méridionale. »

Près de Pampelune s'ouvre la vallée de Baztan, semée de villages et de bourgs; par le passage ou *port* de Velate, elle communique avec le cœur même du pays. Tudela; Tajalla la *flor de Navarra*, Estella; Calahorra sont, ou des centres agricoles, ou des points stratégiques commandant les défilés des Castilles et de l'Aragon. Si déchues qu'elles soient, on y rencontre à chaque pas des maisons armoriées et blasonnées, débris du passé, du temps où l'Espagne, enrichie par l'or du Nouveau-Monde, étalait avec orgueil son opulence, du temps où fière de son passé et de son présent, les animaux héraldiques, les têtes de Mores, les tours crénelées, les épées nues, les mains sanglantes, armes parlantes, figuraient sur les écussons des hardis aventuriers et des villes. Calahorra, où Sertorius avait tenu Pompée en échec, arborait sa fière devise : « J'ai prévalu contre Carthage et contre Rome.-» A Almandoz, un damier figure dans le blason de la ville. Don Sanche le lui octroya en souvenir d'un fait d'armes accompli par les hommes du Baztan. L'ennemi les surprit au jeu. Sans se troubler, ils prirent leurs armes, battirent les Mores et ne cessèrent la poursuite qu'après les avoir massacrés. Insouciance et bravoure, orgueil et fanatisme, amour de l'indépendance et foi monarchique furent les traits caractéristiques de ces pays basques qui portent fièrement encore le titre de *muy noble y muy leal* que leur conféra Charles-Quint.

II. — ARAGON. — CATALOGNE.

Dans le bassin de l'Ebre, bassin nettement limité et aux contours géométriques, s'étendent l'Aragon et la Catalogne. L'Aragon tient son nom d'une des branches maîtresses du grand fleuve espagnol, dont le proverbe dit :

> *Arga, Ega, Aragon*
> *Hacen al Ebro varon.*

« Les rivières d'Arga, d'Ega, d'Aragon font le seigneur l'Ebre. » L'Aragon confine aux provinces basques et à la Navarre à l'ouest ; à l'est, la Catalogne le sépare du littoral méditerranéen. Isolé de tout contact avec la mer, aussi bien avec l'Atlantique auquel la Galice, les Asturies, les provinces basques avaient accès, qu'avec la mer intérieure au long de laquelle s'allongeait la Catalogne, l'Aragon a mieux conservé que cette dernière ses traits primitifs. Alors que, par terre, par les seuils des Pyrénées infléchies vers l'est, la Provence communiquait avec la Catalogne antérieurement envahi par mer par les peuples navigateurs, Phéniciens et Grecs, Carthaginois et Romains, Arabes et Normands, l'Aragon, peu connu d'eux, s'abritait derrière son rempart de sierras. Par contre, l'envahisseur, une fois maître du pays, s'y cantonnait fortement et s'y maintenait solidement, garanti contre toute agression du dehors. Ce fut le cas des Mores qui, trois siècles après avoir évacué la Catalogne, tenaient encore Sarragosse.

L'Aragonais les en chassa, non sans peine, non sans avoir longtemps lutté, mais dans cette lutte séculaire, le caractère national se trempa fortement. L'entêtement de l'Aragonais est proverbial : « il enfoncerait les clous avec sa tête », selon le dicton national. Orgueilleux et taciturne, passionné pour son pays et jaloux des autres, il est, par contre, sérieux, froid et réfléchi. Moins cordial que celui de ses compa-triotes son accueil est plus sincère et plus franc. Ce sont d'intrépides soldats, ces paysans à la forte carrure, à l'allure martiale, aux traits virils, que l'on voit cheminer, fiers et dédaigneux dans leur costume pittoresque, la taille bien prise dans leur ceinture d'étoffe, la tête encapuchonnée d'un mouchoir de soie. Ce furent aussi des sujets indé-pendants ces gentilshommes aragonais qui, fondant le royaume de Sobrarbe, dirent à leur premier roi : « Nous qui valons autant que vous et qui pouvons plus que vous, nous vous choisissons pour roi, à la condition que vous garderez nos lois et nos libertés et qu'il y aura entre vous et nous quelqu'un qui pourra plus que vous ; sinon non. » Et ce quelqu'un fut le *Justicier* qui recevait le serment du roi, qui surveillait l'exécu-tion des lois et, en cas de violation, faisait arrêter et garder à vue le souverain.

Ce royaume de Sobrarbe, *Sobre Arbe*, sur l'Arbe, berceau de la royauté aragonaise, ne mesurait que douze lieues sur dix. La sierra de Arbe lui donna son nom. Situé au milieu des Pyrénées d'Aragon, entre la France, la Navarre, la Nouvelle-Castille et la Catalogne, il fut le noyau de l'Aragon ; il l'absorba ainsi que la Navarre et fut absorbé lui-même plus tard par la Castille et l'Espagne.

Si fertile et productif que soit le sol de l'Aragon, la population qui l'habite est loin d'être en proportion avec l'étendue du territoire, aussi l'agriculture souffre-t-elle cruellement du manque de bras. Des rivières nombreuses et abondantes sillonnent la province. « Elles féconderaient admirablement, dit M. Germond de Lavigne, si elles étaient mieux conduites, un terrain que la sécheresse consume et au milieu duquel les parties cultivées apparaissent comme des oasis. On cite parmi celles-ci les belles plaines que l'on rencontre en sortant de Fraga, sur la route de Barcelone, et en descendant du col de Frasno sur la route de Madrid ; celles de Daroca et d'Almunia ; les riches et riants jardins de Calateyud et d'Atáca ; les champs de fruits et d'oliviers d'Alcaniz, de Caspe, de Morella et surtout les magnifiques campagnes qui entourent Sarragosse. » Non moins riche est le sous-sol, à peine exploité ; le plomb de Zoma, le cuivre d'Almoaja, de Noguera, de Torres, l'alun d'Alcaniz, l'émeri de Tordera, le jais d'Utrillas et de Darocá, l'alun et le soufre de Teruel, les houilles de Grustan et de Graus, les marbres de Jaca, Benabarra, Canfranc et Hecho sont loin encore de produire ce qu'on est en droit d'en attendre.

Moins féconde peut-être que l'Aragon, mais plus industrieuse et plus peuplée, plus heureusement située et, par la mer, en contact avec le monde extérieur, la Catalogne déroule depuis le cap Cervera, à l'extrémité des Pyrénées, jusqu'à l'embouchure de la rivière de Cénia, ses 389 kilomètres de côtes méditerranéennes sur lesquelles s'ouvrent les ports de Rosas, Cadaquès, Palamos, Barcelone, Tarragone, Salon, et, à l'embouchure de l'Ebre, les Alfaquès.

Laborieux et sobre, intelligent et âpre au gain, passionné dans ses haines et dans ses affections, inquiet et remuant, le Catalan diffère profondément de l'Aragonais qui le tient pour mobile et inconstant. Les croisements répétés avec d'autres races, l'incessant afflux d'une population étrangère remplaçant une émigration volontaire, ont modifié le type national, ne laissant subsister que le fond d'orgueil et d'indépendance commun à la race espagnole. Actifs et entreprenants, cultivateurs habiles et marins hardis, les Catalans ont su tirer un merveilleux parti de leur sol et donner à leur commerce un puissant essor. On les a vus s'ouvrir le chemin des mers, conquérir Mayorque et la Sardaigne, envahir la Sicile et la Thessalie ; on les retrouve partout, en Europe, aux Indes, en Amérique, colons appréciés, industrieux et ingénieux. Ils ont dans leurs veines du sang phénicien, grec et carthaginois, l'esprit d'aventure des uns, l'intelligence des autres, l'instinct commercial des derniers. De la Provence ils tiennent leur idiome imagé, leurs expressives gesticulations, leur imagination enthousiaste et vive.

De leur sol, en partie aride et raviné, des vallées sauvages qu'enserrent les ramifications des Pyrénées, les Catalans ont su faire, à force de travail, des champs fertiles et de productifs vignobles. Rien ne donne mieux l'idée de leur habileté agricole que la vue des campagnes de Girone, de la Cerdagne, de Tarragone, d'Urgel, que les belles plaines de l'Ampurdan semées de populeux villages et de fermes florissantes. Les montagnes abondent en pins, sapins et chênes. Sur les terres basses, on cultive l'olivier, le mûrier, l'amandier, le caroubier. Les vignobles prospèrent à Selva, Culera, Atella, Tiana ; Sitgis produit un malvoisie apprécié, et les pâturages des Pyrénées nourrissent de nombreux troupeaux.

L'industrie est plus avancée en Catalogne qu'en aucune autre partie de l'Espagne. Outre les matières premières que fournit le sol, notamment la laine et le liège, on y travaille celles que l'on fait venir d'Amérique, on y fabrique des tissus de laine et de soie, des draps, des toiles, des étamines, des blondes et des dentelles estimées qui occupent plus de 30,000 femmes ou jeunes filles. Dans les provinces de Barcelone et de Girone la préparation du liège emploie de nombreux ouvriers. Puis les manufactures de verreries, de papiers, de savon, d'armes, d'eaux-de-vie, les ateliers de tannerie, les filatures de coton alimentent un commerce extérieur considérable.

Sarragosse est la capitale de l'Aragon, Barcelone celle de la Catalogne. Le contraste entre les deux villes est aussi marqué qu'entre les deux provinces. Elles sont les miroirs où se reflètent les traits caractéristiques des deux races.

Peuplée de 92,407 habitants, Sarragosse s'élève sur la rive droite de l'Ebre; un torrent, le Huerva, lui sert d'enceinte au sud. Dans le cours de sa longue histoire elle fut d'abord une modeste bourgade : Salduba; Auguste en fit une cité brillante à laquelle il donna son nom, Cæsarea Augusta, une ville de luxe et de plaisirs en attendant qu'elle devînt la cité tragique que l'on sait. Charlemagne l'assiégea, avant Roncevaux; les Califes y régnèrent; les rois de Sobrarbe l'affranchirent; Ferdinand et Isabelle abolirent ses *fueros;* en 1809 le maréchal Lannes l'investit et Sarragosse succomba après une défense héroïque qui immortalisa son nom. Rien de si grand ne s'était vu depuis le siège de Numance. « Ce lieu semble fait pour un combat, écrit M. Ed. de Amicis, et je ressentais de nouveau la profonde impression que m'avaient causée les récits de l'horrible siège... et les traces de cette lutte de Titans qui atterra le monde... Voici les rues fameuses de Sainte-Eugracia, de Sainte-Monique, de Saint-Augustin par lesquelles les Français s'avancèrent vers le Coso, de maison en maison, à force de mines et de contre-mines, entre les décombres des murs énormes et les poutres fumantes, sous une tempête de balles, de mitrailles et de pierres; voici les carrefours, les petites places, les impasses obscures où eurent lieu les affreuses batailles corps à corps, à coups de baïonnettes, de poignards, de faux, de pierres; les maisons barricadées, défendue chambre par chambre, au milieu de l'incendie et des ruines; les étroits escaliers ruisselants de sang, les tristes cours qui retentirent de cris de douleur et de désespoir, qui furent remplies de cadavres en lambeaux, qui virent toutes les horreurs de la peste, de la famine et de la mort. »

Huerca, au nord de Sarragosse, est le chef-lieu de l'une des trois provinces de l'Aragon. Elle s'élève en amphithéâtre sur les flancs d'une colline au pied de laquelle se déroule une plaine de 30 kilomètres de longueur. C'est une ville du moyen âge, ayant gardé l'indélébile empreinte de l'époque où elle fut la capitale des rois d'Aragon. Plus au nord et sur la rive gauche de l'Aragon, Jaca fut, quelques années, la capitale du royaume de Sobrarbe. Son écusson, portant avec la croix de Sobrarbe quatre têtes de chefs mores et son titre de *Vencedora* rappellent la victoire que ses soldats remportèrent à Alcaraz. Charlemagne y passa à la veille de sa terrible défaite de Roncevaux. C'est une petite ville, aux épaisses murailles, aux portes gothiques et aux demeures moresques. Calatayud, dont le nom signifie ville des Juifs, possède 12,300 habitants; elle est située au sud de Sarragosse, sur le Jalon, près de sa jonction avec le Jiloca. C'est la seconde ville de l'Aragon par sa population. Elle a gardé de nombreux restes de l'époque arabe et sa collégiale, ou église de Santa-Maria, est une ancienne mosquée des Maures.

Dans l'est de Sarragosse, sur les rives du Ségre, Lérida, devant laquelle échoua

Condé, que prirent le duc d'Orléans en 1707 et Suchet en 1810, commande les passes de la Catalogne et le débouché des Pyrénées. L'importance de sa position explique l'antiquité de son origine. Dans les riches plaines de l'Urgel, « mer sans vagues », qui s'étend jusqu'à la sierra de Prades, se sont livrés les combats dont la possession de la vallée de l'Ebre était le prix. La vieille citadelle de Lérida, du terre-plein de laquelle l'on aperçoit à l'horizon lointain le pic neigeux de la Maladetta, a soutenu de rudes assauts dont ses murs portent encore les traces.

Plus au sud, Tortose, peuplée comme Lérida d'environ 24,000 habitants, dresse au-dessus de l'Ebre, son imposante et massive forteresse dont la longue muraille crénelée, flanquée de tours, court au long des crêtes. Ce fut, elle aussi, une place forte, dominant le cours du fleuve. Elle avoisine la mer dont la sépare une plaine basse créée par les atterrissements du fleuve. Pour devenir une grande ville il ne lui a manqué qu'un port. Sa baie des Alfaquès n'est qu'un abri, large ouvert aux vents du sud. Tortose est située sur la limite de l'Aragon et de la Catalogne.

Barcelone est la capitale de la Catalogne, la seconde ville de l'Espagne par sa population de 350,000 âmes, 400,000 y compris les localités environnantes, la première par son industrie, par son commerce et son port que visitent plus de 4,000 navires transportant annuellement 3,000,000 de tonnes. Phocéenne ou carthaginoise d'origine, elle voit remonter haut sa naissance, mais, de son passé historique elle n'a presque rien gardé. Barcelone est une belle ville moderne, assise au bord de la mer et que domine, au sud, une abrupte colline, le Monjuich, *mons Jovis*, que couronne une forteresse érigée par les Barcelonais. Elle leur fut plus nuisible qu'à leurs ennemis ; le Monjuich pris, Barcelone est à la merci de ceux qui l'occupent. Du Monjuich, lord Peterborough bombarda la ville ; de son sommet le général Dufresne la tint en respect et Espartero l'écrasa sous une pluie de bombes.

« Barcelone, écrit M. Ed. de Amicis, est, comme aspect, la ville la moins espagnole de l'Espagne. De grands édifices, dont fort peu sont anciens, de longues rues, des places régulières, des basiliques, des théâtres, de vastes et brillants cafés et un mouvement continuel de foule, de voitures, de charrettes, du rivage de la mer au centre de la ville et de là aux quartiers éloignés, comme à Gênes, à Naples, à Marseille. Une rue droite et très large, appelée la Rambla, ombragée par deux rangées d'arbres, coupe presque la ville en deux moitiés, du port à l'autre extrémité. Une grande promenade, bordée de maisons neuves, s'étend le long du rivage, sur un haut rempart en terrasse contre lequel les vagues viennent se briser ; un grand faubourg, presqu'une seconde ville, s'étend au nord, et de tous côtés des maisons neuves rompent l'ancienne enceinte, se répandent dans les champs, sur les coteaux, s'allongent en rangées sans fin jusqu'aux villages les plus proches et, sur toutes les collines environnantes s'élèvent des villas, de petits palais, des usines qui se disputent le terrain, se serrent, montrent leur tête l'un derrière l'autre, et forment à la ville une grandiose ceinture. De tous côtés on bâtit, on transforme, on renouvelle ; le peuple travaille et prospère, Barcelone refleurit. »

Par son industrie, Barcelone déborde sur toute la région environnante. Les villes, les bourgades et les villages qui l'entourent gravitent autour de la grande ville. A Sabadell, Igualada, Manrese, Tarrasa, Vich, Mantaro, on tisse et l'on fabrique les toiles et les draps, les cotonnades et les soieries, les rubans et les dentelles, dont trafique Barcelone; on tanne les cuirs, on souffle le verre; les manufactures de papier, de faïence, de fil s'y succèdent, occupant une population de près de 200,000 ouvriers.

Au sud de Barcelone, Tarragone, sur le bord de la mer, fait face à Rome, qui, longtemps, par Tarragone, gouverna l'Espagne. C'était alors une ville énorme, renfermant dans son enceinte de 60 kilomètres près d'un million d'habitants; c'était la résidence des consuls et des préteurs, celle des Scipions, d'Octave et d'Adrien. Aujourd'hui, son enceinte de 3 kilomètres renferme 21,000 habitants; de ses superbes monuments, elle n'a gardé que ses murs cyclopéens, des débris d'aqueducs et un arc de triomphe romain. Toutefois son commerce se relève et l'exportation des produits de ses riches plaines s'accroît.

Dans le nord, au centre de la haute chaîne des Pyrénées, s'ouvre le val d'Aran, où naît la Garonne. Il est terre espagnole, après avoir été longtemps terre indécise, dont les habitants jouissaient du privilège de trafiquer librement avec la France et l'Espagne, sans relever administrativement ni de l'une ni de l'autre. Le tracé des frontières a rendu le val d'Aran à l'Espagne. Par contre, il a respecté le val d'Andorre et sa constitution républicaine. Le val d'Andorre, dont la superficie n'excède pas 100 kilomètres carrés, est peuplé de 6,000 habitants, qui vivent de l'élevage et du commerce des bestiaux, mais surtout de la contrebande au détriment de l'Espagne.

III. — LE ROYAUME DE LÉON. — LES CASTILLES. — L'ESTRÉMADURE.

Au cœur même de la péninsule Ibérique se dresse, en un renflement puissant, le vaste plateau central sur lequel s'étendent l'ancien royaume de Léon, les deux Castilles et l'Estrémadure. C'est une Espagne plus réduite dans l'Espagne dont elle occupe la moitié de la superficie; c'est une péninsule plus petite dans la grande péninsule qui se relie au continent par la chaîne des Pyrénées, de même qu'elle s'y rattache par le pédoncule plus étroit des pays basques. Incliné vers l'ouest, ce plateau central penche vers le Portugal et l'Atlantique dans lequel ses fleuves et ses cours d'eaux, la Guadiana, le Tage et le Douro se déversent; au sud, à l'est et au nord les massifs montagneux lui font une enceinte régulière et, sur leurs massives assises, il s'élève à 600 mètres d'altitude.

Il domine l'Espagne et il en fit un tout compact, homogène, gravitant autour de ce vaste camp retranché, de ce plateau central, au centre duquel Madrid, capitale des Espagnes, dresse entre la Somosierra et la Guadarrama, à 675 mètres d'altitude, « le trône le plus élevé du monde, après celui de Dieu ».

Dans la partie septentrionale se trouvent l'ancien royaume de Léon et la Vieille-Castille; au sud : la Nouvelle-Castille et l'Estrémadure.

Création d'Alphonse le Catholique, le royaume de Léon eut, dit l'inscription que porte la frise de l'Hôtel de Ville de Léon, « vingt-quatre rois avant que la Castille eût des lois ». Le royaume n'est plus qu'une province qu'arrosent l'Esla, l'Orbigo, le Tuesto, la Luna et le Bernezga, affluents du Douro ; les monts Asturiens l'enserrent au nord, et une longue chaîne, à laquelle elle donne son nom, la divise en deux parties inégales. Ces montagnes sont boisées, les hêtres y abondent ; par contre, dans la plaine dénudée, on ne rencontre pas d'arbres. Les habitants les ont coupés et c'est un trait caractéristique de la race espagnole que ce déboisement systématique du sol. Partout où nous avons pu l'observer, nous avons dû constater l'antipathie que semblent lui inspirer les forêts. Elle a dénudé l'Espagne de même qu'elle a déboisé toutes les parties du Nouveau-Monde où elle s'est établie. Race de pasteurs, elle a été aidée, dans cette œuvre de destruction, par les nombreux troupeaux qu'elle poussait devant elle à la recherche de pâturages nouveaux. Aussi, l'effrayante nudité du plateau des Castilles fait-il l'étonnement des visiteurs. Sur le sol, dépouillé de ses moissons, apparaissent les larges marbrures grises, jaunes ou rouges d'un terrain mis à nu, sur lequel le vent soulève des nuages de poussière. Pas un arbre ne se dresse à l'horizon lointain. Et pourtant tout ce pays ne fut autrefois qu'une vaste forêt ; il n'en reste plus trace.

L'élevage des troupeaux fut longtemps la principale industrie du royaume de Léon. Ses laines mérinos étaient célèbres ; elles enrichissaient le pays et sur 200 kilomètres de longueur, les pâturages se succédaient peuplés de troupeaux. Depuis, cette source de fortune s'est considérablement amoindrie ; les pâturages épuisés n'ont plus suffi à nourrir les brebis et le peuple nomade des bergers qui représente le quart de la population a dû émigrer et chercher ailleurs sa subsistance.

Dans certaines parties des Castilles, de vastes plaines ondulées, nues, arides, se déroulent à perte de vue, sans un arbre, sans une maison, sans un sentier. De loin en loin, un berger, un troupeau, une cabane, un village de masures couleur de terre apparaissent, puis la solitude recommence. « L'alouette qui traverse les Castilles doit emporter son grain avec elle », dit un proverbe castillan. Sur les sommets des collines lointaines se dressent des ruines de châteaux énormes, éventrés, aux murailles effritées, aux tours rongées par les siècles. Ce sont les *Castels* qui donnèrent leur nom à cette région.

Ils sont nombreux. Derniers vestiges du passé, ils rappellent les temps héroïques de la grande lutte contre l'Islam, l'époque sombre où l'Espagne vaincue et non soumise se débattait sous le joug de l'infidèle que les Asturies et le royaume de Léon furent les premiers à secouer. « Mais, dit M. José-Maria Quadrado, l'aurore de la restauration jaillit subitement de cette nuit ténébreuse : l'immortelle Isabelle de Castille, en donnant sa main à Ferdinand d'Aragon, réunit en un seul les deux puissants royaumes de l'Espagne. La monarchie se releva forte et puissante ; il appartenait à la reine catholique de faire disparaître du sol de l'Espagne le dernier vestige de l'invasion sarrasine ; Grenade tomba ; au nord, Jean d'Albret perdit la Navarre. De ces éléments divers, de ces provinces distinctes, de ces royaumes rivaux, il se forma une grande unité, une nationalité désormais indivisible. La Castille lui donna longtemps son nom, puis la Castille devint l'Espagne; l'Espagne fut la suzeraine de l'Italie, la maîtresse d'un nouveau monde, elle posa sur son front la couronne impériale. »

La race reflète le sol. Silencieux, graves et fiers, les Castillans portent sur leurs fronts rembrunis l'image de la pauvreté et de l'ennui. Réfléchis dans leurs mouvements, peu communicatifs, simples dans leurs mœurs, ils sont probes, sincères et braves. L'orgueil est leur caractéristique dominante. « *Soy Castillano* », je suis Castillan, revient souvent sur leurs lèvres. C'est un titre d'honneur, presque de noblesse, et la conscience de cette supériorité d'origine se révèle dans leur courtoisie digne et fière, dans l'étiquette dont ils ne se départent jamais vis-à-vis des étrangers non plus que de leurs compatriotes.

L'Estrémadure, *estrema tierra*, confine au Portugal dont la séparent la sierra de Gata, la rivière d'Eljas et la sierra de Portalègre. Au nord et au nord-est, elle est limitrophe avec le royaume de Léon et la Nouvelle-Castille. Entre elle et l'Andalousie, au sud, s'étend la chaîne de la sierra Morena. L'Estrémadure ne possède pas les grandes plaines de labour des Castilles. Comme la province de Léon, elle est terre de pâture, et, comme la province de Léon, appauvrie et dépeuplée. Les pâturages occupent plus du tiers de sa superficie, et le droit de vaine pâture y fut de tout temps une source perpétuelle de conflits entre le pasteur nomade et le cultivateur sédentaire. Toutefois, dans les provinces de Cacérès et de Badajoz, d'heureux essais de culture ont été faits, et tout indique que le manque de bras retarde seul une fructueuse exploitation du sol.

Ainsi que les Castillans, les *Estremenos* sont graves et fiers, peu soucieux du contact avec les étrangers dont ils reconnaissent mais redoutent la supériorité intellectuelle. Le portrait qu'a tracé d'eux M. de Laborde est vrai encore aujourd'hui. « Ils ont, dit-il, des qualités excellentes; ils sont francs, sincères, remplis d'honneur et de probité, lents à former des entreprises, mais fermes dans leurs projets et constants dans leurs idées. Ils ont toujours été d'excellents soldats, énergiques et robustes, supportant sans murmurer les fatigues et les dangers de la guerre dans laquelle ils ont toujours déployé un courage remarquable. »

Au centre du plateau central que nous venons de décrire, au centre géométrique de l'Espagne, Madrid, capitale des Espagnes, s'étend au milieu d'une grande plaine aride et dénudée que bornent au nord les montagnes de Somosierra et les cimes neigeuses de la Guadarrama. L'horizon est immense, horizon triste, nu et pierreux. Sur cet immense socle de 675 mètres d'altitude, l'air subtil, pénétrant et froid descendu des montagnes, souffle sans que rien atténue ou tempère son invraisemblable siccité.

> *El aire de Madrid es tan subtil*
> *Que mata á un hombre*
> *Y non apaga á un candil.*

« L'air de Madrid est si subtil qu'il tue un homme, mais n'éteint pas une bougie. » Et le dicton populaire ajoute, résumant l'impression que cause le climat de cette ville : « neuf mois d'hiver, trois mois d'enfer ».

Quand le voyageur, venu du nord, par Burgos et Valladolid, par Medina del Campo et Avila, atteint, à la Cañada, le point culminant de la voie ferrée, 1,369 mètres d'altitude, un panorama grandiose se déroule sous ses yeux. A 120 kilomètres de distance se dresse la sierra de Tolède ; le regard plonge sur les deux Castilles et les campagnes de l'Estrémadure, sur les contours du vaste cirque au fond duquel se trouve Madrid. La descente commence, les tunnels succèdent aux tunnels, trouant les hautes murailles rocheuses entre lesquelles la voie serpente. La grande forêt de chênes et de pins que possède la famille ducale de Medina Cœli, met une tache d'un vert sombre dans le paysage aride, puis les ravins dénudés reparaissent aux flancs desséchés des montagnes, une mer de pierres s'étend sur la plaine vide d'habitations et d'habitants, les stations s'espacent ; au passage on entend jeter le nom de l'Escorial ; à 50 kilomètres plus loin celui de Madrid.

Philippe II en fit la capitale de l'Espagne. « La cour, jusque-là errante, dit M. Quadrado, suivant d'une capitale à l'autre les progrès successifs de la conquête sur les Maures, se fixa enfin dès que la nation fut arrivée à l'apogée de sa gloire. Madrid, au centre de la Castille et du royaume, fut choisie par Philippe II pour sa résidence, et ce choix, que l'on pourrait appeler un caprice de cette volonté de fer, est peut-être de tout le testament de Philippe II, la seule chose qu'aient conservée ses descendants et ses successeurs, la seule chose que les révolutions et les siècles aient respectée parmi les grandes entreprises du fils de Charles-Quint. »

Cette ville de 472,000 habitants n'a pas de passé historique certain. Elle fut, suivant les uns, un simple rendez-vous de chasse, comme Versailles avant que Louis XIV en fit sa résidence ; elle fut, suivant les autres, une ville florissante au temps de Cadmus, puis la Mantua des Carpetanes, le Miacum des Romains. Rien, à vrai dire, ne désignait le site où elle s'élève comme celui d'une grande cité ; ni son climat, ni sa position, ni son sol, ni le cours d'un grand fleuve ne présageaient sa fortune. Le Manzanarès qui l'arrose n'est qu'un torrent desséché aux crues soudaines et passagères ; les pierres et les sables entourent la ville et le climat y est tel qu'en toute saison, le Madrilène s'abrite sous un manteau contre les brusques changements de température. Les eaux abondantes du Lozoya amenées dans la ville en ont, il est vrai, modifié l'aspect et assaini le séjour, mais Madrid n'en reste pas moins une ville redoutable pour les poitrines faibles et les constitutions débiles.

> *Aun las personas mas sanas*
> *Si son en Madrid nacidas*
> *Tienen que hacer sus comidas*
> *De pildoras y tisanas.*

Il y faut vivre d'un régime de pilules et de tisanes.

Poètes et romanciers ont fort vanté Madrid. C'est une ville gaie, animée, d'aspect agréable. De toutes les descriptions qui en ont été faites, celle de M. E. de Amicis est la plus exacte. Nous y retrouvons nos propres impressions. « Point de grands palais, point d'anciens monuments artistiques ; mais des rues spacieuses, propres, gaies, bordées de maisons peintes de couleurs vives, interrompues par des places de mille formes diverses presque tracées au hasard, et sur chaque place un jardin, une fontaine, une petite statue. Quelques rues sont en pente, de sorte qu'en y entrant on voit le ciel au fond et on croit qu'elles débouchent en rase campagne; mais quand vous arrivez au point le plus élevé une autre longue rue s'offre aux regards. A chaque instant des carrefours de cinq, six, jusqu'à huit rues avec un croisement perpétuel de voitures et de peuple; les murs couverts sur de longs espaces d'affiches de théâtres; dans les magasins un va-et-vient incessant... Le coup d'œil de la Puerta del Sol est surprenant. C'est une vaste place demi-circulaire, entourée de hauts édifices et à laquelle aboutissent, comme autant de torrents, dix grandes rues ; de chaque rue arrive continuellement un flot tumultueux de piétons et de voitures et tout ce qu'on voit est proportionné à la grandeur du lieu. Les trottoirs sont larges comme des rues, les cafés grands comme des places, et, de tous les côtés, une foule épaisse et mouvante, au bruit assourdissant, un je ne sais quoi de joyeux dans les visages, dans les gestes, dans les couleurs. »

Aucun de ceux qui ont visité le musée de Madrid n'oubliera le jour où, pour la première fois, franchissant le seuil, il s'est trouvé en face des chefs-d'œuvre des grands maîtres, des Vierges de Murillo et des saints de Ribéra, des nains et des rois, des bouffons et des martyrs, des ivrognes et des guerriers de Vélasquez, tous vivants et parlants, dans leurs attitudes familières ou leurs poses extatiques. Son musée est l'auréole de Madrid. Pour l'enrichir, Philippe IV, l'ami de Vélasquez, épuisa ses dernières ressources ; Philippe V et Charles III l'imitèrent, se consolant par l'acquisition de tableaux immortels, des provinces perdues, des colonies conquises ou soulevées, de l'immense monarchie démembrée. N'y eût-il à Madrid que son musée, Madrid serait encore l'une des villes du monde où l'on reviendrait avec le plus de plaisir.

A 12 kilomètres de Madrid se trouve le Pardo, résidence d'été des souverains ; à 50 kilomètres s'élève l'Escorial, leur tombeau. Construit en mémoire de la prise de Saint-Quentin et pour se faire pardonner par le saint la dure nécessité où s'était trouvée l'armée espagnole de bombarder son église, Philippe II donna à l'Escorial la forme du gril sur lequel saint Laurent subit le martyre. L'Escorial se déploie en un parallélogramme de 200 mètres de longueur sur 156 de largeur. La résidence royale figure le manche du gril dont les pieds sont représentés par quatre tours aux angles. Ce monument, que les Espagnols estiment l'une des merveilles du monde, n'offre, malgré son énormité, qu'un aspect monotone et froid. Cet entassement de pierres sombres et de blocs de granit, ces longs couloirs voûtés sous lesquels l'air circule glacé, la solitude du lieu et la tristesse de l'horizon achèvent de donner à l'Escorial un caractère lugubre, bien d'accord d'ailleurs avec sa destination.

Au sud, ainsi qu'au nord de Madrid, la plaine se déroule aride et nue, jaune et brûlée, poussiéreuse et caillouteuse. Au nord : l'Escorial; au sud : Aranjuez. Le contraste est saisissant entre la nécropole et la résidence que Philippe II fit construire en un jour d'humeur moins sombre pour se délasser de la noire mélancolie de l'Escorial. « Les jardins d'Aranjuez, dit M. E. de Amicis, semblent avoir été faits pour une famille de rois titaniques, pour qui les parcs et les jardins de nos rois auraient paru des-

parterres de terrasses et des parcs à brebis. Des allées à perte de vue, bordées d'arbres d'une hauteur démesurée qui unissent leur branchage, parcourent en tous sens une forêt dont on ne voit pas les limites ; et à travers cette forêt le Tage, large et rapide, décrit une courbe majestueuse, en formant çà et là des cascades et des bassins... Partout blanchissent des statues, des vasques, des colonnes, de hauts jets d'eau qui retombent en nappes... et au bruit de la cascade du Tage s'unit le chant d'innombrables rossignols qui lancent leurs cadences dans l'ombre mystérieuse des sentiers solitaires. ».

De Madrid, centre du plateau de Léon, des Castilles et de l'Estrémadure, remontons au nord, dans la province de Léon. Sa capitale lui donna son nom. Fondée sous Auguste par la *Lagio septima gemima* elle fut la première ville que les chrétiens reprirent aux Maures. Appendue au mur de son église se trouve une épée sur la lame de laquelle on lit : *Justitia est unicuique dare quod suum est;* « la justice consiste à rendre à chacun ce qui lui appartient ». Ainsi firent les guerriers de Pélage en arrachant Léon des mains de l'infidèle.

Astorga, dans l'ouest, prétend, elle aussi, faire remonter son origine aux temps d'Auguste et avoir été l'*Asturica Augusta*. Elle n'est plus qu'une petite ville de 5,000 habitants, que sa défense héroïque en 1810 rendit célèbre, et à laquelle son courage valut le titre de *Bene merita de la patria*. A peu de distance d'Astorga, sur les pentes des montagnes, s'étend le pays des Maragatos et ses 36 villages dont les plus importants sont Castrillo, Santa Colomba et Santiagomillos. La race qui l'habite s'est maintenue distincte des races avoisinantes. Les Maragatos sont exclusivement muletiers. Ils laissent à leurs femmes le soin de cultiver leur sol aride ; honnêtes et laborieux, ils ont conservé leur costume et leurs coutumes primitives et ne se marient jamais avec des femmes d'autre race que la leur.

Palencia, dans le sud-est de Léon, est le chef-lieu d'une des provinces formées du territoire de la Vieille-Castille. C'est une ville d'environ 15,000 habitants, bien située à l'entrecroisement des voies ferrées de France, de Santander, d'Oviédo et de Madrid. Palencia fut célèbre par ses conciles ; elle est connue aujourd'hui par son importante fabrication d'étoffes de laine et de couvertures. Cette industrie occupe près de la moitié de la population et Palencia exporte ses produits dans l'Espagne entière et jusqu'en Amérique. La qualité exceptionnelle des laines employées, qui proviennent toutes de la *Tierra de campos*, pâturage renommé, et aussi celle [des argiles dont les moulins font usage donnent aux tissus de Palencia un lustre et une blancheur très appréciés.

La première ville de la Nouvelle-Castille que le voyageur rencontre en Espagne est Miranda del Ebro où se croisent les lignes de Madrid, Sarragosse et Bilbao. Plus au sud : Burgos, ancienne capitale de la Vieille-Castille, ville de 32,000 habitants, patrie du Cid, célèbre par sa merveilleuse cathédrale et sa non moins merveilleuse Cartuja de Miraflores.

Burgos est située sur le versant d'une vallée que traverse l'Arlanzon. C'est la ville des légendes et des monuments, on a raconté les unes et tenté de décrire les autres, mais la cathédrale de Burgos est indescriptible. Chacune de ses chapelles est une église pour la grandeur, la richesse et la variété des lignes. On a mis 300 ans à sculpter ces clochers et ces tours, ces arceaux et ces bas-reliefs, ces aiguilles et ces statues, à édifier ces voûtes, à fouiller ces marbres, à dérouler ces arabesques, à exécuter ce prodigieux travail dont la plume est impuissante à rendre l'impression, à faire revivre l'harmonie. « La cathédrale de Burgos est un bijou ciselé ; on devrait la conserver dans un écrin et ne la montrer au monde qu'une fois par an », disait d'elle Charles-Quint, roi d'Espagne.

A quatre kilomètres de Burgos se trouve la Chartreuse ou la Cartuja de Miraflorès. Dans les notes manuscrites de mes voyages en Espagne je retrouve notée au moment même l'impression que me causa Miraflorès. « La Chartreuse est sur une hauteur d'où l'on embrasse la campagne environnante. Le grand couvent me semble désert et ce n'est qu'à force de heurter que j'en réveille le gardien. J'entre dans un grand cloître morne et silencieux; des arcades surbaissées encadrent une cour dallée, verdâtre et moussue ; puis un long dédale de corridors où se trouvent les logements des chartreux. Ils sont tous vides aujourd'hui. Ils sont aussi tous pareils. J'en visite un : une grande pièce carrée servant de cuisine et de salle à manger, une autre ouvrant sur un petit jardin de dix pas carrés, clos de murs élevés ; au-dessous de ces deux pièces une troisième servant de chambre à coucher et un oratoire. A côté de la porte d'entrée ouvrant sur le corridor, porte qui se fermait sur le chartreux pour ne plus se rouvrir, il y a un trou dans le mur; c'est par là qu'on lui passait une fois le jour les aliments. S'il était deux jours sans les venir prendre, on en concluait qu'il était malade; si quinze, on savait qu'il était mort. La porte s'ouvrait, on le retirait de là et la cellule vacante n'attendait pas longtemps un nouveau locataire.

« Il y a une trentaine de ces logements et on ne saurait s'asseoir sur le banc de pierre vermoulu, contempler ces murs nus et ce petit jardin où le soleil pénètre rarement, sans songer aux grandes douleurs, aux grands désespoirs qui sont venus s'enfouir là. Que de souffrances intimes, profondes, que de luttes intérieures; et comme la mort dut être la bienvenue pour ceux dont les tombes jonchent le sol de ce cloître abandonné! Mais il y a autre chose à Miraflorès. Dans une vieille église qui occupe le centre de la Chartreuse et devant un retable gigantesque, doré du haut en bas avec le premier or que l'Espagne reçut de l'Amérique, se dresse un monument merveilleux. C'est le tombeau de Jean II et d'Isabelle ; il est en marbre de Carrare et en albâtre. Il faudrait des pages pour le décrire, des journées entières pour le bien voir. Le marbre et l'albâtre métamorphosés en dentelle et en guipure par le génie et le ciseau des sculpteurs confondent l'esprit et éblouissent le regard. Quels artistes que ces hommes! on croit rêver en voyant leur travail. Je sortais de la cathédrale de Burgos et je croyais ne pouvoir plus admirer. Je restai là deux heures, absorbé dans la contemplation de ce chef-d'œuvre. »

Après avoir traversé Palencia, dont nous avons parlé plus haut, Valladolid apparaît sur la rive gauche du Pisuerga, à son confluent avec l'Esgueva. Chef-lieu de province, résidence du capitaine général de la Vieille-Castille, Valladolid, qui fut quelque temps la capitale de l'Espagne, est une ville de 62,000 habitants. Elle a gardé, légèrement modifié, le nom de Belad-Ouadil que lui donnèrent les Maures. Colon y mourut; Cervantès y vécut et aussi Torquemada, l'inquisiteur qui condamna 100,000 hérétiques. Valladolid est surtout célèbre par son université, son musée et son originale Plaza Mayor, grande place oblongue entourée de galeries sur lesquelles s'ouvrent les boutiques les plus élégantes de la ville.

A l'est de Valladolid, sur la route du Portugal, Zamora, « la bien fortifiée », joua un rôle important dans les luttes des Mores et des Chrétiens. Plus au sud, Salamanque, « mère des vertus, des sciences et des arts », célèbre par le roman de Gil Blas, fut longtemps l'Université la plus importante de l'Espagne, et rivalisa avec celles de Paris, d'Oxford et de Bologne. Bien déchue aujourd'hui elle compte à peine quelques centaines d'élèves. La population de Salamanque ne dépasse pas 20,000 habitants.

De Valladolid à Mingorria, sur la route de Madrid, des plaines, toujours des plaines. Pas d'arbres, pas d'autre végétation que les céréales. Le pays ressemble à un immense tapis de billard; pas un mamelon, pas la plus petite éminence. A Mingorria, la contrée change d'aspect; une grande ligne, blanche comme de la craie, coupe l'horizon dans le sud; c'est la Guadarrama dont les cimes neigeuses dominent la plaine de Madrid. Voici Avila, fièrement campée dans la montagne à une altitude de 1,132 mètres. Ses remparts, qui ressemblent à ceux d'Avignon, enserrent une petite ville moyen âge aussi curieuse dans son genre que la haute ville de Carcassonne.

Au nord-est d'Avila, Ségovie, peuplée de 12,000 habitants, est située à peu de distance des versants de la Guadarrama, sur un gigantesque rocher, au confluent de deux vallées profondes creusées par l'Eresma et le Clamores qui, plus loin unissent leurs eaux. Ségovie s'avance sur son étroit plateau, ainsi qu'un navire, la proue à l'occident. Ce fut successivement une grande cité romaine, une ville arabe, une résidence royale. Ses hautes murailles sont intactes, intact aussi son aqueduc romain au double rang d'arcades dont la merveilleuse solidité a résisté aux siècles et qui, aujourd'hui comme alors, alimente Ségovie de l'eau pure de la Guadarrama.

Plus au nord : Soria et, sur les confins de la Vieille-Castille et de la Navarre : Logrono. Près de Soria, petite ville de 6,000 habitants, se trouve la colline sur laquelle s'éleva Numance dont les habitants, après avoir héroïquement défendu leur ville contre Scipion Emilius, l'incendièrent et se tuèrent jusqu'au dernier, ne laissant au vainqueur qu'un amas de débris calcinés. Logrono, sur la rive droite de l'Èbre, est une ville de 13,500 habitants construite sur le versant d'une colline et dominant une grande et riche plaine. Entre Saragosse et Madrid, Guadalajara a seule quelque importance comme centre agricole. Sa population n'excède pas toutefois le chiffre de 9,000 habitants et son unique curiosité est le palais des ducs de l'Infantado. Entre Guadalajara et Madrid on rencontre Alcala de Hénarès, patrie de Miguel Cervantès et tombeau du cardinal Ximénès.

Au sud de Madrid, dans la Nouvelle-Castille et l'Estrémadure, les grands centres sont rares. Tolède est l'un des plus considérables; cette ville eut, dit-on, jusqu'à

200,000 habitants, elle n’en possède plus que 20,000, mais elle est le chef-lieu d’une province de 332,000, le siège d’un gouverneur civil, d’un gouverneur militaire et d’un archevêque, Primat des Espagnes. « Lorsque Dieu créa le soleil, dit une vieille légende espagnole, il le plaça au-dessus de Tolède dont Adam fut le premier roi. » De toutes les villes du monde, Tolède est, au premier aspect, la plus inextricable, la plus impraticable qui se puisse voir. Impossible à l’étranger de faire seul cent pas sans se perdre dans un dédale de rues étroites, d’allées tortueuses et de retrouver son chemin sans aide. Tolède est le plus étrange assemblage qui se puisse rencontrer de maisons tassées, accumulées, groupées sans ordre sur sept collines comme la Rome antique.

Elle n’en joua pas moins un grand rôle dans l’histoire de l’Espagne et n’en est pas moins curieuse par ses monuments et sa situation, par ses vieilles murailles, ses tours, ses portes, sa Puerta del Sol, son pont d’Alcantara, ses églises et son Alcazar, prétoire des rois Mores. A tous autres égards la ville est pauvre: « Elle est plus que pauvre, écrit M. E. de Amicis; elle est morte ; les riches l’ont abandonnée pour aller demeurer à Madrid; les hommes de talent ont suivi les riches; il n’y a pas de commerce; l’industrie des laines, la seule qui y soit florissante, pourvoit à l’existence d’une centaine de familles, mais ne suffit pas à la ville. L’instruction populaire est négligée, le peuple est inerte et misérable. Mais il n’a pas perdu son caractère antique. Comme tous les peuples d’une ville célèbre déchue, il est fier et chevaleresque ; il est orgueilleux de voir accourir dans ses murs des artistes et des savants de tous les pays du monde qui viennent y étudier l’histoire de trois peuples et les monuments de trois civilisations. Mais quel que soit le peuple, Tolède est morte; la ville de Wamba, d’Alphonse le Brave et de Padilla n’est plus qu’une tombe. Depuis que Philippe II lui a enlevé la couronne de capitale, elle est toujours allée en déclinant, et elle décline encore, elle se détruit peu à peu, seule sur le sommet de sa triste montagne, comme un squelette abandonné sur un écueil au milieu de la mer ». De ce jugement, peut-être trop absolu, Tolède semble appeler, l’agriculture reprend et met en valeur les campagnes environnantes. Célèbre par sa fabrique d’armes blanches, Tolède a, sous ce rapport, conservé sa vieille réputation et le privilège des fournitures de l’armée.

Dans l’est, Cuenca, près du confluent du Jacar et du Huecar, compte à peine 8,000 habitants. A l’ouest, dans l’Estrémadure, divisée en deux provinces, leurs capi-tales, Cacéres et Badajoz sont, avec Mérida, les plus grands centres. Cacérès compte 12,000 habitants. Ce fut l’antique *Castra Cecilia*, ainsi que l’attestent les inscriptions et le *Cerro de los Romanos*, colline voisine de la ville. Cacérès qui joua un rôle important au moyen âge et, plus tard, perdit son rang, est en voie de le reconquérir depuis qu’elle est devenue le point d’intersection des voies ferrées de Madrid à Lisbonne, à Séville et Cadix. Au sud de Cacérès, Mérida n’est plus que l’ombre de ce qu’elle fut autrefois, de ce que les Romains la firent: « Tout y retrace encore sa grandeur passée, écrivait M. de Laborde, tout y annonce la puissance de ses anciens maîtres ; on ne peut y faire un pas sans marcher sur les restes de quelques monuments, sans y apercevoir de tous côtés les déplorables vestiges de son antique splendeur. »

Sur la rive gauche de la Guadiana, à son confluent avec le Rivillas, s’élève Badajoz, capitale de province, chef-lieu de l'Estrémadure et place forte, célèbre par le siège que les Français y soutinrent en avril, mai et juin 1811 contre l'armée anglo-espagnole commandée par lord Beresford. Badajoz vit naître Vasco Nunez de Balboa, le grand navigateur, et le peintre Moralès, surnommé « le divin ». Autour de la ville s'étendent de riches campagnes et de beaux pâturages, mais l'industrie est nulle à Badajoz et le commerce y est paralysé par la contrebande avec le Portugal.

A l'est de l'Estrémadure s'étendait la Manche, aujourd'hui partagée entre les provinces de Tolède, Cuenca, Ciudad Real et Albacete. Ciudad Réal en occupe le centre. Située dans une plaine autour de laquelle la Guadiana décrit une courbe, Ciudad Réal, ville de 13,000 habitants n'a d'importance que comme centre agricole. Entre Ciudad Real et Mérida se trouve l'importante mine de mercure d'Almaden, la plus riche et la plus ancienne que l'on connaisse en Europe. Les 200,000 quintaux de minerais qu'on en extrait annuellement donnent 20,000 quintaux de mercure et un bénéfice net de 4,500,000 francs. Non loin de là, sur le versant méridional de la sierra Morena s'ouvre le bassin houiller de Belmez que l'on exploite à ciel ouvert. Il est aussi riche qu'étendu et couvre une superficie de dix lieues.

Dans l'ouest, Albacete, capitale de la province de ce nom, compte 18,500 habitants et fait un important commerce de coutellerie. Près d'elle, Chinchilla est le centre agricole de la région. Ici s'abaisse et finit le plateau central, au-dessous duquel s'étendent, à l'est l'Andalousie et le royaume de Grenade, à l'ouest ceux de Valence et de Murcie.

IV. — ANDALOUSIE ET GRENADE.

Autant semble aride et dénudé ce plateau central que nous venons de parcourir et de décrire, autant apparaît riche, fertile et parfumée cette terre d'Andalousie qui se déroule entre les contreforts pierreux du plateau et les rives du golfe de Cadix et de la Méditerranée. Plus on descend vers le sud et plus la végétation change de caractère. L'Afrique est proche ; elle s'annonce par ses plantes ombellifères, ses labiées et ses malvacées. Les chauds effluves de la Méditerranée font fleurir et mûrir les orangers et les citronniers ; partout croissent les palmiers nains, le câprier, l'olivier sauvage, les lentisques, les kermès, les anagyris.

Adossée à la sierra Morena, l'Andalousie s'incline en pente douce vers le golfe de Cadix ainsi qu'une grande vallée largement ouverte sur la mer. Le Guadalquivir, son fleuve, descendu des monts de Velez dans la sierra de Segura la traverse, courant parallèlement à la sierra Morena et aux montagnes qui bordent les côtes de la Méditerranée, se déversant au-dessus de Cadix, au-dessous des grandes plages sablonneuses, les Arenas Gordas qui s'étendent au fond du golfe, de San Lucar à Huelva. Les chaînes montueuses du sud, orientées de l'est à l'ouest et parallèles à la sierra Morena se déroulent sous des noms différents, depuis Murcie jusqu'à Gibraltar. Leurs plus puissants renflements se rencontrent dans la sierra Nevada et la sierra de Alhama, au sud de Grenade. Entre ces deux chaînes l'Andalousie forme une région géographiquement distincte.

Trois millions d'habitants l'occupent. Ils sont, dit le proverbe, les Gascons de l'Espagne. Le fait est qu'ils n'ont guère d'analogie avec les Castillans, qu'ils sont aussi gais que ceux-ci sont tristes, aussi bavards que leurs voisins sont taciturnes et graves. Ils ont l'imagination vive et ardente, le langage imagé et coloré, fortement imprégné de mots arabes. Toutefois, entre les habitants des montagnes et ceux des plaines la différence est marquée ; ceux des hauts plateaux gardent encore la fierté et la dignité castillanes ; moins jolies, les femmes y sont plus belles, avec plus de noblesse et de régularité dans les traits. Cette région peuplée est riche, riche en oranges et en citrons dont les bosquets touffus disparaissent au printemps sous les fleurs blanches qui les couvrent et au loin sèment leurs parfums ; riche en blé et en huile, en vins exquis et en fruits, en soie et en raisins secs. Entre Alméria et Gibraltar on cultive la canne à sucre et le coton, on élève ces magnifiques chevaux de race pure et de haute allure pour lesquels l'Andalousie est renommée.

Ce fut une partie de la Bétique et de la Lusitanie des anciens, la première possession des Carthaginois en Espagne. Les Romains la leur prirent, de même que les Vandales l'enlevèrent aux Romains, et les Arabes aux Vandales. Quatre flots successifs d'envahisseurs s'épandirent successivement sur l'Andalousie, l'occupèrent et y laissèrent leur empreinte. Ses rivières et ses ruisseaux, dit Strabon, charriaient de l'or ; l'or a disparu, mais le sol est resté, et il est fertile. La population fortement mélangée d'éléments étrangers est devenue profondément espagnole.

Partagée d'abord en quatre royaumes distincts et hostiles : Séville, Cordoue, Jaën et Grenade, l'Andalousie est aujourd'hui divisée en huit provinces administratives : Alméria, Cadix, Cordoue, Grenade, Huelva, Jaën, Malaga et Séville. Cette dernière est superficiellement la plus étendue et aussi la plus peuplée. Comparativement elle l'est moins que Malaga et Cadix qui comptent, l'une 70 et l'autre 60 habitants par kilomètre carré, alors que Séville n'en possède que 37.

La plus septentrionale de ces provinces, celle de Jaën, s'étend entre la sierra de Segura et l'extrémité de la sierra Morena. C'est la partie haute et montagneuse de l'Andalousie, mais quel contraste avec l'aridité du plateau central, avec l'aspect désolé de ses sierras. Ici, déjà, le climat est doux, l'air pur, les eaux abondantes. Jaën, capitale d'un royaume arabe, est située sur le versant d'une montagne cultivée ; de nombreux ruisseaux coulent à ses pieds ; des jardins et des vergers entourent la ville débordant par delà ses vieilles fortifications et qui n'a gardé du temps passé que ses maisons moresques aux étroites fenêtres extérieures, au *patio* entouré d'arcades. Sa cathédrale fut une mosquée arabe. Au-dessus de Jaën se dressent des collines montagneuses plantées d'arbres et de vignes ; au-dessous d'elle se déroule la *Campina* cultivée en céréales. Jaën compte 23,000 habitants.

A l'ouest de Jaën s'ouvre l'ancien royaume dont Cordoue fut la capitale. Sur ces terres plus basses la chaleur est plus forte, la végétation plus intense ; les contreforts montueux sont aussi fertiles que la plaine et ce n'est pas sans raison que l'on estime

LA PORTE DE L'HUILE, A SÉVILLE.

le climat de la province de Cordoue le plus agréable de l'Espagne. Sur les montagnes inclinées en pente douce, la culture est facile; dans les plaines abondamment arrosées les céréales donnent vingt, trente, et souvent plus, pour un. Les pâturages sont abondants et les laines estimées.

Dans cette haute vallée du Guadalquivir les villes sont nombreuses; Arjonilla est dans un bois d'oliviers, Pedro Abad dans une plaine de vignobles; Baeza « nid de faucons », Linarès et ses mines, Ventas de Alcolea s'étendent sur les pentes de la sierra Morena, semées de villas et de jardins. Entre Ciudad Real et Cordoue la route franchit le défilé de Despeñaperros, la route historique, au débouché de laquelle se livra le sanglant combat où, dit la tradition, 200,000 Musulmans furent massacrés en 1212.

Cordoue est le chef-lieu de cette province. Sous Abd-Er-Rahman Ier s'ouvrit pour elle une ère incomparable de grandeur et de prospérité. « Cordoue, écrit M. E. de Amicis, l'antique perle d'Occident, la ville des villes, Cordoue aux trente faubourgs et aux trente mille mosquées, renfermait dans ses murs le plus grand temple de l'Islam ! Sa renommée se répandait dans tout l'Orient et obscurcissait la gloire de l'antique Damas. Des plus lointaines régions de l'Asie, les fidèles se transportaient aux rives du Guadalquivir pour se prosterner devant le Mihrab merveilleux de sa mosquée, à la clarté des mille lampes de bronze faites avec les cloches des cathédrales d'Espagne. Les artistes, les savants, les poètes accouraient de toutes les parties du monde musulman vers ses écoles florissantes, vers ses bibliothèques immenses, vers la cour magnifique de ses califes. Et d'ici ils se répandaient, avides de savoir, le long des côtes d'Afrique, dans les écoles de Tunis, du Caire, de Bagdad et jusqu'à l'Inde et la Chine... La belle, la puissante, la savante Cordoue, couronnée de trente mille villages, montrait fièrement ses blancs minarets au milieu des bosquets d'orangers et répandait autour d'elle un souffle voluptueux de joie et de gloire. »

La moderne Cordoue porte avec orgueil ce passé grandiose. Si elle fut le noble berceau de Lucain, des Sénèque, de Trajan et d'Adrien, d'Averroès, de Saint Euloge, de Cordova, de Moralès et de tant d'autres illustres, elle fut aussi la ville arabe où subsiste le plus beau temple que les Arabes aient édifié. Bien que l'on ait enté sur lui une église, bien que l'on ait détruit une partie de ses colonnades, ce qui subsiste étonne et confond. Ces dix-neuf avenues de colonnes que coupent à angle droit vingt-neuf autres nefs portées par des colonnades, ces 860 piliers, sans compter ceux du portique et de la tour, laissent l'impression d'une forêt de pierres aux perspectives fuyantes, aux allées ombreuses. Peuplée de 55,000 habitants, Cordoue s'étend sur la rive droite du Guadalquivir, entourée de beaux jardins, de vergers et de vertes campagnes. Montilla et Aguilar lui font au sud une ceinture de vignobles renommés. Cabra, Baena, Martos abondent en céréales, en huiles et en vins.

A l'ouest de Cordoue et, comme elle, assise aux bords du Guadalquivir, Séville, reine de l'Andalousie, se déploie sur la rive droite du fleuve dans une vaste plaine qu'embaument les parfums de ses jardins d'orangers et de citronniers. Elle possède 143,000 habitants; elle est la résidence du capitaine général. Cinq vers résument son histoire; ils sont inscrits sur la porte de Jérez, l'une des principales de la ville :

Hercules me edifiço;
Julio Cesar me cerco
De muros y torres altas;
Y el rey santo me gano,
Con Garci Perez de Vargas.

« Hercule m'édifia. Jules César m'entoura de murs et hautes tours. Le roi saint me prit, avec Garci Perez de Vargas. »

Quand, du sommet de la Giralda, vieille tour arabe construite vers l'an 1000 par Huever, l'œil embrasse le panorama de Séville, elle apparaît blanche et légèrement teintée de rose ainsi qu'une ville de marbre. Le fleuve, décrivant une large courbe, la traverse comme une large bande d'azur moirée par le soleil, réflétant dans ses eaux les contours gracieux de la *Tour de l'or*. Là venaient s'entasser les lingots que les galions espagnols apportaient d'Amérique; là Don Pedro cachait ses trésors, et aussi, dit la légende, la belle favorite dont il était passionnément épris. Sur le Guadalquivir vivant, animé, montent et descendent les embarcations, l'Alcazar dresse ses tours austères; par delà s'étendent les jardins du duc de Montpensier. Au loin, sur les coteaux, les villages mettent de larges taches blanches et, dans l'horizon qui fuit, la sierra Morena découpe sur un ciel enchanteur, ses crêtes dentelées. De la ville même, du dédale de ses rues et de ses places surgissent des bouquets de verdure; autour d'elle les jardins, les bois, les vergers lui font une ceinture ombreuse.

Isolée au milieu d'une vaste place, la cathédrale dresse son gigantesque et merveilleux massif. La construction en fut décidée en 1401 et pour toutes instructions l'architecte reçut l'ordre d'élever « un monument tel qu'il fît dire à la postérité que des fous de génie avaient pu seuls en concevoir l'idée ». Tout y est énorme, démesuré, mais l'impression qui subsiste est toute religieuse; « elle laisse, dit M. de Amicis, ce sentiment qui transporte la pensée dans les espaces sans fin et dans les silences redoutables où se noyait la pensée de Léopardi; c'est un sentiment plein de désir et de hardiesse, c'est le frisson voluptueux qu'on ressent au bord d'un abîme, le trouble et la confusion des grandes pensées, la divine terreur de l'infini ».

Quien no ha visto Sevilla
No ha visto maravilla.

« Qui n'a pas vu Séville, n'a pas vu de merveille », dit le proverbe sévillan.

Entre Séville et Cadix, sur la voie qui relie ces deux cités et court parallèlement au Guadalquivir, les villes se succèdent : Utrera, célèbre par les taureaux de courses que l'on élève dans la grande plaine d'alluvions de las Marismas; Lebrija, à 8 kilomètres du fleuve, dans une plaine fertile couverte d'oliviers; Jerez de la Frontera, peuplée de 55,000 habitants, entourée de vignobles renommés, enrichie par ses vins, par le *sherry* dont l'Angleterre consomme de grandes quantités, puis Puerto de Santa Maria. Dans sa plaine se livra en 714, entre le roi Rodrigo et Tarif, la bataille célèbre qui précipita la chute de la monarchie des Goths et livra l'Espagne aux Maures. Au delà de Puerto Real et de San Fernando peuplée de 27,000 habitants et qu'entourent des marais salants, s'ouvre la baie de Cadix.

Cadix est la Venise de l'Espagne; l'eau l'entoure et l'espace lui fait défaut, aussi ses hautes maisons portent-elles cinq ou six étages. Nulle ville au monde n'offre, au même degré que Cadix, l'aspect d'une aussi immaculée blancheur. Tout y est blanc, façades des maisons, piliers, cours, escaliers, murs, toits et caves. La grande ville, blanche du haut en bas, se découpe comme une aveuglante masse de craie ou de marbre sur le bleu du ciel et de la mer.

Peuplée de 62,000 habitants, Cadix, fut de tout temps la ville de travail et de plaisirs qu'elle est restée. Située sur une presqu'île, elle n'est rattachée à la terre ferme que par l'isthme étroit de San Fernando. La baie, d'entrée facile et de fond suffisant est une rade de refuge plutôt qu'un port de commerce. Elle n'en est pas moins très fréquentée et son mouvement se chiffre par environ 3,000 navires jaugeant 1,000,000 de tonneaux. Ville riche, Cadix est aussi une ville gaie, bruyante et animée, où règne le goût des plaisirs, le luxe de la table, des serviteurs, des chevaux et des réceptions.

A l'ouest de Cadix, de l'autre côté de la plaine d'alluvion du Guadalquivir, des Arenas Gordas qui bordent la côte et derrière lesquels s'étendent las Marismas, se trouve le port de Huelva. Il est près du Portugal dont la frontière commence à 40 kilomètres dans l'ouest. Historiquement Huelva n'eut jamais qu'un rôle effacé; géographiquement il n'en est pas de même; Huelva, Moguer et Palos fournirent à Christophe Colomb ses caravelles, ses équipages et ses capitaines. De là partirent les navires qui découvrirent le Nouveau-Monde, ces hardis aventuriers décrits par Don Jose Maria de Hérédia :

> Comme un vol de gerfauts hors du charnier natal,
> Fatigués de porter leurs misères hautaines,
> De Palos, de Moguer, routiers et capitaines
> Partaient, ivres d'un rêve héroïque et brutal.

Près de Huelva, s'élève le monastère de Rabida sur le seuil duquel Christophe Colomb, hanté par son rêve, tomba épuisé de fatigue. Il y reçut l'hospitalité jusqu'au jour où les subsides d'Isabelle de Castille lui permirent de donner un monde à l'Espagne. On montre, au monastère de Rabida, la salle carrée où le prieur Juan Perez de Marchena l'accueillit. Quatre tableaux la décorent, ils représentent le navigateur venant demander en 1486 le pain et l'eau à la Rabida, Colomb expliquant ses projets au prieur, la publication à Palos, en 1492, de l'ordre royal relatif à l'armement de caravelles, Colomb prenant congé du prieur, le 3 août 1492.

Dans l'est, à l'autre extrémité de l'Andalousie, deux provinces, celles de Grenade et d'Almeria s'étendent entre les sierras de Ségura et la mer. Toutes deux montagneuses, elles sont dominées par la sierra Nevada dont les pics culminants : le Mulahacen; la

Veleta, la Alcabaza dépassent 3,400 mètres. Moins élevées, les sierras d'Elvira, de Huescar, de Tajada, de Gabor, d'Aljibe les sillonnent et sur leurs pentes cultivées portent de beaux arbres et de riches pâturages. Dans les vallées fertiles, les eaux courantes abondent et aussi les sites pittoresques et les riants paysages. Sur ces hautes terres règne le doux climat de l'Andalousie. Nul sol n'est plus riche que celui de la Véga de Grenade, vaste bassin de 68 kilomètres de tour qu'arrosent le Genil et ses affluents et où croissent les céréales, le chanvre, le coton, la canne à sucre, l'olivier, le mûrier et la vigne.

Dans ce cadre et par une altitude de 688 mètres, s'élève Grenade, au pied des versants de la sierra Elvira. Elle est bâtie sur trois collines. Les *Torres Bermejas*, les tours vermeilles, couronnent la moins élevée. Sur la seconde, se dresse l'Alhambra, toute une ville. L'Albaycin est située sur la troisième et domine la profonde vallée débordante de végétation, au fond de laquelle le Darso coule avec la rapidité d'un torrent. A l'horizon, la sierra Nevada, la plus haute chaîne de montagnes après les Alpes, profile ses cimes blanches au-dessus de la végétation tropicale de la plaine.

L'Alhambra est la merveille de Grenade, et la cour des Lions est la perle de l'Alhambra: « Une forêt de colonnes, dit M. de Amicis, un labyrinthe d'arceaux et de broderies, une élégance indéfinissable, une délicatesse inimaginable, une richesse prodigieuse, un je ne sais quoi d'aérien, de transparent, d'ondoyant comme un grand pavillon de dentelles ; l'apparence d'un édifice qu'un souffle va renverser, une variété de lumières, de perspectives, d'obscurités mystérieuses, une confusion, un désordre capricieux de petites choses, une majesté de palais royal, une gaieté de kiosque, une grâce amoureuse, un rêve d'ange, une folie, une chose sans nom, tel est le premier effet de la cour des Lions. »

Grenade, avec ses 73,000 habitants, est bien déchue de ce qu'elle fut autrefois. Dans ses rues bordées de 60,000 maisons se pressaient alors 400,000 habitants. Elle rivalisait avec Cordoue et peu de villes d'Europe l'égalaient. Les Mores pleurèrent longtemps la perte de cette ville qu'ils aimèrent entre toutes, à laquelle ils prodiguèrent les noms les plus doux, les appellations les plus tendres : « Grenade, la Damas de l'Occident, la perle du monde, un fragment détaché du ciel. »

Alméria, dans le sud-est, chef-lieu de la province de ce nom, n'a pour elle que son port et son merveilleux climat. L'hiver y est inconnu et le thermomètre n'y descend pas au-dessous de 15 degrés ; par contre, les chaleurs de l'été sont suffocantes. Alméria ne possède que 40,000 habitants. Son port est bon et son commerce important ; Alméria exporte des minerais argentifères, du plomb, du zinc, du fer, du soufre et aussi de l'alfa, des raisins secs et de la canne à sucre. L'industrie sucrière s'étend dans cette région et d'Alméria à Malaga les plantations de cannes se multiplient.

Plus peuplée qu'Almeria, que Grenade et que Cordoue, Malaga compte 134,000 habitants. Ancienne colonie phénicienne, elle fut de tout temps une ville commerçante. Elle l'est restée, et le mouvement de son port se chiffre par 90,000,000 dont 40,000,000 à l'importation et 50,000,000 à l'exportation qui consiste surtout en raisins secs, en vins, en olives, figues, amandes, huiles, citrons, oranges.

BOULANGER DE LA PROVINCE DE CORDOBA (ESPAGNE.)

Ici aussi l'industrie sucrière se développe et Malaga compte quelques fabriques importantes.

Au-dessous de Malaga, la côte, presque droite depuis le cap Gata, s'infléchit au sud-ouest, vers la pointe extrême de l'Espagne où Gibraltar, sur son rocher, domine le détroit auquel il donne son nom et garde le seuil d'accès de la Méditerranée et de l'océan Atlantique.

Entre Algesiras, la ville espagnole, et Gibraltar, la forteresse britannique, s'étend une zone neutre, dans laquelle s'est construite *la Linea*, ville ouverte, de 8,000 habitants. « Au delà de cette ligne, écrit avec une orgueilleuse et narquoise désinvolture, M. Richard Ford, tout change comme par magie ; tout est ordre, tout sent l'organisation, la discipline, la santé, et pour tout dire en un mot, l'honneur et la puissance du Royaume Uni, de la Grande-Bretagne, *la Pallas armée* de l'Europe. On y voit les guérites des sentinelles anglaises en face des maigres factionnaires de l'Espagne. » La ligne franchie on se trouve sur une langue de terre étroite et sablonneuse rongée par les eaux dont l'Angleterre n'a garde de contrarier le silencieux travail et qui ne laisseront bientôt plus subsister qu'une chaussée de pierre large de quelques mètres qu'enfilent toutes les batteries de la place.

Les Anglais s'emparèrent de Gibraltar, par surprise, en 1704. Sir George Rooke, qui commandait la flotte anglo-hollandaise, enleva, sans coup férir, cette position stratégique que l'Angleterre convoitait depuis longtemps et qu'occupait une insignifiante garnison. « Il n'y avait, dans la place, écrit M. Ford, que 80 Espagnols qui ne surent rien faire de mieux que d'avoir recours aux reliques et d'invoquer les saints. Tout le monde s'enfuit, à l'exception du curé de Santa Maria que l'on accusa d'être resté pour faire main basse sur les vases sacrés. C'est ainsi que Gibraltar fut pris par nous au nom de l'archiduc Charles ; ce fut une pierre de plus détachée du vaste mais délabré empire de la maison d'Espagne. »

Ce qu'elle prit au nom de l'archiduc Charles, l'Angleterre le garda pour elle. A la paix d'Utrecht, l'Espagne négligea de stipuler la restitution de Gibraltar et l'Angleterre se sentit confirmée dans la possession de ce rocher. Elle en a fait une place inexpugnable, hérissée de batteries, défendue par plus de mille pièces d'artillerie que relient entre elles des kilomètres de chemins couverts, de tranchées dans le roc. Elle en a fait aussi une escale de ravitaillement, un port militaire forcément restreint. La population de Gibraltar est de 24,000 âmes, dont 6,000 hommes de garnison. Les combats maritimes dont ces parages ont été le théâtre et que rappellent les noms du cap Saint-Vincent et de Trafalgar attestent la prévoyance de l'Angleterre et l'imprévoyance de l'Espagne à laquelle son incurie a coûté la clef de la Méditerranée.

V. — VALENCE. — MURCIE.

Entre la Catalogne et l'Aragon dans le nord, la Nouvelle-Castille à l'est et l'Andalousie à l'ouest, les anciens royaumes de Valence et de Murcie s'étendent au long de la Méditerranée et du renflement du cap de la Nao, dont la protubérance rompt la longue ligne légèrement infléchie vers l'ouest du littoral espagnol. Ces deux royaumes, dont la superficie est de 50,000 kilomètres carrés, renferment 2,120,000 habitants et forment cinq provinces : Albacete, Alicante, Castillon de la Plana, Murcie et Valence.

C'est le versant oriental du grand plateau central, noyau de l'Espagne. Les montagnes, comme les eaux, dégagées du massif, s'inclinent vers le sud-est, les sierras de Espana, de Chinchilla, de Cabras, de Pila, de Crevillente s'amincissent et s'abaissent pour se relever en falaises rocheuses sur les côtes. Le Turia ou Guadalaviar, descendu des montagnes de Teruel et d'Albaracin, le Jucar réuni au Cabriel, l'Alcoy, le Juanès, la Segura l'arrosent, se déversant dans la Méditerranée, rivières plutôt que fleuves, s'épandant sur les plages, créant les *Alluferas* ou lagunes aux émanations dangereuses. Dans l'air transparent et limpide qui a valu au royaume de Murcie le surnom de *Reino Serenissimo*, à ses montagnes celui de *Montes de Sol y Aire*, flottent des miasmes redoutables, et la fièvre jaune, importée des Tropiques, a souvent trouvé dans ces régions un milieu favorable à son développement. On y retrouve, avec le climat africain, la végétation des zones tempérées et des zones chaudes : les orangers, les citronniers, le riz, le maïs, la vigne, l'olivier, et aussi le dattier, le cotonnier, la canne à sucre. Les steppes de Murcie rappellent l'Afrique. Ils s'étendent au long du Ségura, et d'Alméria à Alicante le littoral se déroule infertile et nu sur des centaines de kilomètres. Par contre, dans l'intérieur des terres la végétation est exubérante. Saignés par les riverains sur tout leur parcours, les rivières et les fleuves s'épuisent à la nourrir, réduits à leur embouchure à un mince filet d'eau, impuissants à creuser leur lit et à lutter contre la mer inerte. A ces saignées profondes est due la richesse des campagnes, de ces *huertas* renommées qui font des environs de Valence un nid de verdure et de végétation, végétation trop hâtive, trop aqueuse, partant sans consistance et sans qualités nutritives, et qui a valu aux produits et aux habitants de Valence, une assez pauvre réputation, ainsi qu'en fait foi le dicton :

> *La carne es yerba, la yerba agua,*
> *Los hombres mujeres, las mujeres nada !*

> La viande y est de l'herbe, l'herbe n'y est que de l'eau ;
> Les hommes y sont femmes et les femmes zéro.

Ce dicton ne saurait toutefois s'appliquer aux *huertas* du Jucar et aux riches orangeries qu'il arrose. Les fruits que l'on y récolte et que l'on exporte, sous le nom d'oranges de Valence, sont connus dans la France entière. Alcira et Carthagène en récoltent pour plus de 20 millions par an. Les *huertas* d'Elche produisent des dattes et des palmes, celles d'Orihuela des oranges, des citrons, des amandes, des grenades. La campagne ou « le jardin » de Murcie est célèbre, bien que fréquemment éprouvé par les inondations.

Le Valencien est sobre, travailleur et très religieux ; il est vif, ingénieux, aimant le plaisir, la danse et tous les exercices physiques qui mettent en relief sa merveilleuse agilité. Violent et passionné, il joue volontiers du couteau, ce qui a donné naissance au proverbe : « Le paradis de la Huerta est le séjour des démons. » Il n'en est pas de même des Murciens. « Ils sont si entichés de leur mère patrie, dit Murillo dans sa *Géographie historique de l'Espagne*, qu'ils ne peuvent se déterminer qu'avec difficulté à perdre de vue le sommet de leurs tours ; de là vient que l'on voit peu de Murciens dans les universités, encore moins dans l'armée et peu qui se livrent à la navigation. Ils sont adonnés à la bonne chère et à l'oisiveté. » Insistant sur ce dernier trait, M. Alexandre de Laborde ajoute : « Le fond principal de la manière d'être des Murciens est une habitude décidée pour l'oisiveté ; le véritable bonheur des Murciens aisés est le lit, la table et le cigare. Ils n'ouvrent jamais un livre.... Ils dorment deux fois par jour et longtemps... L'oisiveté règne aussi parmi les femmes... Ce goût est si décidé chez les femmes du peuple, qu'on ne saurait trouver une servante pendant l'été.... parce qu'alors elles se procurent aisément de quoi vivre, et qu'avec la valeur d'un demi-réal elles achètent de la salade, des fruits, du piment, dont elles se nourrissent. Elles prétendent que c'est une folie de se fatiguer au travail lorsqu'on trouve assez de quoi manger. »

L'ancien royaume de Valence confine à la Catalogne par sa partie septentrionale, par la province de Castellon. Il en a le climat, surtout dans le nord, où s'élèvent de hautes montagnes rocheuses, la sierra de Gudar. Plus bas, le sol s'incline et l'on voit apparaître de petites plaines, oasis verdoyantes et bien arrosées ; telles sont celles de Vistabella, Morella, Benaral, Alzaneta et Zucayna. Castellon de la Plana, chef-lieu de la province, en est aussi la ville la plus importante, bien que sa population n'excède pas 27,000 habitants. C'est une ville moderne, construite, ainsi que son nom l'indique, dans une plaine, au débouché de la vallée du Mijarès. C'est surtout un centre agricole qui tend à devenir industriel. Le tissage du chanvre, du lin et du coton y prend de l'extension et occupe la majeure partie de la population. Villaréal, Buriana, petites villes de 10 à 12,000 habitants, sont, en quelque sorte, les faubourgs de Castellon. Plus loin se trouve Sagunto, sur les ruines de l'antique Sagonte, dont les habitants, assiégés par Annibal, firent de leur ville un immense bûcher sur lequel ils entassèrent leurs femmes, leurs enfants et eux-mêmes, décidés à ce que rien de Sagonte ne tombât aux mains de l'ennemi. Près de Sagunto, Murviedro garde encore son castillo more assis sur une colline et son vieux théâtre romain.

Plus au sud, Valence, la troisième ville de l'Espagne, avec sa population de 171,000 habitants, s'élève dans une grande plaine, sur la rive droite du Guadalaviar, à quatre kilomètres de la mer. Le fleuve la sépare de ses faubourgs et elle-même se tient à distance de la rade qui lui sert de port. Ses rues tortueuses sont bordées de hautes maisons multicolores et de vieux hôtels. Grao, le port de Valence, est relié à la ville par une voie ferrée et des tramways; il est peu profond et les navires n'y peuvent charger à quai. Si Valence n'est plus, comme elle s'en vantait autrefois, « la Cité des fleurs », elle est restée celle de la soie, dont la fabrication est l'une de ses principales industries. Près de Valence se trouve le lac d'Albuféra, en partie converti en rizières. L'Albuféra de Valence, dont les produits sont considérables et qui représentent une valeur de 10 millions de francs, a successivement appartenu aux comtes de la Torrès, puis à Godoy, prince de la Paix. Napoléon en fit don au maréchal Suchet avec le titre de duc d'Albuféra.

Au-dessus d'Albuféra et au long de la côte on relève Cullera, près de l'embouchure du Jucar. Cullera fait un commerce actif avec la Catalogne, l'Andalousie, les îles Baléares et la France, où elle écoule ses chargements d'oranges. Plus à l'ouest s'étend le jardin de la campagne de Valence; Alcira et Carcagente en sont les deux centres principaux.

Entre Valence et Alicante, dans le montueux massif qui déborde sur la Méditerranée, dessinant en relief puissant le cap de la Nao, se trouve Alcoy, ville de 32,000 habitants, située sur une éminence qui occupe le fond d'une gorge ravinée par le Rio de Alcoy. C'est l'une des plus industrieuses cités de l'Espagne, peut-être la première cité manufacturière du sud. Alcoy n'a ni mendiants ni vagabonds; tout le monde y travaille; partout des laines teintes, des métiers en mouvement, des chariots en marche. Alcoy consomme annuellement près de deux millions de kilogrammes de laine et plus d'un million de kilogrammes de chiffons pour ses fabriques à papier, dont elle exporte près de 300,000 rames; 200,000 sont employées en livrets à cigarettes. Sur le bord de la mer, Gandia, peuplée de 8,000 habitants, et Denia, de 9,000, n'ont pas l'activité d'Alcoy; toutes deux sont cependant des centres agricoles d'une certaine importance. Par delà le cap de la Nao, Alicante occupe le centre d'une baie entre les caps de las Huertas au nord et de Santa Pola au sud. Sur sa colline, que domine la forteresse de Santa Barbara, elle se déploie en amphithéâtre, séparée de son port par le *Paseo de los Martires*, belle promenade plantée de palmiers et de fleurs. Alicante est, malgré la distance qui l'en sépare, le port le plus rapproché de Madrid. Cette situation, jointe à son commerce des vins, donne au port d'Alicante une certaine importance.

Plus au sud, Elche, petite ville de 20,000 habitants est célèbre par sa forêt de palmiers. « Il n'y a qu'une Elche en Espagne », dit le proverbe et, de fait, cette oasis africaine est des plus curieuses. Les palmiers sont plantés sur deux lignes parallèles aux canaux d'irrigation et à 3 mètres de distance l'un de l'autre. Ils forment de grands rectangles dans l'intérieur desquels croissent des cotonniers et des grenadiers. Outre les dattes, ces arbres donnent un autre produit très recherché, les palmes que l'on expédie, par milliers de voitures, aux approches de la semaine sainte dans toute l'Espagne et, par mer, jusqu'en Italie.

Entre Elche et Murcie s'ouvre la plaine d'Orihuela, plaine fertile qu'arrose la Ségura et qui peut rivaliser, pour la beauté de sa végétation et ses produits abondants avec les riches plaines de Valence, de Grenade et de Murcie. Orihuela, ville de 21,000 habitants est entourée de jardins, de vergers et de champs à tel point fertiles qu'ils ont donné naissance au proverbe murcien : *Llueva o no llueva, trigo ha Orihuela,* « qu'il pleuve ou non, il y a du blé à Orihuela ».

Murcie, capitale de la province, ancienne capitale du royaume, compte 92,000 habitants. Elle s'élève dans la vallé de la Ségura au centre d'une plaine merveilleuse et merveilleusement cultivée, plus intéressante à parcourir que la ville elle-même, ville comparativement moderne et sans grand passé historique. Murcie est un grand centre agricole et une ville industrielle, ses filatures de soie eurent une importance qu'elles ont, en partie, perdue aujourd'hui.

Si Murcie est la capitale de la province, Carthagène est son port. Il est aussi le premier port militaire de l'Espagne, et l'un des mieux protégés du monde; il peut contenir une flotte entière et donne accès aux plus grands navires. Bien fortifié, le port de Carthagène est imprenable par mer. Par terre il peut être dominé et emporté ainsi qu'il le fut en 1873. Au delà de Carthagène commence l'Andalousie que nous avons décrite. Il nous reste pour achever notre étude de l'Espagne à décrire les îles Baléares et les Canaries assimilées aux provinces continentales. Nous commencerons par les premières, plus rapprochées de la péninsule.

VI. — ILES BALÉARES.

Elles sont au nombre de trois : Majorque, Minorque et Cabrera, et il convient de leur adjoindre les îles Pytiuses : Iviça et Formentera, qui leur sont contiguës.

Leurs forêts de pins ont donné aux Pytiuses leur nom, de même que les Baléares sont redevables du leur à l'adresse avec laquelle les habitants maniaient, dit-on, la fronde. Suivant Diodore, il n'y avait pas de casque, de cuirasse, de bouclier qui pût résister à leurs coups, et Florus explique leur prodigieuse habileté à frapper le but par le fait que les mères ne donnaient à leurs fils que le pain qu'ils avaient pu atteindre avec la fronde.

L'étroit chenal qui sépare les Pytiuses des Baléares sépare l'une de l'autre deux races très distinctes par les mœurs, les coutumes, les usages et les traditions. Sauf une petite ville du même nom, Ebussus dans l'antiquité, Iviça ne compte que des villages formés de maisons éparses à proximité d'une église dont ces hameaux prennent le nom. Les habitations y sont isolées, toujours à assez grande distance les unes des autres. « Les habitants peu sociables, écrit M. J.-M. Guardia, sont soupçonneux, défiants, sauvages et parfois cruels. On ne compte plus les percepteurs, receveurs, inspecteurs et autres représentants du fisc qu'ils ont torturés, empalés et fait périr dans les supplices. Ils ne sont pas plus humains entre eux. Jamais ils ne s'aventurent un peu loin sans leur couteau de chasse et leur carabine. On dirait que, parqués sous la tente, en camp volant, ils ont conservé les habitudes du désert. Ce n'est pas seulement en faisant parler la poudre à tout propos, particulièrement dans leurs jeux et leurs fêtes, qu’ils rappellent les Bédouins et autres tribus nomades d’Afrique. Ils en ont les traits, le teint, les formes, l’agilité et en partie le costume. Beaucoup portent autour de la tête le madras ou le foulard étroitement serré, enroulé, se terminant en cône tronqué, coiffure des pays chauds non sans ressemblance avec le turban. La plupart sont chaussés d’espadrilles, vêtus d’une espèce de veste très courte, ceints d’une large bande d’étoffe de laine, emprisonnés comme dans une gaine dans un pantalon collant qui descend à peine jusqu’à la cheville, costume de montagnard ou de contrebandier excellent pour la chasse et la course. Les duels au couteau et à la carabine sont très fréquents. Ils ont une formule pour se défier au combat : « nous allons voir lequel des deux a sucé le meilleur lait », mêlant à leur férocité le plus innocent des souvenirs. Les déclarations d’amour se font à coups de fusil et c’est en armes que les prétendants vont faire la cour à leur fiancée. Ils sont souvent huit ou dix et chacun attend son tour. Passer de quelques minutes le temps convenu, s’est s’exposer à recevoir quatre balles de ceux qui s’impatientent à la porte. Quand elle a été suffisamment courtisée, la jeune fille fait son choix et le jour des noces, au sortir de l’église les prétendants éconduits lui font l’hommage de plusieurs salves ».

Ainsi qu’en Corse, la vendetta est de tradition à Iviça. On affirme, pour expliquer ces mœurs à demi sauvages et ce mépris de la vie humaine, que les premiers colons des Pytiuses furent des bandits, mis hors de la loi, et qui se réfugièrent dans ces îles, que plus tard seulement, des colons venus de la péninsule se superposèrent à eux, mais que le fond primitif persiste et en certaines circonstances, reparaît. Le plus vraisemblable paraît être que, lors de l’expulsion des Maures d’Espagne, bon nombre se réfugièrent aux Pytiuses, s’y fixèrent et que leurs descendants forment encore le noyau de la population actuelle.

Située à 90 kilomètres de l’Espagne, l’île d’Iviça mesure 40 kilomètres de longueur sur 17 de largeur, et contient 24,000 habitants. Son climat est doux et sain ; son sol est élevé, montueux, couvert de pins et de sapins. On y cultive un peu de blé et de vignes, des arbres fruitiers, et de préférence l’amandier, qui est, avec le sel, la principale richesse de l’île. Au sud d’Iviça, Formentera, plus petite et peuplée de 1,600 habitants, doit son nom à la grande quantité de froment qu’elle produit eu égard à sa superficie.

Cent kilomètres séparent Iviça de Majorque. Une chaîne de montagnes orientée du nord-est au sud-ouest, partage l’île en deux versants distincts ; celui du sud, abrité des vents du nord jouit d’un climat doux et tempéré ; le versant septentrional est humide et froid. On retrouve dans cette île, avec les beautés des paysages alpestres, le ciel, les cultures et les productions du midi, le figuier et l’olivier, les orangers, les citronniers et les dattes. « Le caractère du paysage, dit George Sand, plus riche en végétation que celui de l’Espagne ne l’est en général, a tout autant de largeur, de calme et de simplicité. C’est la verte Helvétie sous le ciel de la Calabre, avec la solennité et le silence de l’Orient. »

L’île de Majorque renferme environ 300,000 habitants sur une superficie de

3,400 kilomètres carrés. Palma, sa capitale, en contient 60,000. C'est une grande et belle ville, merveilleusement située au fond d'une baie en forme de fer à cheval, qu'encadre un hémicycle de montagnes aux pentes boisées, et que termine, à droite, le mont de Randa. « Palma, écrit M. J. M. Guardia, est la digne capitale d'une île enchantée, que l'on pourrait définir une vallée riante et fertile entourée de montagnes, une terre de promission sous un ciel clément, abritée contre les vents du nord et du midi, propice à toutes les cultures. Aux endroits où la chaîne protectrice s'interrompt, la mer s'introduit doucement et forme les baies de Palma, de Pollenza, d'Alcudia, également vastes, également belles. La nature libérale a prodigué ses trésors sur les côtes et dans l'intérieur des terres. On pourrait croire qu'elle a travaillé avec art à l'embellissement de ce pays fortuné. Tous les arbres fruitiers y prospèrent; l'huile et le vin y abondent. La terre grasse nourrit des troupeaux magnifiques. Une eau délicieuse coule de mille sources et arrose les plantations. La sécheresse est inconnue sous ce bienheureux climat où le citronnier et l'oranger croissent en plein champ et forment de véritables forêts. Il y a des centaines d'oliviers qui datent de plusieurs siècles. Les amandiers qui couvrent la plaine sont en fleurs à la fin de décembre. Point de journées sans soleil; le plus souvent un ciel pur et brillant. Le paysage est doré et réchauffé par la lumière du jour. Les nuits d'hiver sont douces, et lumineuses. Les hautes cimes ont beau se couvrir de neige; les vallées ne connaissent que la température du printemps. »

A 29 kilomètres de Palma se trouve Inca, petite ville de 7,000 habitants; puis Alcudia, située entre la baie qui porte son nom et celle de Pollenza. Rivale de Palma, Alcudia a vu décroître son commerce et diminuer sa population tombée aujourd'hui au chiffre de 2,000 par suite de l'insalubrité des marais qui l'entourent. Dans l'est, Manacor, seconde ville de Majorque, compte 12,000 habitants.

Minorque est à 27 kilomètres de Majorque. On n'en met pas moins six heures à franchir la distance d'Alcudia à Mahon, la mer étant souvent agitée dans ce canal largement ouvert au nord et au sud. Minorque, « la petite Baléare », occupe une superficie de 78,000 hectares et contient une population d'environ 36,000 habitants, dont les deux tiers se répartissent dans ses deux villes principales : Mahon peuplée de 15,000 âmes, et Ciudadela de 8,000. Moins élevée, mais aussi moins abritée que Majorque, l'île de Minorque a un climat plus variable; les vents du nord y soufflent avec force et si le thermomètre ne monte pas au-dessus de 26° et ne descend pas au-dessous de 7, les changements de température sont brusques, le printemps et l'automne très variables. Le sol est aussi plus aride, non vers les hauteurs où la couche d'humus est profonde, mais dans les plaines où une terre crayeuse et froide recouvre d'une mince épaisseur l'ossature rocheuse.

Ville des plus pittoresques, Mahon domine de sa hauteur l'un des plus beaux ports qui existent. On a tout dit sur ce merveilleux abri que la nature semble avoir façonné et dessiné à plaisir pour recevoir de nombreuses escadres et les protéger contre les tempêtes du large. « Juin, Juillet, Août et Port-Mahon, sont les meilleurs ports de la Méditerranée, » disait André Doria. Et cependant, aujourd'hui, l'herbe pousse dans les rues de la ville, coquette et charmante, haut perchée sur son assise de rochers. Ses vastes magasins sont vides, vides aussi ses maisons élégantes, et, de son ancienne prospérité qu'elle n'ose espérer revoir, Mahon n'a gardé qu'un mélancolique souvenir.

Ciudadela, ancienne capitale de l'île, semble en voie de progrès. Elle possède de belles résidences construites par des Minorcains, émigrés volontaires en Amérique, y ayant fait fortune grâce à leur travail, à leur esprit d'ordre et d'économie, et qui sont revenus se fixer sur le sol natal. Les *Américains*, comme on les désigne, ont, par leur exemple et leurs capitaux, stimulé l'activité de leurs compatriotes. Ciudadela passe, avec raison, pour la ville la plus propre et la mieux tenue des Baléares.

VII. — ILES CANARIES.

A 230 lieues de Cadix et à 30 lieues de la côte méridionale du Maroc, entre les 29e et 27e degrés de latitude nord et les 15e et 21e degrés de longitude ouest du méridien de Paris, s'étend, dans l'océan Atlantique, l'archipel des îles Canaries. Il se compose de sept îles orientées de l'est à l'ouest : Lanzarote, Fuerteventura, Gran-Canaria, Ténériffe, Gomera, Palma et Hierro. Elles forment une province civile de l'Espagne, une capitainerie générale et deux diocèses suffragants de l'archevêché de Séville.

Ce furent les « Iles Fortunées » de Strabon qui les disait voisines des Champs-Élysées; ce furent aussi les Hespérides, « les îles aux fruits d'or » qu'habitaient les filles d'Atlas et où débarqua Hercule. Los Romains les connurent; Pline les signala; les Phéniciens et les Carthaginois y abordèrent, puis l'oubli se fit autour d'elles jusqu'en l'an 1016 où on les découvrit de nouveau. Mais on s'en occupa si peu que lorsqu'en 1345 le pape en fit don à Louis comte de Clermont, ce dernier omit d'en prendre possession et que plus d'un demi-siècle s'écoula avant que Jean de Béthancourt, seigneur de Granville, organisât, avec le concours d'Henri III, roi de Castille, une expédition pour les conquérir et les gouverner comme terres vassales de la couronne d'Espagne. Ainsi fit-il, en dépit de la résistance que lui opposèrent les *Guanches*, ou insulaires, race superbe, dit Béthancourt, intelligente et artiste, cultivant la musique et la poésie, adorant la nature, ne reconnaissant pour chefs que ses vestales auxquelles elle rendait des honneurs presque divins et professant le plus grand respect pour les femmes. Les Guanches, semble-t-il, n'habitaient pas des demeures bâties, mais bien des grottes et des cavernes. Leur race fut anéantie par les persécutions et les exactions des successeurs de Béthancourt.

La population actuelle des îles Canaries, dont la superficie n'excède pas, 7,600 kilomètres carrés, est d'un peu plus de 300,000 habitants, soit près de 40 par kilomètre carré. Robuste et bien constituée, cette population est bienveillante et douce, de mœurs simples et religieuses. Bien que la partie productive du sol soit restreinte et les habitants généralement pauvres, les rixes, les querelles, les actes de violence sont rares, et le tableau de leur criminalité est l'un des moins chargés de l'Espagne. Sous ce rapport, comme sous beaucoup d'autres, les îles Canaries méritent encore le nom « d'îles Fortunées ».

COSTUMES POPULAIRES ESPAGNOLS

Très montagneuses, elles sont peu propres à l'agriculture, mais la végétation
y est magnifique. Situées sur la lisière des zones torrides et des zones tempérées,
elles participent des deux, mariant leurs cultures et leurs produits. La température y rappelle celle du midi de l'Espagne, l'écart entre le maximum et le mini-
mum de chaleur n'est que de 9 à 10 degrés, la moyenne se maintenant à 20. « Le
printemps, qui commence dès le mois de mars, dit M. Germond de Lavigne, y est
plus agréable, plus délicieux qu'en aucune partie de la terre; une végétation magnifique, une grande abondance de fleurs, de belles moissons, de frais pâturages, des
plantes médicinales et odoriférantes répandent autour des îles, et jusqu'à deux lieues
en mer, une atmosphère parfumée dont on ne saurait décrire les séductions. L'été y
est rarement chaud, grâce à la division montagneuse du sol et à la fraîcheur qu'y
répand la brise de mer; et cependant, dans certains jours, le vent du sud-est, qu'on
appelle aux Canaries le *Levante*, l'ennemi le plus cruel de l'archipel, y apporte, du
centre de l'Afrique, une chaleur suffocante dont l'air de mer ne peut adoucir les
brûlantes impressions... La neige couronne le sommet du pic de Teyde, à Ténériffe,
et quelques sommets dans l'île de Palma et de Canaria; mais le froid intense qui règne
à cette hauteur n'a jamais aucune influence sur la température des régions basses. »

Lanzarote, la plus occidentale des îles Canaries et la plus rapprochée du Maroc
dont une vingtaine de lieues la séparent, mesure 775 kilomètres carrés de superficie et
possède une population d'environ 15,000 habitants. Téguise est sa ville importante, et Arrecife, son port, est le meilleur de l'archipel. La lave recouvre une partie
du sol, d'origine volcanique, et rend la culture difficile. Par contre, l'île possède
quelques bons pâturages où paissent, avec les chèvres et des bêtes à cornes, des
chameaux de belle taille.

Un chenal de cinq lieues de large sépare Fuerteventura de Lanzarote. Après Ténériffe, Fuerteventura est la plus grande île du groupe; elle en est aussi la plus pauvre.
Sur son sol calcaire, les moissons ne lèvent que dans les années pluvieuses. Aussi la
population est-elle rare et clairsemée; on l'évalue à 10,000. Bétancuria, sa capitale,
fondée par Jean de Béthancourt, est une ville en ruines, sans industrie ni commerce,
comptant à peine 800 habitants.

Plus à l'est, s'étend la Gran Canaria. Sur 4,090 kilomètres carrés de superficie, elle
possède 38,000 âmes. C'est la plus cultivée de ces îles, et, si boisée qu'elle soit, sa
végétation forestière recule devant la marche envahissante du laboureur. Dans ses
plaines irriguées, les productions des zones tropicales coudoient celles des climats
tempérés; les palmiers, les oliviers, les vignes, prospèrent jusqu'à 700 mètres d'alti-
titude. Sa ville principale, las Palmas, qui fut autrefois la capitale de l'archipel, est
aujourd'hui la résidence d'un gouverneur militaire. « Bâtie au sud de la mer, elle
s'étend sur les pentes de deux hautes montagnes entre lesquelles s'ouvre une délicieuse
vallée plantée de palmiers. Une petite rivière descend de cette vallée et traverse
la ville pour venir se jeter à la mer. C'est la plus grande et la plus populeuse
(18,000 habitants) des villes de l'archipel et aussi la plus agréable par la douceur de

la température qui y règne, par la beauté de ses maisons, par l'importance de ses édifices publics, la richesse, l'industrie et l'activité commerciale de ses habitants. » Le territoire de las Palmas produit surtout le maïs, le vin et la cochenille. Une partie de ses habitants s'y livre aussi, avec profit, à la pêche sur les côtes de l'Afrique.

Ténériffe est la plus connue des îles de l'archipel; son pic gigantesque de 3,686 mètres d'altitude fut de tout temps le point de repère des navigateurs sur ces côtes. Il se dresse dans un cirque de 55 kilomètres de ciconférence que forment autour de sa base des montagnes de 2,000 à 2,500 mètres d'élévation, en pente douce sur les côtes, mais à pic dans l'intérieur. De cette cime élevée que l'on relève à bien des lieues en mer, la vue plonge sur tout l'archipel des Canaries. Ténériffe fut célèbre autrefois par son vin de Malvoisie dont elle exportait de 25,000 à 30,000 pièces par année. L'oïdium a ravagé ses vignes et tari cette source de revenus que ne remplace pas encore la production de la soie et de la cochenille.

Santa-Cruz, chef-lieu de l'île de Ténériffe, est une petite ville de 11,000 habitants adossée à une montagne coupée de ravins. La Laguna et Orotava sont les deux autres centres de l'île. Orotava compte 8,500 habitants. C'était l'ancienne capitale des Guanches, ce premier peuple des Canaries qui a fréquemment occupé la légende et les traditions populaires. Orotava est disposée en amphithéâtre sur la pente d'une colline ; ses habitations échelonnées les unes au-dessus des autres produisent un charmant effet. Son principal intérêt est un jardin botanique qui, tout négligé qu'il soit par suite d'une insuffisante dotation, n'en offre pas moins le plus curieux spectacle de la réunion, sous ce climat privilégié, des plantes exotiques de presque tous les pays.

Gomera ne présente pas le caractère volcanique des autres îles. Le sol est accidenté, mais fertile, bien cultivé et arrosé par de nombreux cours d'eau. La population intelligente et laborieuse qui l'habite a plus que doublé depuis un siècle et s'élève à 17,000 âmes. San-Sébastian, port et chef-lieu de l'île, entretient avec les îles avoisinantes un commerce assez actif de produits agricoles.

Palma est plus importante. Sa superficie est de 2,790 kilomètres carrés et sa population de 35,000 habitants. Ici l'origine volcanique reparaît. L'intérieur de l'île est montagneux. Au-dessus de ravins profonds se dressent des pics neigeux; ceux de las Torcas et de la Conception, d'une ascension facile, offrent de merveilleux points de vue. Santa-Cruz de la Palma, capitale de l'île, compte 6,000 habitants. Si pittoresque que soit l'île de Palma, elle offre peu de ressources à sa population. Sur ce sol accidenté la culture est difficile. L'industrie des habitants a dû suppléer à la pauvreté de la terre. Experts dans l'art de tisser la soie, ils fabriquent des étoffes très appréciées.

Plus au large, Hierro, l' « île de fer », la plus accidentée des Canaries, offre un aspect orographique assez singulier. « Vue du dehors, elle semble entourée d'une espèce de muraille de lave presque inaccessible, s'élevant jusqu'à 891 mètres au-dessus du niveau de la mer. Sur deux ou trois points, cette muraille s'abaisse pour former des petits ports. L'un d'eux, nommé le golfe d'Ynama, placé au nord, est le plus abordable. En deux heures, on arrive à Valverde, l'unique ville du pays, en traversant les plaines de Nisdafa, les mieux cultivées de l'île. Valverde compte 4,600 habitants. De

Valverde, on descend au petit port de Hierro, situé sur la côte sud-est. On peut parcourir l'île dans sa plus grande largeur en moins d'une journée. Le commerce y est nul; l'île produit les grains, les légumes, les fruits, le chanvre, le lin et le bétail nécessaires à la consommation de ses habitants qui sont intelligents et laborieux et qui trouvent encore le moyen, dans les années un peu abondantes, d'exporter une partie de leurs récoltes sur les autres points de l'archipel. »

En dehors des Baléares et des Canaries, assimilées aux provinces continentales, l'Espagne a conservé, de son immense domaine colonial d'autrefois, des possessions importantes, disséminées en d'autres parties du monde. Ce sont, en Amérique : Cuba, « l'île toujours fidèle », la « perle des Antilles », et Puerto-Rico; en Afrique : Ceuta et les Présidios, le Sahara occidental, les possessions de Guinée, les îles de Fernando-Pô et d'Annobon; dans l'Océanie : les Philippines, les Carolines, les Mariannes, l'île Soulou et Palaos. Nous les retrouverons dans nos études sur ces régions diverses.

Le temps n'est plus où l'Espagne, maîtresse du Nouveau-Monde, occupait en Europe le premier rang. Sa prodigieuse élévation fut suivie d'une chute profonde, son étonnante richesse fit place à la misère et, longtemps en dehors de l'évolution industrielle et commerciale de l'Europe, l'Espagne ne fit que végéter. Depuis un quart de siècle elle se relève, sa population augmente ; en dix années, de 1877 à 1887, elle s'est accrue de 920,000. En 1789 elle était de 10,061,480, au dernier recensement elle s'élevait à 16,634,345.

Ainsi que sa population, son commerce suit une marche ascendante. Il représentait en 1888 un total de 1,479,189,868 francs dont 716,085,479 à l'importation et 763,104,389 à l'exportation. Dans ce mouvement la France tient le premier rang et figure pour plus d'un tiers des échanges, soit 563,000,000. L'Angleterre vient ensuite avec 300,000,000, puis les États-Unis avec 89,000,000, l'Allemagne avec 68,000,000, la Belgique avec 41,000,000; la Russie, l'Italie, le Portugal, avec des chiffres moindres, se partagent le surplus.

On estime que 79 0/0 du sol de l'Espagne est susceptible de rendement; l'agriculture et le maraîchage exploitent 33 0/0 de la superficie totale. Les principaux produits d'exportation de l'Espagne sont les vins, les minerais, les fruits, le liège, la laine, le bétail et l'huile. La production vinicole augmente et s'étend sur 2,000,000 d'hectares : la plus grande partie de son exportation de vins est à destination de la France qui lui en achetait en 1887 pour 250,000,000 et l'Angleterre pour 25,000,000.

On évalue à 2,000,000,000 de francs la production agricole annuelle de l'Espagne, à 200,000,000 les produits de ses mines, à 1,600,000,000 sa production industrielle. Si riches que soient ses mines, leur rendement est loin encore de ce qu'il pourrait être ; tout au plus les houillères produisent-elles un million de tonnes à l'année; les minerais de fer donnent 320,000 tonnes, ceux de plomb 310,000 qui fournissent 80,000 de métal pur. Il en est de même pour le cuivre, 300,000 tonnes, le zinc, 100,000, et les autres produits métallurgiques.

En 1888, il est entré, dans les ports espagnols, 18,755 navires jaugeant

2,983,000 tonnes ; 8,589 de ces navires portant 662,000 tonnes étaient sous pavillon national, le reste sous pavillon étranger. L'Espagne importe du dehors le coton, le blé, la farine, le charbon, les bois, le sucre, les tissus, les machines, les soieries. Toutefois l'accroissement de son industrie l'affranchit peu à peu du tribut qu'elle paye pour les articles manufacturés dont l'importation tend à diminuer.

La configuration géographique du pays nuit au développement de ses moyens de communication ; les routes y sont peu nombreuses relativement à sa superficie. Les voies ferrées y sont de date récente. Au 1ᵉʳ janvier 1888 l'Espagne ne possédait encore que 9,470 kilomètres de chemins de fer, moins que le Brésil, et elle n'occupait sous ce rapport que le douzième rang parmi les principaux États du globe. Au point de vue du rendement, ces lignes, très coûteuses à établir et construites en grande partie avec des capitaux étrangers, sont moins rénumératrices que celles de la Suisse et de la Hollande.

C'est dans le domaine de l'instruction publique que l'Espagne apparaît surtout inférieure. En 1877 on ne comptait encore qu'un quart de la population sachant lire et écrire. Depuis, de louables efforts ont relevé cette proportion. En 1885 les écoles primaires instruisaient 1,843,000 élèves. On évalue à 16,000 le nombre des jeunes gens qui suivent les cours des universités. « En résumé, écrit M. Marcel Dubois, malgré de réels progrès accomplis depuis vingt ans, l'Espagne, à laquelle ne manquent ni les ressources purement agricoles, ni les éléments d'une industrie, est encore aujourd'hui un des États les plus arriérés de l'Europe. Ni la fécondité de son sol, ni les trésors de ses mines ne sont dignement exploités. C'est là une conséquence historique au premier chef. Ce pays est arrivé fatigué de guerres, épuisé, appauvri, au seuil de la période contemporaine qui a vu s'accomplir une si grande révolution industrielle ; il n'a pu suivre la marche des autres États et s'est laissé distancer. » Tout lui manquait en effet : les bras, les capitaux, les navires, la houille et le fer, la science et l'activité. Une ère nouvelle s'ouvrait pour le monde, mais ni les grands événements de son passé, ni les luttes terribles dont l'Espagne sortait à peine ne l'avaient préparée à évoluer dans ce sens. Elle subit l'impulsion ; elle suivit le mouvement, attardée, hésitante, comme à regret.

Cependant elle se releva et, sans prétendre, comme autrefois, à une domination universellle qu'elle a usé ses forces à conquérir et qu'elle ne pouvait conserver, elle a tout droit d'aspirer, en Europe, à un rang plus élevé que celui qu'elle occupe aujourd'hui. Pour devenir un grand État commercial il lui faut lutter contre des obstacles presque insurmontables. Par sa configuration géographique, par le relief de son sol elle tourne le dos à l'Atlantique, elle s'incline vers la Méditerranée, vers la mer intérieure. Entre elle et l'Amérique une barrière s'interpose, et les débouchés du plateau sont aux mains du Portugal.

La place du Commerce, à Lisbonne.

II. — BASSIN DE L'OCÉAN ATLANTIQUE

I. — LE PORTUGAL.

A la pointe extrême de la péninsule Ibérique le bassin de la Méditerranée finit, celui de l'Atlantique s'ouvre. Plus méditerranéenne qu'océanienne par l'inclinaison de son sol, par l'orientation de ses fleuves, par le développement de son littoral, l'Espagne marque la transition entre les deux mers. Ainsi que la France, elle confine à chacune d'elles, mais tandis que la France ne possède sur la mer intérieure que 120 lieues de façade, alors qu'à l'ouest et au nord elle baigne dans les flots de l'Océan, l'Espagne, penchée vers l'est, tourne le dos à l'Atlantique au long duquel elle déroule ses côtes rigides et montueuses du nord, pauvres en ports, et ses côtes du nord-ouest, bizarrement découpées en golfes et en *rias*.

Il n'en est pas de même du Portugal. Il fait face à l'Océan et lui appartient sans partage. Sur lui s'ouvrent tous ses ports, à lui aboutissent ses quatre grands fleuves. Ils sont siens, bien que nés en Espagne, puisque seul il en détient l'embouchure, puisqu'il en possède la partie navigable. Tel que l'ont fait la géographie et l'histoire, le Portugal est une bande de terre de 558 kilomètres de longueur sur 200 de largeur, mesurant 89,000 kilomètres carrés de superficie ; ses frontières terrestres présentent un développement de 1,000 kilomètres, son littoral maritime comporte 792 kilomètres de côtes. Il est borné à l'ouest et au sud par l'Atlantique, à l'est par l'Andalousie, l'Estrémadure espagnole et la province de Léon, au nord par la Galice.

Sur cette superficie de 89,000 kilomètres carrés vit une population de 4,307,000 habitants, soit 48 habitants par kilomètre carré, densité qui met le Portugal au dixième rang des pays de l'Europe, entre le Danemark et la Roumanie ; comme chiffre de population il est au même rang ; comme superficie il occupe le treizième.

Bien qu'attaché aux flancs de l'Espagne, formant avec elle cette péninsule Ibérique si nettement délimitée, si ferme dans ses contours, si distincte du reste de l'Europe, dont la sépare la haute muraille des Pyrénées, en apparence, une et compacte dans sa forme massive, le Portugal, dont l'existence, en tant qu'État indépendant de l'Espagne, apparaît au premier aspect, comme une erreur géographique autant qu'historique, n'en est pas moins la résultante des lois de la géographie et de l'histoire. Et cependant, sans cette scission, semble-t-il, l'équilibre de la péninsule deviendrait stable, son unité parfaite ; en s'unissant, les deux pays se compléteraient.

Pour qui les a visités, il n'en est rien. Cette unité n'est qu'apparente, nulle part elle n'est écrite sur le relief du sol. Ce que l'on y voit, au contraire, c'est une ligne de démarcation nette et précise, une orographie autre, un climat, une faune et une flore distincts ; par suite, deux populations différentes, d'autant plus hostiles l'une à l'autre, qu'isolées l'une et l'autre dans la même péninsule, par leurs frontières elles se touchent, par leur langue, leurs traditions, leur point de départ, elles ont même origine.

Si distinctes sont ces deux régions que Rome elle-même, si encline qu'elle fût à resserrer les liens de ses provinces, à se guider, dans leur groupement, d'après ses traditions de centralisation, d'ordre et d'harmonie, tint toujours la Lusitanie pour séparée de l'Ibérie, et qu'Auguste lui conserva, à peu de chose près, ses frontières actuelles. Et cependant, contrairement aux lois de la géographie physique, la ligne de démarcation qui sépare le Portugal de l'Espagne, ne consiste ni en chaînes de montagnes, ni en fleuves orientés du nord au sud, mais en une série de contreforts détachés du massif espagnol, orientés de l'est à l'ouest, ravinés par des fleuves rapides ou des cours d'eau torrentueux, débouchant par des trouées entre des vallées que relient les unes aux autres des sommets formant une longue cordillère. Inclinées vers l'ouest, ces chaînes montueuses s'abaissent à mesure qu'elles se rapprochent de l'Océan ; ce ne sont plus, dans le Portugal que de hautes collines qui vont mourir sous les eaux, se prolongeant à une certaine distance des côtes, en plateaux sousmarins. Toutefois, au nord, la serra de Estrella, entre le Tage et le Douro, et la serra de Gérez, continuation du système pyrénéen, dressent jusqu'à plus de 2,000 mètres leurs cimes sur lesquelles la neige persiste pendant plusieurs mois de l'année.

Quatre fleuves arrosent le Portugal, tous quatre nés en Espagne. Ce sont, au nord, le Minho, qui sépare le Portugal de la Galice ; plus bas, le Douro, qui le traversant dans toute sa largeur, s'épanche dans l'Atlantique à Porto ; au sud, le Tage, le fleuve de

Lisbonne ; puis, orienté du nord au sud, la Guadiana, qui court entre l'Andalousie et le
Portugal, et se déverse dans le golfe de Cadix. En dehors de ces fleuves, de nombreux
cours d'eau, fleuves à faible portée, rivières ou torrents, sillonnent cette région ; on en
relève plus de trois cents, dont les principaux sont : le Mondégo, la Lima, le Sado, la
Vouga, le Cavado, puis la Vizella, le Zezere, le Sardao, la Taméga. Entre les croupes
onduleuses de l'Estrella et de la Gardunha, les lacs sont nombreux. Semés dans des
escarpements abrupts, ils rappellent par leurs contours arrondis et leurs vasques profondes, les « yeux de mer » des Carpathes. Ce sont les « *Olhos marinhos* », les « yeux
marins » des Portugais, le lac d'Obidos dans l'Estrémadure et le lac d'Aveiro, célèbres
par leurs cascades et leurs cadres verdoyants.

Par l'abondance de ses eaux courantes et de ses belles campagne, dont Camoëns a
décrit les charmes, dont Tite-Live, parlant de la Lima, disait qu'elle enlevait aux légionnaires romains, ainsi que le Léthé, jusqu'au souvenir de la patrie absente, le Portugal
diffère sensiblement de la sèche et rude Espagne du nord ; il n'en diffère pas moins par
son climat, plus égal, plus tempéré, plus océanien qu'africain, par sa végétation des
zones moyennes. Si le Portugal n'a pas la température élevée d'Almeria et de certaines parties de l'Andalousie, il ne connaît pas non plus les bises froides du plateau
des Castilles et des steppes de la Manche. Entre ses montagnes aux pentes boisées,
couvertes de châtaigniers, de sapins et de chênes-lièges, les torrents ont creusé, les
rivières ont élargi de riantes vallées aux versants cultivés en vignes. Si le palmier ne se
montre qu'au sud du Tage, par contre, l'oranger abonde et produit annuellement pour
250 millions de fruits savoureux ; le citronnier, près de 40 millions ; la récolte des
figues dépasse 7 millions de kilogrammes, l'olivier, le grenadier donnent d'abondants
produits ; les céréales dans les plaines, les pâturages sur les plateaux nourrissent
l'homme et les animaux et laissent un surplus pour l'exportation. Les vignobles,
surtout ceux de Porto, alimentent un trafic considérable avec l'Angleterre et le Brésil,
et occupent une superficie de près de 400,000 hectares.

Celtes d'origine, ce n'est guère que 140 ans avant l'ère chrétienne que les Lusita-
niens apparaissent dans l'histoire. Ils luttèrent contre les Carthaginois pour défendre
leur indépendance ; Carthage vaincue par Rome, ils luttèrent contre les Romains ;
Viriatus, leur chef, qui, neuf ans durant, tint Rome en échec, fit connaître leur nom.
Plus tard, Sertorius ne fit pas en vain appel à leur courage ; grâce à eux, il résista à
Métellus et Pompée. Sa mort mit un terme aux velléités d'indépendance de la Lusitanie.
Pendant cinq siècles, elle n'eut plus d'histoire ; perdue dans la foule des provinces
romaines, elle vécut en paix sous le joug commun, jusqu'au jour où, sous la pression
des Barbares les barrières de l'empire cédèrent et le flot de l'invasion déborda sur le
monde romain. L'une de ces vagues puissantes, déferlant sur la Lusitanie y jeta pêle-
mêle Vandales, Suèves et Alains qui s'en disputèrent la possession. Les Suèves l'emportèrent et restèrent seuls maîtres, dépossédés plus tard par l'Islam triomphant. Alors
commença pour la Lusitanie, comme pour l'Espagne, cette lutte obscure et longue,
héroïque, alternée de revers et de succès, qui aboutit à l'expulsion des Maures, à la

création du comté de Portugal, *Portus Calle*, qui ne comprenait que le territoire entre le Minho et le Tage et qui relevait de la couronne de Castille. De ce comté, Alphonse VI fit un royaume ; sur le champ de bataille d'Ourique, (1139), où il écrasa cinq rois mores, il reçut de ses soldats le titre de roi et le garda, s'affranchissant de la suzeraineté de Castille.

Il ne fallut pas moins d'un siècle au Portugal pour reprendre ses frontières naturelles dans le sud et se compléter par la conquête des Algarves. Rentré en possession de leur sol, les Portugais tournèrent vers la mer une activité et une audace qui ne se dépensait plus contre leurs ennemis. Alors s'ouvrit l'ère brillante de ce petit peuple qui fit de si grandes choses, qui conquit Ceuta sur la côte africaine et le Brésil en Amérique, et dont Diaz, Vasco de Gama, Cabral, Albuquerque portèrent le nom jusqu'aux extrémités du monde. Tant de fortune et de grandeur firent ombrage à l'Espagne toute-puissante. Philippe II, jaloux de ces succès, se les appropria, profitant de la mort du roi Sébastien en Afrique et posant sur sa tête la couronne du Portugal. Il fit plus, il appauvrit son nouveau royaume, ruina son commerce et sa marine et lorsque, 60 ans plus tard, le Portugal recouvra son indépendance et porta au trône la dynastie de Bragance, ses colonies étaient perdues ; il les reprit ; son commerce était nul, sa flotte détruite et son armée désorganisée. Pombal, son Richelieu, releva son commerce et son agriculture, refit sa flotte et réorganisa son armée. On sait la résistance héroïque du Portugal contre Napoléon Ier, l'exil de sa dynastie au Brésil, son retour en 1821, sa rupture commerciale récente avec l'Angleterre, ses aspirations pour substituer au régime monarchique des institutions républicaines.

L'ancienne division en provinces subsiste encore au Portugal, bien que ces provinces aient été, depuis, réparties en districts administratifs. Elles sont au nombre de 5, comprenant 21 districts ; ce sont, du nord au sud : le Minho, partagé en trois districts : Braga, Porto, Vianna do Castello ; Tras os Montes : en districts de Braganza et Villa-Real ; Beira forme cinq districts : Aveiro, Coïmbra, Viséu, Guarda, Castello-Branco ; l'Estremadura Portugaise : Leiria, Lisbonne, Santarem, et enfin l'Alemtejo, qui contient ceux de Béja, Evora, Portalegre. Le Portugal possède en outre les îles Açores, entre l'Europe et l'Amérique, les îles Madère et du Cap-Vert, sans compter ses colonies d'Asie, dont nous avons déjà parlé dans notre premier volume, et celles d'Afrique : Angola, Mozambique et leurs dépendances.

Braga, ancienne capitale du Minho, province septentrionale du Portugal, n'est plus aujourd'hui que le chef-lieu d'un district peuplé de 337,000 habitants. Des cinq provinces du Portugal, le Minho est d'ailleurs la plus compacte et la plus peuplée, contenant sur sa superficie de 7,213 kilomètres carrés, 1,020,000 habitants, soit environ 120 par kilomètre carré.

Braga elle-même n'en possède guère plus de 20,000. C'est une vieille ville dont la construction remonte à l'époque romaine ; elle fut la capitale du royaume et aussi le siège primatial de la péninsule. Avec ses souvenirs, elle a gardé ses vieilles rues et ses antiques demeures, converties en fabriques et en manufactures, car Braga est une cité

LA TOUR DE BÉLEM (PORTUGAL)

industrielle et commerçante. Elle fabrique ces objets en filigrane, en mailles d'or et d'argent, qui sont l'une des spécialités du Portugal. Dans son vieux château naquit don Alfonso, le premier roi national.

Vianna do Castello est située sur le bord de la mer. C'est l'une des plus jolies villes du Portugal; bâtie en amphithéâtre sur les flancs d'une colline, elle domine le cours de la Lima, sur laquelle l'ingénieur français, M. Eiffel, a jeté un pont monumental de deux voies superposées. Le port de Vianna do Castello est le centre d'un mouvement commercial important; il exporte, outre les productions agricoles et industrielles de la région, d'abondants produits de pêche. Mais ni Braga, ni Vianna ne sauraient rivaliser avec Porto, la seconde ville du royaume par sa population et son commerce, la première par son industrie.

Elle compte 106,000 habitants. Située sur la rive droite du Douro et à 5 kilomètres de son embouchure, elle s'élève en amphithéâtre sur les deux collines *da Sé* et *da Victoria.* Par delà ces deux collines s'étendent les maisons de Porto qui relient la ville à ses vastes faubourgs. Des hauteurs, la vue domine un horizon de villas ou *quintas*, suspendues à leurs flancs, abritées par de grands bosquets de camélias. Peu de villes offrent un aspect aussi riant et aussi coquet. Quand, pour la première fois, l'auteur de ces lignes visita Porto, la ville n'était pas rattachée à la voie ferrée par le célèbre pont de Maria Pia qui, du pied de la Serra do Pilar, franchissant le fleuve sur un arc de 352 mètres de longueur et à une hauteur de 62 mètres, rejoint la montagne de Seminario.

Porto n'est pas seulement une ville intéressante et une résidence des plus agréables, elle est aussi un centre industriel et commercial considérable. Son mouvement maritime comporte à l'année, entrées et sorties réunies, plus de 5,000 navires jaugeant 550,000 tonnes. « La récolte des vins du Douro, écrit M. Germond de Lavigne, entreposés à Villanova da Gaïa, peut s'évaluer annuellement à 40 ou 50,000 pipes. L'Angleterre et le Brésil prennent la plus grande part dans ce commerce considérable; ainsi, sur une exportation de 35 millions de litres qui s'est faite en 1885, la Grande-Bretagne en a eu 25 et le reste a été expédié au Brésil. La ville de Gaïa possède plus de deux cents maisons de commerce indigènes, et au moins cinquante maisons anglaises. L'exportation se fait aussi, sur une grande échelle, pour les huiles, les oranges, les citrons, les amandes, etc. Des pointes de rochers et des bancs de sable, le *Cabedelo* du côté gauche de l'embouchure, rendent dangereuse l'entrée du fleuve; on y remédie chaque année bien imparfaitement. La compagnie du commerce anglais avait autrefois proposé de détruire les rochers, de nettoyer la passe et de la rendre praticable; mais les Portugais ont répondu qu'ils ne renonceraient jamais à la meilleure défense de leur port. »

Plus vigoureuse, la race est ici plus énergique que dans les provinces méridionales. Porto n'a pas oublié qu'elle fut la première capitale de ce royaume qui, de son port, *Porto Cale*, a gardé le nom de Portugal. Si, depuis, Lisbonne a, par le fait de sa situation privilégiée à l'embouchure du Tage, remplacé Porto, Porto n'a pas entièrement abdiqué et la « cité mutine » pèse d'un grand poids dans les évolutions de la politique nationale. Ses écoles, ses académies, ses musées, sa bibliothèque font d'elle un centre intellectuel et scientifique.

Dans la province de Tras os Montes, deux villes seules ont quelque importance. Villa Real, à 126 kilomètres de Porto, fut la capitale de la province dont elle est, avec Braganza, l'un des deux chefs-lieux. Sa population atteint à peine le chiffre de 3,000 habitants; sa situation est magnifique; elle occupe le centre d'un gigantesque cirque de montagnes aux pentes couvertes de végétation et semées de villages.

Braganza, dans le nord-est, peuplée de 5,500 habitants, est à cinq kilomètres de la frontière d'Espagne. Elle fut, dit-on, bâtie par Auguste, et ses ducs devinrent rois de Portugal. Braganza est un centre industriel et manufacturier; on y fabrique des tissus de soie et des velours pour la consommation nationale.

Au sud de Porto et, comme Porto, sur le bord de la mer, Aveiro, ville de 7,000 habitants, est l'un des ports du Portugal, port autrefois prospère, mais envahi par les sables mouvants qui en rendent les passes dangereuses. Aveiro n'entretient pas moins un commerce d'exportation assez considérable; outre ses plaines fertiles, il exploite ses marais salants; ses pêcheries d'huîtres et de sardines sont aussi renommées que ses vignobles, dont l'Amérique accapare les produits.

Situé à l'est d'Aveiro, entre la vallée du Douro et celle du Mondégo, Vigo, ville de 9,000 habitants, est l'une des plus anciennes cités du Portugal, et aussi le chef-lieu administratif de la province de Beira Alta. Bâtie sur un plateau central qu'entoure une belle campagne, elle n'est remarquable que par sa cathédrale, par le tombeau de Rodrigue, dernier roi des Goths, par sa bibliothèque riche en livres anciens et en documents précieux, et sa foire annuelle très fréquentée. Guanda, autre ville de la province de Beira, est près du Mondégo, au pied de la serra da Estrella, dont les cimes neigeuses lui créent un climat froid et rigoureux. Sous les Romains, elle portait le nom de *Lancia Oppidana;* Don Sanche la rebàtit et en fit l'une de ses principales places d'armes contre les Maures. Guanda est un centre stratégique que, de 1810 à 1811, les Anglais et les Français se disputèrent avec acharnement. Près de Guanda, la serra d'Estrella abonde en sites variés, torrents, cascades et lacs. L'un de ces derniers, situé par une altitude élevée, est d'une grande profondeur et subit, dit la légende, le contre-coup des agitations de l'Océan.

Coïmbre, l'antique Æminium, est l'une des plus anciennes villes de la péninsule Ibérique, et, comme importance, la troisième du royaume, après Lisbonne et Porto. Ses vieilles maisons entassées que séparent des ruelles étroites escaladent une colline de la rive droite du Mondégo. Mais le climat y est délicieux et le territoire qui l'environne est riche en vignes et en oliviers. Son Université fut célèbre; elle est encore très fréquentée. Coïmbre, peuplée de 13,500 habitants, est l'une des plus curieuses cités du Portugal, l'une de celles où les vieilles légendes et les souvenirs historiques se sont le mieux conservés. Son couvent de Santa Clara a gardé grand air. « Le parc de Versailles, écrit Mme de Grouchy, peut seul donner une idée des immenses jardins de cet ancien couvent. On y trouve autant et plus de fontaines et de statues, mais les statues sont renversées, les plus grands bassins de marbre servent d'auges... Une seule merveille est encore debout : c'est une pièce d'eau presque aussi grande que celle des Suisses, entourée de cèdres séculaires formant une muraille impénétrable de verdure. »

De l'autre côté du Mondégo se trouve la *Quinta das Lagrimas* et la fontaine des Amours; dans ce cadre charmant, que Camoëns a immortalisé par ses vers, se déroula la courte et touchante histoire d'Inès de Castro qu'aima l'Infant dom Pedro. Une source, ombragée par des saules pleureurs, coule à travers le riant jardin. Au fil de son eau, Inès confiait les billets adressés à son royal amant. C'est là, dit-on, que les ministres du roi la firent égorger. La source, admirablement pure, s'épanche sur des pierres à veines rouges, teintées, selon la légende, du sang de la victime. « Les nymphes du Mondégo, dit Camoëns, ont versé bien des larmes sur ce forfait et ces larmes alimentent la pure fontaine. Le nom qu'elles lui donnèrent et qu'elle porte aujourd'hui encore rappelle les tristes amours de la belle Inès. Elle a nom : les Amours, et chacune de ses gouttelettes est une larme. » Autour de Coïmbre s'étendent, semés dans la verdure, entourés de bosquets d'orangers, de riches vergers, des jardins fleuris, des villages riants et peuplés. Les cèdres et les pins y sont merveilleux; les moines de Cîteaux les importèrent du Liban et une bulle du pape en fit respecter la croissance.

Pombal, au sud de Coïmbre, est une petite ville de 4,500 habitants, qui renferme un vieux château romain, une chapelle des templiers et des traces d'architecture sarrasine; elle posséda longtemps le tombeau du marquis de Pombal, le plus grand homme d'État que le Portugal ait produit. Dans la Basse-Beira, Castello Branco, située sur la Liria, est un centre agricole et industriel de 6,000 habitants. Dans l'ouest, longeant le littoral, se déroule l'Estrémadure portugaise.

Leiria est sa ville septentrionale, ville aux demeures féodales. Des forêts de sapins l'entourent. Le roi Diniz, surnommé « le Laboureur », les fit planter pour arrêter la marche des sables chassés par les vents de l'Océan. Sur un énorme rocher dominant la ville se dresse un vieux château que bâtirent les Goths et sous lequel s'étendent de mystérieuses cavernes. « Il existe à Leiria, écrit Mme de Grouchy, des souterrains dont on voit l'entrée murée sur la place de l'Évêché. Il y a trois ouvertures; mais la tradition dit que derrière l'une des trois est enfermée la peste, derrière une autre la famine; derrière la troisième sont des trésors. La crainte, appuyée sur cette incertitude superstitieuse, est telle, qu'on ne trouverait pas dans le pays un ouvrier qui consentirait à mettre le marteau dans ces murs. » Plus rapprochée de la mer, Marinha-Grande doit à ses fabriques de verreries, qui alimentent le Portugal et ses colonies des produits de leur industrie, son activité commerciale.

Au sud, Alcobaça, arrosée par l'Alcoa et la Baça, fut autrefois une ville considérable; son antique monastère, encore debout, atteste l'importance d'Alcobaça, dont un écrivain portugais disait : « Ses cloîtres sont des villes; sa sacristie une église, son église une basilique. » Mme de Grouchy a décrit le couvent. « Il comptait toujours 999 moines ayant chacun son appartement avec chambre et cabinet donnant sur de vastes corridors. Une écurie contenait 400 bœufs. Une rivière, qui traverse le couvent, servait de vivier. Il existe encore des souterrains considérables, d'immenses greniers. Au centre de la cuisine se dresse une cheminée pyramidale. Autour sont disposées des tables de pierre de trente pieds de long, table aux viandes, table aux poissons, aux légumes, aux fruits. Le service se faisait à tous les étages au moyen de tours, et des canaux creusés sous le pavé de la salle distribuaient partout l'eau nécessaire. » Santarem, plus rapprochée de Lisbonne, qu'elle alimente de blé, de vins et d'huiles, compte 11,000 habitants et est en voie de prospérité. A 10 kilomètres en avant de Santarem, le Tage devient navigable. Au pied de la colline de Santarem, surnommée la *Merveille*, le fleuve déroule ses replis tortueux et ses îles verdoyantes. Il arrose les campagnes de Torres Novas, Almada, Caparica, Seixal, Barreiro, Arrentella renommée pour ses fabriques de draps, et débouche dans la vaste baie au long de laquelle, sur 10 kilomètres de façade, Lisbonne, étagée sur ses collines, se déploie en amphithéâtre.

C'est la capitale du Portugal et l'une des plus belles villes du monde. Située dans une position merveilleuse, elle offre, au premier abord, l'aspect d'une cité d'Orient, avec ses tours antiques et ses palais, ses anciens couvents et ses églises, ses coupoles et ses villas dont les revêtements de faïence étincellent au soleil, dans un cadre de végétation, sous une radieuse lumière. « Lisbonne, écrit M. J. Leclercq, est une de ces villes privilégiées qui ne perdent rien à être vues à la lumière du flamboyant soleil du Portugal. Elle a des rues larges et bien aérées, bordées de charmants trottoirs en mosaïque et admirablement alignées, malgré les inégalités du terrain ; des maisons hautes et bien bâties, de magnifiques places publiques que peuvent envier les belles capitales de l'Europe, de pittoresques perspectives se déroulent aux yeux du spectateur dans les parties élevées de la ville, enfin, un fleuve d'une beauté sans égale, large comme une mer. » Le fleuve a ici plusieurs kilomètres de largeur ; des centaines de navires se balancent sur sa nappe bleuâtre. Sur la rive opposée se déroule un panorama de collines verdoyantes, de villages, et, en le contemplant, on répète involontairement le dicton portugais :

> Quem nao vio Lisboa
> Nao vio cousa boa.

« Qui n'a pas vu Lisbonne n'a pas vu chose bonne. »

243,000 habitants peuplent cette ville dont la tradition fait remonter l'origine à Ulysse qui lui aurait donné le nom d'Olisippo qu'elle porta longtemps ; mais qui lui vient plus probablement des Phéniciens, signifiant dans leur langue : *baie délicieuse*. Dès le commencement du XIVe siècle, Lisbonne était déjà l'une des grandes villes de l'Europe, l'une des plus admirées par les étrangers. Le tremblement de terre du 1er novembre 1755 la détruisit de fond en comble et lui tua près de 40,000 habitants. Peu de désastres eurent autant de retentissement ; six secondes suffirent pour entasser ce colossal bûcher que le feu mit trois jours à dévorer. Tous les éléments semblaient conjurés contre la malheureuse ville ; au moment même où ses églises s'écroulaient, ensevelissant les fidèles attirés par la fête de la Toussaint, la marée montait, dépassant de quarante pieds son niveau habituel, entraînant avec elle des milliers de

LA PLACE DON PEDRO A LISBONNE.

fuyards, accourus sur la plage pour y chercher un abri contre les maisons qui s'effondraient.

Le marquis de Pombal releva Lisbonne. La ville moderne n'a conservé de celle qu'elle recouvre en partie que son aqueduc qui l'alimente d'une eau pure, l'Alviella, captée près de Santarem, et son monastère de Belem, perle d'architecture gothique que lui a léguée le moyen âge. « Les piliers qui en supportent la voûte s'élancent avec une légèreté et une hardiesse surprenantes à quarante mètres au-dessus du sol, et telle est cependant la solidité de leur construction qu'ils ont parfaitement résisté au tremblement de terre. Les vitraux tamisent sur ces blanches et sveltes colonnes un jour doux et mystérieux. Le cloître attenant à l'église est d'une merveilleuse beauté : il est formé de deux galeries superposées. Les piliers sculptés, fouillés comme une dentelle, les arceaux des fenêtres sont légers comme du filigrane. L'ensemble est un mélange de Renaissance, de gothique et de moresque du plus heureux effet. La pierre a cette belle teinte dorée que revêtent les monuments dans les climats où il ne pleut presque jamais. »

Autour de Lisbonne les châteaux de Ramalhao et de Quelus, l'Almada, ancienne forteresse, Cacilhas, offrent des points de vue magnifiques sur le fleuve et la campagne ; d'épais ombrages et des fleurs sans nombre, des bananiers et toute une végétation exotique font à la grande ville un cadre de verdure entre la mer à l'ouest et la serra de Cintra aux luxuriantes vallées. Cintra est la ville d'été de Lisbonne, la ville des bains et des brises vivifiantes. Elle possède une merveille, le château fortifié de la Pena. « On ne saurait, écrit Mme de Grouchy, faire une exacte description du château de la Pena, C'est un dédale de voûtes, de ponts-levis, de donjons, de chapelles, de cloîtres, de tourelles ; un entassement de sculptures, de marbres, de faïences vernies. L'œil s'y perd ; on se demande si l'on rêve, rien dans les contes arabes n'est aussi fantastique. C'est le tour de force le plus étrange, le plus étourdissant qu'on puisse imaginer. Le château est juché au sommet d'un pic ; sur la montagne qui lui sert de base se développe un parc de plusieurs lieues d'étendue, où les camélias, les myrtes, les bananiers, les géraniums forment des allées si épaisses que le jour pénètre à peine. Deux montagnes couronnées par les ruines immenses du château des Maures sont enclavées dans ce parc merveilleux auquel la mer sert de perspective. »

Près de là se trouve Torrès Vedras. Derrière les retranchements qu'il y éleva, Wellington, forcé de se replier devant Masséna, tint en échec l'armée française en 1810 ; couvert par 700 bouches à feu, il repoussa l'attaque de Junot contraint d'évacuer le Portugal. Cette victoire, due à la ténacité et à la prévoyance de celui que les Anglais surnommèrent l'*Iron Duke*, le duc de fer, valut à Wellington le titre de marquis de Torrès Vedras.

Au sud de Lisbonne, séparée d'elle par le promontoire de Barreiro, s'ouvre la baie de Sétubal. La ville qui lui donne son nom est l'une des plus commerçantes du Portugal et renferme 16,000 habitants. Sétubal est connu par ses salines du Sado qui produisent annuellement plus de 200,000 quintaux d'un sel estimé le meilleur de l'Europe. Elle exporte également des vins blancs très appréciés et de grandes quantités de ces petites oranges dites mandarines dont la consommation s'accroît chaque année.

Située à l'est de Lisbonne, la province d'Alemtejo renferme peu de grands centres; les plus importants sont Portalègre, ville frontière et place forte; Elvas, peuplée de 12,000 habitants, position stratégique de premier ordre, couverte par les forts Sainte-Lucie et de la Lippe, que l'on dit inexpugnables. Au sud d'Elvas se déroule la serra de Ossa, au delà de laquelle s'ouvrent les plaines monotones de Béja, et les champs d'Ourique, où 200,000 Maures succombèrent sous les coups des Portugais. Le contraste est grand entre ces plaines mamelonnées et presque désertes de l'Alemtejo et les verdoyantes campagnes de l'Estrémadure portugaise. C'est une autre région, uniforme et triste, portant encore les traces des luttes passées, abreuvée de plus de sang qu'elle n'en pouvait boire, désolée et presque sans culture, semée de rares bouquets de pins maritimes et de chênes-lièges, débris de ses primitives forêts.

Au-dessous d'Evora, la végétation reparaît; la plaine se recouvre d'orangers, de figuiers, d'oliviers. Evora, vieille ville romaine, renferme 14,000 habitants. Ainsi qu'Elvas, c'est une place forte, chef-lieu de la province. Sertórius y résida et la fortifia; César en fit un municipe. Aujourd'hui, c'est une ville industrielle, centre d'un trafic important d'étoffes de laine, de quincaillerie et de peaux tannées. Plus loin, Estremoz fabrique des poteries et exploite ses carrières de marbre.

Plus au sud, Béja offre de nouveau l'aspect monotone de la plus grande partie de l'Alemtejo. Les plaines qui l'entourent sont fertiles mais déboisées, cultivées bien que peu peuplées, à peine compte-t-on ici 14 habitants par kilomètre carré, alors que dans le nord, à Braga, la densité de la population s'élève à près de 120. Béja, elle-même, tout chef-lieu de district qu'elle soit, siège d'un diocèse, quartier militaire, ne renferme que 3,500 habitants. Son commerce se borne aux produits agricoles de la région et aux productions de ses fabriques de poteries.

Entre Béja et Faro, Sao Domingos, il y a peu d'années hameau inconnu, s'étend et grandit grâce à ses gisements de cuivre qu'exploitent des compagnies anglaises et dont elles extraient plus de 100,000 tonnes de minerai à l'année. Au sud, le sol se relève; la serra de Monchique déroule sur 60 kilomètres, de l'est à l'ouest, ses riants points de vue et ses forêts de châtaigniers; elle domine les plaines de l'Algarve qu'elle abrite des vents du nord. Les oliviers, les dattiers, les agaves et les cactus, les palmiers nains reparaissent et prospèrent sous un ciel plus chaud et dans une température moyenne de 17 degrés. Loulé est une des villes importantes des Algarves. Une luxuriante végétation couvre sa plaine et envahit les flancs des montagnes; Loulé compte 14,500 habitants. Faro est le chef-lieu du district et le port principal de cette extrémité du royaume, malgré son peu de profondeur d'eau. On exporte de Faro des vins et des fruits, des salaisons, thons et sardines, et aussi des huîtres. Les femmes y fabriquent des dentelles assez estimées.

A l'ouest de Faro, le cap Saint-Vincent, point extrême du Portugal, projette en relief puissant son promontoire, effilé comme la proue d'un vaisseau. Les anciens y virent l'extrémité du monde, l'*éperon du navire d'Europe*, « le cap sacré ». De son

sommet, disaient-ils, l'orbe du soleil couchant apparaissait immense et le spectateur,
ébloui et terrifié, entendait le bruit formidable de l'astre de feu plongeant dans la mer.
« Les Dieux, dit Artémidore, s'arrêtaient la nuit sur le cap sacré et y goûtaient le repos
après les fatigues de leurs longs voyages à travers le monde. »

Au pied du mont sacré, Lagos fut le point de départ des expéditions maritimes sur
les côtes occidentales de l'Afrique ; il fut aussi le centre du trafic des esclaves que les
navigateurs portugais y ramenaient. Détruite par le tremblement de terre de 1755,
Lagos s'est relevée de ses ruines. C'est aujourd'hui une petite ville de 5,500 habitants,
active et industrieuse, à laquelle ses vins et ses pêcheries procurent une assez large
aisance.

A 47 kilomètres de Lagos, et à la pointe même du cap, Sagrès, ainsi nommée du cap
sacré, est une petite place maritime fortifiée. De Sagrès partirent les hardis navigateurs cherchant par le sud de l'Afrique une voie nouvelle vers les Indes. « Les pêcheurs
de Sagrès, dit un vieux poète portugais, rêvèrent longtemps de jeter leurs filets sur le
monde de l'Océan. » Dans ces filets, ils prirent les Açores et Madère, ces dépendances
du Portugal par lesquelles nous terminerons cette étude.

LES ILES AÇORES

Elles sont au nombre de neuf, par 38,38 degrés de latitude nord et 29,32 de longitude ouest, à 300 lieues au large des côtes du Portugal qui les découvrit en 1431 et s'en
empara vers 1450. Les nuées d'autours ou de milans qui en signalèrent le voisinage
aux explorateurs leur firent donner par eux le nom d'Açores. Au point de vue de la flore,
aussi bien que de leur distribution géographique, les Açores se divisent en trois
groupes principaux. Le groupe oriental constitué par les îles San Miguel et Santa Maria,
offre la végétation la plus variée ; le groupe moyen comprend : Terceira, Fayal, Pico,
Graciosa et San -Jorge ; enfin le groupe occidental : Florès et Corvo. Notons à ce sujet
que le nombre des espèces végétales diminue dans ces îles à mesure que s'accroît la
distance de l'Europe.

D'origine volcanique, les Açores ont été fréquemment dévastées par les éruptions
volcaniques et les tremblements de terre, mais les cendres et les scories désagrégées
par les influences atmosphériques ont constitué un sol d'une incomparable fertilité. Sur
une superficie de 2,388 kilomètres carrés, les Açores possèdent une population de
270,000 habitants. Paisibles et de mœurs simples, ils vivent à l'aise, sans industrie et
uniquement adonnés aux travaux agricoles, surtout à la culture de l'oranger dont ils
exportent chaque année des millions de fruits en Angleterre. L'oranger fut l'un des
premiers arbres exotiques que les Portugais plantèrent dans l'île, car la chronique de Fructuosa qui remonte au xvie siècle fait mention d'une *quinta*, près
de Ponta Delgada, qui possédait déjà une centaine de très beaux orangers dont on

vendait les fruits par charretées à la ville, et des fleurs desquelles on extrayait une grande quantité d'essence.

San Miguel, la plus grande et la plus peuplée des Açores, puisqu'elle renferme 100,000 habitants, est le centre de ce commerce important qui a Ponta Delgada pour port. Suivant les temps, les écarts des prix sont considérables; il y a quelques années on vendait à San Miguel, en pleine saison, les oranges au prix de 25 francs le mille, les frais de cueillette, d'emballage et de transport à la charge de l'acheteur; on a vu ce prix tomber jusqu'à 9 francs en 1840. San Miguel n'expédiait encore que 60 à 80,000 caisses d'oranges en Angleterre, 175,000 en 1850, 600,000 en 1872.

Couvertes d'épaisses forêts à l'époque où Gonzalès Velho de Cabral les découvrit, les Açores furent, pendant trois siècles, déboisées sans aucun souci de l'avenir, à tel point que l'on en était réduit à faire venir du Portugal le bois nécessaire pour la confection des caisses d'oranges. Depuis, grâce à l'intelligente et persévérante initiative de M. Jose de Canto, grand propriétaire, le reboisement des collines, poursuivi avec activité, a donné de merveilleux résultats complétés par la création de vastes jardins botaniques où sont aujourd'hui réunis d'innombrables spécimens des plantes de toutes les parties du monde qui trouvent aux Açores un terrain favorable et d'excellentes conditions climatériques.

Le maïs est l'une des principales ressources des îles. Il rend, dit-on, 40 pour un, et le blé 25 pour un. Une culture de luxe qui prend chaque année plus d'extension est celle de l'ananas. Ce fruit réussit très bien en pleine terre; dans des galeries vitrées il acquiert un volume considérable et une saveur parfaite. Aussi, depuis plusieurs années a-t-on édifié à Ponta Delgada d'immenses serres dont les frais de construction ont été couverts par la première récolte.

Par contre, deux cultures spéciales, très florissantes aux Açores, ont aujourd'hui disparu : celle de la canne à sucre anéantie par la concurrence du Brésil et la rareté du combustible nécessaire à l'évaporation des sirops, et aussi celle du pastel, *isatis tinctoria*. Introduite vers 1500, dans l'archipel par un capitaine de San-Miguel, allié de la famille normande de Béthancourt, elle fut la source de grandes fortunes. La France, l'Angleterre et les Flandres absorbaient alors jusqu'à 10 millions de kilogrammes de cette précieuse matière tinctoriale que l'indigo supplanta. Dès 1639 l'exportation cessa et, avec elle, la culture du pastel.

La mer autour des Açores n'est pas moins riche que la terre, et la pêche est aussi fructueuse que l'agriculture. Les murènes abondent sur les côtes méridionales et, parmi les espèces voyageuses, les bonites se montrent par milliers au début de l'automne. On les vend jusqu'à 10 et 15 centimes la pièce à Ponta Delgada, et en certaines années on en pêcha de telles quantités qu'on dut les employer, faute de consommateurs, comme engrais. Le thon, très abondant aussi, sert à la nourriture des classes pauvres. La pêche du cachalot fut aussi des plus lucratives, mais depuis quelques années ces cétacés, poursuivis et dispersés, ne se montrent plus qu'en petites bandes.

Ponta Delgada, capitale des Açores, est une jolie ville de 16,000 habitants. Ribeira et Villafranca sont, après elle, les deux principaux centres de l'île San Miguel. La popu-

LE CHATEAU DE LA PEIGNA.

lation de Ribeira est d'environ 12,000 âmes. L'île Sainte-Marie, n'en compte que 7,000
et mesure quatre lieues de longueur sur trois de largeur. Terceira, plus étendue, a
40,000 habitants. Angra, sa capitale, est une résidence délicieuse, située au bord de la
mer dans un vaste amphithéâtre de montagnes boisées, de collines cultivées, de champs
et de riches vergers. Les navires qui se rendent du Portugal aux Indes ou au Brésil
font escale à Angra d'où s'exportent les vins et les céréales.

A huit lieues de Terceira on relève l'île Saint-Jorge, au sol inculte et pierreux dans
le nord, fertile dans sa partie méridionale. Elle contient 19,000 habitants. Plus petite
et moins peuplée, l'île Graciosa produit au delà de ce que consomment ses 10,000 habitants. Son chef-lieu, Santa-Cruz, ne possède qu'une rade ouverte, unique mouillage
de l'île. L'île de Fayal est plus favorisée ; Horta, son port, est l'un des meilleurs du
groupe et très fréquenté. Fayal est riche en céréales, en orangers en citronniers et en
porcs. On y compte 20,000 habitants. L'île de Pico en possède 25,000 ; c'est la plus
grande de l'archipel, mais non la plus fertile, les éruptions volcaniques y sont de
date plus récente. Elle produit toutefois d'excellents vins qui se vendent sous le nom de
vins de Madère et dont on exporte chaque année de 8 à 10,000 pipes. Villa da Laguna
est son chef-lieu et son port. L'île de Florès, peuplée de 20,000 habitants, est, elle aussi,
riche en vins ; elle produit en outre des céréales et du lin. Corvo n'a que 1,000 habitants et mesure seulement 13 kilomètres d'étendue.

MADÈRE

Entrevue dès 1344 par un navigateur anglais, découverte et visitée en 1418 par les
Portugais qui en prirent possession, l'île de Madère est restée entre leurs mains, sauf
de 1801 à 1814, période pendant laquelle l'Angleterre l'occupa. Lors de la pacification
de 1815, elle fit retour au Portugal. Merveilleusement boisée à l'époque de sa découverte,
Madère reçut des premiers explorateurs le nom de *Madeira*, bois, qu'elle a gardé
depuis, bien que l'incendie de 1421, qui dura, dit-on, sept annnées, ait complètement
anéanti l'immense forêt qui la recouvrait. Ce désastre ne fut pas toutefois sans com-
pensation ; l'amas de cendres résultant de l'incendie donna au sol une extraordinaire
fertilité et contribua puissamment à doter Madère de l'industrie qui, longtemps, l'enrichit. Les ceps de vigne importés de Chypre en 1445 s'acclimatèrent promptement et
fournirent un vin d'un arôme particulier, très apprécié et très recherché des connais-
seurs, et dont on récolta jusqu'à 25,000 pipes par an. Connu dans le monde entier sous
le nom de vin de Madère, et sous les dénominations de madère sec, madère malvoisie
et madère doux, ce produit régna longtemps sur le marché anglais. Depuis, les
ravages de l'oïdium ont à peu près anéanti la culture de la vigne.

Située au sud-est des Açores et au nord des Canaries, par 19° 16' de longitude ouest
et 32° 20' de latitude nord, l'île de Madère est à 160 lieues marines de Lisbonne à
laquelle la relie une ligne régulière de paquebots à vapeur. Sur une superficie de

815 kilomètres carrés elle possède une population de 118,500 habitants. De forme triangulaire, Madère est d'origine volcanique, un vaste cratère éteint dressant au long de ses côtes de puissantes falaises et de formidables escarpements de laves refroidies. A l'intérieur, l'île est hérissée de montagnes qui atteignent leur point culminant au pic de Ruyro, d'une altitude de 1,900 mètres.

En partie reboisée depuis l'incendie de 1421, l'île de Madère, renommée pour la douceur et l'égalité de sa température, est devenue une station hivernale anglaise. La végétation, extrèmement variée, offre à profusion des fleurs et des fruits; à côté des essences forestières d'Europe, croissent les arbres des régions chaudes. Depuis que l'oïdium a détruit la principale culture du pays, on s'est ingénié à la remplacer par les cultures tropicales, les orangers et les citronniers et aussi la canne à sucre, introduite par don Henrique et qui donna jusqu'à 20,000 quintaux par an. Ici, toutefois, comme aux Açores, on ne saurait lutter contre la concurrence du Brésil. Madère produit quelques céréales, mais en quantité très insuffisante, à peine le cinquième de sa consommation.

Funchal, capitale de l'île et résidence des malades étrangers, est une ville de 15,000 âmes, coquette et charmante, vue de la mer. L'affluence des Anglais a beaucoup contribué à l'embellissement de Funchal et au confort de ses hôtels.

« L'aspect général de Madère, écrit le docteur Garnier, est majestueux et imposant. Sur des montagnes dépassant 6,000 pieds et d'une pente parfois très rapide, s'étend un immense rideau de verdure formé par de riches vignobles, des vergers de citronniers et d'orangers et d'autres plantations où se confondent les végétaux des tropiques avec ceux d'Europe. Des pics isolés, des rochers formidables et d'énormes talus de basalte d'une part, de l'autre, de profondes excavations, des ravins, des précipices, des chutes d'eau, des cascades et des rivières, au cours sinueux, descendant de la cime des montagnes jusqu'à l'Océan, en roulant leurs eaux comme des torrents et avec fracas sur ce sol bouleversé, accusent les déchirements et les épouvantables convulsions dont cette terre a été l'objet. La ville de Funchal est située au pied de ce gigantesque amphithéâtre et s'élève dans un vaste hémicycle avec une apparence modeste, riante et gracieuse. Aucun monument remarquable ne s'en détache; mais les maisons blanches assises près du rivage contrastent avec les teintes rembrunies des roches basaltiques environnantes, de même que les élégantes et nombreuses villas dispersées coquettement sur les hauteurs se détachent admirablement de la végétation luxuriante des jardins dont elles sont entourées. Les deux coupoles de l'église de Notre-Dame del Monte, s'élevant au-dessus de la ville, produisent surtout un effet saisissant. Aussi, l'Européen, abordant en hiver, ne peut se défendre d'un sentiment d'enthousiasme et d'admiration. C'est la profusion et la magnificence des tropiques, un ciel azuré, un soleil brillant, l'Océan bleu et limpide. »

On a noté, non sans raison, le caractère doux, pacifique et bienveillant des habitants de l'île de Madère. Les vols sont rares dans l'île et les crimes presque inconnus ; la vie y est simple et peu coûteuse. Au nord-ouest de Madère, la petite île de Porto-Santo renferme environ 4,000 habitants; elle produit des céréales et des vins ordinaires.

Outre les Açores et Madère, le Portugal possède, en Afrique : les îles du Cap-Vert, les établissements de Sénégambie et de Guinée, les îles de Saint-Thomé et du Prince, et enfin les vastes établissements d'Angola et de Mozambique, soit une superficie vingt fois supérieure à celle de la métropole : 1,800,000 kilomètres carrés, peuplés seulement de 2,500,000 habitants. En Asie, le Portugal détient : dans les Indes, Goa et Diu ; sur la côte de Chine, Macao. Nous les avons décrits dans notre premier volume. En Océanie, de ses vastes possessions, il n'a gardé que Timor, dans les îles de la Sonde.

Par sa situation géographique, par l'inclinaison de son sol le Portugal semble tourner le dos à l'Europe. Orienté vers l'Atlantique et le Nouveau-Monde, il a résolument suivi cette orientation, il s'est voué aux entreprises maritimes, au commerce lointain. Dans cette voie, il eût obtenu de grands résultats si la fortune adverse et la politique ne lui eussent enlevé ses plus riches colonies. Il n'en joua pas moins un grand rôle ; il en a conscience et souvenir, et ses efforts pour affranchir son commerce de l'influence anglaise et lui donner l'essor qu'il comporte dénotent une vitalité vigoureuse.

On évalue à 51 0/0 la partie cultivée du sol. La récolte des céréales est insuffisante pour la consommation locale ; par contre, celle des vins donne lieu à une exportation considérable. En 1888 le Portugal a exporté 1,438,000 hectolitres de vins ordinaires, 268,000 de vins de Porto et 24,000 de Madère, représentant une valeur totale de plus de 75 millions de francs. Le liège, l'huile d'olives, les fruits, les minerais, le sel alimentent aussi son commerce étranger.

La Grande-Bretagne y tient le premier rang avec un chiffre de 132,400,000 francs pour 1888. Viennent ensuite, par ordre d'importance : la France, les États-Unis, l'Allemagne, l'Espagne, le Brésil, la Belgique. La marine commerciale du Portugal comprenait, au 1er janvier 1889, 433 navires, dont 43 à vapeur, jaugeant 76,906 tonnes. La marine de guerre présentait un total de 37 bâtiments à vapeur portant 136 canons, et 20 navires à voiles. L'armée se compose, en temps de paix, de 33,294 soldats et officiers. En temps de guerre l'effectif peut être porté à 150,000 hommes d'infanterie, 12,000 de cavalerie et 264 pièces d'artillerie. L'armée coloniale compte 8,880 hommes de troupes régulières, non compris l'effectif indigène.

Le pont de Porto.

Une vallée dans les Alpes

II. — LA FRANCE

Adossée, au sud, à l'épaisse muraille des Pyrénées qui la sépare de l'Espagne, à l'est, au massif des Alpes, nœud du système orographique de l'Europe, la France offre l'aspect d'un vaste plan incliné vers l'Océan. Des cimes des Alpes, le sol se déroule en pente vers l'Atlantique, vers l'embouchure de l'Adour. Des crêtes des Pyrénées il s'abaisse et fuit dans la direction du nord-ouest, vers les landes et les plages océaniennes.

Au centre : un plateau central, d'altitude moyenne, appuyé aux Cévennes. La longue et large vallée creusée par les eaux du Rhône et de la Saône le sépare des Alpes et du Jura. La Garonne, au sud, l'isole des Pyrénées ; au nord, la Loire décrit autour de lui sa vaste courbe.

Inclinée vers l'ouest, la France se redresse au nord, déroulant du côté de la Manche ses plaines de l'Artois, de la Picardie et de la Normandie ; au sud, où elle déverse dans la Méditerranée les eaux des Alpes et du massif central. Dans son équilibre stable, dans sa merveilleuse structure qu'admirait Strabon, elle résume en elle l'orientation centrale de l'Europe à laquelle la soude sa longue frontière de l'est et qu'elle relie à l'océan ; par sa configuration géographique elle confine en outre à la Méditerranée et à la Manche, à la mer intérieure, berceau de la civilisation européenne, et à l'étroit passage qui, des mers du nord, mène à la grande mer ouverte.

Sur ces trois mers, elle déroule ses trois façades maritimes, mesurant : sur la
Méditerranée 615 kilomètres de plages, 1,385 sur l'Atlantique, 1,120 sur la Manche.
Entre ces trois mers elle est la route la plus directe et la plus courte, le point de
transit indiqué. Un canal navigable de Bordeaux à Cette mettrait en communication
directe l'Océan et la Méditerranée, éviterait aux navires le long détour par les côtes
d'Espagne et de Portugal et par le détroit de Gibraltar. Son tracé est tout indiqué; il
n'est autre que la grande voie historique et séculaire de tout temps suivie par les
migrations des peuples.

Peu de pays sont, à cet égard, aussi bien partagés que la France. Autour du massif
central, sorte de camp retranché dans lequel Vercingétorix tint César en échec, les
grandes voies naturelles se déploient largement ouvertes. Du littoral méditerranéen,
par lequel la civilisation s'est introduite dans les Gaules, l'une, celle de l'ouest, par
Narbonne, Carcassonne, Toulouse, Agen, Bordeaux, rejoint l'Océan; obliquant à l'est,
par Angoulême et Poitiers, elle remonte au nord ; par Angers et Nantes, elle about-
tit encore et plus au nord à l'Atlantique; par Tours, Blois et Orléans elle débouche
dans les plaines septentrionales. Parallèlement à elle, la route de la vallée du Rhône,
plus à l'est, remonte en ligne droite jusqu'à Lyon, atteint Chalon-sur-Saône, contourne
le plateau de Langres, et, par Dijon et Troyes, gagne la Champagne. Dans ces larges
sillons tracés par la nature, sur ces grandes voies des migrations et du trafic, les races
descendant du nord ou remontant du sud, se rencontrèrent, luttèrent ou fusionnèrent.
Elles y campèrent en attendant de s'y fixer, et la distance qui sépare l'un de l'autre les
centres importants correspond aux étapes normales successivement franchies.

Au sud abordèrent les Phéniciens, mais ils ne firent qu'effleurer le littoral. Peuple
maritime et commerçant, ils fondaient des comptoirs et des villes, mais rarement s'a-
venturaient dans l'intérieur des terres. Pionniers de la civilisation, ils la semaient sur
les plages; plus soucieux de s'enrichir que de conquérir, ils s'étudiaient à vivre en
paix, à se faire tolérer, accepter. L'histoire en main, on peut suivre au long du littoral
leur zone de pénétration; elle est étroite et ne dépasse pas Nîmes. Plus hardis et plus
entreprenants, les Grecs remontèrent plus haut et surtout s'étendirent en largeur, de
Nice à Marseille, multipliant leurs comptoirs, beaux parleurs et beaux conteurs, sachant plaire et charmer, ainsi que le prouve leur légende de la fondation de Marseille.
Euxène, racontent-ils, était un marchand de Phocée. Il aborda avec son navire à peu
de distance de l'embouchure du Rhône, sur les terres de Nann, chef des Ségobriges.
Nann avait une fille. Au repas que le chef offrit au marchand, Euxène, par ses
récits, charma la jeune vierge; se levant à la fin du banquet, elle apporta à Euxène
une coupe pleine, symbole du choix qu'elle faisait de lui pour son époux. Nann y
souscrivit et fit don aux futurs époux du golfe où Euxène avait débarqué et où s'éleva
Marseille.

Après les Phéniciens et les Grecs, apparaissent les Romains, soldats, législateurs et
administrateurs, race puissante et dure qui pétrit et façonna la Gaule, comme elle
pétrit et façonna le monde ancien. Le littoral ne lui suffisait pas et le commerce ne la
satisfaisait pas. Il lui fallait plus et mieux, le sol même des Gaules; César et dix

légions la lui donnèrent, non sans peines et sans luttes. Quand ils s'enfoncèrent dans les vastes et profondes forêts de la Gaule, ils se heurtèrent à une autre race que celle qui peuplait les côtes et dont le contact avec les Phéniciens et les Grecs avait affaibli l'ardeur belliqueuse. Cette race, César et les historiens romains l'ont décrite en quelques lignes saisissantes : « Race indomptable et indomptée qui ne fait pas la guerre seulement aux hommes, mais qui défie encore la nature et les dieux. S'il tonne, ils lancent des flèches contre le ciel; ils s'arment contre la tempête et, l'épée à la main, ils s'avancent au-devant des fleuves débordés, à l'encontre de l'océan mugissant. »

Quelle était cette race décrite par Diodore de Sicile ; quels ces hommes de haute taille, à la peau blanche et aux cheveux blonds, à la voix retentissante, à l'aspect effrayant, menaçants et hautains, braves et méprisant la mort, francs, simples et généreux, auxquels se heurtait Rome conquérante? Ils venaient du nord; tout l'indiquait : leur teint, leurs traits, leur taille, leurs blondes moustaches, leur parler rude. Par les routes septentrionales, et bien avant l'invasion romaine, ils avaient débordé sur la Gaule. Descendaient-ils des Aryens, venaient-ils de l'Asie occidentale? On l'ignore, mais leurs ancêtres avaient séjourné dans la vallée du Danube, point de jonction de l'exode aryen. Puis les traits caractéristiques notés par Diodore n'étaient pas généraux à l'ensemble; César parle de plusieurs peuples et de plusieurs races; les historiens prirent comme type la plus vaillante et la plus résistante, celle dont la soumission finale consacra la conquête et termina la lutte.

La Gaule n'était donc pas une, et ce défaut d'unité explique la victoire de Rome. Celtes, Ibères et Belges occupaient ce sol, divisés eux-mêmes en centaines de tribus. Le puissant mouvement d'impulsion qui, des rives du Danube aux plages de Bretagne, les avait entraînés, avait depuis longtemps cessé. Force fut de s'arrêter, la terre manquait. Par delà la Bretagne, l'Océan se déroulait, immense. Tentèrent-ils de le franchir? Peut-être, car, tournoyant sur eux-mêmes, remontant au long des côtes, cherchant une issue, quand, des falaises de l'Artois, ils aperçurent celles de la Grande-Bretagne, sans hésiter, ils passèrent le bras de mer et, poussant droit devant eux, ne s'arrêtèrent plus que le jour où du haut des promontoires de l'Écosse, ils virent les froides et houleuses mers du nord, et, des vertes côtes d'Irlande, l'interminable Atlantique.

Sur le sol des Gaules, Rome se superposa aux races soumises, aux Celtes et aux Ibères, aux Belges et aux Kymris, de même que sur le littoral, la civilisation romaine se superposa aux civilisations antérieures de la Phénicie et de la Grèce; mais ici, non plus qu'ailleurs, Rome ne se substitua aux races ni aux civilisations vaincues. Elle les domina, les assujettit, mais il n'y eut pas fusion. Rome était dépourvue de ce génie profondément humain et sympathique qui, avec l'aide du temps, fait des vainqueurs et des vaincus une seule et même nation, par les alliances mêle le sang, par la douceur panse les plaies, et désarme les rancunes. Elle encadra et disciplina la race, la plia à ses habitudes administratives, lui enseigna son droit et lui appliqua ses lois; sa civilisation recouvrit celles qui l'avaient précédées, mais ne les effaça pas. Aussi, quand l'Empire croula, vit-on se produire dans les Gaules le même phénomène que dans le

monde entier : la race vaincue reparaissant telle qu'elle était, ne gardant de Rome et
de sa longue domination que ce qui était conforme à son propre génie.

Nulle part, toutefois, cette brusque évolution n'est aussi sensible. Province romaine
par excellence, la première conquise et la plus longtemps soumise, la Gaule affranchie
se ressaisit et, dès le premier jour, les tendances comprimées s'accusent; sous l'apparente uniformité, la variété renaît et les contrastes s'accentuent. On reconnaît alors que
si Rome a laissé sur ce sol durant quatre siècles occupé par elle une empreinte qui
subsiste encore, elle n'a laissé toutefois que ce que les vaincus s'assimilèrent volontai-
rement et acceptèrent librement : son droit et ses lois, sa langue et quelques-unes de
ses coutumes; mais que, vivace et forte, la civilisation grecque primait la sienne sur le
littoral et se substituait à la sienne que la force n'imposait plus. Le Midi est resté grec
si le nord est resté gallo-romain.

Après Rome, les Sarrasins. Ce fut la dernière invasion par le sud. Elle pénétra
jusqu'aux rives de la Loire et, promptement, dut reculer; elle se maintint longtemps
sur le littoral du sud-est, mais, sauf dans le Midi, mêla peu son sang à celui des
Gaulois. C'est par le nord que d'autres éléments ethniques pénètrent désormais. Au
Midi, semble-t-il, l'œuvre d'élaboration et d'assimilation est terminée, la race est fixée,
le type est constitué.

Dans le Nord il flottait encore. Par l'est, frontière ouverte, les migrations se
succédaient. Francs et Visigoths, Burgundes et Germains, déjà imprégnés du génie
de Rome, à demi-façonnés par elle dont l'influence était grande dans la Gaule-Belgique,
pénétraient en groupes armés, en tribus distinctes d'origine, mais ayant avec les
premiers occupants des traits communs, des analogies de goûts et d'instincts. La
transformation fut lente, mais régulière; seuls les pirates scandinaves descendus du
nord, ravageurs des côtes, puis s'y établissant et, sous le nom de Normands, les
peuplant, introduisirent, dans ces éléments ethniques un facteur différent, d'une
assimilation plus lente et dont le type plus accentué subsiste encore parmi les populations de l'ancienne Neustrie.

Au sud-ouest existait une autre zone de pénétration. A leurs deux extrémités, les
Pyrénées s'infléchissent, abaissant leur barrière entre la France et l'Espagne, faciles
d'ailleurs à contourner par mer. Par ces voies l'élément espagnol s'infiltrait, remontant au long des côtes de l'Atlantique par le Béarn, par Bayonne vers Bordeaux, puis au
long du golfe du Lion, par le Roussillon, vers Perpignan et Narbonne. Mélangé de sang
maure, arabe et africain il modifia, par les croisements, le type primitif des populations de cette partie du Midi, type demeuré si distinct de celui des races provençales
du littoral de l'est.

Si cette variété ethnologique retarda la formation de l'unité nationale et la
fusion des races, par contre elle a puissamment contribué à donner au génie français
cette universalité et cette étendue, cette souplesse et cette diversité qui sont ses traits
caractéristiques. Chacune de ces races apportait au fonds commun son élément
individuel, ce facteur irréductible qui résiste à toutes les épreuves et qu'un peuple ne
perd qu'en cessant d'exister. De ces facteurs divers, tempérés, modifiés par le temps

et les événements, s'est dégagé le facteur général ; à ces facteurs divers.la France a pu faire appel et, selon les temps et les circonstances, selon la tàche à accomplir ou le péril à repousser, recourir au génie subtil et délié du Midi, à la froide raison du Nord, à l'intrépidité de l'Est, opposer la maritime Bretagne à la maritime Angleterre, la Provence à l'Italie, les bataillons du Centré, ceux de la Normandie, de la Picardie et du Dauphiné à l'Allemagne, Lyon à Genève, la Flandre et l'Artois à la Belgique.

Dans la langue, la même variété a prévalu, scindant la France en deux parties à peu près égales aussi longtemps que l'influence du Midi a contrebalancé celle du Nord. La langue d'Oc dans le sud et la langue d'Oil dans les régions septentrionales se faisaient équilibre. De leur fusion est née la langue française, la plus claire et la plus précise, la plus usitée dans les actes diplomatiques, la plus universellement répandue parmi les classes éclairées de tous les pays, la plus souple et la plus expressive. Comme la race elle-même dont elle reflète le génie, dont elle exprime et propage les idées, elle réunit les contrastes du Nord et du Midi. Par elle, par cet instrument fidèle, la France a conquis dans le domaine intellectuel son rang éminent.

Aussi merveilleusement douée qu'admirablement équilibrée, la France, pendant douze siècles « le soldat de Dieu », a été, dans l'Europe moderne, le plus puissant foyer de civilisation qui ait existé depuis Athènes et Rome. Aucun grand événement ne s'est accompli auquel elle n'ait pris part, aucune grande évolution ne s'est effectuée qu'elle n'ait préparée et élaborée. Si parfois, au cours de sa longue existence, son éclat a pu pâlir, ce ne fut jamais que pour un temps. Elle a trop vécu pour croire aux malheurs irréparables, aux défaites sans lendemain. La fortune inconstante ne lui a ménagé ni les élévations vertigineuses, ni les épreuves douloureuses. Mais elle sait que la fortune n'abandonne jamais les nations qui ne s'abandonnent pas elles-mêmes et, qu'à se rendre compte des fautes commises, on est en bonne voie de les réparer.

Sur une superficie de 536,408 kilomètres carrés, la France renferme une population de 38,218,903 habitants. Elle est baignée, au nord, par la Manche et la mer du Nord, à l'ouest par l'océan Altantique, au sud par la Méditerranée. Les Pyrénées, au sud-ouest, la séparent de l'Espagne sur une longueur de 570 kilomètres. A l'est elle confine à l'Italie sur 410 kilomètres, à la Suisse sur 396, à l'Allemagne sur 320, à la Belgique sur 460. Ses côtes mesurent 3,120 kilomètres ; ses frontières terrestres ont 2,156 kilomètres de développement.

Terre méditerranéenne et océanienne, ses trois grandes façades maritimes font face à l'Angleterre au nord, à l'Afrique au sud, à l'Amérique à l'ouest. Sur trois côtés, elle est solidement abritée par la mer. Au sud-est les Alpes la couvrent ; au nord-est sa frontière fréquemment remaniée et dépourvue de base naturelle est ouverte. Ce fut la voie des grandes migrations, la pente inclinée qu'elles suivirent, le large seuil d'accès par lequel elles pénétrèrent. Par là, l'Europe l'envahit, par là, la France déborda sur l'Europe.

Comme superficie elle est le quatrième des États du continent, comme population elle occupe le troisième rang, comme densité de population le sixième. Son commerce lui assigné le troisième rang; après l'Angleterre qui lui est très supérieure, et l'Allemagne qui la dépasse de bien peu.

Si, géographiquement, elle est à l'extrémité ouest de l'Europe, elle n'en occupe pas moins une position centrale par rapport aux mers, puisque seule elle confine à la fois à la Méditerranée, à l'Atlantique et aux mers septentrionales, et que par sa situation elle est limitrophe de l'Espagne, de l'Italie, de la Suisse, de l'Allemagne, de la Belgique et n'est séparée de l'Angleterre que par un étroit bras de mer. De là, ses longues guerres et ses dangers, de là aussi son influence et sa grandeur. Politiquement et intellectuellement elle est au centre du mouvement des idées; elle est ce centre.

Son relief orographique est moyen, comme sa superficie et son climat. Ses montagnes intérieures sont d'une élévation médiocre. Les hautes chaînes, les massifs de grandes proportions se déroulent à ses extrémités et forment ses barrières. La clef de voûte de l'architecture montagneuse de l'Europe, les Alpes, que nous avons en partie décrites dans notre étude de l'Italie, étendent leurs ramifications puissantes et leur ossature rocheuse au sud-est. Les massifs du Viso et du Pelvoux atteignent et dépassent 4,000 mètres d'altitude; les Alpes Mauriennes en mesurent plus de 3,000 et le géant des Alpes, le mont Blanc, aujourd'hui français, s'élève à 4,810.

Si étendue que soit cette barrière des Alpes qui se déroule jusqu'aux Apennins, si formidable qu'elle paraisse, elle est pénétrable; les gorges et les vallées qui la sillonnent ont servi de routes aux peuples et aux armées, aux émigrants et aux traficants qui, de tout temps, par elles, ont passé de France en Italie. Bien autrement inabordables sont les Pyrénées qui n'offrent qu'un seuil d'accès difficile vers le milieu de leur chaîne, et que l'on contourne à leurs extrémités faute de les pouvoir forcer. D'altitude bien inférieure à celle des Alpes, les Pyrénées n'offrent pas un aspect moins grandiose. Bien que leur hauteur moyenne n'excède pas 1,200 mètres, les pics du Vignemale, du mont Perdu, du Posets, du Néthou dépassent 3,000 mètres; le Canigou dresse dans les airs sa cime étincelante que l'on aperçoit de France et d'Espagne, de Barcelone et de Montpellier, d'Aigues-Mortes et même de Marseille dont 300 kilomètres le séparent.

Le Jura franco-suisse, les Vosges franco-allemandes, les Ardennes franco-belges sont loin d'égaler les Alpes et les Pyrénées. Les plus hautes cimes du Jura oscillent entre 1,300 et 1,800 mètres, mais le Jura, aux pentes abruptes et à la base énorme, offre plus de difficultés à vaincre à l'ingénieur que les Alpes elles-mêmes sillonnées de cols et de passages. Sa structure géologique diffère. On ne rencontre plus ici une arête centrale, projetant de droite et de gauche des ramifications latérales, mais une succession d'élévations distinctes reposant sur un plateau commun formant base et incliné de l'est à l'ouest. C'est une mer de vagues montagneuses débordant vers la France, creusée de cirques profonds où miroite l'eau des lacs.

Plus au nord, les Vosges se déploient du sud au nord-est sur une longueur de 250 kilomètres, des vallées de la Saône à la courbe du Rhin. D'altitude médiocre, leur point culminant, le Ballon d'Alsace, ne dépasse pas 2,250 mètres. Les Vosges complètent, à l'ouest du continent, la série des hauts plateaux; elles forment, en deçà de la plaine d'Alsace, la contre-partie exacte des hauteurs de la forêt Noire. Enfin les Ardennes, boulevard de défense, ont fréquemment arrêté ou détourné le flot des invasions, non par leur hauteur, mais par leur épaisseur, par le manque de culture et d'habitants, par leurs vallées profondes que l'on peut couper et dominer. Bien que les Vosges et les Ardennes ne constituent pas une barrière redoutable, elles n'en sont pas moins un obstacle sérieux que l'ennemi a le plus souvent tourné, au sud par la trouée de Belfort, au nord par le col de Saverne.

Si les Vosges et les Ardennes font partie du système montagneux franco-européen, les plateaux Ardennais, ceux de la Lorraine qui se prolongent jusqu'aux plaines de la Champagne, et les plateaux du Jura à la Saône appartiennent au système intérieur français. Il est, avons-nous dit, de relief moyen; nulle part, en effet, il n'atteint d'altitudes élevées, moins encore dans le nord-est que dans le massif central et dans la région du sud-ouest. La Sarre, la Sambre et l'Oise entourent le plateau Ardennais au travers duquel serpente la Meuse. Région plate, région de marécages et de tourbières et aussi de landes et de bruyères, elle manque de pente et, partant, d'écoulement. L'eau s'attarde et séjourne dans les plissements du sol.

Ces plissements se creusent et s'accentuent sur le plateau de Lorraine qui, ainsi que celui des Ardennes, ne dépasse pas 500 mètres d'altitude à son point culminant. Orienté de l'est à l'ouest, sa pente est mieux déterminée; il descend graduellement vers les plaines de la Champagne. Les eaux qui ruissellent sur ses flancs vont grossir le cours de la Seine.

Dans le sillon montagneux qui court de l'Aisne à l'Aire se déroule la forêt de l'Argonne, célèbre dans notre histoire militaire et dont la plus haute élévation n'atteint pas 350 mètres. Par ses étroits défilés des Islettes, de Grandpré et du Chêne-Populeux, elle n'en constitue pas moins une ligne stratégique importante. Derrière elle nos armées s'abritèrent après la prise de Verdun, avant la revanche de Valmy. Du Jura à la vallée de la Saône s'étendent le plateau de Bresse, orienté du sud-est au nord-ouest, les hauteurs boisées de la forêt de Chaux, où le Poupet s'élève à 860 mètres, et les Dombes, plus basses et plus aplaties ne dépassant pas 350 mètres. Le plateau de Langres et les monts de la Côte-d'Or relient, par les Faucilles, ces lignes de hauteurs au massif central de la France; ce dernier couvre 100,000 kilomètres carrés et mesure 300 kilomètres de largeur.

C'est la haute France, que la Saône et le Rhône séparent des montagnes du Dauphiné et de la Franche-Comté, qui s'incline au sud vers les terres plates du Languedoc, que la dépression de Naurouse sépare du massif des Pyrénées, qu'enserrent à l'ouest les plaines du Berry, de la Touraine et de la Guyenne, que le Poitou isole des monts de la Vendée. Les Cévennes lui forment un mur d'appui, rejetant, par leur soulèvement puissant, les pentes du massif vers le nord-ouest et le sud-ouest, vers la Loire et la Garonne. Son altitude moyenne est de 500 mètres; il comprend dans sa massive agglomération, outre les Cévennes, le plateau d'Auvergne, les monts du Forez, du Beaujolais, du Charolais et du Lyonnais.

Les Cévennes en constituent le noyau principal. Bien que ramassées et concentrées dans le département de la Lozère, elles prolongent bien au-delà leurs ramifications, atteignant leurs points culminants au mont Mézenc dans le Vivarais (1,774 mètres), au mont Lozère (1,490 mètres). De ce massif central se détachent toutes les hauteurs qui, du sillon profond du Rhône s'étendent à l'ouest entre la Garonne et la Loire et se soudent aux montagnes de l'Auvergne où le Puy de Dôme, le Plomb du Cantal et le Puy de Lancy atteignent 1,438, 1,858 et 1,897 mètres. Du haut de ces sommets, leur surface ondulée rappelle les vagues solidifiées d'une mer de rochers ignés. Les cratères éteints attestent l'origine du soulèvement terrestre ; on en compte jusqu'à 300 dans ces monts d'Auvergne riches en sources thermales, et leurs formes régulières, leurs bassins profonds leur ont fait donner le nom de *coupes*. De ces coupes ou vasques ont dû s'épancher d'énormes coulées de laves ; celles du Mézenc mesurent en certains endroits une largeur de 10 à 15 kilomètres ; celles des monts Velay ont modifié le cours de l'Allier et aussi celui de la Loire qui, entre Peyredeyre et la Voûte, s'est creusé une *porte* au travers de roches entassées mesurant 300 mètres de hauteur.

A ce massif central finit l'ossature rocheuse de l'Europe, son dernier soulèvement dans l'ouest. Autour de ce massif central et par delà commence la région des plaines. Les quelques hauteurs qui, çà et là, bossuent le sol, ne sont plus que des systèmes isolés, des soulèvements accidentels, sans lien entre eux. Tels sont les plateaux mal définis de l'Artois et de la Picardie, les collines de la Brie, de l'Ile-de-France, du pays de Bray et du pays de Caux, les promontoires de la Manche et de l'Atlantique, les monts de Gâtine et du Bocage vendéen.

Même variété dans les conditions climatériques que dans le relief du sol, mêmes transitions graduées entre la température des diverses régions qu'entre les hauteurs et les plaines. Baignée par trois mers, la France possède un climat essentiellement maritime et essentiellement modéré. Le massif central forme la ligne de démarcation. Au nord, la température moyenne s'y maintient entre 10 et 12 degrés, au sud entre 13 et 15. Si l'Atlantique lui apporte, par la double influence des courants et des vents du sud-ouest, les effluves des mers tropicales, les vents du nord ramènent les eaux plus froides des zones septentrionales. Si la Méditerranée déroule, au long de ses côtes, ses ondes tièdes, les vents froids descendus des Alpes, le mistral, abaissent la température. Le vent d'ouest qui souffle en moyenne 152 jours par année est le vent dominant, celui de l'Atlantique, régulateur principal du climat de la France occidentale, de même que la Méditerranée est le principal facteur du climat méridional. Le climat continental règne sur le massif central et la région de l'est est soumise aux influences du vent du nord-est.

Inégalement réparties, les pluies sont, suivant le relief du sol et les vents, plus abondantes dans certaines régions que dans d'autres. Leur moyenne générale pour la France entière est de 0^m,080^m par an, mais dans certaines zones, à l'est de Paris, entre Meaux et Châlons, entre Sens et Soissons la moyenne atteint à peine 0^m,040 alors que dans les Cévennes, le Dauphiné, sur les plateaux d'Aurillac, à Chambéry et, sur le littoral de la Manche, de Dieppe à Boulogne, le niveau annuel dépasse 0^m,200^m. Ce sont les régions les plus pluvieuses de la France ; de même que celles que nous indiquons plus haut et celle qui s'étend au sud-est de Vesoul sont les moins pluvieuses. La Bretagne et le Poitou, la Normandie, la Picardie, l'Ile-de-France, l'Orléanais, la Gascogne, la Touraine constituent les zones moyennes.

Mais la quantité d'eau déversée par les nuages n'est pas toujours en rapport avec la quantité des jours pluvieux. La répartition de ceux-ci est autre que la moyenne annuelle des millimètres pluvieux. Ainsi la Bretagne, où cette moyenne est normale, compte le plus grand nombre de jours pluvieux, 170 par an; viennent ensuite Paris et le bassin de la Seine avec 154; Bordeaux avec 150; Nancy, 120; Lyon 110; Limoges 101; Marseille n'en a que 55 et Hyères 40.

Peu de torrents, sauf dans la région du sud-est; peu de fleuves descendant de hautes montagnes et prenant leur source dans des glaciers ; mais des fleuves et des rivières de plaine au cours paisible et régulier, aux pentes douces, tel apparaît, à première vue, le système hydrographique de la France et des cours d'eau français de leur source à leur embouchure. Orientés en sens divers, ils ne forment pas ce que l'on appelle des bassins, artères principales d'une région géographique nettement délimitée par des barrières montagneuses. Sauf le Rhône né en Suisse et creusant en ligne droite son profond sillon du nord au sud, emporté vers la mer dans sa course furieuse sur une pente rapide, la plupart des fleuves de France déroulent dans des plaines légèrement accidentées, comme la Seine, la Loire et la Garonne, leurs eaux tranquilles, puissants agents de civilisation.

Douze fleuves sillonnent notre pays. De quatre d'entre eux : le Rhône, la Moselle, la Meuse et l'Escaut, la France ne possède qu'une partie. L'un d'eux, le Rhône, n'en est pas moins le plus important, comme longueur de cours : 1,025 kilomètres; comme débit par seconde : 1,718 mètres; comme hauteur moyenne des pluies : 0ᵐ,950. Après lui viennent la Gironde, la Loire et la Seine avec des parcours de 992, 980 et 776 kilomètres. La Meuse, la Moselle, la Somme, la Vilaine, la Charente, l'Adour, l'Aude et l'Escaut oscillent entre 900 et 300 kilomètres. Ils se répartissent en trois groupes : en fleuves tributaires de la mer du Nord, de l'Atlantique et de la Manche, et de la Méditerranée. La Moselle, la Meuse et l'Escaut forment le premier groupe.

Au nord du Ballon d'Alsace, par plus de 700 mètres d'altitude, dans une région autrefois semée de champs de glace, couverte de névés et profondément entaillée par les moraines, la Moselle prend sa source, grossie par les émissaires des lacs pittoresques des hautes vallées vosgiennes. Elle arrose et draine le brumeux plateau de Lorraine, courant du sud-est au nord-ouest, se rapprochant de la Meuse dont, près de Toul, 10 kilomètres seulement la séparent. Rejetée vers le nord-est elle s'unit à la Meurthe, descendue comme elle des hautes Vosges et dont le volume est égal au sien. La Moselotte, la Vologne et le Nadon se déversent dans son lit. Au-dessous de Pont-à-Mousson elle sort de France poursuivant sa route dans le nord-est, arrosant Metz et Thionville, Trèves et Bencastel, se déversant dans le Rhin à Coblentz.

D'un parcours plus étendu, d'une longueur de près de 900 kilomètres et d'un bassin quelque peu plus vaste, la Meuse est française sur plus de la moitié de son cours, sur

LA SEINE, A PARIS.

512 kilomètres. Elle naît en France, sur le plateau de Langres; double fleuve, à la fois souterrain et superficiel, contournant dans sa grande courbe à l'ouest le massif des Vosges, cherchant une issue vers le nord, se frayant à grand'peine sa voie au travers des Ardennes, profondément encaissé dans son lit aux rives sinueuses et pittoresques, dominé par des collines boisées atteignant 200 et 300 mètres de hauteur, s'évasant près de Verdun, de nouveau étroit et resserré par delà Charleville, jusqu'en Belgique. Ses trois affluents : la Sambre, la Chiers et la Sémoy, comme lui ne sont français que sur une partie de leur cours. Par six embouchures la Meuse s'épanche dans la mer du Nord.

Sur 400 kilomètres de parcours l'Escaut n'en a que 120 en France. Fleuve de plaine, au cours lent et paisible, sans pentes rapides, il sort d'une colline de l'Aisne, près du Catelet, et arrose Vaucelles, Cambrai, Bouchain, Valenciennes et Condé. Il entre ensuite en Belgique, après avoir ramassé les eaux de la Sensée, de la Scarpe et de la Lys, et s'écoule dans la mer du Nord par deux branches.

Étant données l'orientation générale de la France inclinée vers l'ouest et la double pente secondaire qui, rétablissant l'équilibre, descend vers le sud et le nord, ses plus importants cours d'eau doivent, ainsi qu'ils le font, se déverser dans la Manche, l'Atlantique et la Méditerranée. Le groupe de ces fleuves, tributaires de l'Océan, Manche et Atlantique, est en effet le plus nombreux. Sur leurs rives se pressent les cités les plus populeuses, dans les plaines qu'ils arrosent les centres agricoles, bourgs et villages se succèdent. Trois grands fleuves, sans compter les fleuves secondaires, arrosent ce vaste bassin : au nord, la Seine; à l'ouest, la Loire et la Gironde. Ils constituent trois régions distinctes, assez nettement caractérisées.

Géographiquement et historiquement la Seine est le plus important, non par la longueur de son cours qui ne mesure que 776 kilomètres, non par la superficie de son bassin de 77,000 kilomètres carrés, alors que celui de la Loire dépasse 115,000 et celui de la Gironde 90,000, non par le débit de ses eaux qui est de 694 mètres cubes par seconde, alors que la Loire atteint 985 et la Gironde 1,178, mais par sa position. C'est au centre de ce bassin, au point de rencontre de la Seine, de l'Oise et de la Marne que se trouve l'axe naturel de la France, le centre et le cœur du pays; non pas le centre mathématique qui est Bourges, mais le centre auquel aboutissent les grandes voies historiques qui, du nord-est et du nord-ouest, du sud-est et du sud-ouest convergent toutes vers la vallée où Paris, né de ce concours, est, par la force des choses, devenu la capitale de la France.

De tous les fleuves de France, la Seine est le mieux équilibré, le plus discipliné, le plus régulier dans son cours et dans son débit. La région qu'elle draine est de relief uniforme, dépourvue de montagnes et de plateaux étendus, elle est aussi une région de pluies moyennes, aux sources maigres, au sol modérément humide. La Seine naît en Bourgogne, dans la Côte-d'Or, près de Saint-Germain-la-Feuille. Son cours assez direct au début est orienté au nord-ouest; de Méry à Montereau il oblique vers l'ouest-sud-ouest, remonte au nord-ouest et traverse Paris. Les méandres sinueux qu'il décrit au-dessus de la grande ville donnent au fleuve l'aspect d'un serpent qui déroule ses anneaux. Il est bien la grand'rue tortueuse dont Paris, Rouen et le Havre sont la grande ville démésurément allongée vers la mer. A Rouen, commence le régime maritime du fleuve. L'influence des marées s'y fait sentir, la pente est presque nulle, cinq mètres au plus. A Quillebœuf s'ouvre l'estuaire, le fleuve élargi mesure deux kilomètres; il en mesure dix entre le Havre et Honfleur.

Ses affluents comblent les pertes qu'il subit dans les terres perméables qu'il traverse et relèvent le niveau appauvri de ses eaux. L'Aube aux ondes blanches lui apporte un volume presque égal à celui qu'il possède à Marcilly où s'opère leur jonction. Descendue du plateau de Langres, à 500 mètres d'altitude, l'Aube a un cours de 225 kilomètres. L'Yonne, un peu plus longue et mesurant 273 kilomètres, descend, elle, des étangs de Belle-Perche, près de Château-Chinon. Torrent rapide dévalant sur ses pentes granitiques, assagi dans la plaine, l'Yonne rejoint la Seine à Montereau, affluent plus important que le fleuve qui le reçoit, régulateur de son niveau et cause principale de ses crues. La Marne, née dans de moindres altitudes, traverse cette région de la France que nous avons indiquée comme étant la moins pluvieuse : les terres comparativement arides de la Champagne, comparativement sèches de la Brie. Autant qu'on en peut juger, son volume a beaucoup décru; aujourd'hui, calme et paisible, la Marne se déroule, comme la Seine au-dessus de Paris, en méandres capricieux, dans la gracieuse et riante vallée par laquelle elle rejoint la Seine à Charenton.

Plus au nord, l'Oise apparaît, descendue du plateau des Ardennes; elle traverse dans son parcours de 302 kilomètres, la plaine picarde. Façonnée de main d'homme, canalisée, et par des canaux reliée à l'Escaut, la Somme, la Meuse, la Marne, c'est une rivière travailleuse, utilisée par l'industrie, par les bassins houillers, comme moyen de transport. Près de Pontoise, à Conflans-Sainte-Honorine, elle se déverse dans la Seine à laquelle elle apporte le tribut normal et régulier de ses eaux toujours égales. En dehors de ces grands affluents, la Seine reçoit encore des rivières secondaires : l'Ource, le Loing, l'Essonne, la Cure par l'Yonne, l'Aisne par l'Oise, l'Eure et la Rille.

Entre la Seine et la Loire, les petits fleuves côtiers de la Normandie et de la Bretagne, nés trop près de la côte pour s'étendre, trop multipliés pour s'élargir, arrosent des régions restreintes. De faible débit et de courte portée, ils ne sont navigables que quand le flot de la mer refoule et augmente le volume de leurs eaux. Tels sont la Touque et la Dives, la Vire, la Sée, le Couesnon. La Rance, plus longue et mesurant 110 kilomètres, possède un plus large estuaire. L'Aulne, l'Elorn, le Scarf et le Blavet n'ont qu'une faible importance.

Il n'en est pas de même de la Vilaine. Son parcours est de 225 kilomètres ; par elle-même et ses affluents elle draine une superficie de 10,000 kilomètres et, alimentée par les eaux de la Bretagne et du Maine, traversant une région plate, elle relie la Manche à l'Océan. Sa source est près de Vitré, au pied des collines du Maine ; ses affluents de gauche, la Seiche, la Chère et l'Isac traversent une région semée d'étangs. Ainsi fait l'Ille qui la rejoint à Rennes. De l'ouest, la Meu et l'Oust lui apportent le tribut plus régulier de leurs eaux ; 50 kilomètres séparent l'estuaire de la Vilaine de celui de la Loire.

Comme longueur de cours, la Loire est le troisième fleuve de France, mesurant 980 kilomètres, soit 12 de moins que la Gironde et 45 de moins que le Rhône ; en tant que surface kilométrique, elle est très supérieure à tous deux : 115,000 kilomètres contre 90,000 et 98,000 ; en tant que débit d'eau, elle ne les égale pas. Comme voie de trafic, la Loire est loin de posséder l'importance que son parcours lui donnerait si, plus régulière en son régime, moins pauvre en eaux, moins sujette à des crues violentes, moins encombrée de bancs de sable et de bas fonds, elle coulait plus normale dans un lit plus resserré. Comme voie historique, la Loire n'eut qu'un rôle effacé ; les migrations de peuples ne la suivirent guère. Où les eût-elle menés dans son cours vers l'ouest ? Tout au plus lui empruntèrent-elles son tracé de Tours à Orléans, étape de la route d'Espagne vers les plaines du nord. Aussi, de toutes les régions de la France, celle de la Loire moyenne fut-elle la moins traversée et la moins envahie, la plus paisible, celle où dans une comparative sécurité purent le mieux s'élaborer l'œuvre de l'unité nationale et se développer le génie particulier de la race. Entre la rude et mélancolique Bretagne et la molle et sensuelle Touraine, le contraste est brusque. C'est une autre terre et un autre ciel, d'autres tendances et une autre histoire. Autant, par sa configuration physique, la Bretagne, isolée du reste de la France, tenace de sa langue et de ses coutumes, devait se montrer réfractaire à l'unité, autonome et rebelle à l'influence extérieure, autant la pacifique Touraine devait subir et propager l'une et l'autre, autant la Loire, fleuve du sud, du centre et de l'ouest, devait servir de lien entre ces régions distinctes et semer au long de son cours et de ses affluents les idées de patrie et d'unité nationale.

Seule de nos grands fleuves, la Loire est exclusivement française et par elle-même et par tous ses affluents. Le Rhône vient de Suisse ; la Gironde d'Espagne ; l'Oise, affluent de la Seine, vient de la Belgique. La Loire est française sur tout son parcours, elle et toutes les rivières qu'elle reçoit.

Elle prend sa source au mont Gerbier des Joncs, dans l'Ardèche, à 1,400 mètres d'altitude. D'abord torrent grossi par d'autres torrents, elle se débat dans les gorges profondes du Vivarais et du Velay et débouche dans la plaine du Forez pour retomber dans le sillon profond creusé entre les monts de la Madeleine et les monts du Beaujolais. Par le saut du Pinay elle franchit ce dernier obstacle, mais ce n'est qu'après sa jonction avec l'Allier qu'elle devient fleuve de plaine. Décrivant sa vaste courbe dans le nord, elle se rapproche de la Seine, contourne le plateau d'Orléans puis, obliquant au sud-ouest et à l'ouest, s'achemine vers l'Atlantique, dans lequel elle se déverse.

Ses principaux affluents sont l'Allier, le Cher, l'Indre, la Vienne, le Loiret et la Maine. L'Allier est le plus important, mesurant 400 kilomètres de longueur ; sa source, plus élevée encore que celle de la Loire, se trouve à 1,426 mètres d'altitude dans les Cévennes, près de Chabalier, département de la Lozère. Par une pente rapide de 10 mètres par kilomètre il gagne Brioude, par Vichy il débouche dans la plaine de la Limagne, à laquelle succède celle du Bourbonnais, il arrose Moulins et rejoint la Loire à 5 kilomètres de Nevers, au Bec d'Allier.

D'allures non moins désordonnées, le Cher naît dans la Creuse, à 700 mètres de hauteur. Par les pentes de Saint-Avit il dévale dans la plaine du Berri, longe la Sologne dont il draine par la Sauldre les terres marécageuses et, par le Bec du Cher, dans l'Indre-et-Loire, rejoint la Loire après un cours de 345 kilomètres. L'Indre n'en mesure que 245. Elle vient de la Creuse, peu riche en eaux, et n'apporte à la Loire qu'un maigre tribut.

Abondante et claire, la Vienne, issue du département de la Corrèze, débouche, à Limoges, des hauts plateaux du Limousin où elle naît. Elle coule du sud au nord, grossie par la Creuse, la Gartempe, la Claise et le Clain. Le Loiret, dérivé de la Loire, ramène au fleuve les eaux que le fleuve lui déverse par des sources empruntées à son cours. La Maine, alimentée par la Sarthe, l'Huisne, le Loir, la Mayenne, draine une surface de 20,000 kilomètres carrés, et sert de déversoir aux eaux du Perche, de la Normandie et du Maine.

Entre l'estuaire de la Loire et de la Gironde quelques fleuves secondaires s'épanchent dans l'Atlantique. Ce sont la Sèvre-Niortaise, au cours lent et tortueux, régulier et paisible, à laquelle s'unit la Vendée ; puis la Charente, issue du plateau limousin. Grossi par les marées, la Charente, d'un régime normal et constant, est accessible à des bâtiments de fort tonnage. Sur ses rives, à Rochefort, s'élèvent les vastes ateliers de construction maritime de notre grand port militaire de l'ouest.

Au sud-est de l'estuaire de la Loire, dans la vaste dépression tertiaire par laquelle, aux âges préhistoriques, la Méditerranée et l'Atlantique confondaient leurs eaux, baignant le pied des Pyrénées au sud et le massif central de la France au nord, faisant de l'Espagne une île détachée du continent, dans cette vaste plaine asséchée qui s'étend des étangs de Narbonne à Bordeaux se déploie le bassin de la Garonne.

Il fut l'une des grandes voies historiques, il est devenu l'une des grandes voies commerciales de la France. Par ce bassin, Rome put atteindre l'Atlantique, par lui, par le double seuil d'accès qu'entr'ouvrent, à leurs extrémités, les Pyrénées infléchies, la péninsule Ibérique et la Gaule communiquèrent. Plus qu'aucun autre il a longtemps gardé sa primitive empreinte, il est longtemps resté une voie de nomades au long de laquelle les bergers espagnols et les pasteurs landais, promenant des Landes aux Pyrénées leurs interminables troupeaux de moutons noirs, poursuivaient leur éternel voyage à la recherche de nouveaux pâturages, l'hiver descendant dans la plaine, l'été remontant sur les plateaux des montagnes, errant des plaines du Languedoc aux Cévennes, de la Crau provençale aux monts de Gap.

Dans les Landes, alors dépourvues de routes, régions infertiles, sans valeur, et qu'ils parcouraient juchés sur leurs hautes échasses, sondant l'horizon monotone et plat, la mer sablonneuse que rayait au loin la lisière de la forêt, ils vivaient de la vie antique, et asiatique : ils en vivraient encore si la civilisation n'avait reconquis ces terres, fixé le sable avec ses plantations de pins maritimes, barré cette route aux pasteurs nomades et à leurs troupeaux dévastateurs. La végétation couvre les dunes, les bois ont reconquis le sol qu'ils occupaient et que l'incurie de l'homme avait converti en un vaste désert qu'enserraient la Garonne au nord et l'Adour au sud.

LE CAPITOLE, A TOULOUSE.

La Garonne, longue de 605 kilomètres, prend sa source en Espagne, dans le Val d'Aran, par 2,000 mètres d'altitude. Les neiges et les glaces du Néthou l'alimentent ; torrent mugissant, elle disparaît d'abord dans le vaste entonnoir du « trou du Taureau », pour reparaître quatre kilomètres plus loin et 600 mètres plus bas. Ramassant dans sa course rapide les torrents que déverse le massif de la Maladetta, elle débouche en France par l'étroit défilé marmoréen de Saint-Béat. Grossi par la Neste, qui double le volume de ses eaux, le fleuve vient se heurter aux monts de Bigorre. Rejeté vers l'est, il décrit une grande courbe, rejoignant Toulouse et la région des plaines. Avant de l'atteindre il a déjà reçu son contingent des eaux qui ruissellent des pentes pyrénéennes : outre la Neste, le Salat et l'Ariège issu des pâturages de la petite république d'Andorre et grossi des eaux de l'Hers.

Rivières torrentueuses et d'un régime irrégulier, soumises à des crues soudaines provoquées par la fonte des neiges et les pluies abondantes du versant septentrional des Pyrénées, ces affluents rendent la Garonne redoutable. L'inondation de 1875, qui menaça Toulouse, détruisit près de 7,000 maisons et causa plus de 80 millions de pertes, atteste le danger du déboisement excessif des montagnes et l'utilité d'un reboisement auquel s'opposent encore les traditions locales des hauts riverains menacés de voir disparaître, avec leurs pâturages, leurs moyens actuels d'existence.

En aval de Toulouse, le fleuve remontant vers le nord, contourne les contreforts du massif central qui, par le Tarn, le Lot et la Dordogne lui envoie ses eaux. Né sur les pentes de la Lozère qu'arrosent des pluies abondantes, le Tarn, encaissé dans les Causses du Rouergue, se dégage de la montagne par le *Saut de Sabo*, reçoit l'Agout et, gagnant la plaine, coule, paisible et lent, parallèlement à la Garonne, ramassant l'Aveyron au nord de Montauban et se déversant dans la Garonne près de Moissac.

Accrue du Tarn, la Garonne, poursuivant sa course dans le nord-ouest, arrose Agen et reçoit le Lot, long de 400 kilomètres, descendu, comme le Tarn, du massif de la Lozère. A l'ouverture de son estuaire la Dordogne rejoint le fleuve. Elle lui apporte les eaux de la région la plus élevée et la plus pluvieuse du massif central, celles qu'elle y puise et que ses courts mais puissants affluents lui déversent : la Rhue, la Maronne et la Cère, la Vézère, la Corrèze et l'Isle qui drainent le versant occidental du massif, et, comme les branches d'un éventail, se rejoignent dans le lit de la Dordogne. A ce point de jonction du fleuve et de la Dordogne, la Garonne finit et prend le nom de Gironde ; le fleuve des plaines devient un fleuve maritime. Au Bec d'Ambez son lit mesure déjà trois kilomètres de largeur ; plus bas, treize.

L'Adour, avec ses affluents, complète, au sud-ouest, le réseau hydrographique de la France sur le versant de l'Atlantique. Né dans les Pyrénées, sur les pentes du mont Tourmalet, il descend d'une altitude de 1,930 mètres gagnant rapidement la plaine, décrivant, à la lisière des monts, une courbe qui lui permet de recueillir des affluents torrentueux, d'un volume d'eau supérieur au sien, l'Arros, le Gabas, la Médouze, le Gave de Pau et celui d'Oloron qui quintuplent son cours appauvri par les plaines perméables qu'il traverse, épuisé par les saignées pratiquées au long de ces rives. Près de Bayonne il se déverse dans l'Océan, après un parcours de 335 kilomètres, par un estuaire que les sables menacent et contre lesquels le fleuve lutte avec peine.

Nettement délimitée dans ses contours, la vaste région hydrographique du Rhône, de la Saône et des fleuves secondaires de la Méditerranée comprend toute la zone sud-est de la France. Elle s'étend des Alpes au massif central, du plateau de Langres et des monts Faucilles au delta du Rhône. Avec son réseau d'affluents, le grand fleuve alpestre draine 98,000 kilomètres carrés, près d'un cinquième de la superficie totale dela France, épanchant mensuellement par son large estuaire plus de 54 milliards de mètres cubes d'eau dans la Méditerranée. Il les puise dans les Alpes; la Valserine et l'Ain lui amènent celles du Jura; la Saône et le Doubs lui apportent celles des Vosges, des Faucilles, du plateau de Langres, de la Côte d'Or et des monts du Charolais; l'Isère, celles des Alpes du Dauphiné et de la Savoie; l'Ardèche et le Gard celles des Cévennes; la Durance, le tribut des Alpes Cottiennes et du massif du Pelvoux.

Le Rhône naît en Suisse, dans le Valais. Son glacier, l'un des plus vastes des Alpes, est situé par 1,750 mètres d'altitude. Alimenté par des eaux troubles, il descend rapidement le couloir que forment les Alpes Pennines et les Alpes Bernoises. Grossi par les torrents de l'Aletsch, il se déverse dans le lac de Genève. Entré limoneux dans ce vaste réservoir, il en ressort, pur et limpide, à l'autre extrémité, ramasse l'Arve sur son passage, serpente entre le Jura et les monts de Savoie et débouche en France près du fort de l'Écluse. Là, il disparaît dans une large fissure, « la Perte du Rhône », puis, coulant au sud, rejeté vers le nord, obliquant à l'ouest, il court rejoindre, à Lyon, la Saône unie au Doubs, et descendue des monts Faucilles. De Lyon à la mer, il descend en ligne droite, érodant sa vallée, entraînant avec lui plus de 20 millions de mètres cubes d'alluvions que chaque année il roule sur son vaste delta.

Nulle région en France n'est aussi caractérisée que cette région du sud-est qu'il arrose, que cette Provence, grande voie historique des Gaules, par laquelle la civilisation y a pénétré. Nous l'étudierons la première; elle fut la première colonisée, la première qui eut une histoire. Nous aborderons ensuite le massif central qui, sur la rive droite du Rhône, s'étend du Bourbonnais au Languedoc; puis la région du sud-ouest, des Pyrénées à la Loire, de l'Atlantique au massif central. Notre quatrième partie comprendra le nord-ouest : Berry, Anjou, Poitou, Maine, Touraine, Orléanais, Bretagne et Normandie. Nous terminerons par le nord-est : l'Ile-de-France, la Picardie, l'Artois, Flandre, Lorraine, Champagne, Bourgogne.

I. — LA RÉGION DU SUD-EST. — LA PROVENCE. — DAUPHINÉ. — SAVOIE.

Ce fut la *Provincia Romana*, la Province par excellence, l'une des premières que les Romains occupèrent, à laquelle, pendant plus d'un siècle, ils conservèrent ce nom : « une autre Italie, dit Pline, plus encore qu'une terre de conquête ». Pompée en recula les limites jusqu'à la Garonne ; Auguste fit de Narbonne sa métropole et, de la Province, la Gaule Narbonnaise. Quatre cents ans plus tard, la Gaule Narbonnaise, qui s'étendait des Alpes à l'Aquitaine, était divisée en trois gouvernements. La Provence se reconstituait géographiquement ; *Aquæ Sextiæ*, Aix, devenait sa capitale.

Capitale naturelle, tout indiquée, au cœur même du pays. Sextius Calvinus, conquérant de la Provence, l'avait fondée ; elle tenait de lui son existence et son nom. Marius rendit ce nom célèbre. Presque sous ses murs, dans les champs de Pourrières, engraissés de cadavres, il écrasa les Teutons, vainqueurs de six armées romaines, en marche vers l'Italie ; dans ses murs il se reposa après la lutte sanglante, avant d'aller rejoindre, sur la Sésia, à Verceil, les Cimbres, ignorants du sort de leurs alliés, les attendant pour se ruer sur Rome.

Des dépouilles des vaincus, le vainqueur enrichit *Aquæ Sextiæ*. Il y fit construire un aqueduc et des thermes, un théâtre et des monuments. Il n'en reste que des débris de chapiteaux, de colonnes et de mosaïques. L'ancienne capitale de la Provence, aujourd'hui chef-lieu d'arrondissement du département des Bouches-du-Rhône, siège d'un archevêché et d'une Faculté, peuplée de 29,057 habitants, fait un commerce considérable de farines, de laines, et surtout d'huiles.

Quand, du nord de la France, le voyageur descend vers le sud, de Paris vers Marseille, il voit s'ouvrir, au-dessous de Lyon, la vallée du Rhône, la grande voie historique des Gaules, celle de la civilisation et des migrations de peuples dont Arles, Valence, Vienne, Lyon, Chalon, Dijon, Sens, furent les étapes successives dans leur marche vers le nord. Au cours paisible et silencieux de la Saône, succède le Rhône tumultueux, échappé du Léman, tournant le dos au Rhin, né comme lui dans les glaciers de la Suisse. Le Rhône se débat dans les étroits défilés du Jura, s'étale, énorme, reposé, en aval de l'Ain, rejoint à Lyon la Saône qu'il emporte avec lui dans sa pente rapide, dans son furieux élan vers le sud, « taureau descendu des Alpes et courant à la mer ». Elle l'attire, et vers elle il se précipite, en ligne droite, forçant les barrières, puissant et grandiose, ramassant dans sa course l'Ain issu de ses profondes et mystérieuses cavernes, l'Isère qui lui apporte les eaux de la Tarentaise et du Drac, la Drôme sortie des montagnes du Luc, l'Ardèche et les rivières du Vivarais, le Gard et la Durance.

De Lyon à Valence, le Rhône fuit dans son lit encaissé, à droite et à gauche dominé par des collines et des coteaux, resserré entre des promontoires, déroulant autour des obstacles ses courbes sinueuses. Au delà de Vienne, au-dessous de Valence, le paysage change, l'étroite vallée s'élargit, la Provence s'ouvre. Valence en est la porte.

Le contraste est brusque, sans transition. Les collines s'évasent et la plaine plus étendue, les montagnes plus hautes et plus lointaines font paraître la végétation plus basse. Les mûriers étêtés, alignés en files droites, les rideaux de peupliers courbés par le vent, les haies de saules bordant les petites rivières s'allongent à l'horizon. Les eaux du fleuve, ternes comme la terre qu'elles arrosent et les cailloux qu'elles roulent, comme les pentes rocailleuses des monts que sillonnent des chemins en lacets, comme les ruines en pierres grises qui se dressent sur les flancs des collines et se confondent avec le sol, roulent, clapotantes, dans son vaste lit.

C'est un autre sol, .c'est aussi un autre ciel. Les verts pâturages et les terres grasses, les molles ondulations, les coteaux arrondis et les champs en pente douce ont disparu. Sur la plaine, nivelée par les débordements du fleuve, exhaussée par ses alluvions, par lui semée de cailloux roulés et de galets, une autre végétation surgit. L'olivier, l'arbre de la Provence, étale son feuillage gris et terne ; le mûrier, ses verts et luisants rameaux. Sur les collines déboisées que couronnent des roches calcinées, la vigne rampe et serpente. Panorama mouvant, kaléidoscope changeant, le paysage revêt d'autres aspects. Sur les rives du fleuve, les villes et les villages se pressent : Livron et son château en ruines, Saulce et ses ponts sur le Solagnier, la Teyssonne et le Blomard, Lachamp, Condillac et les rochers de Rochemaure, Savasse et ses remparts écroulés.

Montélimar apparaît sur la rive droite du Roubion, assise au pied de sa montagne à la jonction des vallées du Jabron et du Roubion, ville coquette et gracieuse, non loin de laquelle, sur une hauteur dominant la vallée du Lez, se dresse le château de Grignan, qu'habita Mme de Sévigné, dont le tombeau profané garde les restes mutilés en 1793. Dans le haut bassin du Jabron, Dieulefit, petite ville peuplée de protestants, expédie à Montélimar les produits de ses filatures et de ses moulinages de soie. Joints à ceux de l'industrie locale et de la culture des régions environnantes dont Montélimar est l'entrepôt naturel, ils font de cette dernière une ville plus importante que ne le laisserait supposer sa population de 14,000 habitants.

En aval de Montélimar surgissent Châteauneuf et Donzère, anciens fiefs féodaux dont les familles princières s'unirent par mariage. Pierrelatte est près de son rocher qui s'élève ainsi qu'une île dans la plaine d'alluvions, et, plus bas, cachée dans un ravin autrefois solitaire et désert : la Trappe d'Aiguebelle dont les religieux ont mis en culture ce sol abandonné, et fondé à Staouéli, en Algérie, puis dans l'Ardèche, dans l'Ain, dans l'Aveyron et le Jura des maisons sœurs. Ici, le mûrier domine ; la Palud rappelle par son nom qu'elle s'éleva dans les marais du Rhône, près de sa jonction avec l'Ardèche échappée des montagnes du Vivarais. Bollène, plus au·sud, a gardé l'aspect des petites villes féodales du moyen âge, ses murailles du xive siècle, ses ruelles étroites et tortueuses·

Tel qu'un fantastique effet de mirage on voit se dresser sur un rocher dénudé, près de Montdragon, les ruines d'un vieux castel découpant sur l'horizon ses murailles effritées. Le soleil les a dorées de ses rayons que reflètent les pierres chaudes et lumineuses, les pans de bastions encore debout, les tours qui s'effondrent, et qui, sur les pentes, ont semé des éboulis de rocs. Les ruines succèdent aux ruines, les châteaux aux châteaux. Mornas, berceau de la famille de Luynes, élève sur une cime escarpée son donjon féodal, Piolenc les débris de son prieuré. Au loin se profile le mont Ventoux.

Isolé dans la vaste plaine, point de repère primitif des marins de la Méditerranée qui, du large, à plus de trente lieues de distance, relevaient par un temps clair son sommet aux lignes régulières, il domine toute cette région sur laquelle, seul, il règne. De son point culminant l'œil embrasse un gigantesque horizon : les Alpes maritimes et celles du Dauphiné, les cimes neigeuses du mont Blanc et l'arête des Pyrénées, les Cévennes et les Alpines, la mer au sud et le massif du mont Pelvoux dans le nord-est.

C'est la montagne du Comtat Venaissin, la montagne parfumée de lavande et de thym, où butinent les abeilles qui produisent le miel dit de Narbonne; c'est aussi la montagne des pèlerinages, de la chapelle de Sainte-Croix où, chaque année, le 14 septembre, les pèlerins affluent par milliers. La science y a élevé son temple : un observatoire destiné à l'étude des phénomènes de l'atmosphère.

Par sa base énorme d'où les sources jaillissent et s'épanchent, par ses formes majestueuses, par ses courbes puissantes et sa cime arrondie, par ses effets d'ombre et de lumière, le mont Ventoux rappelle les montagnes de la Grèce : l'Hymette odorant, le Taygète à la croupe saillante, le Pinde aux flancs dorés. Comme eux, il a gardé, de la splendeur de son ciel, ses teintes chaudes et claires et les sèches senteurs d'aromates de sa maigre végétation que ravivent sans la noyer les pluies qui glissent sur ses pentes.

Au long du cours du fleuve s'étend Orange, l'antique *Arausio*, capitale des Cavares, berceau de la maison royale de Hollande. Sous ses murs faillit sombrer la fortune de Rome, dont 80,000 légionnaires périrent massacrés par les Cimbres et les Teutons. Conquise par César, Orange est restée ville romaine et garde pieusement les souvenirs du passé : son arc de triomphe érigé, croit-on, en l'honneur de Tibère pour consacrer le souvenir de la défaite du chef gaulois Sacrovir, son théâtre qui domine la ville, et les débris de son cirque. Le vent de la mer a rongé les murailles, effrité les pierres, détruit les mosaïques, les bas-reliefs et les inscriptions, mais ce qui subsiste a grand air encore; son arc de triomphe et son théâtre sont les mieux conservés de tous les monuments romains que la France possède. Les Alamans en 263, les Visigoths en 410 ne furent pas seuls à mutiler Orange et à porter leurs mains brutales sur ces constructions d'un autre temps. Maurice de Nassau, prince d'Orange, en fit en 1622 une carrière d'où il tira les matériaux pour la construction d'une forteresse que Louis XIV fit raser. Ce fut un crèvecœur pour la population qui voyait disparaître et les vieux édifices dont elle était fière et la forteresse qui faisait d'Orange une des places les mieux défendues de l'Europe. Le nom de *Crèvecœur* est resté à l'emplacement qu'occupaient les ruines.

Aujourd'hui Orange est une ville de 10,300 habitants; des prairies, des vergers, des plantations de mûriers font une enceinte de verdure à la vieille cité romaine, sur laquelle veille et près de laquelle s'étend la cité moderne, vivante et en voie de progrès.

Dans le sud, au sommet d'une colline surplombant le cours du Rhône, se profilent les contours massifs du palais des papes, les pentes abruptes du rocher des Doms, et, par delà le fleuve, sur des rocs calcaires, Villeneuve-lez-Avignon et les ruines du fort Saint-André.

Ville agitée et turbulente, Avignon joua un grand rôle et fut le théâtre d'événements importants. Située à la jonction des vallées du Rhône et de la Durance, menacé par son fleuve, battue par le mistral, le plus impétueux des vents du midi, *Avenione ventosa sine vento venenosa, çum vento fastidiosa,* semble avoir emprunté à l'irritabilité des airs et à la mobilité des eaux les passions ardentes, excessives, les brusques évolutions et les soudains revirements qu'attestent sa longue et souvent tragique histoire.

Qui l'a vue ne saurait l'oublier, tant elle a gardé parmi les vieilles cités du bassin du Rhône, sa physionomie distincte de ville plus italienne que romaine, marquée du sceau féodal et papal, à la fois antique et moderne, religieuse et démocratique, vivante et bruyante, morne et déserte selon les quartiers. Dans ses rues étroites l'herbe pousse au seuil des maisons silencieuses ; sur son cours se croise une foule incessamment renouvelée ; dans les rues populeuses défilent en bandes les belles filles de Provence aux yeux noirs, hardis et provocants, les gars vigoureux, bien découplés, les portefaix robustes et les paysans hâlés par le soleil et le souffle desséchant du mistral. Tous ont le verbe haut et la voix sonore, la gaieté facile et la colère prompte, race méridionale, mélange de races qui, dans ce bassin et sur ce sol ont pris racine, entre la Camargue et la Crau au sud, les Cévennes à l'ouest et les Alpes à l'est. Ils ont l'esprit vif, la langue alerte ; du heurt des idées le mot jaillit, comme l'étincelle du choc des durs silex roulés par leur fleuve. Du Grec, ils tiennent l'intelligente curiosité, l'amour des gais récits et des beaux vers ; du Romain le goût des fêtes et des spectacles ; de l'Italien la sobriété et aussi la passion violente et cruelle, les emportements irraisonnés et les détentes imprévues.

Arrosée par la Durance, torrent impétueux qui, à l'époque de ses crues, roule à lui seul autant d'eau que tous les fleuves de France réunis et qui, lors des sécheresses, promène dans son vaste lit de pierres de maigres ruisseaux, la plaine forme autour d'Avignon une ceinture de prairies et de vergers. La verte oasis se déploie entre les terres sèches et caillouteuses du Gard dont le Rhône la sépare, et la limoneuse Camargue. Dans sa courbe puissante le fleuve étreint Avignon ; il court rapide et muet au long de ses remparts, barrière insuffisante contre ses crues, et qui encadrent la vieille ville papale de leurs courtines et de leurs tours couronnées de mâchicoulis et de créneaux, décor pittoresque doré par les feux du soleil, et que surplombent le sombre palais commencé par Jean XXII, achevé par Urbain V, et l'énorme rocher calcaire des Doms sur lequel s'élevait la cité gallo-grecque.

Pendant plus d'un siècle, de 1305 à 1411, Avignon fut le siège de la papauté qui la garda et jusqu'en 1791 la gouverna par un vice-légat. Elle n'est française que depuis un siècle et, pendant près de cinq ce fut la ville des églises et des couvents, la *ville sonnante,* comme l'appelait Rabelais.

Elle est restée l'une des premières du Midi, le chef-lieu du département de Vaucluse, peuplé de 41,000 habitants. Laborieuse et ingénieuse, durement éprouvée par le sort, elle a dû modifier ses cultures et son industrie. Enrichie par la garance, elle a vu la science substituer l'alizarine, extraite de la houille, à la matière colorante des cultures de l'Isle et d'Entraigues, et 14,000 hectares de terres en plein rapport tomber en friche. . Le froid a tué ses mûriers et l'épidémie a tué ses vers à soie ; le phylloxera a dévasté ses vignes et, sur 30,000 hectares n'en a laissé subsister que 3,000. Elle reconstitue ses vignobles et replante ses mûriers. A ses champs de garance elle substitue des vergers, étend sa culture maraîchère, accroît la superficie de ses prairies artificielles et, multipliant dans la région du Ventoux et du Libéron ses chênes truffiers, elle en a couvert plus de 60,000 hectares et conquis le premier rang dans la production de ce tubercule cher aux gourmets. Les deux départements de Vaucluse et des Basses-Alpes défraient à eux seuls plus de la moitié de la consommation de la France et exportent à l'étranger. Sur les 17 millions de francs auxquels on évalue la récolte annuelle des truffes en France la part du département de Vaucluse atteint près de 5 millions.

Au-dessous d'Avignon, la Durance franchie et Tarascon dépassé, la chaîne des Alpines se lève à l'horizon. Dans la plaine qui s'évase encore et s'abaisse, la voie ferrée, longeant le Rhône, court vers Arles, la vieille cité impériale de Constantin qui rêva d'en faire la capitale de l'empire et en fit la métropole des Gaules. La *Gallula Roma*, comme l'appelait Ausone, vit, au temps d'Honorius, affluer dans son port accessible, disait un édit de l'empereur, *velo, ramo, terra, vehiculo, flumine, mare*, à la voile, à la rame, par terre, en char, par le fleuve et la mer, les trésors de l'Orient, les parfums de l'Arabie, les produits de l'Afrique, les tissus de l'Assyrie, les armes de la Gaule et les coursiers d'Espagne. « Rome des Gaules, s'écriait Ausone, cité au double port, ouvre-moi tes portes hospitalières. » Vingt-cinq kilomètres la séparaient alors de la mer ; aujourd'hui elle en est à plus de cinquante.

Ce que fut Arles alors, l'édit d'Honorius le laisse entrevoir. Dans la double ville, l'une de commerce, l'autre de plaisir, dans son double port qui s'étendait jusqu'au golfe de Fos, acheteurs et vendeurs, patriciens et courtisans, matelots de toutes races et navires de toutes provenances affluaient. Le Rhône large et profond, discipliné et soumis, enrichissait Arles. Autour de la Rome gauloise s'étendait une seconde Italie, riche et fertile comme la Campanie, comme elle semée de palais et de villas. Arles eut, elle aussi, sa Baïa près de son lac Lucrin, sa plage luxueuse où l'Empire à son déclin, renouvelant les fastueuses orgies de son début, attendait, entre les courtisanes fardées et les histrions du cirque, les Barbares en marche, les Visigoths qui prirent Arles, Théodoric qui la garda, le Franc auquel Vitigès la céda.

De ce passé brillant il reste des vestiges d'aqueducs, un théâtre antique, les arènes de Caligula ou d'Adrien, plus vastes que celles de Nîmes, des remparts et une porte qui donnait accès à la voie Aurélienne, puis la longue voie tombale des Alyscamps, les débris d'un Forum, un musée riche en débris du passé et, sur les ruines du prétoire romain, l'église primatiale de Saint-Trophyme et son cloître qui rappelle celui de Bélem. Son enceinte quadrangulaire de colonnes géminées et d'arcades encadre un jardin inculte dans lequel l'herbe pousse drue et verte. Sur les larges dalles le pas du visiteur éveille un écho lointain. La nuit, quand la pâle lueur de la lune, filtrant à travers les arceaux, dessine les contours gracieux des colonnettes, leurs chapiteaux dentelés et les voûtes ogivales, le cloître apparaît comme une merveilleuse oasis de silence et de repos. C'est l'heure où Arles semble ressusciter du passé, plus majestueuse et plus belle qu'à l'éclatant soleil de midi, l'heure où les Arènes se dressent plus colossales sur leurs puissantes assises, plus grandioses dans leur imposante simplicité. Sous les hauts platanes les Alyscamps allongent leur triple et quadruple rangée de sarcophages alignés des deux côtés de la route. La voie sacrée s'étend jusqu'aux ruines de l'église inachevée de Saint-Honorat et, dans l'ombre silencieuse, les grands tombeaux semblent abriter encore, dans leurs flancs vides, les générations disparues.

Des bas-reliefs mutilés les décorent, têtes et bustes de femmes aux contours gracieux, aux traits charmants; les filles d'Arles ont gardé et transmis à leurs descendantes, avec le sang grec, romain et sarrasin qui coule dans leurs veines, ce type de beauté qui a traversé les siècles et que la Vénus d'Arles, chef-d'œuvre de l'art antique, a immortalisé. Au sud d'Arles, aujourd'hui peuplé de 23,491 habitants, le Rhône coule entre la Camargue à droite et la plaine de la Crau à gauche. Il a créé l'une et l'autre, comblant de ses alluvions ce vaste delta en pente douce; substituant à la mer une mer de pierres et de cailloux roulés, terre incertaine, *dubiumne terra sit an pars maris*, écrivait Pline il y a plus de dix-huit cents ans. Depuis, la mer boueuse ou la terre flottante s'est tassée et consolidée; deux cents kilomètres de terre ferme ont été ajoutés au vieux sol des Gaules et leur lisière se couvre de mûriers, d'oliviers, de prairies et de vergers en arrière desquels s'étend la *Pleine Crau*, pierreuse et dénudée où errent les troupeaux à la recherche d'un rare et fin gramen.

Si plate et si dénudée qu'elle soit cette région n'est pas sans beauté. L'horizon fuit, se confondant avec la mer et le ciel; le mirage y produit de fantastiques effets de collines, de forêts et de cours d'eaux. C'est une terre primitive rappelant par ses grands espaces les steppes d'Asie, l'habitat du nomade, un monde en formation émergeant des eaux. « Nulle part dans cette immense plaine, dit M. Ch. Lenthéric dans son remarquable travail sur la Région du Bas-Rhône, on ne rencontre le rocher. Partout la terre meuble, des alluvions récentes et des marais et lorsque le caillou n'est pas apparent à la surface, il suffit de creuser à une très faible profondeur et de traverser la couche d'humus et de terre végétale qui constitue comme l'épiderme vivant de notre globe pour le retrouver sur une épaisseur de plus de vingt mètres. Tous ces cailloux viennent du Rhône et de la Durance. Ce sont des fragments de rochers que les deux fleuves ont arrachés des gorges de leurs vallées supérieures et qu'un cataclysme violent a précipités, comme une monstrueuse avalanche, dans la région des embouchures. Le torrent boueux s'est alors arrêté devant la masse inerte des eaux de la mer et s'est répandu dans le golfe qu'il a comblé. »

Par delà Saint-Chamas et l'étang de Berre qu'entourent des collines aux pentes couvertes de vignes et d'oliviers, par delà la trouée du Tunnel de la Nerthe et la gorge sauvage dans laquelle, au sortir de l'Estaque, débouche la voie ferrée, dans un des plus beaux cadres que l'on puisse voir, Marseille se déploie en amphithéâtre au fond de son golfe.

C'est la troisième ville de France comme population, 376,143 habitants, la première par le mouvement de son port et par son commerce maritime qui dépasse deux milliards à l'année. De Londres et de Paris, Marseille est la première étape vers l'Orient, la porte large ouverte sur l'Afrique au sud, l'Espagne à l'ouest, l'Italie à l'est;

elle est la tête de ligne de la mer Rouge et de l'Inde, de l'Indo-Chine et du Céleste-Empire.

Par ce seuil d'accès, les civilisations phénicienne, grecque et romaine pénétrèrent dans les Gaules, par lui la France déborda sur la Méditerranée et sur le monde, mais longtemps Marseille ne fut qu'un point d'affleurement, une escale maritime. La vieille colonie phocéenne ne devint ni une Athènes ni une Gênes gauloise; elle ne fut ni Constantinople ni Venise, ni la tête d'un empire ni le cœur d'une république. Sa situation géographique s'y opposait, l'isolant, loin du Rhône, dans un cercle de montagnes; le sol faisait défaut sur lequel asseoir sa domination et auquel demander des produits d'échange. Elle n'avait que la mer et, ne pouvant fonder un empire, elle créa des colonies : la Ciotat, Nice, Agde, Antibes; elle disputa à Carthage le commerce de la Méditerranée; elle resta grecque en attendant de devenir française. Il ne lui a manqué peut-être pour devenir capitale des Gaules, à tout le moins de la Gaule méridionale, qu'un bassin agricole, qu'un territoire qui fût sien ou qu'elle fît sien et dans lequel elle pût s'étendre, que d'être le port du Rhône, la porte de la grande vallée.

La nature, qui l'a richement dotée, le lui a refusé; de là l'apparente disproportion entre son importance commerciale et son rôle historique. Pour la faire ce qu'elle est aujourd'hui, pour donner de l'air à Marseille, de l'eau à ses habitants, des bassins à ses navires, des docks à son commerce, pour créer cette reine de la Méditerranée, il a fallu raser des collines, creuser le canal de la Durance, bouleverser le relief du sol et l'assainir. Au siècle dernier la peste décimait Marseille et ses 100,000 habitants; la durée de la vie humaine y était de beaucoup inférieure à celle des autres villes de France. Aujourd'hui, avec ses vingt kilomètres de quais, ses bassins assez vastes pour mille navires, ses larges rues, ses châteaux, ses villas, ses avenues, ses parcs, c'est l'une des villes les plus belles et les plus riches du monde.

De toutes celles de France c'est la plus cosmopolite, elle est l'un des points de rencontre et de croisement du nord et du midi; toutes les races s'y coudoient, l'Européen et l'Asiatique, l'Africain et l'Océanien. Marseille rayonne sur le monde entier, recevant et expédiant chaque année près de 20,000 navires jaugeant plus de huit millions de tonnes, transportant plus de 250,000 passagers. Si elle a à redouter, pour ce dernier chiffre, la concurrence des voies ferrées activement poussées vers l'Orient, elle a, pour compenser ces pertes, l'accroissement du transit avec l'Algérie et la Tunisie, avec l'Inde et l'Indo-Chine.

Colonie phocéenne, Marseille est restée grecque et, sur elle, Rome eut peu de prise. N'ayant ni terres à cultiver ni voisins à qui en prendre, le Marseillais ne fut ni agriculteur ni soldat, mais commerçant et navigateur. Le milieu fortifiait l'instinct héréditaire; le génie grec persistait et s'intensifiait dans ce cadre trop étroit où le génie conquérant du Latium eût étouffé. Aussi César se contenta-t-il de châtier Marseille qui, grecque d'origine et de traditions, avait pris parti pour Pompée contre lui. Il lui laissa son indépendance, dont elle fit bon emploi, s'enrichissant et fondant ces écoles, fameuses au déclin de l'Empire Romain et qui lui méritèrent le surnom de *Nouvelle Athènes*.

Toute négociante qu'elle soit, peu de villes ont donné à la France autant d'hommes éminents et dans des genres si divers. L'étonnante souplesse du génie grec se révèle dans les aptitudes infiniment variées de cette race riche en poètes, en artistes, en écrivains, en hommes d'État, en orateurs. Doué d'une vitalité puissante, ingénieux et habile à tirer parti des circonstances, le Marseillais représente, dans la Provence, un type distinct, sans autre analogie avec les populations qui l'entourent que les traits communs à toutes les races méridionales. Il se mêle à elles sans se confondre avec elles, plus subtil, plus délié, toujours reconnaissable.

Du Grec, il a gardé le culte et l'amour de sa ville, l'instinct local et communal. Il aime Marseille comme l'Athénien aimait Athènes et, toute cosmopolite que soit devenue sa cité, il a conservé, au contact de tant de nationalités diverses, au milieu de l'incessant va-et-vient de son port, son originalité individuelle, son aptitude à se plier aux incessantes modifications qu'imposent les modes plus rapides de transport, les chemins de fer et les bateaux à vapeur, les exigences du commerce moderne et des débouchés nouveaux, les brusques évolutions des cours, les outillages perfectionnés, les inventions nouvelles. Perspicace et fin, il ne s'attarde pas plus dans la routine qu'il ne s'engoue de chimères, et son esprit aventureux l'entraîne rarement dans ces spéculations hasardeuses où les risques à courir dépassent les gains probables.

En moins d'un siècle Marseille a prodigieusement grandi. Elle a vu sa population s'élever de 100,000 à 376,000 ; elle a vu s'ouvrir l'Afrique, et le percement de l'isthme de Suez étendre jusqu'aux confins de l'extrême Orient son horizon commercial. Sa mer intérieure, berceau de la civilisation européenne, a cessé d'être une impasse, l'étroit couloir de la mer Rouge est devenu le seuil d'accès de l'océan Indien et la grande voie maritime, brusquement ramenée de l'Atlantique dans la Méditerranée, a, dans Marseille, l'une de ses têtes de ligne.

Soixante-sept kilomètres séparent le grand port commercial de la Provence de son port militaire, Marseille de Toulon. Au long de la côte en saillie, au relief harmonieux, les échancrures se multiplient. Par delà le cap Croizette et ses roches blanches, par delà la montagne de la Gardiole et les hautes falaises du Bec de l'Aigle s'ouvre le port de la Ciotat, qui fut l'une des stations de la flotte impériale de Rome. Trois mille ouvriers y fabriquent et réparent le matériel de la Compagnie des Messageries maritimes dont la flotte, ancrée dans le port de la Joliette, dispute, et non sans succès, aux grandes compagnies anglaises, le trafic de l'Orient. Plus loin : Ollioules, puis la Seyne, vaste chantier de constructions navales, annexe des ateliers que possède à Marseille la Société des forges et chantiers de la Méditerranée. Au fond du golfe, au pied de hautes collines, Toulon s'incline en pente douce vers sa baie profonde que ferme du côté du large la presqu'île de Cépet.

La batterie du Salut le couvre ; autour d'elle d'autres croisent leurs feux, surplombant la double rade et la baie de la Seyne, hérissant de canons, sur un front de vingt kilomètres, l'amphithéâtre de crêtes qui domine le grand port militaire. Peu de places sont aussi formidablement armées et défendues ; la France a dépensé, pour la fortifier, des centaines de millions. L'Italie, stimulée par son exemple, s'efforce, au prix des plus lourds sacrifices, de faire de la Spezia, son port militaire de l'autre côté du golfe de Gênes, la rivale de Toulon.

Si Vauban a créé son arsenal maritime, si Napoléon Ier, dont l'étoile se leva sur le fort du Petit-Gibraltar, dota Toulon d'un fort et de deux nouveaux bassins, si Napoléon III élargit son enceinte et étendit ses fortifications, si, sans relâche, on a multiplié, avec les routes stratégiques, les redoutes et les batteries, la nature a plus fait encore pour Toulon en l'abritant des vents du large par le massif granitique du cap Sicié, en convertissant sa rade en un lac dans lequel les tempêtes n'ont pas accès et les naufrages sont inconnus.

Ici, comme à Marseille, d'immenses approvisionnements s'entassent dans les magasins et les entrepôts; dans les docks, sur les chantiers et dans les bassins s'accumule un matériel énorme, mais entre Toulon et Marseille, entre la ville militaire et la cité commerçante le contraste est saisissant. Le mouvement, l'activité fiévreuse de Marseille, son port encombré de navires et sillonné d'embarcations, ses quais bruyants sur lesquels des milliers d'ouvriers chargent et déchargent des produits du monde entier ne ressemblent en rien à l'activité silencieuse et froide de Toulon, aux allures disciplinées des équipes de marins, non plus que les rues largement évasées sur la mer, les brillants magasins, les somptueux cafés de Marseille ne rappellent les voies étroites de la vieille place militaire et ses modestes boutiques. La vie de Toulon se concentre sur son quai en façade sur la mer, bordé de maisons le long desquelles se déroulent des arcades, promenoir d'officiers et de matelots, d'oisifs et de gens affairés. Au centre, sur un terre-plein, se dresse une statue de bronze érigée aux gloires maritimes de la France. Debout, le corps légèrement incliné en avant, un Gaulois, le bras étendu, montre le Midi, l'Afrique, qui, là-bas, à deux cents lieues de distance, lui fait face. La pose est belle, le geste impérieux et noble, le regard clair, assuré, portant loin.

Sur la rade, les grands cuirassés, immobiles et sombres, attendent. Leurs flancs d'acier, leurs éperons massifs, leurs tourelles étranges déroutent l'œil, naguère encore accoutumé aux formes sveltes et élancées, à la haute mâture fièrement cambrée en arrière des lévriers de la mer, des corvettes effilées, des longues frégates, des majestueux vaisseaux de ligne déployant à la brise leurs grandes ailes blanches, glissant sans effort et sans bruit sur les flots. Toute cette pompe militaire d'autrefois a disparu. D'autres engins de destruction plus puissants, plus coûteux l'ont remplacée. Sur leurs cuirasses d'acier, les balles glissent, les boulets s'émoussent; leurs canons pulvérisent les remparts les plus solides; à longue portée, ils font pleuvoir le fer et le feu sur les villes, cibles énormes qu'ils atteignent à tout coup, n'offrant eux-mêmes à l'adversaire qu'un point de mire mobile et incertain. Près d'eux, toute une flottille d'avisos légers, de rapides éclaireurs, de transports, d'insaisissables torpilleurs se balancent sur leurs ancres. C'est la marine militaire d'aujourd'hui, l'inconnu, dont les preuves sont à faire, redoutables unités de combat qui n'ont pas encore reçu le baptème du feu et du sang et dont le choc terrible décidera quelque jour de l'empire des mers.

L'inconnu rend grave et la responsabilité pèse. On le devine aux physionomies sérieuses des officiers et des matelots, à la discipline stricte, à l'apparence martiale de notre grande place de guerre, aux manœuvres silencieuses, aux évolutions savantes de ce mécanisme puissant créé par le scientifique génie de l'homme. Lui-même s'est transformé, comme l'arme qu'il manie et le navire qui le porte; ses préoccupations et ses occupations sont autres que celles de ses devanciers à l'affût des signes du temps et de l'aire des vents, interrogeant l'horizon, préludant aux luttes avec l'ennemi par celles avec les éléments. L'âme du navire, son moteur, est intérieur et non plus extérieur; sa vitesse est affaire de calcul et de charbon; sa force de résistance et d'impulsion est déterminée avec une précision mathématique. Une nouvelle génération de marins succède à l'ancienne et, entre les deux, le lien des traditions est rompu.

Favorisé par la nature, Toulon, peuplé de 70.000 habitants et prédestiné à devenir notre arsenal militaire du Midi, ne possède pas seulement son port et sa rade. Au long de cette rade se déroulent des sites charmants, stations hivernales abritées des vents, jouissant d'un climat aussi doux que celui que les valétudinaires et les oisifs vont demander à des plages plus lointaines. Les coteaux de Tamaris sont aussi riants, leurs sommets aussi boisés, leur végétation est aussi luxuriante et tropicale. D'aspect, ce paysage est grec et la Grèce n'offre pas de plus beaux points de vue que ceux que dessinent à l'horizon les contours gracieux de la presqu'île de Giens et, sur la mer bleue, les îles d'Or, baignées dans une incomparable lumière. Le cap Sicié, plongeant à pic dans les flots sa haute falaise abrupte, vaut le cap Sunium, et du sommet du Lycabette dominant l'Attique, la vue n'est ni plus grandiose ni plus étendue que du sommet du Pharon d'où, par un temps clair, l'on découvre les Alpes au nord et la Corse au sud.

A quelques lieues de Toulon, Hyères, 13,500 habitants, déploie, entre la presqu'île de Giens et les Vieux-Salins, sa *plage du Ceinturon*, l'une des plus belles et des plus vastes qui existent. Elle décrit une courbe au fond d'une immense rade que ferment, du côté du large, les îles d'Or, les *Stœchades* des Grecs. La rade d'Hyères complète celle de Toulon; elle en est le Champ-de-Mars, le champ de tir et d'exercices, elle est aussi le rendez-vous de l'escadre d'évolutions de la Méditerranée. On ne saurait la souhaiter plus profonde et plus sûre, plus harmonieuse dans ses proportions. On ne saurait rêver non plus un horizon plus calme que celui de ce grand lac où mollissent les tempêtes du dehors et qu'encadrent le massif des Mores aux croupes ondulées, les Maurettes et la chaîne des Oiseaux. Si Hyères n'a plus sa forêt d'orangers, une horticulture savante a semé dans sa plaine, que fertilisent les alluvions du Gapeau, les palmiers et l'exotique végétation de l'Afrique et de l'Orient; elle a multiplié les dômes de verdure des pins parasols, les eucalyptus au feuillage léger bruissant au vent, les parterres fleuris enserrant d'une ceinture parfumée les blanches villas.

Entre la rade d'Hyères et le golfe de Fréjus s'étendent les montagnes des Mores, massif montueux d'une superficie de 800 kilomètres carrés, d'une altitude moyenne d'environ 400 mètres. La voie ferrée la contourne au nord et à l'ouest sans l'entamer. Deux routes seulement la pénètrent; aussi ses sites pittoresques peu visités sont-ils peu connus. Ce coin de terre, avec ses torrents et ses vallons, reproduit, sur une moindre échelle, les phénomènes que présentent les grandes vallées fluviales ; c'est un monde en miniature, curieux, solitaire et fermé, un champ d'études pour le géologue et le botaniste, un nid de surprises pour le touriste. Les profondes vallées du Gapeau, de l'Argens et de l'Aille sillonnent ce massif de granit et de schistes, hérissé de montagnes calcaires. Elles en font un camp retranché, d'accès difficile ; les Mores s'en emparèrent par un hardi coup de main et pendant deux siècles s'y maintinrent, lui laissant, avec leur nom, le souvenir de leurs pirateries et de leur résistance obstinée.

Plus à l'est, Saint-Tropez, avec ses cours d'eau bordés, comme l'Eurotas, de lauriers-roses, étale à l'entrée de son golfe sa promenade des Lices, son quai, son port exposé au mistral, sa citadelle bastionnée et ses deux tours génoises. Ce fut un point stratégique qu'occupèrent et fortifièrent les Romains, que détruisirent les Sarrasins, que rebâtirent ses habitants, et qu'occupèrent les Mores, maîtres du littoral, et qui firent de Saint-Tropez leur port d'échanges avec l'Afrique, le point de ralliement de leurs nombreux corsaires.

La chaîne des Mores s'incline vers l'est, vers la vallée de l'Argens qui se déverse dans le golfe où s'endort Fréjus, où grandit Saint-Raphaël. La vallée de l'Argens sépare les Mores de l'Esterel. Le sillon creusé par le torrent entre les deux massifs est devenu l'une des voies historiques de la Provence ; elle met le littoral en communication avec Draguignan par Pertuis, avec la vallée de la Durance et Digne, par Saint-Maximin avec la vallée de l'Arc et Aix. Moins profond que le golfe de Saint-Tropez, le golfe de Fréjus est plus largement ouvert, plus accessible par les voies de terre. Elles convergent de l'ouest et du nord vers cette trouée à laquelle aboutissait la voie Aurélienne qui, de la porte du Janicule jusqu'à Fréjus, longeait le littoral et, par delà, contournant la chaîne des Mores et obliquant au nord, reliait Arles à la ville éternelle.

Fréjus, le vieux port romain dont César, pour châtier Marseille, voulut faire sa rivale, dans lequel Auguste fit conduire les 300 galères prises à Antoine dans la journée d'Actium, n'est plus sur le bord de la mer. Les atterrissements de l'Argens l'ont rejeté à 1,600 mètres dans l'intérieur des terres et Saint-Raphaël est devenu le port de la ville qui fut, avec Ravenne et Misène, l'une des trois grandes stations navales de Rome dans la Méditerranée et dont Henri II fit un siège d'amirauté. C'est au milieu des cultures maraîchères de la plaine d'alluvions qu'il faut chercher aujourd'hui les vestiges de son bassin et, de sa grandeur passée, il ne lui reste plus que les ruines de son amphithéâtre et les piliers de son aqueduc profilant au-dessus des terres plates, leurs massives arcades envahies par le lierre et les plantes grimpantes. « Son port a disparu sous les sables, écrivait déjà Michel de l'Hôpital en 1547, Fréjus n'est plus qu'une plage desséchée et un champ. »

Ancien faubourg de Fréjus, Saint-Raphaël a gagné tout ce qu'a perdu Fréjus. Située en dehors de la zone paludéenne qui enserre Fréjus, Saint-Raphaël adossé au pied de l'Esterel, sur la plage que domine une falaise pittoresque et tourmentée, a détourné à elle la vie et le mouvement de la vieille cité qui, mélancoliquement, s'éteint dans une morne solitude. Les roches de porphyre rouge que projettent au nord les falaises de Saint-Raphaël figurent, à l'entrée de sa rade, deux grands fauves accroupis : le lion de mer et le lion de terre. Cette rade est vaste, mais le port, peu profond et mal abrité des vents du nord et de l'ouest, ne reçoit que quelques vapeurs, des navires côtiers et des barques de pêcheurs, Bonaparte débarqua à Saint-Raphaël, revenant d'Égypte, s'acheminant vers l'Empire ; Napoléon s'y embarqua pour l'île d'Elbe, au déclin de son étonnante fortune.

Au nord, en remontant la vallée de l'Argens, l'industrieuse ville de Draguignan, peuplée de 9,800 habitants, chef-lieu du département du Var qui arrose le département des Alpes-Maritimes et ne pénètre pas dans celui auquel on donne, à tort, son nom, élève au pied de la montagne de Malmont et sur le cours de la Nartubie ses nombreuses fabriques. Plus loin : Lorgues, ses briqueteries et ses séculaires ormeaux ; puis, dans Vaucluse : Pertuis à 3 kilomètres de la Durance. Au nord : Forcalquier, ancienne capitale de la Haute-Provence, petite ville aux rues étroites et tortueuses ; Digne, enchâssée dans ses montagnes aux crêtes jaunâtres, aux flancs dénudés, s'élève sur le Bléone, rivière au lit pierreux, au cours torrentueux.

A Saint-Raphaël, la voie ferrée, qui a contourné la chaîne des Mores, débouche par la trouée de l'Argens sur le littoral dont elle va suivre les contours sinueux. Ici commencent le massif de l'Esterel et la côte ensoleillée, abritée du vent du nord, semée de stations hivernales, qui se succèdent sans interruption jusqu'aux plages de la Ligurie et qui, par delà, se prolongent, atteignant et dépassant Gênes, déroulant jusqu'à Pise leur merveilleux panorama de verdure, de fleurs et de soleil. C'est la rive privilégiée, la Baïa moderne, cosmopolite, envahie l'hiver par les millionnaires, les malades, les touristes et les oisifs du monde entier. Entre le golfe de Fréjus et celui de la Napoule, l'Esterel l'abrite des vents froids.

Le montagneux massif auquel on a donné ce nom est, ainsi que la chaîne des Mores, indépendant des Alpes. Orienté de l'est à l'ouest, il plonge dans les flots bleus de la Méditerranée ses promontoires de porphyre rose et de grès rouge détachés de la protubérance centrale. Inférieure en superficie à la chaîne des Mores, supérieure en altitude moyenne, celle de l'Esterel est plus déserte encore, plus ravinée et plus tourmentée. Elle constitue une zone intermédiaire entre les deux régions de la côte de Provence. Sur ses âpres sommets la terre végétale fait défaut ; sur ses pentes semées de bruyères et de broussailles les forêts sont rares, seuls les pins et les chênes-lièges prospèrent dans cette région, redoutée, il y a peu d'années encore, des rares voyageurs. Des routes forestières sillonnent maintenant les passes de l'Esterel que parcourent les chasseurs de sangliers et de renards. Du sommet du mont Vinaigre, point culminant et central du massif, le regard plonge dans les golfes de Saint-Tropez, de Fréjus, de la Napoule et de Nice, embrassant un panorama aussi merveilleux qu'étendu. Au long de la côte dentelée les promontoires et les anses se succèdent, promontoires aux contours hardis, anses aux plages sablonneuses sur lesquelles le flot meurt paresseusement, n'éveillant qu'un léger murmure. Les montagnes serrent le rivage, ne laissant entre elles et la mer qu'un étroit passage à peine assez large en certains endroits pour la voie ferrée et la route carrossable. On a dû l'élargir, faire sauter les rochers, exhausser la plage. De tout temps ce fut l'unique voie de terre pour les migrations de peuples et d'armées, les voyageurs et le commerce. Celle de mer fut aussi fréquentée ; elle longeait la côte, souple et articulée, permettant ces escales fréquentes, conditions premières d'une navigation primitive telle que la pratiquèrent les Phéniciens, les Grecs et les Romains.

Aujourd'hui, sur la plus grande partie de ce parcours la mer est déserte. De Saint-Raphaël à Cannes quelques voiles de pêcheurs se détachent à l'horizon et, sur la Méditerranée, il y a un siècle à peine si animée, on n'aperçoit plus que de rares navires. Et cependant, bien loin de diminuer, le trafic s'est accru, mais les voyageurs et bon nombre de marchandises empruntent les voies ferrées. Quant au transit maritime, il est desservi par les grands paquebots modernes dont un seul chargement eût nécessité autrefois toute une flottille de goélettes. La navigation côtière a presque disparu ; un navire à vapeur transporte des milliers de tonnes à un prix moindre, en moins de temps et avec moins de risques que ne le faisaient les felouques pesamment chargées et péniblement manœuvrées. Si la production augmente, les moyens de communication augmentent plus rapidement encore. Certains ports, et non des moins importants, semblent relativement vides, une ligne quotidienne de vapeurs absorbant leur capacité d'exportation, drainant la région agricole environnante dont les produits exigeaient, avant les chemins de fer, de longs et lents charrois sur les routes, sur les quais une manutention bruyante et, sur mer, de nombreux navires de faible tonnage.

Ainsi que l'unité de combat, l'unité de transport a quintuplé et décuplé ses proportions et sa vitesse, multiplié les engins mécaniques de chargement et de déchargement. Sur la mer plus solitaire, le paquebot fuit à l'horizon, creusant son sillage rapide, déployant son noir panache. Ce n'est qu'une apparition ; les flots ont tôt fait d'effacer sa trace, la brise de dissiper ses flocons de fumée. Dans le voisinage des grands ports tels que Marseille ou Gênes on relève à peine quelques voiles, et, entre Alger et Marseille, sur près de deux cents lieues de parcours, on ne rencontre le plus souvent que de rares paquebots courant en sens inverse.

Si la mer est comparativement déserte, par contre, tout ce littoral de la Provence est vivant et animé, non que la population y atteigne un chiffre considérable, mais elle se meut dans un cadre restreint, dans un étroit espace entre les montagnes et la mer, dans cette interminable rue qui suit les courbes du rivage et au long de laquelle s'échelonnent les stations hivernales se disputant les visiteurs, s'ingéniant à les attirer et à les retenir, multipliant les casinos et les réclames, les divertissements, les spectacles et les jeux, grande foire aux vanités mondaines qui bat son plein l'hiver, et dont le cadre rehausse l'éclat.

Sur le golfe de la Napoule, Cannes, la ville sans brouillards, où, en décembre, on compte en moyenne vingt-deux jours de clair soleil alors que Paris n'en a que deux ou trois, déroule, de la pointe de la Bocca au promontoire de la Croisette, sur 6 kilomètres de longueur, sa ville nouvelle et ses collines semées de villas. La vieille ville, l'*Œgitna* antique, n'est plus qu'une agglomération de masures au pied d'une forteresse en ruines. Les Romains la prirent aux Ligures ; séduits par les charmes de son climat, ils en firent, eux aussi, une de leurs plages d'hiver, une Baïa gauloise où, sur l'emplacement des villas modernes, s'élevèrent de somptueuses résidences. Plus tard, fief de la puissante abbaye de Lérins, Cannes fut quelque temps cité monacale avant de redevenir ce qu'elle était jadis, l'une des villes patriciennes de cette côte.

Sa situation est unique. Les vents des Alpes passent au-dessus de sa haute ceinture de collines sans l'atteindre, faisant moutonner la mer à l'horizon, n'effleurant ni ses arbres immobiles ni son golfe sans rides. De même qu'Hyères, Cannes a ses îles d'Or : les îles de Lérins, radeaux de verdure émergeant des flots, profilant à peu de distance de la côte leurs contours symétriques et leur ceinture de rochers. Sainte-Marguerite, la plus rapprochée et la plus grande, déploie en éventail sa forêt de pins maritimes ; dans sa prison d'État furent tour à tour détenus le Masque de Fer, des ministres protestants, des chefs arabes, un maréchal de France. Plus loin Saint-Honorat dresse sa tour dorée par le soleil. Au delà du cap de la Croisette s'ouvre le golfe Jouan, dans l'ouest celui de Fréjus. A Cannes aboutit la pittoresque vallée de la Siagne s'évasant en une plaine fertile couverte d'oliviers ; à l'ouest, sur les flancs du Rocavignon, Grasse étage en espaliers ses jardins, ses usines et ses villas.

Cannes, ville de 10,000 habitants, est la porte de la Provence fleurie dont Grasse est le centre. Au-dessus de Cannes commencent ces bosquets d'orangers et de citronniers, ces champs de violettes, de roses, d'œillets, de jasmins, de tubéreuses, de cassia, de réséda, d'héliotropes, de menthe, que Grasse récolte, distille et dont elle exporte les essences dans le monde entier. Sur les montagnes environnantes croissent la lavande, le thym, le romarin que les pâtres vendent aux courtiers de Grasse. Nulle part, même en Syrie, on ne cultive autant de fleurs, nulle part elles ne constituent à ce point la principale industrie de toute une région qu'elles enrichissent. Au-dessus de la plaine d'oliviers, au-dessus des bosquets d'orangers et de citronniers, les champs s'étendent à perte de vue, soigneusement épierrés, couverts de fleurs, mariant leurs riches couleurs, mêlant leurs parfums, alimentant quarante fabriques qui consomment annuellement plus d'un million de kilogrammes de feuilles de roses, près de deux millions de kilogrammes de fleurs d'oranger.

Rien de plus curieux que l'aspect de ces fabriques en pleine activité. Sur le seuil les camions se succèdent, chargés de ballots de fleurs que l'on hisse dans les salles de réception. On les éventre et, par de larges conduites en bois, le flot odorant descend, s'entasse sur les vastes tables autour desquelles des nuées de femmes et de jeunes filles les trient, recueillant dans des corbeilles les feuilles émondées. La corbeille pleine elle la porte à un contremaître, debout près d'une bascule ; il la pèse et en paye immédiatement le prix, quelques sous, à l'ouvrière. Des hommes vident ces corbeilles ; munis de pelles en bois ils poussent les amas de fleurs à l'orée d'une autre conduite qui les déverse dans les bassines où commence le travail préliminaire de la distillation.

Dans l'une des salles de manipulation des fleurs nous n'avons pas vu moins de vingt tables autour desquelles des jeunes filles travaillaient sans relâche. Un mur de roses de plus d'un mètre de hauteur couvrait chaque table et, dans la vaste pièce largement aérée, flottait cette odeur capiteuse, que l'on respire partout à Grasse. Le

LE PORT DE NICE

sol en est imprégné; elle est répandue dans l'air, vous enveloppe au détour d'une rue, au passage d'un camion chargé de ballots, au seuil d'une porte d'usine, dans la plaine et sur les hauteurs. On s'y habitue, et ailleurs on se prend à regretter ces émanations subtiles qui font à Grasse une atmosphère toute particulière et de Grasse la ville la plus parfumée de France.

Les fabricants ne cultivent pas eux-mêmes. Ils achètent aux paysans et; suivant la saison et l'abondance des fleurs, les prix varient, parfois dans des proportions considérables. De 35 à 40 centimes le kilogramme, les roses ont monté jusqu'à 2 fr. 50. Les fleurs d'oranger se payent en moyenne de 1 fr. 10 à 1 fr. 50. Assurés d'un débouché constant, les cultivateurs de Grasse s'adonnent presque exclusivement à cette culture qui rémunère largement leurs peines et fournit du travail à toute la population féminine. Les ouvrières sont payées à la tâche, personnel flottant qui se recrute aussi bien dans les campagnes qu'à la ville. On voit souvent des pensionnats d'orphelines, sœurs en tête, s'attabler devant les longues planches, trier les fleurs et ajouter aux ressources de la charité privée celles d'un travail fait en commun. Les fabricants apprécient ces ouvrières silencieuses et discrètes; ils leur réservent souvent une salle particulière à l'écart des propos lestes qu'échangent, tout en effeuillant des fleurs, les Provençales au franc parler, au regard provocant et aux allures hardies.

Grasse et ses 12,000 habitants vivent de l'industrie des fleurs; Cannes et ses 10,000 habitants vivent des étrangers et des malades, des riches oisifs insouciants de leur or, des moribonds impuissants à le défendre, des Anglais et des Russes, des gens du Nord qui y affluent l'hiver et donnent, par leur luxe, à la petite ville méditerranéenne un cachet d'aristocratique exclusivisme. C'est la plage des villas et des châteaux, des parcs luxueux, des beaux jardins, des excursions et des points de vue infiniment variés. La promenade de la Californie, qui couronne les crêtes, domine de grands horizons sur les montagnes de l'Esterel, les Alpes Maritimes, Grasse et sa plaine, le Cannet, le cap Roux et les îles de Lérins.

A l'est, Vallauris, renommée pour ses terres cuites et ses poteries, possède, elle aussi, une industrie locale importante. Au-dessous de Vallauris se déroule le golfe Jouan, annexe de Cannes, qui se prolonge, sur la côte, jusqu'à Antibes, succession ininterrompue de parcs et de somptueuses résidences. La voie ferrée serre la plage jusqu'au promontoire d'Antibes qu'elle coupe, laissant à sa gauche le cap d'Antibes dont l'ossature disparaît sous une riche végétation de pins-parasols, d'oliviers, d'aloès et projette dans la mer la pointe rocheuse du Plan de l'Islette.

Antibes, l'ancienne Antipolis, sentinelle avancée des Phocéens, abritait leurs colonies contre les excursions des Ligures. Elle fermait la route de la côte, celle de Nice et de Gènes, et, de sa pointe en saillie d'où l'on découvrait à l'horizon le rocher de Monaco, la tour triomphale de la Turbie et la ligne fuyante du golfe de Gènes, ses guetteurs donnaient l'alarme. Place d'armes naturelle, les Romains élargirent son enceinte, fortifièrent son port. Antibes défendit vainement la Provence contre Charles-Quint; la petite ville héroïque et belliqueuse tenta, sans plus de succès, de barrer la route à Charles-Emmanuel, duc de Savoie. Elle l'arrêta et le retarda. Il ne fallut pas moins de trois sièges et de trois assauts pour la réduire et forcer cette porte de la France méridionale que la France septentrionale négligeait. Sur la place d'Antibes une colonne commémorative rappelle, qu'en 1815, Antibes n'a dû qu'à la valeur de ses seuls habitants « d'échapper à la souillure de la domination étrangère ».

En face d'Antibes, sur la rive opposée du golfe et à vingt kilomètres de distance, s'élève Nice, Nizza la Bella, la grande ville de la Savoie, la cité phocéenne de la Victoire, peuplée de 78,000 habitants et chef-lieu du département des Alpes-Maritimes. Fille de Marseille, elle eut longtemps mêmes intérêts et mêmes ennemis que Marseille. Son nom rappelle la victoire que les Phocéens unis remportèrent sur les Ligures. Les événements et sa volonté, de par laquelle Nice est devenue la grande ville française du littoral, n'ont fait que renouer des liens brisés par la politique, des traditions interrompues par des luttes fratricides. Sa longue et tragique histoire est celle d'une ville frontière en guerre contre Gênes et contre la Provence, oscillant entre la France et l'Italie, trop faible pour se maintenir indépendante, trop fière pour accepter un maître, alternativement conquise par la Savoie et par la France, par les Impériaux et les Espagnols. Dans ses murs passèrent et repassèrent, ainsi qu'un remous de nations, les armées tour à tour victorieuses et refoulées, toujours pillardes : Charles-Quint allant se faire couronner roi de Provence à Aix et revenant fugitif et battu ; le duc de Guise vaincu, puis vainqueur ; le prince Eugène triomphant puis défait, traversant Nice, suivi de son torrent d'Impériaux débandés. Sur ses murs, François Ier, allié de Charles-Quint, fit pleuvoir une grêle d'obus. Un siècle et demi plus tard, Catinat la bombarde, fait sauter sa poudrière dont la terrible explosion, entendue à trente lieues de distance, mutile et tue neuf cents hommes et lance jusque dans la mer les canons de ses remparts. En 1706, Brunswick l'écrase sous 60,000 bombes et 6,000 boulets. Elle vit ensuite passer Masséna, Augereau, Sérurier, Suchet, Bonaparte et Mélas et, après tant d'épreuves et de fortunes diverses, signifia, il y a trente ans, par 25,933 votes sur 30,706 électeurs, sa volonté d'être française.

Agrandie par cette annexion librement consentie, la Provence a vu son littoral s'étendre jusqu'à Vintimiglia, sauf l'enclave indépendante de la principauté de Monaco. Nice complète Marseille et devient le premier port commercial de cette région riche en huiles, en vins, en fruits, en fleurs, en essences, région restreinte quant à sa superficie et sa surface cultivable, comparativement peu peuplée sauf sur le bord de la mer, mais industrieuse, excellant à faire produire à son sol tout ce qu'il peut rendre. Géographiquement, le comté de Nice est le prolongement naturel de la Provence qui finit à l'entrée du golfe de Gênes, à Vintimiglia, au delà de laquelle la côte s'infléchit en une courbe puissante dont l'arc de cercle court en ligne droite de la frontière française aux embouchures de l'Arno.

En tant que seuil d'accès vers l'Italie et que porte de la France sur le littoral, Nice remplace Antibes. La vieille cité phocéenne redevient ce qu'elle fut autrefois : le boulevard de la Provence en face de la Ligurie, l'émule de Gênes dont cinquante lieues la séparent. Elle n'a encore ni sa population ni son commerce, mais sa population s'accroît et son commerce s'étend ; son port est aujourd'hui le troisième de la Méditerranée et la

Nice moderne, chaque jour grandissante, se déploie dans l'ouest, en face de la vieille ville. Le Paillon les sépare, torrent capricieux, au cours indiscipliné, le plus souvent à sec, mais de temps à autre affirmant son existence par des crues subites et des inondations redoutables.

De tout temps Nice fut le centre d'un commerce important d'huiles, de savons, de parfums, de meubles. Ses distilleries et ses tanneries, ses pêcheries et ses carrières donnent des produits estimés. A cette industrie locale qui fit d'elle, dans ses rares intervalles de paix, une cité riche et prospère, Nice en a, depuis la construction des voies ferrées, ajouté deux autres des plus lucratives : celle des étrangers et des fleurs. A la première elle doit son développement rapide, sa ville moderne, ses magnifiques promenades, ses nombreux hôtels et ses villas. A la seconde elle doit une source importante de revenus, la hausse de prix de ses terrains de culture et le surnom de « Ville des fleurs ». De toutes les stations hivernales de la Méditerranée Nice est la plus considérable et la plus fréquentée. Elle a sur ses rivales l'avantage d'offrir à ses hôtes les ressources d'une grande ville, de se mieux adapter aux exigences des visiteurs, d'être accessible à toutes les bourses. Si ses villas rivalisent comme luxe et confort avec celles de Cannes, si ses hôtels sont aussi somptueux, Nice offre plus de facilités aux gens de goûts simples de vivre à leur guise et selon leurs ressources, de concilier l'économie et le bien-être; aussi chaque année voit-elle grossir le nombre de ses hiverneurs.

Plus qu'aucune autre ville du littoral, Nice atteste ce qu'ont pu faire le génie persévérant de l'homme, son incessant labeur. Il n'y a guère plus d'un siècle et demi que cette ville, où les malades affluent par milliers, était l'une des plus malsaines de la côte. Les vents d'ouest empoisonnaient l'atmosphère, rejetant sur elle les miasmes paludéens du Var. L'eau pure faisait défaut et Nice, souvent décimée par la peste, la vit encore éclater dans ses murs en 1735. Depuis, le Var a été endigué, les marais desséchés, puis assainis par les plantations d'eucalyptus. La Vésubie, affluent du Var, captée et canalisée, alimente Nice d'eau excellente et se déverse en cascade dans ses bassins. De larges boulevards sillonnent la ville, de belles promenades longent la plage. Dans les champs que les eaux de la Vésubie arrosent et qui font à Nice une ceinture de fleurs et de verdure, les mûriers, les caroubiers, les oliviers abondent. On y compte plus de cent variétés de *citrus* et l'oranger y est, après l'olivier, l'arbre qui donne les produits les plus importants. La vigne réussit admirablement; les vergers et les jardins maraîchers n'approvisionnent pas seulement Nice mais exportent à Paris le surplus de leur production sous forme de primeurs.

Si Nice ne saurait rivaliser avec Grasse pour la distillation des fleurs et la fabrication des essences, elle a, par contre, le monopole de la vente des fleurs coupées. Depuis quelques années, ce commerce a pris une grande extension et le luxe des fleurs est aujourd'hui devenu l'une des nécessités de Paris. Nice l'a fait naître et y pourvoit; pendant l'hiver, elle envoie à la grande ville ses moissons parfumées; elles embellissent la demeure du riche et l'intérieur du pauvre, donnent à tous l'illusion du printemps et le temporaire oubli des frimas, sèment jusque sur le drap noir des catafalques et des corbillards leurs vives couleurs, réveillant, par leur symbolique langage, le souvenir des promesses de résurrection et de vie.

Tout élargie que soit son enceinte, Nice déborde au dehors, envahissant la plaine et les hauteurs, couronnant de villas ses rochers, suspendant les terrasses aux flancs des collines, englobant peu à peu les champs qui l'entourent. Un grand avenir semble réservé à cette ville, qui n'est pas uniquement une station d'hiver, dont le port bien abrité peut recevoir des navires calant 5 mètres d'eau et que son mouvement maritime classe immédiatement après Marseille et Gênes. A ses portes, par delà le cap du Montboron, s'ouvre la rade de Villefranche, d'une superficie de 350 hectares et d'une profondeur variant de 10 à 50 mètres. Accessible aux plus grands bâtiments de guerre, cette rade hospitalière n'est exposée qu'aux vents du sud. Accrochée aux flancs de sa falaise, Villefranche, de difficile abord, est l'une de plus pittoresques cités de la côte.

L'isthme de Beaulieu, qui ferme à l'est la rade de Villefranche, s'allonge en une langue étroite de terres basses que couvre une belle forêt d'oliviers, puis brusquement se renfle en falaises arrondies et détache dans la mer l'escarpement du cap de Fer. Entre la baie de Villefranche et celle de Saint-Hospice, Beaulieu est assise au pied des roches escarpées de la Petite-Afrique; sur ce plateau aride et brûlé par le soleil qui surplombe la mer et la ville, les Sarrasins avaient établi un camp retranché. Longtemps ils s'y maintinrent; Nice les en chassa. Eza, près de Beaulieu, fut aussi un de leurs repaires. Aujourd'hui, comme alors, Eza couronne une roche abrupte. Ses maisons tassées les unes contre les autres se disputent l'étroit plateau et offrent l'aspect d'une vieille citadelle en ruines. Plus loin : la Turbie, qui fut jusqu'au milieu du moyen âge la frontière de la Provence et de la Ligurie, de la France et de l'Italie. Auguste éleva sur le socle gigantesque de son rocher le trophée consacrant le souvenir de sa victoire sur les peuplades liguriennes. La tour monumentale qu'il y fit construire et qui donna son nom à la Turbie a, depuis, servi de carrière; de ses débris on bâtit, en 1080, l'église de Monaco; les Génois prirent ses revêtements de marbre pour en décorer leurs palais; les Niçois pour en embellir leur cathédrale; les paysans prirent ses pierres pour réparer leurs demeures. La vieille ruine décharnée dont les pans de muraille se dressent à l'horizon et dominent les jardins de Monte Carlo fait, entre ce qui fut et ce qui est, un saisissant contraste. Au nord-ouest de la Turbie, le mont Agel se dresse au-dessus de la plage et de la rade d'*Hercules Monaecus*, aujourd'hui Monaco.

Par quelle étrange association d'idées, probablement nées du surnom de Monæcus, en vint-on à faire du dieu de la force le moine râblé, à la barbe courte et drue, armé d'une épée nue, qui figure sur l'écusson de Monaco? Par quel bizarre concours de circonstances le temple du jeu s'élève-t-il sur ce rocher où la Grèce prit pied dans les Gaules, où la tradition place la victoire d'Hercule sur Géryon, où la première colonie grecque, isolée sur cette rive déserte dut à cet isolement même son nom de *Monoikos*? Ce roc solitaire est devenu l'une des localités les plus connues et les plus fréquentées du monde; une foule cosmopolite s'y presse, et le point le plus aride de cette côte est aujourdhui le plus étonnant par sa merveilleuse végétation, ses éblouissants parterres,

ses terrasses babyloniennes, son casino et sa salle des fêtes, ses hôtels et son luxe·
Un vieux dicton monégasque disait :

Son Monaco sopra un scoglio.
Non samino et non raccoglio,
E pur mangiar voglio.

« Je suis Monaco, sur un écueil. — Je ne sème ni ne moissonne, — et pourtant je veux
manger. »

Monaco fait mieux que manger ; il dévore. Le temple du dieu Hasard a plus de
fidèles que n'en eurent les divinités antiques et que n'en connut Delphes. Ils se
recrutent dans toutes les races et dans toutes les classes. Des routes diverses qui mènent
à la fortune, le jeu est la plus courte s'il est la plus périlleuse, la plus accessible s'il
est la moins probable. Le jeu a fait de Monaco ce qu'il est aujourd'hui ; l'or a converti
ce rocher dénudé en une merveilleuse oasis, jeté sur ces pentes arides un riche manteau
de verdure, semé sur ce plateau des fleurs sans nombre, les essences les plus rares,
et dans un cadre féérique entassé ce que l'art le plus raffiné peut inventer de distractions, de plaisirs et de luxueux confort. Monaco n'est pas français. Enclave du canton
de Menton, apanage de la maison de Grimaldi, cette petite principauté, maintenue
par les traités de 1814, et qui est à la France ce que la république de Saint-Marin est à
l'Italie, mesure trois kilomètres et demi de longueur sur un et demi de largeur. Menton,
qui en fit jadis partie s'en est détachée ; Menton est, sur cette côte, la dernière ville de
la Provence et de la France.

Comme les Marches italiennes, toute cette région qui s'étend d'Antibes à Vintimiglia
trahit, par son aspect, les séculaires appréhensions de ses habitants. Son histoire est
écrite sur son sol. Les villes et les villages bâtis sur les hauteurs, accessibles, le plus
souvent, par de vertigineux sentiers ou de rudes escaliers, disent assez les craintes de
ceux qui y vivaient, l'impérieuse nécessité de fortifier et de défendre leurs précaires
abris. Sur cette route étroite, voie historique de passage et de migrations, le flux et le
reflux des invasions, rejetées vers l'Italie ou refoulées vers la France, battaient les
pieds de leurs rochers. Leur courage, leur pauvreté et leurs rampes escarpées les
mettaient seuls à l'abri du pillage. A la première alerte, réfugiés sur les hauteurs, ils
se préparaient à repousser l'assaut, ou regardaient passer, au travers de leurs champs
dévastés, l'envahisseur, dédaigneux de leur misère, attiré plus loin par la riche
Provence ou la non moins riche Ligurie.

Fut-ce par ironie ou par hommage rendu à ses eaux calmes que le golfe de Menton
reçut le nom de *Sinus Pacis,* golfe de la Paix? Les pirates de l'île de Lampedousa
qui fondèrent Menton furent-ils séduits par le contraste qu'offrait le golfe paisible et
charmant avec les flots agités de la côte de Tunis? La vieille Menton blottie au pied de
son château fort, abritée derrière d'inutiles murailles aujourd'hui démolies, domine la
ville moderne paisiblement déployée autour du golfe et qui peu à peu remonte dans les
vallées. C'est le coin le mieux abrité de la côte, celui où les oscillations barométriques
ont le moins d'ampleur, où la température moyenne est la plus élevée ; elle atteint seize

degrés pour l'année, neuf pour l'hiver. Sur 365 jours Menton n'en compte que 80 pluvieux, et encore pendant quelques heures, 214 de ciel sans nuages, 71 de temps couvert. Les contreforts des Alpes l'abritent du vent du nord, barrière efficace qui atteint ici de 1,000 à 1,500 mètres d'altitude. Aussi la végétation de Menton est-elle plus méridionale encore que celle de Nice et de Cannes. Menton produit annuellement près de quarante millions de citrons qu'elle exporte dans la France entière, dans tout le nord de l'Europe et jusqu'en Amérique. Le citronnier est l'arbre favori de Menton, celui dont là récolte rémunère le mieux le cultivateur. L'oranger fournit annuellement deux millions de fruits; l'olivier atteint des proportions énormes qui rappellent celles des oliviers africains; l'exportation d'huile est d'environ 400,000 kilogrammes.

A onze kilomètres à l'est de Menton commence la frontière italienne ; au delà s'ouvre la Ligurie et le golfe de Gênes. A Vintimiglia se trouve reportée la vieille inscription de Turbie : *Hinc usque Italia, ab hinc Gallia.*

Sur 462 kilomètres de longueur, de Montélimar à Menton, la Provence se déploie au long du Rhône et de la Méditerranée, région fluviale et maritime, montueuse et plate, riche en beautés naturelles et en souvenirs historiques, musée antique et féodal, théâtre de grands événements, terre grecque et latine, terre plus moderne, plus cosmopolite et plus visitée qu'aucune. Plus, belle que la Grèce et plus riante que l'Italie, elle tient de la Grèce et de l'Italie, fille de l'une et de l'autre, de toutes deux héritière.

L'Hellène a fondé les cités phocéennes, Rome les a reliées par ses grandes voies, elle les a façonnées et disciplinées par la conquête et l'administration. Le génie flexible et délié de la Provence a modifié le vieux fond celtique. Dans les Gaules, envahies par la marée montante des Barbares, il a conservé intact le dépôt des traditions et de la civilisation, attendant le jour où ces masses errantes et flottantes, enfin consolidées et fixées, demanderaient aux races plus anciennes et plus avancées des chefs et des guides. Il a modifié et enrichi la langue nationale dont « la parlure, disait Dante, est plus commune qu'aucune autre à toutes gens ». Par la Provence la France a pu élargir son horizon sur la mer et sur le monde, faire de Marseille, sa capitale méditerranéenne, le premier port du grand bassin européen, asiatique et africain. Dans cette Gaule si merveilleusement équilibrée la Provence a joué un grand rôle et tenu une grande place.

Au sud-est de la Provence, à elle administrativement reliée, puisque l'évêché d'Ajaccio relève de l'archevêché d'Aix, et que militairement l'île se rattache au 15ᵉ corps d'armée dont Marseille est le quartier général, la Corse forme l'unique département insulaire de la France. Sur sa superficie de 872,200 hectares, elle compte 278,500 habitants. Ils sont restés de nos jours ce qu'ils furent autrefois, et les Romains, qui n'en voulaient pas pour esclaves, firent d'eux un bel éloge en les déclarant impropres à la servitude.

Située à 170 kilomètres des côtes de France, à 10 seulement de la Sardaigne et à 72 de Livourne, cette terre est plus italienne que française par son orographie, ses traditions et ses mœurs, plus française qu'italienne par le cœur et le libre choix. Elle est formée de deux systèmes de montagnes : l'un transversal, dont les sommets s'élèvent à 2,800 mètres au-dessus de la mer ; l'autre, longitudinal, occupe la partié orientale du nord au sud. Ses rivières sont des torrents à peine flottables. Ses villes, peu nombreuses, sont, aussi, peu peuplées.

Ajaccio, sa capitale, compte 17,600 habitants. Napoléon Ier y naquit et Ajaccio conserve comme une relique la maison où fut le berceau de l'homme extraordinaire qui, de si bas, s'éleva si haut. C'est l'une des jolies villes de la Méditerranée, bâtie en amphithéâtre au pied d'un coteau et au fond d'un golfe mesurant 50 kilomètres de tour. Bastia, plus importante, possède 20,800 habitants. Divisée en deux parties, *Terra Vecchia* ou basse ville, *Terra Nuova* ou la citadelle, Bastia a conservé la physionomie des villes du moyen âge. De Bastia, l'on voit à l'horizon les îles d'Elbe, de Caprera et de Monte-Cristo. Calvi, Corte et Sartène ne comptent respectivement que 2,000, 5,000 et 5,600 âmes.

Remontons vers le nord ; au long des Alpes rejoignons la Savoie, terre française aujourd'hui, que le Piémont nous céda, ainsi que Nice, en échange de la Vénétie, terre pittoresque, pauvre en ville et en habitants. Sur notre route, nous relevons Puget-Théniers, petite ville de 1,300 habitants, sur le Var ; Digne, chef-lieu des Basses-Alpes, l'ancienne *Dinia*, ruinée par les Barbares, aujourd'hui peuplée de 7,000 habitants ; Sisteron, place forte au confluent de la Durance et du Buech ; Gap, dans un cirque élevé, à l'entrée de la vallée du Drac. Au long de la frontière italienne, Briançon, sentinelle vigilante, garde la route du mont Genèvre ; c'est la plus haute ville de la vallée de la Durance.

Dans l'ouest, de l'autre côté du massif de l'Oisans, Grenoble, capitale du Dauphiné, déploie dans un cadre grandiose de montagnes ses faubourgs industriels où règne une grande activité. La ville est renommée pour sa préparation des peaux et sa fabrication des gants, industries qui occupent plus de 20,000 ouvriers. Grenoble, qui compte 52,484 habitants, est sur l'une des voies historiques de la France, au centre du bassin où se rejoignent l'Isère et le Drac. Annibal y passa, et aussi les migrations des peuples d'Italie en France et de France en Italie.

Plus au nord s'ouvre la Savoie, dont les eaux se déversent dans le bassin du Rhône. Sol montagneux, que les neiges recouvrent une partie de l'année, sol de pâturages, dont un tiers seulement est en culture, la Savoie est surtout un pays d'élevage. Comme ses eaux, ses enfants descendent dans la plaine, ne trouvant pas tous à vivre dans cette région pauvre. Chambéry est sa ville principale, son chef-lieu de département, peuplé de 20,930 habitants.

Annecy est celui de la Haute-Savoie et en compte 12,000. Située à l'extrémité de son beau lac, sur les Thioux, déversoirs naturels du bassin, Annecy est une ville industrielle et commerçante possédant des manufactures d'étoffes, des tanneries, des papeteries et des établissements métallurgiques. Autour d'elle, Gévrier tisse des cotonnades, Chéron des étoffes de laine, Faverges des soies.

La région montagneuse du Dauphiné et de la Savoie fut la terre des Allobroges, l'une des plus puissantes tribus des Gaules, moins par le nombre que par la vaillance de ses habitants. « Robustes et calmes, les Dauphinois, dit M. Thiers, tiennent de la race des montagnards, race qui se ressemble partout et qui a des caractères pareils sous toutes les latitudes. Ces Écossais de France, qui joignent à la force du corps une grande hardiesse de caractère et surtout une finesse extrême d'esprit, se retrouvent les mêmes dans les Pyrénées. Aussi existe-t-il toujours dans les plaines un proverbe pour caractériser cette finesse. Les Provençaux, par exemple, qui tous les jours voient chez eux des habitants des Alpes faire leur fortune par leur intelligence et par leur économie, disent avec dépit qu'ils n'ont que l'habit de grossier. »

Française depuis trente années seulement, la Savoie, qui le fut un temps sous les noms de départements du Léman et du Mont-Blanc, a rendu à la France, par son annexion, les vallées de la Maurienne et la Tarentaise, les provinces du Genevois, du Faucigny et du Chablais, qui formaient l'ancien duché de Savoie. Elle complète, dans le sud-est, son système de défense en lui restituant, avec le massif du mont Blanc, sa limite orographique.

A l'ouest de la Savoie montagneuse et pittoresque, s'ouvre la Bourgogne, l'une des plus riches et des plus fertiles terres de France. « Celui qui veut connaître la vraie Bourgogne, écrit Michelet, l'aimable et vineuse Bourgogne, doit remonter la Saône par Chalon, puis tourner par la Côte-d'Or au plateau de Dijon et redescendre vers Auxerre; bon pays où les villes mettent des pampres dans leurs armes... Aucune province n'eut plus grandes abbayes, plus riches, plus fécondes en colonies lointaines : Sainte-Bénigne à Dijon; près de Mâcon, Cluny; enfin Cîteaux, à deux pas de Chalon. Ce sont les moines de Cîteaux qui, au commencement du XIIIe siècle, fondèrent les ordres militaires d'Espagne et prêchèrent la croisade des Albigeois, comme saint Bernard avait prêché la croisade de Jérusalem... La France n'a pas d'élément plus liant que la Bourgogne, plus capable de réconcilier le nord et le midi. Ses comtes ou ducs, sortis des deux branches des Capets, ont donné, au XIIe siècle, des souverains aux royaumes d'Espagne; plus tard à la Franche-Comté, à la Flandre, à tous les Pays-Bas. Mais ils n'ont pu descendre la vallée de la Seine, ni s'établir dans les plaines du centre, malgré le secours des Anglais. Le pauvre roi de Bourges, d'Orléans et de Reims l'a emporté sur le grand duc de Bourgogne. »

La vieille province a formé quatre départements : Ain, Saône-et-Loire, Côte-d'Or et Yonne.

Terre de transition entre les régions montueuses de la Savoie et de la Franche-Comté et les plaines semées de coteaux de la Bourgogne, le département de l'Ain est, dans sa partie orientale, sillonné par les prolongements du Jura, dont les points culminants oscillent entre 1,200 et 1,700 mètres. Le Crêt de la Neige atteint 1,724 mètres; c'est la cime la plus élevée du département. La plaine s'étend à l'ouest. Pays de culture et de pâturages, l'Ain produit des céréales, du bétail et des fromages. A Seyssel on exploite les calcaires bitumineux ; à Châtillon-lez-Dombes, on fabrique le papier, à Montluc des draps pour les troupes; à Thiessey des cires et des bougies.

Bourg, chef-lieu du département, a 15,000 habitants. Ce fut la capitale de la Bresse,

LE PIC DU MIDI.

de même que Belley fut celle du Bugey. Belley n'a que 5,000 habitants : elle n'est pas
sur le fleuve, et la station centrale d'Ambérieu, où quatre voies ferrées se croisent,
attire dans la vallée de l'Albarine les usines et les manufactures qui se groupent auprès
de Saint-Rambert et de Tenay. Trévoux, plus rapproché de Lyon, gravite autour de la
grande ville.

Au nord du département de l'Ain, à Chalon, nous retrouvons la Saône, descendant
vers le sud, à la rencontre du Rhône ; à l'ouest court la Loire, obliquant vers
le nord-ouest. Le canal du Centre relie les deux fleuves qui donnent leurs noms
au département de Saône-et-Loire. Ce fut le cœur du territoire des Éduens, dont
Autun, l'antique Bibracte, fut la capitale. César, habile à se concilier ceux qu'il ne
pouvait soumettre, se servit des Éduens contre les Allobroges et les Arvernes. Il leur
donna le titre d'alliés et de frères du peuple romain. Aujourd'hui, comme alors, cette
région est riche et populeuse, à la fois agricole et manufacturière. Plus de la moitié de
sa superficie, 436,000 hectares sur 856,000, se compose de terres de labour auxquelles
il faut joindre 42,000 hectares en vignes. Les prairies naturelles et les pâturages
couvrent 134,000 hectares. Principale richesse de la Bourgogne, la vigne fut,
croit-on, introduite dans cette région par les légionnaires romains campés près de
Mâcon et de Chalon. Ils auraient donné leur nom au cru de Romanée planté et cultivé
par eux *in campo Romanorum*. Dès la fin du x° siècle ces vins figurent dans l'histoire ;
ils apparaissent au sacre de Philippe-Auguste. Innocent VI donne le chapeau de
cardinal à Jean de Bussières, abbé de Citeaux, qui lui en a envoyé trente pièces.
« Il semble, écrivait au xvi° siècle l'historien Guillaume Paradin, que Dieu ait voulu
gratifier de ce bien les plus fameuses et célèbres des villes de la Bourgogne, par-
dessus toutes les villes des Gaules, comme Beaune, Dijon, Chalon, Tournus, Mâcon
et autres, les plus riches celliers qu'on puisse choisir. »

Mais à la culture de la vigne ne se borne pas l'industrie locale. Les établissements
métallurgiques de Saône-et-Loire sont importants ; entre tous, celui de Creuzot qui
occupe près de 14,000 ouvriers, puis ceux de Saint-Bérain, d'Autun, de Chalon, de
Montceau-les-Mines, de Chagny, de Mâcon, de Tournus, dont la production et le
trafic sont considérables.

Mâcon, chef-lieu du département de Saône-et-Loire, est une grande et belle ville
de 20,000 habitants, située sur la pente d'un coteau couvert de vignes, dans un pays
fertile. D'aspect pittoresque, vivante et animée, Mâcon déploie au long de ses quais,
sur la Saône, ses maisons coquettes. A peu de distance Cluny, la riche abbaye, a
perdu son église du monastère, la plus vaste du monde après Saint-Pierre de Rome, et,
de son passé illustre, n'a gardé que son couvent : Notre-Dame de Cluny, classée parmi
les monuments historiques, et quelques hôtels du xi° et du xiii° siècle.

Chalon-sur-Saône, située dans une plaine fertile, servit d'entrepôt et de grenier à
César. Il y entassa les grains et les approvisionnements de son armée, il les mit sous
la protection des Éduens. Ce fut le *Castrum Frumentarium* dont Chalon porta le
nom, qu'elle échangea plus tard contre celui de *Cabillonum* ou *Cabillo Eduorum*,
d'où son appellation moderne. Elle compte 22,800 habitants. Entre Mâcon et Chalon,

Tournus est, comme elles, sur la rive de la Saône. Dans le nord-ouest, Autun, sur la rive gauche de l'Arroux, servit de résidence à César après la conquête d'Alise ; Auguste l'habita, l'embellit et lui donna son nom. Elle a conservé ses antiquités romaines, son arc de triomphe et son champ des tombes, ses ruines d'amphithéâtre et de temples.

Au-dessous de Mâcon, la Saône, courant au sud, se rapproche du grand fleuve, elle débouche dans le département du Rhône, le plus petit, après celui de la Seine, mais possédant, après Paris, la plus grande ville de France. C'est la terre de transition entre le nord et le midi, la région intermédiaire entre les molles ondulations de la Bourgogne, son ciel doux et ses riches plaines, et le ciel éclatant, les pentes brûlées du Rhône. La Saône s'avance, nonchalante, au-devant du fleuve qui va l'emporter dans sa puissante étreinte, dans sa course rapide vers la mer.

« Les contrées de montagnes granitiques, écrit Lavallée, de rochers arides, de soleil ardent, de pâle feuillage, ces contrées anguleuses, grises et sèches, où l'on désire tant, où l'on trouve si peu les grands arbres, l'eau, la verdure et l'ombre, n'ont pas complètement cessé, mais elles n'occupent plus entièrement le sol ; à côté d'elles, on trouve dans le Lyonnais les croupes arrondies, les collines verdoyantes, les frais paysages, les champs gras et plantureux du nord ; l'olivier a disparu, mais le mûrier règne encore ; les cours d'eau ne sont plus seulement des fléaux torrentueux, et à côté du Rhône bondissant, écumeux, ravageur, on trouve la Saône lente, paisible, bienfaisante. La population elle-même semble intermédiaire entre celles du midi et du nord de la France ; elle est ardente et passionnée, mais active, laborieuse, grave, sérieuse. L'industrie n'y est plus là disséminée par groupes isolés ; elle occupe tout le sol, tous les bras, et le paysan est, à la fois, agriculteur et tisserand ; elle ne donne plus là des produits qui trouvent partout des similaires, mais des produits qui n'ont point d'égaux dans le monde entier. »

Lyon est la grande ville du Rhône, qui devient flottable à Arloda et navigable au Parc, au-dessus de Seyssel. Elle est le chef-lieu du département du Rhône qui, tout restreint qu'il soit comme superficie, occupe, comme population, le sixième rang et comme densité le troisième, cette densité étant de 266 habitants par kilomètre carré, alors que, pour l'ensemble de la France, elle est de 71. Une grande ville devait surgir au centre de ce bassin du Rhône, au point de jonction du fleuve et de son principal affluent, au point de bifurcation de la grande voie historique qui, par Avignon, Valence, Chalon, Dijon, Sens, relie le littoral de la Méditerranée aux plaines du nord, à l'est oblique vers la Suisse, à l'ouest vers Nantes. Les Romains la fondèrent, comme ils fondèrent toutes leurs colonies, en créant là un poste militaire. Munatius Plancus établit un camp sur la hauteur qui dominait le confluent des deux fleuves. Autour de ce camp la cité s'étendit. Strabon l'appelait déjà de son temps *le cœur des Gaules*. Elle l'était en effet ; elle le serait resté, elle en serait devenue la capitale, si Rome eût conservé l'empire. La force d'attraction de la métropole du monde eût maintenu dans le sud le centre de gravité des Gaules. Il se déplaça quand la chute de Rome laissa Lyon sans appui et quand un autre centre de gravité apparut dans le nord-ouest, attirant à lui le mouvement de la vie.

Lyon n'en est pas moins demeurée la ville primatiale des Gaules, la seconde ville de France, dont la population de 402,000 habitants a plus que doublé depuis le commencement du siècle. Elle est devenue l'une des cités manufacturières les plus importantes du monde, la cité des soieries et des étoffes de luxes, dont elle fabrique pour près de 500 millions par an, à l'aide de ses 120,000 métiers; la cité du tissage, dont Jacquard, un de ses enfants, a, par la découverte d'un métier spécial, renouvelé l'industrie. Autour d'elle gravitent comme autant de faubourgs, de nombreux bourgs : Venissieux, Quire, Oullins, Saint-Genieux, Caluire, Sainte-Foy, Neuville, Villembane, et sa grande industrie s'étendant au loin n'absorbe pas seulement la plus grande partie du département, mais entraîne dans son orbite, jusqu'aux villes et villages de la Savoie.

Dans le Rhône, l'Arbresle, riche en pierres de taille et en gisements de pyrites; fabrique aussi des soieries, Tarare des peluches et des velours, Thizy, Amplepuis, Cours produisent des cotonnades, des toiles de fil et des mousselines, Villefranche possède des fabriques d'étoffes, et à ces sources de richesses s'ajoutent les vins du Beaujolais dont Belleville est l'entrepôt.

Au sud de Lyon, le Rhône, contournant sur sa droite le massif central, longe les départements de l'Isère et de la Drôme, qui firent partie de l'ancien Dauphiné. Tour à tour cette province oscilla entre la Provence et la Bourgogne. Le Rhône traverse Vienne, ville autrefois populeuse et puissante, point d'intersection de quatre grandes voies romaines, déchue à la fin du siècle dernier, où sa population atteignait à peine le chiffre de 10,000 habitants. Depuis, Vienne s'est relevée, sa population a presque triplé; ville industrieuse et manufacturière, elle déploie, au long de là Gère, affluent du Rhône, ses nombreuses usines, ses fabriques de laine, de draps, de soie, ses papeteries, teintureries et verreries, ses ateliers métallurgiques.

En aval de Vienne, dans la Drôme, Tain fait face à Tournon, située sur l'autre rive du Rhône. Plus bas, Valence, chef-lieu du département, s'élève au point de jonction de l'Isère et du Rhône. Peuplée de 25,000 habitants, elle a doublé en un demi-siècle. Ville industrielle, elle possède de grandes fabriques d'étoffes et des manufactures. Romans, à 18 kilomètres, dans le nord-est, est un centre industriel important. Ses draps furent longtemps renommés; son principal commerce est celui des cuirs, des feutres, des soieries et des cotonnades.

Au sud de Valence s'ouvre la Provence que nous avons parcourue et décrite. A l'ouest, de l'autre côté du Rhône, s'élève le massif central, la haute région de l'Auvergne, du Limousin, du Périgord et du Bourbonnais que nous allons aborder.

II. — LE PLATEAU CENTRAL. — AUVERGNE. — LIMOUSIN.
PÉRIGORD. — BOURBONNAIS.

Le plateau central couvre une superficie de près de 100,000 kilomètres carrés, un sixième de la France; il mesure environ de 300 kilomètres de largeur. Sa pente est double; il s'incline vers le nord et le sud-ouest, suivant dans l'ouest l'orientation générale de la France, la redressant par son inflexion au nord et au sud. Il est le nœud géologique des Gaules, entre les Alpes et les Pyrénées, à distance à peu près égale de ces deux massifs, plus méridional toutefois que septentrional, plus rapproché de la Méditerranée que de l'Atlantique et surtout de la Manche.

Au sud, il surplombe les plaines du Languedoc ; à l'ouest celles du Berry, de la Touraine et de la Guyenne ; à l'est, les vallées de la Saône et du Rhône le séparent du Dauphiné et de la Franche-Comté ; au nord-est il projette, entre l'Allier et la Loire, l'éperon granitique du Forez ; au nord il s'incline vers la Bourgogne. Les Cévennes constituent son faîte naturel, et ses points culminants se trouvent dans la région centrale. Par sa largeur, sa hauteur et son épaisseur, il eût pu opposer une barrière naturelle au mouvement des idées et aux progrès de la civilisation, si les grandes voies historiques que nous avons décrites plus haut n'avaient contourné l'obstacle, si le large tracé des fleuves n'avait assuré les communications entre le nord et le sud, entre l'est et l'ouest de la France, si de nombreux seuils d'accès n'avaient escaladé le plateau, ouvrant des issues à ses eaux, et des portes à la vie extérieure.

Au centre : l'Auvergne, le Puy-de-Dôme et le Cantal. Ce fut la région des Arvernes, tribu puissante, rivale des Éduens, après eux la plus vaillante des Gaules. Les Gaulois, unis dans un suprême effort pour repousser l'invasion romaine, choisirent Vercingétorix, son chef, pour les commander ; c'est autour de lui qu'ils se rallièrent, contraignant César à lever le siège de Gergovia, vaincus à Alise où Vercingétorix fut fait prisonnier. Sur cette terre pittoresque, montueuse et rude que traverse l'étonnante et fertile plaine de la Limagne, que Salvien appelait la « moelle des Gaules » ; que Sidoine comparait à une « mer de moissons » *æquor agrarum in quo, sine periculo, questuosæ fluctuant in segetibus undæ*, la population fut nombreuse et les guerriers faciles à recruter. Les Romains la conquirent, cependant, puis les Visigoths auxquels Clovis la reprit ; il la fit terre franque ; Louis XIII la réunit à la France.

Clermont-Ferrand, la *Nemetum* romaine, fut sa capitale ; elle est restée le chef-lieu du département du Puy-de-Dôme. « Peu de villes, écrit M. Em. Montégut dans la *Revue des Deux Mondes*, ont un aspect aussi ouvert, aussi riant, et je dirai presque aussi lumineux que Clermont abordée par la Limagne. Aperçue à distance en venant de Riom, c'est un enchantement : un vaste espace à découvert entouré de hautes montagnes, et, dans cet espace, Clermont, précédée de la petite ville de Montferrand, comme une reine de ses massiers, déployée à l'aise dans une pose pittoresquement inclinée. L'enchantement se dissipe quelque peu après l'arrivée... Si la ville est sans caractère, en revanche, le pays environnant est admirable, en sorte qu'on peut dire de Clermont que c'est une scène médiocre encadrée dans un magnifique théâtre. Ce ne sont que montagnes, cependant nul panorama ne présente plus de variété et de contrastes. Ici, en montant du cimetière, des montagnes agrestes et sauvages, revêtues d'un vert pâle, faites à souhait pour les descriptions d'une poésie idyllique qui serait vraiment rustique ; là, au contraire, en suivant la route qui conduit à Gergovie, des montagnes riches de cultures, touffues de forêts, parées de blanches maisons de campagne, ressuscitent aux yeux le spectacle qu'elles présentèrent à l'époque romaine,

lorsqu'elles étaient chargées de villas somptueuses et de temples… De quelque côté
enfin que l'on tourne les regards, le Puy-de-Dôme apparaît avec sa masse imposante,
son épaule arrondie et sa crête altière, beau de sa force et de son volume, majestueux
et réellement seigneurial d'aspect, véritable souverain du pays et faisant, où qu'on se
place, reconnaître sa domination, toujours debout et présent pendant que les autres
géants qu'il semble commander ou pousser en avant diminuent dans l'éloignement ou
disparaissent sous les plis du terrain. »

Autour du Puy-de-Dôme, d'une altitude de 1,465 mètres, se groupent le Puy-de-
Côme, les monts Dore, ceux d'Aubrac et du Cantal. Le Puy-de-Sancy, le Plomb-du-
Cantal, le Puy-Mary plus élevés que le Puy-de-Dôme, mesurant 1,884, 1,858 et
1,744 mètres.

Près de Clermont-Ferrand, peuplée de 47,000 âmes, Riom, qui fut, elle aussi, la
capitale de l'Auvergne, n'est plus qu'un chef-lieu d'arrondissement de 10,300 habitants. Ville de légistes, elle a conservé, dans son cadre pittoresque, l'aspect austère et
grave d'une patrie de jurisconsultes éminents. Plus peuplée que Riom, Thiers,
16,800 habitants, est une ville industrielle, renommée pour sa grosse coutellerie. A
12 lieues de Clermont, Ambert, 8,200 habitants, située dans un bassin qu'arrosent la
Dore et de nombreux cours d'eau, possède d'importantes fabriques de papier et de
toiles.

L'Auvergne méridionale, le Cantal, coupé par des montagnes qui le partagent en
deux versants, n'a ni la plaine de la Limagne ni les vallées du Puy-de-Dôme. Les forêts
y sont plus étendues, les plateaux moins fertiles, aussi sa population émigre-t-elle
facilement. Du Cantal viennent la plupart de ces Auvergnats robustes, travailleurs et
probes que l'on retrouve dans toutes les grandes villes de France où ils se livrent de
préférence aux travaux qui exigent un déploiement de force musculaire. Aurillac, chef-
lieu du département, ne compte que 14,600 habitants. Le pape Gerbert y naquit.
D'aspect agréable, accessible par les routes qui, de Saint-Flour et de Rodez, de Tulle
et de Clermont s'y croisent, Aurillac est le centre d'une région des plus pittoresques.
Saint-Flour, chef-lieu d'arrondissement, renferme tout au plus 6,000 âmes. Murat,
moins peuplé encore, 3,000 habitants, est, avec Saint-Flour, le centre de l'émigration.

A l'est de l'Auvergne la grande chaîne des Cévennes sillonne la partie méridionale
du département de la Loire dont elle borne la vallée qu'elle sépare de celles de la Saône
et du Rhône. Ce fut le pays des Ségusiens, le Forez, dont *Forum Segusianorum,*
aujourd'hui Feurs, était la capitale. Il fit partie de la Gaule Lyonnaise, puis du royaume
de Bourgogne ; il resta comté indépendant jusqu'au jour où François Ier le confisqua
au connétable de Bourbon en 1523 et le réunit à la couronne. C'est l'un des
départements les plus peuplés de France, 603,000 habitants, comme densité de
population il occupe le 5e rang.

Modérément riche en céréales et en vins, il est redevable à ses houillères et à son
industrie de ses principales sources de revenus. Saint-Étienne, son chef-lieu, est l'un
des grands centres industriels de France, de même que le bassin de la Loire est l'un
des plus importants bassins houillers. Il produit plus de 3 millions de tonnes de

houille d'une valeur de 47 millions et ne le cède qu'au bassin du Pas-de-Calais dont l'extraction dépasse 51 millions de francs. « Le voyageur curieux d'effets pittoresques, écrit M. Em. Montégut, devra s'arranger pour ne débarquer à Saint-Étienne que de nuit, s'il veut se ménager le plaisir d'un spectacle qui lui paraîtra nouveau, même après en avoir vu les analogues dans les régions du nord. De tous côtés les usines à gaz, les fours ouverts, les fourneaux incandescents éclairent sa marche de leurs reflets puissants, mornes, sans rayonnement. Devant soi on n'y voit goutte, et là-bas, à vingt pas, tous les objets se détachent sur ce fond rouge enveloppé d'ombre avec la force et le relief des tableaux présentés par la chambre noire... le spectacle est d'un effet violent à outrance, morose à force d'intensité, d'une ardeur presque sinistre... A défaut de charmes et d'attraits, cette ville a du caractère, et ce caractère est singulièrement robuste et sérieux. L'aspect en est mâle et populaire, même dans les quartiers nouveaux et qu'on pourrait appeler élégants. De grandes voies bien éclairées et cependant tristes, bruyamment animées et cependant mornes, des faubourgs spacieux mais dont toute joie est exilée; de hautes maisons bien bâties, de physionomie grise, des églises sans architecture, des monuments sans goût et sans beauté, voilà Saint-Étienne... Certes voilà un tableau dur de formes, sec de coloris, sombre de ton, oui, mais l'âme du travail est ici partout présente et a marqué cette ville d'une empreinte ineffaçable et ce cachet lui crée une originalité qui ne se laisse pas oublier. Bien des villes autrement coquettes, autrement avenantes, autrement gracieuses, ne mordront jamais sur les souvenirs avec autant d'énergie, et lorsque la mémoire cherchera leur souvenir, elle s'étonnera de le trouver si effacé et de voir celui de Saint-Étienne conserver encore toute sa vigueur. »

Cette ardeur au travail, cette fièvre de production se retrouve partout dans le département de la Loire; à Rive-de-Gier célèbre par ses verreries, à Saint-Chamond qui a doté Saint-Étienne de la fabrication des rubans, à Roanne, comme à Saint-Galmier. A lui seul ce département compte plus de 750 établissements en pleine activité dont on estime la production annuelle et moyenne à plus de 300 millions de francs.

Tout autre est la physionomie de Montbrison, ancienne capitale du Forez, dépossédée par Saint-Étienne. Ville entrée tard dans l'histoire et qui en est sortie tôt, Montbrison y figura deux siècles à peine, du xive au xvie. Depuis elle a comblé ses fossés, convertis en promenade agréable, perdu son ancien château qui lui donna son nom et le tenait lui-même du site sur lequel il s'élevait, site consacré à *Briso*, déesse du sommeil.

Au sud-est du département de la Loire, celui de l'Ardèche s'étend au long du cours du Rhône, formant l'extrémité méridionale du massif central qui s'abaisse vers le fleuve et le Gard. C'était la terre des Helviens, le Vivarais, annexé à la Provence dont il fut détaché pour entrer dans le domaine des comtes de Toulouse et faire plus tard retour au Languedoc.

Il est peu de régions en France où les mœurs soient aussi pures. L'Ardèche figure au 85e rang dans le classement des naissances illégitimes. Il est peu de régions où l'habitant soit aussi réfractaire au service militaire et cependant aussi brave et aussi discipliné. Sa bravoure va jusqu'à la témérité, sa patience résiste à toutes les fatigues et les bataillons de l'Ardèche ont bien mérité de la patrie sur tous les champs de bataille où ils ont paru. L'agriculture est la principale industrie de l'Ardèche ; le châtaignier et le mûrier ses principales cultures forestières. Il fournit à la France le marron dit de Lyon, de bons vins, des truffes qui rivalisent avec celle de Périgord; Il produit aussi des soies grèges ; ses papeteries, celles d'Annonay, surtout, sont renommées ; ses tanneries de peaux de chevreau alimentent de matières premières les fabriques de gants de Paris, de Grenoble, de Chaumont, de Lunéville, de Niort et du Mans. Riche en minerais de toute nature, l'Ardèche l'est aussi en sources thermales. Celles de Vals et de Saint-Laurent sont célèbres.

Privas, chef-lieu du département, est une petite ville d'environ 8,000 habitants, très ancienne, moins importante toutefois qu'Annonay, située au confluent de la Cance et de la Deaume, chef-lieu d'arrondissement et peuplée de plus de 17,000 âmes. Ce fut un grenier romain, plus tard un marquisat de la maison de Rohan-Soubise. Aujourd'hui c'est une ville industrielle, semée sur des coteaux, renfermant de nombreuses manufactures et en voie de prospérité. Aubenas est, après elle, la ville la plus importante et la plus pittoresque. Bourg-Saint-Andéol, Viviers, Largentière sont des centres agricoles et miniers.

A l'ouest, les montagnes se relèvent dans le département de la Haute-Loire, dans ce bassin du Puy si merveilleusement décrit par George Sand : « Ce n'est pas la Suisse dit-elle, c'est moins terrible ; ce n'est pas l'Italie, c'est plus beau ; c'est la France centrale avec tous ses Vésuves éteints et revêtus d'une splendide végétation ; ce n'est pourtant ni l'Auvergne ni le Limousin. Ici, point de riche Limagne, point de plateaux fertiles, formés de fossés naturels. Non, tout est cime et ravin, et la culture ne peut s'emparer que de profondeurs resserrées et de versants rapides. Elle s'en empare ; elle se glisse partout, jetant ses frais tapis de verdure, de céréales et de légumineuses avides de la cendre fertilisée des volcans, jusque dans les interstices des coulées de laves qui la rayent dans tous les sens. »

Le Puy, 20,000 habitants, chef-lieu de la Haute-Loire, est situé à la jonction de trois belles vallées qu'arrosent la Loire, la Borne et la Dolesson, sur un mamelon que couronne un roc basaltique d'aspect fantastique. Non loin de ce roc sur lequel s'élève une statue colossale de la Vierge, faite du bronze de deux cents canons pris à Sébastopol, se dresse une haute aiguille dont le sommet porte une chapelle à laquelle on accède par 220 marches. Le Puy vécut longtemps de l'industrie des dentelles, qui, dans le Velay, à Craponne, Langeac, Monastier, Pradelles, Tence, dans les bourgs et villages adjacents, occupait jusqu'à 100,000 ouvrières et produisait pour 25 millions par an. Les caprices de la mode et la concurrence ont à peu près tué cette industrie, incomplètement remplacée par l'élevage du bétail et des mulets, par la fabrication des rubans et des taffetas. Yssingeaux, Monistrol, Saint-Didier, plus rapprochés de Saint-Étienne, gravitent autour de ce grand centre industriel pour lequel ils travaillent et qui absorbe leurs produits.

Au sud, la Lozère forme la pointe méridionale du massif central. Les *Gabali* l'habitaient au temps de César. Ce fut le Gévaudan du moyen âge; une partie de la région a gardé ce nom. Région montueuse, froide et dure, un quart de sa superficie tout au plus est en terres labourables; plus de la moitié n'est que landes et pâturages.

La vie y est rude. Au milieu d'âpres montagnes, dans une contrée inhospitalière et aride, exposés à un climat rigoureux, les habitants de la Lozère sont pauvres comme leur sol qui ne suffit pas à les nourrir et les force à s'expatrier. La Lozère est l'un des départements les moins avancés de la France, l'un de ceux où la densité de la population tombe le plus bas; elle n'est que de 28 habitants par kilomètre carré. Seul le département des Hautes-Alpes, où elle tombe à près de 22, lui est inférieur.

Mende, chef-lieu du département, ne compte que 8,000 habitants. Située par 750 mètres d'altitude et fréquemment couverte par les neiges, elle supplée par son industrie aux ressources que le sol lui refuse, fabriquant des étoffes de grosses laines pour la consommation locale et aussi pour l'exportation. Au sud de Mende, Villefort et Florac exploitent leurs mines de plomb argentifère dont la Lozère extrait entre 8,000 et 10,000 quintaux métriques. Près de Mende, Bagnols et ses eaux thermales attirent un certain nombre de visiteurs chaque été. Langogne, Marvejols, Javols, jouèrent un rôle dans les guerres de religion.

Il en fut de même de la plupart des villes et des bourgs de l'Aveyron, l'ancien Rouergue, primitivement la terre des Ruthènes. Dans toute cette région le protestantisme domina, débordant au dehors sur le Midi, sur Nîmes, Montpellier, à l'ouest sur Montauban, au nord-ouest sur la Rochelle. Ici encore le sol est pauvre; la culture du seigle y remplace celle du froment, mais les pâturages sont abondants et l'élevage du bétail est l'une des principales ressources de la population. L'Aveyron est le département de France qui nourrit le plus de moutons; on estime à 2,300,000 francs sa production annuelle de laines; Roquefort est renommé pour ses fromages dont la vente atteint près de 8 millions par an. L'Aveyron exploite, en outre, ses mines de houille dont on extrait de 600,000 à 700,000 tonnes.

Rodez, dont César fait mention dans ses *Commentaires*, chef-lieu de l'Aveyron, est une ville de 16,000 habitants. Sa population a doublé en 50 ans. Bâtie sur la crête et la pente d'une colline dominant l'Aveyron, elle est d'aspect sombre et triste. Millau, un peu plus peuplée, souffrit cruellement des guerres de religion. Richelieu la démantela pour la punir d'avoir résisté à Louis XIII et d'être devenue l'une des places fortes des calvinistes. Comme Millau, Sainte-Affrique lutta pour la cause protestante. Vainement attaquée en 1628 par Condé, que les femmes et les filles jointes aux combattants contraignirent à lever le siège, elle fut, un an plus tard, emportée par l'armée royale et vit raser ses remparts. Villefranche, située sur la voie ferrée de Paris à Toulouse, fut une riche et populeuse cité au moyen âge, grâce à ses franchises. Décimée par les épidémies, ruinée par les guerres de religion, elle reprend de l'importance; sa population est d'environ 10,000 âmes.

A l'ouest de l'Aveyron le plateau s'infléchit vers l'ouest-sud-ouest, vers la plaine de Toulouse et de Montauban, vers le bassin de la Garonne, dans laquelle le Tarn, grossi de l'Aveyron, de l'Agout, de la Dourbie, du Dourdon, se déverse près de Moissac. Plus méridionale, plus largement ouverte, cette région qu'occupe le département du Tarn est aussi plus ensoleillée, plus riche en vins et en céréales; riche en pâturages qu'arrosent de nombreux torrents aux ondes pures et fraîches. Ce fut le cœur de la guerre des Albigeois. Albi, son chef-lieu de département, donna son nom aux populations soulevées que trois croisades ne suffirent pas à dompter.

Sur une superficie de 574,000 hectares, le Tarn n'en a que 22,000 en terres incultes et 75,000 en forêts. Région agricole, elle est aussi manufacturière. Elle fabrique des draps et des tissus de laine; Mazamet ne compte pas moins de 50 manufactures dont le chiffre d'affaires est évalué à plus de 35 millions. Dans l'ensemble le département possède plus de 300 fabriques.

Albi, situé sur une colline dominant le cours du Tarn, est une ville de 24,000 habitants, ville sombre et triste, aux souvenirs tragiques. Castres est le centre industriel du Tarn. Peuplée de 27,500 habitants, plus considérable, plus riche et mieux bâtie qu'Albi, elle occupe une heureuse situation sur l'Agout, à l'intersection des routes de la plaine et de celle qui longe la base septentrionale de la Montagne-Noire, en face de la brèche ouverte sur les plaines de Toulouse. Les Romains comprirent l'importance de cette position stratégique; ils y établirent un camp qui a légué son nom à la Castres moderne. Sorèze, sur le Sor, fut célèbre par son abbaye et par son collège, l'un des plus fréquentés du Midi. Gaillac, ville de 8,000 habitants, sur la rive droite du Tarn, est au cœur d'un district riche en vins appréciés. Rabastens, Lavaur, Puylaurens furent des centres de résistance des Albigeois, en voie de devenir des centres industriels et commerciaux.

Dans le Tarn se trouvent les bassins principaux dont les eaux alimentent le grand canal du Midi. Ces eaux descendent de la Montagne-Noire dans le bassin de Lampy qui, lui-même, les déverse dans celui de Saint-Ferréol, magnifique réservoir d'une surface de près de 90 hectares. Les Romains conçurent l'idée de ce canal destiné à mettre en communication l'Océan avec la Méditerranée. Riquet la réalisa, immortalisant son nom. En 1665, il fit exécuter, en cinq mois et à ses frais, la rigole dite d'essai, qui démontra aux plus incrédules la possibilité d'amener les eaux de la Montagne-Noire sur le point de partage des deux versants. C'était la solution, jusqu'alors cherchée, du problème de la communication des deux mers. Ce point de partage est à Naurouse. Commencé en 1667, le canal fut achevé en 1684.

Marmontel a laissé, dans une page curieuse de ses mémoires, l'impression qu'il éprouva et qu'éprouvent encore aujourd'hui ceux qui assistent au spectacle grandiose de l'épanchement des eaux. « Dans l'épaisseur de la digue, écrit-il, sont pratiquées deux routes qui, à quarante pieds de distance, se prolongent sous le réservoir. A l'une de ces deux routes sont adaptés verticalement trois tubes de bronze, du calibre des plus gros canons. Nous nous avançons jusque-là à la lueur du goudron enflammé que notre conducteur portait dans une poêle, car nulle autre lumière n'aurait tenu à la commotion de l'air qu'excita bientôt sous la voûte l'explosion des eaux quand, tout à coup avec un fort levier de fer, notre homme ouvrit le robinet de l'un des trois tuyaux, puis celui du second, puis celui du troisième. A l'ouverture du premier, le plus effroyable tonnerre se fit entendre sous la voûte et, deux fois, coup sur coup, ce rugissement redoubla. Je croyais voir crever le fond des réservoirs et les montagnes des environs s'écrouler sur nos têtes, l'émotion profonde et, à vrai dire, la frayeur que ce bruit nous avait causée, ne nous empêcha point d'aller voir ce qui se passait sous la voûte. Nous y pénétrâmes au bruit de ces tonnerres souterrains, et là, nous vîmes trois torrents s'élancer par l'ouverture des robinets. Je ne connais dans la nature aucun mouvement comparable à la violence de la colonne d'eau qui, en flots d'écume, s'échappait de ces tubes. L'œil ne pouvait la suivre; sans étourdissement, on ne pouvait la regarder. Le bord de l'aqueduc où fuyait le torrent n'avait que quatre pieds de large; il était revêtu d'une pierre de taille polie, humide et très glissante. C'était là que nous étions, debout, pâlissants, immobiles, et si le pied nous eût manqué l'eau du torrent nous eût roulés à mille pas dans un clin d'œil. Nous sortîmes en frémissant et nous sentîmes les rochers auxquels la digue est appuyée trembler à cent pas de distance. »

Au sud de la Corrèze et à l'est du Cantal et de l'Aveyron, le massif central forme le département auquel le Lot donne son nom. Issu des Cévennes, près de Bleymard, le Lot suit la pente du plateau, arrosant les départements de la Lozère, de l'Aveyron, du Lot et du Lot-et-Garonne, et se déverse dans la Garonne au-dessous d'Aiguillon. Contrée des Cadurciens, qu'Auguste incorpora dans la Gaule Aquitanique, cette région devint le Quercy et suivit la fortune de l'Aquitaine. Là, comme en un champ clos, les Français luttèrent contre les Anglais, les catholiques contre les Albigeois, Cahors orthodoxe contre Montauban schismatique. Terre bizarrement creusée par de vastes causses formant des vallées sans issues, nommées *cloups*, le Lot, semé de roches calcaires, n'en produit pas moins plus de céréales qu'il n'en consomme. Sa population, bien que pauvre, très attachée au sol, n'émigre pas comme celle du Cantal. Les vins sont, avec les céréales, la principale richesse du pays qui produit aussi des truffes estimées.

Cahors, sa capitale, l'antique Divona, fut *cité municipe* de Rome, l'une des soixante villes gauloises qui, au confluent du Rhône et de la Saône, élevèrent un autel à Auguste. Déjà, du temps de César, on prisait fort à Rome les meubles et les toiles fabriquées à Cahors. Dans ses murs se croisaient quatre voies romaines, celles de Toulouse, de Bordeaux, de Périgueux et de Lyon. Au xɪɪᵉ siècle Cahors prit parti contre les Albigeois, au xvɪᵉ siècle contre les protestants. Située dans une presqu'île du Lot, elle est dominée par un amphithéâtre de montagnes qui dessinent autour d'elle un demi-cercle. Sa population n'excède pas 16,000 âmes. Figeac, sur les confins du Cantal et de l'Aveyron, en compte 7,400. C'est le centre de la région montueuse, où se croisent trois lignes ferrées. Castelnau, Cessac, Duravel, Luzech, Montcuq, Puy-l'Évêque sont peu peuplées; Capdenac fut l'antique Ucellodunum, la ville gauloise qui, même après la défaite de Vercingétorix, ne désespéra pas de la fortune et mit bas les armes la dernière. Forteresse dessinée par la nature, Capdenac a gardé grand air; ses fossés sont comblés, ses remparts détruits, ses tours en partie rasées, mais, toute démantelée qu'elle soit, elle semble menacer encore.

Il n'en est pas de même de Saint-Céré, enfouie dans sa vasque de verdure, au-dessus de laquelle se dressent les tours de Saint-Laurent, ancienne résidence des vicomtes de

Turenne. Gourdon, petite ville de 5,000 habitants, vit périr sous ses murs Richard Cœur de Lion. Rocamadour, accrochée aux flancs de son rocher, n'a d'autre célébrité que son église, lieu de pèlerinage de toute la région. Enrichie par la piété des fidèles, elle fut pillée par les Anglais et saccagée par les protestants.

Au nord du Lot, le Limousin a formé deux départements : la Corrèze et la Haute-Vienne. Ici, le massif central s'incline au sud-ouest; la Dordogne et son affluent, la Corrèze, suivent la même pente, courant au-devant de la Garonne que la Dordogne rejoint au Bec d'Ambez où elle devient la Gironde. Jeanne d'Albret légua le Limousin à Henri IV qui le réunit à la France.

La Corrèze est un département pauvre, longtemps dépourvu de commerce et d'industrie. Il n'en est plus ainsi aujourdhui; l'agriculture a progressé, des filatures et des fabriques ont été créées, les gisements de houille, de fer et de plomb exploités; la production agricole dépasse de beaucoup la consommation, et les capitaux, dont l'absence a longtemps retardé le développement de l'industrie locale, semblent en voie de se constituer.

Tulle, chef-lieu du département, compte 16,500 âmes. Elle est située dans un vallon qu'arrose la Corrèze, à peu de distance de sa jonction avec la Solane, et au point d'intersection des principales vallées de la région. Elle est redevable à cette position et à sa manufacture d'armes qui occupe plus de 1,500 ouvriers, de son importance relative. Autour de cette manufacture de l'État se sont groupées des fabriques particulières d'armes de luxe, des papeteries, des ateliers de tissage. Presque aussi peuplée que Tulle, Brives est une jolie ville gardant encore l'empreinte du moyen âge. Ussel et Uzarche sont, après Tulle et Brives, les seuls centres un peu peuplés de ce département, dans lequel 87 0/0 des habitants s'adonnent aux travaux des champs et 13 0/0 seulement vivent dans les villes.

Au nord de la Corrèze, la Haute-Vienne, section occidentale du Limousin, appartient au bassin de l'Atlantique. Incliné vers l'ouest, le plateau central déverse ses eaux dans le bassin de la Charente et de la Dordogne. Hérissée de montagnes, ramifications de la chaîne qui sépare la Loire de la Garonne, cette région rappelle les paysages de l'Écosse. Elle en a les landes et les monts, les forêts, les prairies et les ravins solitaires, mais non les lacs et la mer que ne remplacent pas ses étangs.

L'élevage du bétail est la principale ressource agricole de ce département dont les pâturages occupent un tiers de la superficie et qui produit ces robustes chevaux de la race dite limousine. On y exploite aussi des mines de fer, d'étain, de houille, d'antimoine, de kaolin, mais la fabrication de la porcelaine tient le premier rang dans l'industrie locale. Elle a son siège à Limoges, chef-lieu du département.

Située en amphithéâtre au pied et sur le penchant d'une colline que baigne la Vienne, au point d'intersection de plusieurs grandes voies romaines, Limoges fut l'une des grandes villes des Gaules. Pillée par les Barbares, dévastée par les Anglais, ruinée par les guerres de religion, prompte à se relever après chaque épreuve, elle est restée une ville importante, peuplée de 68,500 habitants; elle est devenue une ville célèbre par ses émaux et par sa céramique dont les nombreuses manufactures, tant à Limoges qu'aux environs, occupent plus de 6,000 ouvriers. Saint-Yrieix est, après Limoges, la ville la plus importante du département. On y exploite des carrières de kaolin. Saint-Junien, Bellac, Rochechouart jouèrent un rôle dans les guerres entre la France et l'Angleterre.

La Creuse, l'ancienne Marche, s'étend à l'est de la Haute-Vienne. Entre ses hauts monts, ramification de ceux de l'Auvergne, serpentent d'étroites et profondes vallées semées de scories et de basaltes, semées aussi de sites pittoresques. « Le pays est adorable, écrivait George Sand; on quitte de grands plateaux d'un terrain maigre et humide, couvert de petits arbres et de grands buissons, et l'on descend dans une gorge longue et sinueuse qui, par endroits, s'élargit assez pour devenir vallée. Au fond de cette gorge qui se ramifie, coulent des rivières de vrai cristal, point navigables et plutôt torrents que rivières, quoiqu'elles ne fassent que filer en tourbillonnant un peu et sans menacer personne. C'est un pays d'herbes et de feuilles, un continuel berceau de verdure. » C'est une contrée plus pittoresque que riche, d'où l'habitant émigre volontiers l'hiver, descendant dans les plaines du midi, remontant vers les villes du nord, industrieux, travailleur, rapportant au retour son gain destiné à élargir le champ familial, rapportant aussi dans ses montagnes et ses vallées des idées nouvelles, des aperçus sur un monde ignoré de la population sédentaire.

La Creuse élève des moutons et produit du seigle. Elle occupe dans le classement par ordre de richesse absolue le 81ᵉ rang; elle est donc l'un des plus pauvres départements de la France. Guéret, sa capitale, ne possède guère que 7,000 habitants. Aussi peuplée, Aubusson est autrement active et vivante. Plus de 2,000 ouvriers travaillent dans une seule de ses fabriques de tapis, industrie que les Sarrasins ont léguée à la Marche. Felletin possède des manufactures de papier ; Boussac est connu par son château perché sur une roche escarpée. Bourganeuf ne compte que 4,000 habitants, Chambon un peu plus de 2,000.

Au nord-est de la Creuse, le Plateau central atteint son extrémité septentrionale. Infléchi du sud-ouest au nord-est il s'abaisse, projetant comme autant de caps et de promontoires vers le Cher et la Nièvre ses sommets arrondis, ses hautes collines ondulées qui vont s'éteindre et mourir dans les longs plissements de sol du Berry. C'est le département de l'Allier, l'ancien Bourbonnais que traversent deux grandes rivières : le Cher et l'Allier et que borde la Loire. Soudée au massif, la région du sud-est est montueuse et accidentée. On y retrouve la puissante ossature de granit et de grès, les affleurements métallifères, les fortes assises du Plateau central. Puis les vallées se creusent, riches en humus, fertiles ; sur les coteaux la vigne apparaît, Montluçon, Mariol, Commentry, Louchy, le Saulcet, la Chaise produisent des vins estimés. Du sous-sol on extrait le granit, le porphyre, le gypse, l'argile, le kaolin ; Ferrières, Dion et Vendelat fournissent des marbres ; Cusset le plomb ; Saligny la manganèse ; Bourbon-l'Archambault, Ebreuil, Lizole, le fer ; Commentry la houille ; Vichy, Néris, Cusset, Bourbon sont renommés pour leurs sources thermales.

« Les habitants du Bourbonnais sont, dit un de leurs historiens locaux, légers, spirituels, enclins à la plaisanterie, humains et hospitaliers, généreux par caractère et non par calcul. Moins civilisés que ceux des villes, il reproche aux habitants des campagnes d'aimer les procès. Très attachés au lieu qui les a vus naître, ils travaillent avec acharnement un sol qui ne leur offre que de faibles moyens d'existence. » Cependant l'agriculture est en progrès, la population s'accroît. En cinquante années l'Allier a porté à près de 106 millions son revenu territorial, et sa production houillère la classe au 6e rang. Le bassin de Commentry occupe plus de 12,000 ouvriers et l'extraction, qui donnait en 1860, 558,540 tonnes, atteignait en 1880, 866,000 tonnes.

Moulins, capitale de l'Allier, est une belle ville de 22,000 habitants située sur la rive droite de la rivière. Elle dut son importance au château des ducs du Bourbonnais et surtout à sa position stratégique. Montluçon dont la population a quadruplé en cinquante ans et dépasse 27,000 âmes, est la ville principale du département. Elle s'étend rapidement, multipliant ses établissements industriels au premier rang desquels figure la puissante compagnie de Saint-Gobain. Commentry alimente Montluçon de houille. Elle-même est devenue la troisième ville du département. Vichy, l'une des grandes stations balnéaires du monde, la plus fréquentée de France, reçoit chaque année de 25 à 30,000 visiteurs. Néris, connue des Romains, en attire aussi un grand nombre.

Ici finit le Plateau central, au-dessous duquel s'étend la région du sud-ouest. Elle commence à la rive droite du Rhône maritime ; longeant la Méditerranée, la chaîne des Pyrénées et l'Atlantique, elle comprend dans son vaste périmètre le bassin de la Garonne, et aboutit au bassin de la Loire.

III. — RÉGION DU SUD-OUEST. — LANGUEDOC. — ROUSSILLON. — GASCOGNE. BÉARN. — GUYENNE. — SAINTONGE. — ANGOUMOIS. — POITOU. — BERRY.

Le Rhône sépare la Provence que nous avons décrite, et le Languedoc que nous abordons. De tout temps le fleuve fut la frontière entre ces deux régions, entre la Narbonnaise première des Romains : le Languedoc, et la Narbonnaise deuxième : la Provence. Il continua de l'être lorsqu'après la chute de Rome, les Visigoths firent de la première Narbonnaise une partie de la Gothie ; quand, après la bataille de Vouillé, dans laquelle Clovis vainquit et tua Alaric, les Visigoths ne conservèrent plus que la Septimanie, dont les Sarrasins les dépossédèrent, et que Pépin réunit à l'Empire Franc.

Entre ces deux régions que le Rhône arrose et que la Méditerranée baigne, le contraste est grand. Il est dans le relief du sol et dans les races qui l'habitent, dans les tendances de ces races et dans leur histoire.

Nous avons dit les côtes frangées de la Provence, leurs falaises abruptes, leurs promontoires, leurs anses, leurs articulations multiples, leurs villes grecques et romaines, moresques et italiennes, larges ouvertes sur la mer et vivant de la mer, cités de marins et de pêcheurs, ardentes aux expéditions lointaines, orientées vers l'Italie et l'Afrique. A l'ouest du Rhône, la côte change d'aspect ; elle se déroule en longues plages sablonneuses; elle dessine, de la Camargue au cap Béar, une courbe régulière et plate. Entre la terre et le littoral, les étangs et les marais s’interposent, tenant les villes à distance. Résolument celles-ci tournent le dos à la mer, ne veulent point être des ports. Les Romains essayèrent à Narbonne, saint Louis à Aigues-Mortes, ils échouèrent; la nature elle-même s’y refusait et le port à peine creusé se comblait.

Autre semblait être la destinée du Languedoc. La voie historique qui, remontant le cours du Rhône, reliait la Provence, et, par la Provence, l’Italie à la région septentrionale des Gaules, laissait le Languedoc de côté. Empruntant le tracé de la rive gauche du fleuve, elle semait au long de sa rive ses populeuses cités, ses régulières étapes, Arles, Avignon, Orange, Montélimar, Valence, Vienne et Lyon. Mais à l’ouest du fleuve une autre voie historique s’ouvrait. Par le Languedoc cette voie contournait, au sud, le Plateau central, de même que celle de la Provence le longeait à l’est. Par la trouée de Naurouse cette voie pénétrait dans la Gascogne, reliant la Méditerranée aux côtes de l’Océan. Voie historique, elle aussi, sur le tracé de laquelle s’élevèrent les grandes villes du Languedoc : Nîmes, Montpellier, Béziers, Narbonne, Carcassonne que prolongent par delà le col de Naurouse, et au long de la Garonne, Toulouse, Montauban, Agen, Marmande, la Réole, étapes vers Bordeaux.

Moins fréquentée que la grande voie plus directe de la Provence, celle-ci n’en eut pas moins son importance. Bien des peuples y passèrent, s’y arrêtèrent et s’y superposèrent. « C’est une bien vieille terre que ce Languedoc, écrit Michelet. Vous y trouvez partout les ruines sous les ruines, les Camisards sur les Albigeois, les Sarrasins sur les Goths, sous ceux-ci les Romains, les Ibères. Les murs de Narbonne sont bâtis de tombeaux, de statues, d’inscriptions. L’amphithéâtre de Nîmes est percé d’embrasures gothiques, couronné de créneaux sarrasins, noirci par les flammes de Charles Martel. Mais ce sont encore les plus vieux qui ont le plus laissé ; les Romains ont enfoncé la plus profonde trace : leur maison carrée, leur triple pont du Gard, leur énorme canal de Narbonne qui recevait les plus grands vaisseaux. » Large de cent pas, il était long de deux mille et profond de trente.

Entre le rude et fort génie du Languedoc et le génie ardent et imagé, mais souvent poétique de la Provence, même contraste. « Ce n’est pas sans raison, ajoute Michelet, que la littérature du Midi au xiie et au xiiie siècle, s’appelle la littérature provençale. On vit alors tout ce qu’il y a de subtil et de gracieux dans le génie de cette contrée. C’est le pays des beaux parleurs, abondants, passionnés et, quand ils veulent, artisans obstinés de langage ; ils ont donné Massillon, Mascaron, Fléchier, Maury, les orateurs et les rhéteurs. Mais la Provence entière, municipes, parlement et noblesse, démagogie et rhétorique, le tout couronné d’une magnifique insolence méridionale, s’est rencontré dans Mirabeau, le col du taureau, la force du Rhône. »

A l’ouest du Rhône, le Languedoc s’ouvre par le département du Gard. A la fois fluvial et maritime, ce département n’a, sur le fleuve, d’autre ville que Beaucaire, sur la mer qu’Aigues-Mortes.

Les Garrigues, plateaux arides semés de blocs de calcaires rouges et couverts d'oliviers rachitiques, occupent le centre de la région, qu'entourent trois grandes vallées : au nord celle du Gard dont les eaux turbulentes portent au delta du Rhône les terres qu'elles arrachent par lambeaux, à l'ouest celle du Vidourle aux inondations redoutables ; au sud celle de la Vistre qu'une série de collines sépare des terres basses et marécageuses du littoral.

Le Gard figure parmi les 25 départements les plus riches de la France. Nîmes, sa capitale, est, après Marseille, Nice et Toulon, la plus grande ville du midi méditerranéen, 69,000 habitants. Elle fut la première au temps des Romains, la plus importante, la plus peuplée et la plus riche en monuments. Ses arènes, sa maison carrée, sa tour Magne sont célèbres ; Auguste se plut à l'embellir, les Barbares s'acharnèrent à la détruire. Visigoths et Francs, Sarrasins et Normands dévastèrent Nîmes dont la population se réfugiait dans les arènes, convertissant en forteresse le vieux cirque romain qui, dix siècles durant, lui servit de citadelle et d'abri. Après avoir été la première ville du Midi, Nîmes devint la dernière. En 1386 sa population décimée, réduite à 400 habitants, dit-on, errait dans ses ruines. François Ier la releva et depuis elle a repris, sinon son rang, à tout le moins une grande importance. Après l'industrie de la soie elle s'est adonnée à celle des tapis ; durement éprouvée par le phylloxera, elle a cultivé les céréales et, en partie, reconstitué ses vignobles.

Beaucaire est son port sur le Rhône. Au pied d'une colline coupée à pic sur le Rhône, dans la grande plaine qui se déroule au bord du fleuve, se tenait autrefois la célèbre foire de Beaucaire, sœur jumelle de Tarascon, à laquelle la relie aujourd'hui un magnifique pont suspendu. Point d'intersection des deux voies historiques que nous avons mentionnées, Beaucaire devait être et fut longtemps le centre indiqué du commerce d'échanges, le marché international de l'est, de l'ouest et du nord. Les visiteurs y affluaient de partout, d'Italie et d'Orient, de Belgique, d'Allemagne, d'Autriche et de Russie. En 1836 le chiffre des ventes effectuées dépassait encore 50 millions de francs. Les chemins de fer ont tué la foire de Beaucaire qui, en 1874, n'avait déjà plus que 11,000 visiteurs et un chiffre d'affaires de 2 millions.

Si Beaucaire fut le port fluvial, Aigues-Mortes fut, avec Saint-Gilles, le port maritime de la région. Saint-Gilles où affluèrent au xiiᵉ siècle les croisés du midi de la France, ne reçoit plus que les chalands du canal de Beaucaire. Aigues-Mortes a subi le sort des ports situés dans la zone d'inondation d'un fleuve, de trouver la mort dans la lagune même qui leur a donné la vie. « Aigues-Mortes, écrit M. Ch. Lenthérie, le savant historien-géographe du Bas-Rhône, comptait au xiiiᵉ siècle une population de 15,000 âmes : l'enceinte avait même été établie de manière à pouvoir renfermer à l'aise près de 40,000 habitants, mais elle n'a jamais été entièrement remplie. La ville n'a cessé de décroître depuis l'époque des croisades et c'est tout au plus si les derniers recensements accusent un chiffre de 3,500 âmes. L'artiste et l'archéologue cependant ne sauraient se plaindre de cette misère et de cet abandon, et la vieille cité de saint Louis doit très certainement à son isolement d'avoir échappé à la fois au marteau des démolisseurs et au zèle des restaurateurs. L'enceinte et ses tours sont exactement aujourd'hui dans le même état que lorsqu'elles sont sorties des mains du Génois Boccanégra, auquel Philippe le Hardi avait confié la direction des travaux de la fortification et du port. La campagne elle-même a gardé une physionomie orientale très prononcée. C'est la même tristesse et la même lumière que dans les plaines sablonneuses du Nil et du Sahara ; c'est le même horizon grandiose, c'est aussi la même végétation. »

Depuis que ces lignes furent écrites les environs d'Aigues-Mortes ont changé d'aspect. Couverts de ceps que l'on estime à l'abri du phylloxera par la composition du sable dans lequel plongent leurs racines, ces terrains, sans valeur autrefois, en ont acquis une considérable. Les vignobles font à la vieille ville une ceinture de verdure.

Alais compte 23,000 habitants. C'est le centre d'un riche bassin houiller d'où l'on extrait annuellement 2 millions de tonnes. Moins peuplés, le Vigan et la région environnante exploitent également des mines de houille, fabriquent des gants et tissent la soie. Villes de forges et de charbon, la Grand-Combe et Bessèges possèdent 13,000 et 11,000 habitants.

A l'ouest du Gard, et comme le Gard, département maritime, l'Hérault est, ainsi que lui, montagneux au nord où il confine au massif central, à la chaîne des Cévennes, légèrement ondulé au centre, marécageux et plat au long du littoral. La rivière qui lui donne son nom, l'Hérault, le traverse, descendue du département du Gard.

L'Hérault est encore l'un des plus riches départements de France. Bien qu'il ait été l'un des plus éprouvés par le phylloxera, il conserve le premier rang pour la production des vins, grâce à l'énergie de ses viticulteurs qui ont lutté contre le fléau et reconstitué leurs vignobles ; il occupe le dix-septième rang dans l'ensemble des revenus.

Montpellier, sa capitale, est une grande et belle ville dont la population de 57,000 âmes a presque doublé depuis 1830. Située à une lieue de la plage, sur un coteau que couronne la promenade du Peyrou d'où la vue embrasse les Cévennes et la mer et, par un temps clair, les Alpes et les Pyrénées, elle est la cité docte et savante, l'héritière de Salerne, la ville des traditions scientifiques, aujourd'hui celle des méthodes d'observation et d'expérience. Calme et travailleuse, fière de ses écoles et de ses maîtres, de Rabelais et de Chaptal, de ses collections, de ses musées, de son Jardin des plantes, Montpellier est aussi un centre vinicole important. Ici, comme à Nîmes, comme dans tout le Midi, les protestants sont nombreux et les haines religieuses furent violentes.

Elles le furent surtout à Béziers, la seconde ville du département, le dernier asile des Albigeois. Les Croisés l'emportèrent d'assaut, massacrant indistinctement ses habitants et les réfugiés ; obéissant à l'ordre féroce du Légat du Pape aux chefs catholiques : « Tuez-les tous, Dieu reconnaîtra bien les siens. » Aujourd'hui Béziers est une ville industrieuse et commerçante, de 43,000 habitants : sa population a presque triplé depuis 60 ans.

Cette est le grand port du Languedoc et de toute la rive droite du Rhône ; c'est l'un des principaux ports de France. Par Cette s'expédient les houilles et les minerais du Midi, le sel des marais salants du littoral, les vins et les huiles de la région. Cette compte 37,000 habitants. Agde « la noire », autrefois célèbre n'en possède plus que 8,000 ; Lunel, renommée pour ses vins, en a 6,500, Lodève 10,000.

Au sud de Montpellier, la côte méditerranéenne s'infléchit vers le sud-ouest jusqu'à la frontière de l'Aude, puis elle court directement au sud, au long de l'Aude et des Pyrénées Orientales. Par son extrémité méridionale l'Aude confine aux Pyrénées, par son extrémité septentrionale, à la Montagne-Noire qui le sépare du Tarn. De l'est à l'ouest il est sillonné par une chaîne secondaire, ramification des Pyrénées, les Hautes et Basses Corbières, dont le point culminant, le Pech de Bugarach, atteint 1,222 mètres. L'Aude, qui lui donne son nom, l'*Atax* des anciens, prend sa source dans le département de l'Ariège et se jette dans la Méditerranée après un°cours de 205 kilomètres. Le canal du Midi, dont le point de partage est, avons-nous dit, au col de Naurouse, traverse le département de l'Aude sur une longueur de 121 kilomètres.

Narbonne fut sa capitale, capitale des Romains et des Visigoths, capitale de la Narbonnaise et aussi de la Septimanie. Narbonne, comblée de faveurs par la Rome impériale, eut plus de 200,000 habitants, de riches monuments, des temples, des portes triomphales, des thermes, un capitole et un cirque pour 25,000 spectateurs. Elle eut aussi un port, le « port des Galères », devenu la place publique de Narbonne. L'étang s'est comblé, le chenal s'est obstrué, l'Aude s'est détournée. Depuis, l'on a de nouveau relié Narbonne à l'Aude par des canaux accessibles aux embarcations de faible tonnage et Narbonne devenue, de ville capitale, chef-lieu d'arrondissement, est devenue aussi ville commerçante, peuplée de 30,000 habitants, centre d'un important trafic de vins.

Carcassonne a pris sa place, la vieille ville ibérienne occupant une position plus centrale à l'entrée des vallées du Fresquel et de l'Aude. Sur une colline dominant l'Aude, se dresse l'antique cité de Carcassonne, avec sa double enceinte et ses cinquante tours, admirable musée archéologique que nous a légué le moyen âge. La ville moderne s'étend au-dessous, sur la rive gauche de l'Aude, ville active où se concentre le commerce des vins, celui des draps fabriqués dans la région environnante et celui des marbres de la vallée de l'Argentière. Plus au nord, Castelnaudary, chef-lieu d'arrondissement, fut célèbre dans les guerres de religion; elle est restée un point stratégique important, et elle est devenue le chantier principal du canal du Midi.

Entre les monts Corbières qui le séparent de l'Aude, et les contreforts des Pyrénées qui le séparent de l'Espagne, s'étend le Roussillon, aujourd'hui département des Pyrénées-Orientales. La longue chaîne montagneuse, ici s'abaisse vers la Méditerranée, vers le cap Cerbère, laissant entre elle et la mer un étroit passage au travers duquel serpente la voie ferrée. Zone de pénétration, on y retrouve mélangés les éléments ethniques de l'Espagne et de la France, dans le costume et dans les coutumes, dans la langue et dans les mœurs; le climat et le sol participent eux-mêmes des deux pays; le *tramontane*, vent du nord, y est sec et froid, le vent du sud, ou d'Espagne, brûlant; la terre y est alternativement aride et fertile, pierreuse et féconde.

Perpignan est la clé de cette région, la ville militaire qui garde le seuil d'accès, les passages des Pyrénées de la mer au col de la Perche. A l'ouest de Perpignan, le Canigou dresse à 2,785 mètres d'altitude sa cime neigeuse, au-dessous de laquelle les Pyrénées, courant vers la mer, brusquement s'abaissent, n'atteignant plus, au col de Pertuis, dominé par le fort de Bellegarde, que 290 mètres. Ce sont les Albères, ainsi nommées de la blancheur de leurs roches dénudées, âpres monts sur le versant français, collines sur le versant espagnol. Collioure en France, Rosas en Espagne, surveillent ces passages du littoral, et, de l'autre côté des monts, Figueras, la citadelle espagnole, fait pendant à Perpignan, la forteresse française.

Place de guerre, Perpignan serrée dans son corset de pierre, est une ville de 34,000 habitants. Rivesaltes, qu'enrichissent ses crus renommés, possède 7,000 âmes. Moins peuplée, Port-Vendres, *Portus Veneris*, fut longtemps l'unique port d'abri du littoral, depuis Marseille jusqu'aux côtes d'Espagne. Il est resté un port très fréquenté. Au long de la côte se succèdent Argelès et Banyuls-sur-Mer, village de pêcheurs et centre vinicole, appelé à devenir un jour une station hivernale importante.

A l'ouest de l'Aude et au nord-ouest des Pyrénées-Orientales, l'ancien comté de Foix a formé le département de l'Ariège. Les Pyrénées le surplombent au sud, élevant à 3,800 mètres d'altitude le pic de Montcalm, à près de 3,000 ceux de la Sarrière, de Siguer, de Pedrous et du mont Vallier. L'Ariège, sa rivière, qui donne son nom au département, naît sur son sol, l'arrose et le traverse et va se jeter près de Toulouse, dans la Garonne. Au nord de l'Ariège, le sol, plus plat, se déroule en grandes plaines, en vallées largement ouvertes.

Foix, chef-lieu du département, est situé dans une presqu'île que forme la jonction de l'Arget et de l'Ariège, à la base d'un rocher que couronne l'ancienne forteresse des comtes de Foix. C'est une petite ville pittoresque, d'environ 7,000 habitants. Pamiers est plus importante comme population, 12,000 ; c'est la ville épiscopale de la région, c'est aussi la plus active ; centre agricole, elle exploite les gisements de fer de ses montagnes.

Saint-Girons, située à l'entrée de la vallée de la Noguera Pallaresa, entretient avec l'Espagne un commerce d'une certaine importance. Au cœur des montagnes, Vicdersos extrait le fer de ses mines perchées à 4,000 pieds de hauteur ; Saint-Dizier, l'antique cité des Conserani, fut longtemps la capitale du Conserans qu'Henri IV réunit à sa couronne.

A l'ouest et au nord de l'Ariège s'étend la Haute-Garonne. Toulouse est sa capitale ; elle est aussi le point central du grand bassin du Midi. « C'est là, ou à peu près, écrit Michelet, que viennent les eaux des Pyrénées et des Cévennes, le Tarn et la Garonne, pour s'en aller ensemble à l'Océan. La Garonne reçoit tout. Les rivières sinueuses et tremblotantes du Limousin et de l'Auvergne y coulent au nord, par Périgueux, Bergerac ; de l'est et des Cévennes, le Lot, la Viaur, l'Aveyron et le Tarn s'y rendent avec quelques coudes plus ou moins brusques, par Rodez et Albi. Le nord donne les rivières, le midi les torrents. Des Pyrénées descend l'Ariège ; et la Garonne déjà grossie du Gers et de la Baize, décrit au nord-ouest une courbe élégante, qu'au midi répète l'Adour dans ses petites proportions. Toulouse sépare à peu près le Languedoc de la Garonne, ces deux contrées si différentes sous la même latitude. »

Capitale du Midi, Toulouse, grande ville de 147,000 habitants, a plus que doublé depuis le commencement du siècle ; elle ne comptait en 1801 que 50,000 âmes. Située sur la grande voie historique d'Arles à Bordeaux, à égale distance des deux, occupant une position à la fois stratégique et commerciale dans la vaste dépression entre la

Méditerranée et l'Océan, au point d'intersection des vallées et des routes, elle fut capitale des Volsques Tectosages, enrichis par le commerce et le pillage. Les Romains, dit Strabon, trouvèrent dans leur étang sacré des métaux précieux pour une somme de 15,000 talents, 75 millions de francs. Toulouse fut aussi la capitale du royaume visigoth, c'est-à-dire de toute la péninsule ibérique et d'un tiers de la Gaule. Elle est encore la première ville industrielle et commerciale du midi languedocien.

Dans la partie montagneuse du département, Saint-Gaudens fut la cité principale du Nébouzan, l'un des plus curieux champs d'exploration des archéologues. Bagnères-de-Luchon, au centre même des montagnes, est l'une des villes thermales les plus fréquentées, l'un des centres d'excursions les plus renommés.

A l'ouest : les Hautes-Pyrénées. Ici, entre l'Espagne et la France se dressent les pics d'Oo, de Batoua, de la Munia, du Marboré, du Casque, du mont Perdu, du Vignemale dépassant 3,000 mètres d'altitude. Ici s'ouvrent le cirque de Gavarnie et la brèche de Roland. « Ici, écrit Michelet, finit la France. Le col de Gavarnie que vous voyez là-haut, ce passage tempétueux où, comme ils disent, le fils n'attend pas le père, c'est la porte de l'Espagne. Une immense poésie historique plane sur cette limite des deux mondes où vous pourriez voir à votre choix, si le regard était assez perçant, Toulouse ou Sarragosse. Cette embrasure de trois cents pieds dans les montagnes, Roland l'ouvrit de sa Durandal. C'est le symbole du combat éternel de la France et de l'Espagne, qui n'est autre que celui de l'Europe et de l'Afrique. Roland périt, mais la France a vaincu. Comparez les deux versants : combien le nôtre a l'avantage. Le versant espagnol exposé au midi est bien autrement abrupte, sec et sauvage; le français, en pente douce, mieux ombragé, couvert de belles prairies fournit à l'autre une grande partie des bestiaux dont il a besoin. Là le beau ciel, le doux climat et l'indigence ; ici, la brume et la pluie, mais l'intelligence, la richesse et la liberté. »

L'Adour naît dans les Hautes-Pyrénées, à Mont-Tourmalet, près de Bagnères-de-Bigorre. Dans sa course au nord, il ramasse les eaux torrentueuses du Séoube, du Lesponne, de l'Ousset, de l'Échez, de l'Estéous et du Louet. Tarbes est située sur sa rive droite, dans la plaine, à seize lieues de la frontière d'Espagne. C'est une ville de 25,000 habitants. A ses foires, autrefois célèbres, affluaient les populations du Midi et de l'Espagne. « Qui veut voir toutes les races et tous les costumes des Pyrénées, c'est aux foires de Tarbes qu'il doit aller. Il y vient près de 10,000 âmes. On s'y rend de plus de vingt lieues. Là vous trouvez souvent à la fois le bonnet blanc du Bigorre, le brun de Foix, le rouge du Roussillon, quelquefois même le grand chapeau plat d'Aragon, le chapeau rond de Navarre, le bonnet pointu de Biscaye. Le voiturier basque y viendra sur son âne avec sa longue voiture à trois chevaux ; mais vous distinguerez bien vite le Béarnais et le Basque ; le petit homme sémillant de la plaine qui a la langue si prompte, la main aussi, et le fils de la montagne, qui la mesure rapidement de ses grandes jambes, agriculteur habile et fier de sa maison dont il porte le nom. »

Bagnères-de-Bigorre est la seconde ville du département, avec 10,000 habitants. Ses eaux sont célèbres, ainsi que celles de Cauterets, et l'été sa population double par l'afflux des visiteurs. Lourdes compte 6,000 habitants et attire nombre de pèlerins.

Campan, au centre de la riche vallée à laquelle elle donne son nom, est entourée de pâturages, de vergers, de métairies, que surplombent les hautes falaises de Pène de Lheyris.

A l'ouest : les Basses-Pyrénées, l'ancien Béarn, que Louis XIII réunit à la France en 1620. La chaîne des Pyrénées se continue au sud par les pics de Cabizo, d'Estibère, d'Arriel, d'Anie, dépassant 2,000 mètres, d'Ostry et de Linduz, entre lesquels s'ouvre le col d'Orgambide et le Val-Carlos. Puis la chaîne s'abaisse, s'incline vers l'Océan qui est proche; les pics décroissent. Celui de Linduz n'a plus que 1,207 mètres, celui d'Atchuria que 757. A l'ouest, par Bayonne, Saint-Jean-de-Luz et Hendaye, la route serrant de près le littoral, pénètre en Espagne.

Pau est la capitale des Basses-Pyrénées. La vieille ville qui vit naître Henri IV se dresse au-dessus du gave auquel elle donne son nom, en face d'un merveilleux panorama qui, tout autant que son climat, a contribué à en faire un séjour d'hiver fréquenté par des milliers de visiteurs. Pau est une ville d'environ 30,000 habitants, au centre de stations thermales renommées, près de la grande route qui, traversant les Hautes-Pyrénées, relie le Béarn au pays Basque. Oloron est, à l'entrée, centre d'un trafic assez important. Saint-Jean-Pied-de-Port, sur la Nive, en est la citadelle. Dans l'ouest, Bayonne, sur le littoral, est la seconde ville du département, en voie de devenir la première, grâce à sa position sur l'Océan et sur la grande voie ferrée qui relie Paris à Madrid. Bayonne, ville hispano-française, renferme 27,000 habitants. Centre commercial, port maritime, place de guerre, Bayonne, dont la devise est : *Nunquam polluta*, n'a jamais connu l'invasion étrangère.

Le Gers confine aux Hautes et aux Basses-Pyrénées. Ce fut l'Armagnac qu'Henri IV apporta à la France, et dont les cadets de famille, forcés d'aller chercher fortune au loin, portèrent partout, avec leur pauvreté, la fanfaronne bravoure et la gaieté gasconne. Pays essentiellement agricole, le Gers a peu d'industrie; il occupe le sixième rang pour la production des vins, l'un des derniers dans le classement des impôts d'habitation. Un peu à l'écart de la grande voie historique qui suit la base des Pyrénées, il n'était pas appelé à posséder de grands centres, étapes commerciales ou militaires. Auch, sa ville principale, peuplée d'un peu plus de 15,000 habitants n'en a pas moins grande apparence, située, comme elle est, en amphithéâtre sur le sommet et le penchant d'un coteau. Condom, sur la Baïse n'a que 9,000 habitants et Lectoure à peine 6,000. L'une et l'autre furent dévastées par les guerres religieuses. Prisonnier à Lectoure, Montmorency n'en sortit que pour aller à l'échafaud.

Au nord, le Tarn-et-Garonne confine au Plateau central, que contourne sa plaine verdoyante couverte de récoltes, de vignes et de vergers, sillonnée de coteaux fertiles et de riants vallons; la Garonne et le Tarn l'arrosent. Montauban, sa capitale, renferme 30.000 habitants; c'est l'une des grandes étapes de la voie historique, ce fut l'une des quatre places de sûreté garanties aux calvinistes; elle est restée un de leurs centres importants, le siège d'une de leurs facultés théologiques; près d'un tiers de ses habitants sont protestants. Durement éprouvée par les guerres de religion, Montauban vit périr ses libertés et dépérir son industrie. Depuis, elle s'est relevée, et a remis en mouvement

VUE DE BORDEAUX.

ses manufactures et ses fabriques. Autour d'elle, peu de villes : Moissac, bien située dans un cadre de coteaux pittoresques semés de vignobles et plantés de vergers, n'a guère que 10,000 habitants; Castel-Sarasin, ou Castel-sur-Azin, n'en possède que 7,600. Saint-Antonin, Négrepelisse, Beaumont n'atteignent pas 5,000.

A l'ouest, le sol se relève en une haute plaine; les plissements du terrain s'accentuent en relief, dessinant des collines de 200 mètres de hauteur. C'est le Lot-et-Garonne, l'une des plus riches régions du midi, l'une de celles où l'aisance générale est le plus répandue. Ce fut l'Agénois, auquel *Aginum*, la cité prétorienne, aujourd'hui Agen, donna son nom. Agen est restée sa ville principale, peuplée de plus de 22,000 âmes, située dans une plaine sur la rive droite de la Garonne. Il s'y fait un commerce important de bestiaux et de fruits; il s'y tient des foires très fréquentées.

Marmande est la seconde ville du département, ville de 10,000 habitants, dans une situation pittoresque, au sommet d'un plateau dominant le coûrs de la Garonne. Aiguillon, petite ville historique, surplombe la riche plaine et le confluent de la Garonne et du Lot; Clairac donna son nom au *Claret*, appellation par laquelle on désigne, en Angleterre, les vins rouges du Bordelais. Nérac, « la triste seigneurie des d'Albret », comme la désignait Michelet, fut, pendant un temps, la résidence de Jeanne d'Albret et de son fils Henri IV. Tonneins, sur la Garonne, fait un important commerce de cordages, de chanvre et de fruits. Villeneuve-d'Agen, peuplée de 14,700 habitants et située sur le Lot, n'est ni moins active, ni moins industrieuse.

Au long du littoral s'étendent les Landes, région de plaines sans pente, subdivisée en *grandes Landes* et en *Marensin*. Les grandes Landes déroulent leur sol maigre et sablonneux, inondé l'hiver, desséché l'été. Dans le Marensin, semé de collines, s'étendent de longues forêts de pins, des étangs et des champs de roseaux. Bien qu'étant l'un des départements les plus étendus de France, celui des Landes est relativement l'un des moins peuplés, la densité de la population, 32 habitants par kilomètre carré, n'y atteint pas la moitié de la moyenne.

Mont-de-Marsan, son chef-lieu, ne compte guère que 12,000 habitants; sa plaine sablonneuse, irriguée par la Midouze, est assez fertile. Dax, un peu moins peuplée et sur la rive gauche de l'Adour, est la ville commerçante; ville thermale bien connue des Romains, elle attire encore de nombreux visiteurs. Villeneuve-de-Marsan a, par sa culture opiniâtre, rendu ses landes fertiles. Bien que, sur cent kilomètres de longueur, les Landes confinent à l'Océan, la plage rectiligne et sans échancrures n'a ni ports ni villes. Cap Breton, *Caput Bruti*, le port de Brutus, situé à 32 kilomètres de Dax, fut ruiné par le déplacement de l'embouchure de l'Adour. Il en fut de même du port du Vieux-Boucaut où l'on compte à peine cinquante demeures habitées. Sur l'Adour, Saint-Sever compte environ 5,000 habitants, Aire à peu près autant.

Au nord des Landes s'ouvre le département de la Gironde, ancien duché d'Aquitaine puis de Guyenne, terre française non sans peine reprise à l'Angleterre, qui, trois siècles durant, l'occupa, tenant Bordeaux, notre grand port sur l'Océan, qu'Éléonore, répudiée par Louis VII, apporta en dot à Henry Plantagenet. Monotone et triste dans les landes et sur les côtes, cette région devient riche et fertile à mesure que l'on s'éloigne de la mer, de ce littoral marécageux qui descend en ligne droite de Bordeaux au bassin d'Arcachon, coupé d'étangs et semé de dunes sablonneuses. Bordeaux, la ville animée, bruyante et populeuse, aujourd'hui la quatrième ville de France, est à 22 lieues de l'embouchure de son fleuve. Ce ne fut longtemps qu'une ville infecte et triste, au milieu de son humide forêt. M. de Tourny en fit la ville élégante, le Paris méridional qu'elle est devenue. Sa population a doublé depuis l'époque où Th. Gautier la raillait de ses constructions grandioses.

Aujourd'hui Bordeaux, avec ses 240,000 habitants, son commerce maritime qui dépasse 3 millions de tonnes, son exportation de vins, de spiritueux et de fruits, ses fabriques et ses manufactures, ses chantiers de construction, ses fonderies, ses filatures et ses raffineries, est un grand port et une grande ville industrielle d'aspect monumental.

En aval de Bordeaux les villes qui se suivent au cours de la Gironde gravitent autour de la grande cité. Pauillac est son avant-port, Verdon sa rade d'attente. Royan vit de Bordeaux dont la côte de Médoc est le vignoble. Ce vignoble célèbre s'étend entre Blanquefort et Pauillac; là se succèdent les crus renommés de Château-Margaux, de Château-Laffite, de Château-Latour qui ont enrichi Bordeaux. Plus à l'est, ceux de Sauternes, de Barsac, de Château-Yquem sont connus du monde entier. Les vignobles de la Gironde couvrent une superficie de 178,500 hectares produisant une valeur moyenne et annuelle de 20 millions de francs.

Libourne, la seconde ville du département, a peine à croître dans le voisinage de Bordeaux. Elle ne compte que 17,000 habitants. Le bassin d'Arcachon, comme Royan, vit de Bordeaux, qui, chaque été, l'envahit, mais à cette industrie factice et intermittente il en joint une qui lui est propre : l'ostréiculture. Ses bancs d'huîtres, ou *crassats*, produisent déjà une valeur annuelle de plus de 4 millions. Tout ce bassin d'Arcachon se métamorphose en un gigantesque vivier.

A l'est, la Dordogne, l'ancien Périgord, confine au Plateau central. La région dite « La Double » déroule sur plusieurs lieues ses solitudes dénudées, ses terres arides, que l'on s'efforce d'assainir et de mettre en culture. Les derniers contreforts des montagnes d'Auvergne viennent y mourir au sud-est en collines de 300 à 400 mètres d'altitude. La Dordogne, qui donne son nom au département, naît dans le Puy-de-Dôme, du Dor et de la Dogne, issus tout deux du Mont-d'Or et qui, plus bas, confondent leurs eaux et leur nom. Elle traverse la Corrèze, le Lot, la Dordogne et la Gironde, rejoignant la Garonne au Bec d'Ambez.

Outre les céréales, les vins, l'huile de noix, le bétail, les truffes et les châtaignes qui constituent ses principaux produits agricoles, la Dordogne possède des hauts fourneaux importants et de nombreuses papeteries. Périgueux, sa capitale, a triplé depuis 60 ans; sa population actuelle dépasse 29,000. Construite en amphithéâtre sur le penchant d'une colline, la ville comprend, outre sa partie moderne, la cité romaine, héritière de la cité gauloise, et la cité du moyen âge. De son antique passé Périgueux a gardé des débris importants, ses *Tombelles*, sa tour de Vésonne, les restes de son amphithéâtre, plus vaste, semble-t-il, que celui de Nîmes. Située sur la rive droite de

la Dordogne, Bergerac est une jolie ville moderne, bien construite, peuplée de près de
15,000 habitants. Sarlat n'en compte que 6,000, Terrasson que 4,000 et Montignac un
peu moins.

Au nord-ouest du Périgord s'ouvre l'Angoumois, le département de la Charente.
Ici le sol change et, avec lui, la physionomie de l'habitant. Il est, ce sol, calcaire, sec et
brûlant, généralement sablonneux, au relief plat; les collines sont rares, la plus élevée
n'atteint pas 400 mètres; la région elle-même n'est qu'à 6 mètres au-dessus du niveau de
la mer. L'habitant est resté à peu près tel que le décrivait un de ses vieux historiens,
« porté à l'enthousiasme, toujours en action et prêt à s'enflammer, évitant tout ce qui
peut engager sa liberté et contraindre sa gaîté. Il aime à voler d'un plaisir à l'autre,
regrette de ne pouvoir jouir de tous à la fois, se plaît aux fêtes bruyantes et dans les
cercles nombreux, préfère les armes et les arts d'agrément aux sciences abstraites et
profondes, qui l'obligeraient à penser ». Par contre, il est de mœurs douces, hospi-
talier, sobre, économe et travailleur.

La Charente est le centre principal de l'industrie du papier. Ses fabriques sont
célèbres et leur production annuelle dépasse 8 millions de francs. Angoulème en est le
centre. Ce chef-lieu du département compte 34,600 habitants. C'est une ville très
ancienne, située au confluent de la Charente et de l'Anguienne. L'Anglais la prit, mais
ne put la garder. Française de cœur, Angoulème résista à toutes les épreuves et, sous
Charles V, s'affranchit à jamais du joug étranger. Sur sa haute colline, Barbezieux,
peuplée de 4,000 habitants, domine une plaine riche et fertile. Jarnac fut célèbre par
la victoire qu'y remporta Henri III sur les calvinistes commandés par le prince de
Condé, qu'assassina Montesquiou. Un vieux quatrain en a conservé le souvenir :

> *L'an mil cinq cent soixante-neuf.*
> *Entre Jarnac et Châteauneuf,*
> *Fut porté mort sur une ânesse*
> *Le grand ennemi de la messe.*

Département maritime, la Charente-Inférieure longe la côte entre la Gironde au sud
et la Vendée au nord. Pays de vignobles et de céréales, on y fabrique les eaux-de-vie
et on y exploite les marais salants. La Rochelle est sa capitale. « Elle crut un instant,
dit Michelet, devenir une Amsterdam dont Coligny eût été le Guillaume d'Orange. On
sait les deux fameux sièges contre Charles IX et Richelieu, tant d'efforts héroïques,
tant d'obstination, et ce poignard que le maire avait déposé sur la table de l'hôtel de
ville pour en frapper celui qui parlerait de se rendre. Il fallut bien qu'ils cédassent
pourtant, quand l'Angleterre, trahissant la cause protestante et son propre intérêt,
laissa Richelieu fermer leur port; on distingue encore à la marée basse les restes de
l'immense digue. Isolée de la mer, la ville amphibie ne fit plus que languir. Pour
mieux la museler, Rochefort fut fondé par Louis XIV à deux pas de la Rochelle, le
port du Roi à côté du port du peuple. » La Rochelle possède aujourd'hui 24,000 habitants.

Rochefort, plus peuplé, 31,000, est aussi plus important. Le « port du Roi », comme l'appelle Michelet, est l'un de nos cinq grands ports militaires. Il possède, outre son arsenal et ses chantiers de construction, une école de médecine navale et un vaste hôpital maritime. Marennes est connue par ses parcs aux huîtres. Elle en achète près de 200 millions à Arcachon, en Bretagne, en Vendée, et les engraisse dans ses bassins, où elles prennent cette couleur verte et cet arôme particulier que recherchent les gourmets. On estime à 6 millions de francs la valeur des huîtres que Marennes vend annuellement. Saintes, qui fut autrefois la capitale de la Saintonge, possède 18,000 habitants. Entre la Rochelle et Rochefort s'étendent les îles de Ré et d'Oléron. La première, d'une superficie de 7,300 hectares, renferme une population de 17,000 habitants. La seconde, d'une étendue presque double, en contient 18,000.

Au nord du département de la Charente, celui de la Vienne partage inégalement ses eaux entre le bassin de la Charente et le bassin de la Loire qui s'ouvre au nord. La Vienne donne son nom à ce département, formé de la plus grande partie du Haut Poitou et de portions de la Touraine et du Berry. Elle porte à la Loire les eaux de la Dives de Verrières, du Clain, de l'Ozon, de la Lanvigne, de la Creuse. Le sol est plat et sablonneux; dans le sud, les collines du Haut Poitou en rompent la monotonie; de fraîches et riantes vallées se creusent, fertiles et bien cultivées. Région agricole et vinicole, le département de la Vienne est aussi manufacturier; on y forge des armes, on y travaille les métaux. Châtellerault est le centre de cette industrie, à laquelle s'ajoutent les distilleries, minoteries, tanneries, poteries et papeteries.

Poitiers, chef-lieu du département, compte 37,000 habitants. Dans ses plaines, en 732, Charles Martel écrasa l'armée d'Abd-El-Rhaman; dans ces mêmes plaines, le Prince Noir vainquit le roi Jean et ses chevaliers en 1356. Sur cette voie historique, dont Angoulème, Poitiers, Tours sont les étapes vers le nord, les rencontres de peuples et les heurts des armées furent fréquents. Châtellerault, deuxième ville du département, possède 18,000 habitants. Elle est, avons-nous dit, le centre d'une fabrication importante; l'État y possède une manufacture d'armes à feu et d'armes blanches. Loudun, très éprouvée par les guerres de religion, est encore peu peuplée, 4,500 habitants. A Civaux, dit-on, Clovis défit les Visigoths.

A l'est du département de la Vienne, ceux de l'Indre et du Cher ont été formés du Berry, région plate, dépourvue de montagnes, semée d'étangs, de landes et de cultures. L'Indre appartient au bassin de la Loire ainsi que le Cher. Ici nous atteignons le cœur de la France. Bourges en est le centre mathématique.

Châteauroux, chef-lieu de l'Indre, fut autrefois la plus riche abbaye de l'Occident. C'est aujourd'hui une ville de 23,000 habitants; sa manufacture de tabacs occupe 1,800 ouvriers des deux sexes. Issoudun, 15,200 habitants, vieille cité celtique ruinée par la révocation de l'édit de Nantes, reconquiert lentement l'importance qu'elle eut autrefois. La Châtre n'est qu'un centre agricole près duquel se trouve le village de Nohant, que la résidence de George Sand a rendu célèbre. Argenton, ville romaine, occupe un site pittoresque; Buzançais, d'origine romaine aussi, possède de nombreuses usines.

Bourges, chef-lieu du Cher, fut la capitale du Berry, l'*Avaricum* de César qui la désigne comme la plus forte ville de guerre des Bituriges. Il lui fallut, pour se rendre maître de cette place centrale des Gaules, un siège long et pénible. Vercingétorix avait fait le vide autour d'elle, brûlant vingt villes et dépeuplant la campagne. C'était le cœur même de la Gaule qu'il défendait; Avaricum pris, il s'enferma dans Alésia avec les survivants du massacre. Quarante mille Bituriges restaient enfouis sous les décombres de leur cité. Vainqueurs, les Romains la relevèrent; par des routes ils la relièrent à Tours, à Orléans, à Clermont, à Limoges. Aujourd'hui Bourges est une ville de 43,000 habitants, célèbre par sa cathédrale, par l'hôtel de Jacques Cœur, devenu son Palais de Justice. Elle possède un arsenal important, ville militaire à côté de la ville commerçante. Vierzon est la cité manufacturière. A Vierzon se croisent les voies ferrées du Nord et du Midi, de l'Est et de l'Ouest, desservant ses nombreuses fabriques, ses manufactures d'étoffes et ses établissements métallurgiques.

A l'ouest de la Vienne : le département des Deux-Sèvres. Il fait partie du Poitou et doit son nom aux deux rivières, toutes deux Sèvre, qui l'arrosent. Une chaîne de hauteurs, collines du Poitou, le sépare en deux parties distinctes : le plateau de Gâtine au nord, la plaine au sud. Région peu fertile, mais accidentée, semée de bois et de landes, de collines et de vallons, la Gâtine fut, pendant l'insurrection de la Vendée, l'un des principaux centres de la résistance, le sol s'y prêtant à la guerre de partisans. Moins agreste, la région de la plaine est plus fertile, plus unie et plus cultivée. Au-dessous de Niort, à l'extrémité méridionale du département, s'étend le Marais, pays coupé de canaux, inondé l'hiver, se couvrant au printemps de riches pâturages.

Niort est la capitale du département des Deux-Sèvres; ville ancienne dont la France et l'Angleterre se disputèrent la possession, elle renferme 23,000 habitants. Mme de Maintenon naquit dans l'une des chambres basses de son château. Ville industrielle, Niort s'adonne surtout au travail des cuirs et des crins; elle fabrique des gants et des brosses et aussi des cotonnades et des instruments d'agriculture. Sous les murs de Bressuire, chef-lieu d'arrondissement, se livrèrent de sanglants combats entre les Vendéens et les troupes républicaines. Parthenay fut la capitale de la Gâtine. Vaillamment elle lutta contre l'Anglais, contre les protestants, contre les armées de la République. Aujourd'hui Parthenay fabrique des étoffes, et son industrie, en voie de progrès, s'étend dans les bourgs et les villages de la Gâtine, à Moncoûtant, Vasles, Secondigny.

Au long du littoral : le département de la Vendée, dont on a étendu le nom, qui ne date que de la Révolution et de la division de la France en départements, à toute une région que quelques-uns croient encore avoir été, comme la Bretagne et la Normandie, une province de l'ancienne France. La Vendée doit son nom à un petit cours d'eau. affluent de la Sèvre-Niortaise. « Ce nom reste vague, écrit M. Beaussire, dans son intéressant travail sur la Vendée publié par la *Revue des Deux-Mondes*; et il prête à l'équivoque; mais la province existe et elle a son individualité propre quoiqu'elle n'ait jamais été constituée et reconnue par aucune autorité, soit de droit, soit de fait. Elle existe, dans les mêmes conditions que nos plus anciennes provinces, dont les noms expriment des groupes naturels de territoires et de populations qui se sont maintenus par la seule force, soit d'une certaine constitution physique, soit de la communauté des traditions et des mœurs. La Vendée est venue s'ajouter de nos jours à ces groupes naturels, avec ce même caractère d'une existence propre et manifeste, sans consécration officielle. Elle n'en diffère que par son attitude récente : mais cette différence même, en permettant de mieux connaître les conditions dans lesquelles elle s'est formée, jette quelque jour sur la formation des provinces vingt fois séculaires parmi lesquelles elle a pris place. »

La Vendée se partage en quatre régions distinctes : le Marais méridional et le Marais occidental, le Bocage et la Plaine. Le Marais s'étend au long des côtes ; le Bocage comprend le centre et le haut pays ; la Plaine borde la Loire. Le Marais produit le lin et le chanvre ; ses pâturages nourrissent de nombreux troupeaux. Infertile sur les coteaux, le Bocage donne sur ses plateaux du blé, du seigle et de l'orge. Dans la Plaine on cultive le colza, les betteraves et les légumes.

La Roche-sur-Yon, chef-lieu du département de la Vendée, est une petite ville d'environ 12,000 habitants construite sur une colline dominant le cours de l'Yon. Les voies ferrées qui se croisent à ses pieds réveillent l'activité de la Roche-sur-Yon qui ne fut longtemps qu'un point stratégique, sans importance commerciale. Fontenay-le-Comte, sur la Vendée, offre un aspect pittoresque. Luçon, ville épiscopale, fut illustrée par Richelieu. Sur l'Océan, les Sables-d'Olonne déroulent en croissant leur magnifique plage de sable fin, très fréquentée l'été. Le port entretient avec l'Angleterre un commerce d'échange de denrées agricoles et de houille. En face des Sables-d'Olonne s'étend l'île de Noirmoutiers peuplée de 6,000 habitants. Au nord du département de la Vendée commence la région du nord-ouest.

IV. — RÉGION DU NORD-OUEST. — ORLÉANAIS. — TOURAINE. — ANJOU.
BRETAGNE. — NORMANDIE. — ILE-DE-FRANCE.

Entre la Loire et la Seine, en suivant les côtes de l'Océan, entre le Havre au nord et Bourges au sud, s'étend la région du nord-ouest. Elle comprend l'Anjou et la Touraine, la Bretagne et la Normandie, l'Ile-de-France et l'Orléanais, tout l'espace qu'enfermaient le bassin de la Loire et celui de la Seine dans leur cours inférieur. Laissant derrière nous les régions méridionales, les bassins du Rhône et de la Garonne, nous remontons au nord où se concentra la vie forte de la France.

Le Bocage vendéen marque la limite entre les deux sections. Il s'étend dans la Loire-Inférieure, comme dans les Deux-Sèvres et dans Maine-et-Loire. Dans sa région maritime, au sud de la Loire, le département de la Loire-Inférieure n'est qu'un prolongement du marais occidental de la Vendée, lequel n'est lui-même qu'une conquête sur une même baie, la baie de Bourgneuf. La Loire-Inférieure, tout entière, est terre bretonne ; elle n'est vendéenne que par le souvenir de sa participation au soulèvement de la Vendée. Car il y eut deux Vendées, l'une angevine, poitevine et bretonne, ce fut celle de la

Rochejaquelein, de Stofflet, de Bonchamps, de Cathelineau ; l'autre, plus essentiellement bretonne et quelque peu poitevine, ce fut celle de Charette. Elles tendirent au
même but, mais agirent séparément. Comme l'a noté M. Beaussire, elles ne se sont
prêtées qu'avec peine et par intervalles, à une action commune. Écrasées dans le même
temps, elles se sont soumises par des traités séparés et elles ont encore manifesté leur
indépendance réciproque dans la rupture de ces traités. Stofflet ne dégage sa parole
qu'après Charette, agit en dehors de lui et succombe avant lui.

A l'est du Bocage vendéen, la Loire, décrivant sa courbe puissante vers le nord-
ouest, serpentant entre le Nivernais et le Berry, entre Nevers et Bourges, centre de la
France, sépare le nord du midi, le nord-ouest du nord-est. Reprenant le fleuve à son
point de jonction avec l'Allier, nous le suivrons jusqu'à son embouchure, au travers de
l'Orléanais, de la Touraine et de l'Anjou. Par la Bretagne et la Normandie, nous gagne-
rons la Seine et l'Ile-de-France.

Au nord de l'Allier et à l'est du Cher, la Loire longe le département de la Nièvre.
Près de Nevers, étagée en terrasse devant le fleuve, la Loire et l'Allier s'unissent,
alimentant le canal latéral dont le mouvement commercial est bien autrement important
que celui du fleuve. Nevers, peuplée de 25,000 habitants, est un centre considérable
de fabrication céramique, d'exploitations de mines et de fonte de fer. Fourchambault,
à sept kilomètres de Nevers, possède un des grands établissements métallurgiques de
France, occupant plus de 2,000 ouvriers et mettant en valeur 40 millions de kilogrammes de minerai. La fonderie d'Imphy fournit 3,000 tonnes de rails à l'année. Si le
sol de la Nièvre est peu fertile, par contre il est bien cultivé.

Par delà Nevers, le fleuve passe à Cosne, petite ville de 8,000 habitants, contenant
d'importantes fabriques, des filatures et des tanneries. Au nord de Cosne, il pénètre dans
l'Orléanais, dans le département du Loiret, rapprochant son cours de celui de la Seine
dont le séparent les collines du Gâtinais. Obliquant à l'ouest, il traverse Gien, agréable-
ment située sur le penchant d'une colline, et renommée pour son importante fabrique
de porcelaines artistiques.

A l'extrémité septentrionale de la courbe que décrit la Loire, Orléans s'étend sur la
rive droite du fleuve. A Orléans commence le vrai centre de la France qui se développe
plus au nord ; non le centre dans l'espace, qui est Bourges ; non le centre de partage
des races, il est plus bas sur la Loire ; non le centre de partage des eaux, il se trouve
au plateau de Langres, mais le centre autour duquel devait se former et s'agréger la
France. « Le vrai centre, écrit Michelet, s'est marqué de bonne heure ; nous le trouvons désigné au siècle de saint Louis, dans les deux ouvrages qui ont commencé notre
jurisprudence : *Établissements de France et d'Orléans. — Coutumes de France et
de Vermandois*. C'est entre l'Orléanais et le Vermandois, entre le coude de la Loire et
les sources de l'Oise, entre Orléans et Saint-Quentin que la France a trouvé enfin son
centre, son assiette et son point de repos. Elle l'avait cherché en vain, et dans les pays
druidiques de Chartres et d'Autun, et dans les chefs-lieux des clans galliques, Bourges,
Clermont. Elle l'avait cherché dans les capitales de l'Église mérovingienne et carlovin-
gienne, Tours et Reims. »

Fondée par les Carnutes, prise, brûlée et reconstruite par les Romains, assiégée par Attila et dégagée par Aétius, sauvée d'Odoacre, par Childéric, des Anglais, par Jeanne d'Arc, Orléans, française de cœur et française par reconnaissance, peuplée de 60,800 habitants, décrit une courbe au long de son fleuve, sur lequel elle s'étend en façade. Pithiviers, au nord d'Orléans, confine au département de Seine-et-Oise, de même que Montargis, à l'est, confine à celui de Seine-et-Marne. Dans l'ouest, la Loire, poursuivant sa course, arrose Meung et Beaugency et pénètre dans le Loir-et-Cher, ce seuil de la Touraine dont parle le Tasse :

La terra molle, e lieta, e dilettosa
Simili a se gli abitator produce.

Blois est la capitale du Loir-et-Cher. Peuplée de 22,000 habitants, elle est, de toutes les villes de la vallée de la Loire, la plus pittoresque et la plus gracieuse. Blois fut, pendant un temps, la ville dans laquelle se concentra l'histoire de la France, la cité royale où sous Henri III se réunirent les états généraux, où fut assassiné le duc de Guise, où mourut Catherine de Médicis. Dans son palais, Henri IV vécut, Marie de Médicis fut exilée, Louis XIV, enfant, se réfugia, chassé par la Fronde. Ici commencent les châteaux historiques que nous allons voir se dérouler au long de la vallée de la Loire : Ménars, Chambord, merveille de la Renaissance, puis Blois; plus au sud, Cheverny.

Au-dessous de la Loire et de Blois, la monotone Sologne déroule ses sablonneuses solitudes, par delà lesquelles Romorantin, où François II signa, en 1560, l'édit de tolérance religieuse, étale sur la Sauldre ses usines et ses filatures. Au nord de Blois, Vendôme, peuplée de 9,600 habitants, est pittoresquement assise au pied d'une colline tapissée de vignes et que couronnent les ruines de son vieux château.

Au nord du département de Loir-et-Cher, celui d'Eure-et-Loir complète l'ancienne province de l'Orléanais et confine à l'Ile-de-France. Ce fut le cœur du pays des Carnutes et l'ancien comté de Chartres, sur lequel Louis XII emprunta 250,000 écus d'or lors du mariage de sa fille Renée avec Hercule d'Este, duc de Ferrare. En 1870, l'Eure-et-Loir s'illustra par sa défense de Châteaudun, de même qu'au xve siècle dans les guerres contre les Anglais. Cette terre si druidique autrefois est devenue profondément française.

Chartres, sa capitale, est une ville de 22,000 habitants, bâtie sur une colline autour de laquelle l'Eure décrit une courbe. Sa cathédrale est l'une des plus belles de France. Chartres est le centre d'une région plus agricole que manufacturière. Châteaudun, chef-lieu du comté de Dunois, s'élève sur la pente d'une colline dont le Loir baigne le pied. De riches coteaux cultivés avec soin encadrent son riant bassin. Dreux compte 9,000 habitants; Nogent-le-Rotrou 8,000. Elle est située dans la vallée de l'Huisne et dominée par une haute colline, que couronne le pittoresque château de Nogent, Maintenon, Épernon, Auneau, Anet n'ont pas plus de 2,000 habitants.

Sur une superficie de 587,430 hectares, l'Eure-et-Loir, l'un des greniers de la

France, en compte 471,458 en terres labourables. Par ordre de richesse absolue, il occupe le 24° rang parmi les départements français.

Redescendons au sud, sur les rives du grand fleuve.

De Blois à Tours, la Loire coule paresseusement; en amont d'Amboise, elle entre dans le département d'Indre-et-Loire, dans cette riche et molle Touraine, dont Tours est la capitale; elle fut celle de toute la région. « Mans, Angers, toute la Bretagne, écrit Michelet, dépendaient de l'archevêché de Tours; ses chanoines c'étaient les Capets, et les ducs de Bourgogne, de Bretagne, et le comte de Flandre, et le patriarche de Jérusalem, les archevêques de Mayence, de Cologne, de Compostelle. Là, on battait monnaie comme à Paris; là, on fabriqua de bonne heure la soie, les tissus précieux. Mais Paris, Lyon et Nantes ont fait tort à l'industrie de Tours. C'est la faute aussi de ce doux soleil, de cette molle Loire; le travail est chose contre nature dans ce paresseux climat de Tours, de Blois et de Chinon, dans cette patrie de Rabelais, près du tombeau d'Agnès Sorel. Chenonceaux, Chambord, Montbazon, Langeais, Loches, tous les favoris et favorites de nos rois, ont leurs châteaux le long de la rivière. C'est le pays du *rire* et du *rien* faire. »

Tours, située sur la rive gauche de la Loire, compte 60,000 habitants. Amboise et Langeais sur la Loire, Chenonceaux sur le Cher, Loches sur l'Indre, Chinon sur la Vienne, font à l'antique cité des *Turones*, une ceinture de châteaux historiques, d'architecturales merveilles, qu'édifièrent les grands artistes de la Renaissance, qu'embellirent Philibert Delorme, Jean Goujon. Benvenuto Cellini et le Primatice, qu'habitèrent Henri II, Charles VII et Louis XI, qui affectionna particulièrement Tours et son vieux château de Plessis où il mourut en 1483. Tours fut, pendant la guerre de 1870, le siège du gouvernement de la Défense nationale, plus tard transféré à Bordeaux.

Dans cette Touraine où les jachères sont inconnues, où les céréales et les vins, les fruits et les légumes abondent, et que l'on a surnommée le *Jardin de la France*, les villes et les bourgs sont nombreux, groupés autour de leurs résidences princières. Amboise compte 4,500 habitants, Chinon 6,000, Bourgueil 3,000, Langeais autant, Loches 5,000, Richelieu 2,500; Chenonceaux n'est qu'un village; Mettray, une colonie pénitentiaire agricole où 700 enfants exploitent 270 hectares.

Poursuivant son cours indolent, la Loire, que la Vienne vient rejoindre, au point où elle quitte le département d'Indre-et-Loire, entre dans celui de Maine-et-Loire, qu'elle coupe en deux parties égales. Au nord, le sol se relève en plateaux qui vont rejoindre les chaînes de la Sarthe et de la Mayenne; il se couvre de vastes prairies, de forêts, de somptueux domaines. Au sud, les vallées se croisent, les bois se rapprochent, l'horizon se rétrécit; sur la Loire, les îles se multiplient, riantes et gracieuses. Elles déplaisaient à Stendhal : « La Loire, disait-il, est ridicule à force d'îles; une île doit être une exception pour un fleuve bien appris; mais pour la Loire, l'île est la règle, de façon que le fleuve, toujours divisé en deux ou trois branches, manque d'eau partout. »

Le département de Maine-et-Loire fut le territoire des *Andes* ou *Andegaves*, qui laissèrent leur nom à Angers. Il fut le foyer de l'insurrection vendéenne; il est aujourd'hui agricole et industriel, l'un des plus riches de France, occupant le dix-septième rang dans le classement par ordre de richesse absolue. Industriel, il exploite ses ardoisières ; celles d'Angers sont renommées ; Cholet fabrique des toiles, des tissus de laine et de coton ; Saumur des chapelets ; cette industrie occupe plus de 600 ouvriers ; Gouis, des papiers.

Angers est le chef-lieu de Maine-et-Loire. C'est aussi l'une des plus intéressantes villes de France pour l'archéologue et l'artiste. Située sur la Maine, au nord du cours de la Loire, à laquelle elle se relie par la ville des Ponts-de-Cé, elle compte 73,000 habitants, et chaque année s'accroît et s'embellit. Ville universitaire, centre d'études et d'écoles, elle est aussi, avons-nous dit, ville industrielle et manufacturière, possédant des filatures, des fonderies, des corderies. Ses ardoisières, zone schisteuse particulièrement exploitée dans les communes de Trélazé et de Saint-Barthélemy, occupent des milliers d'ouvriers et produisent annuellement près de 200 millions d'ardoises.

Saumur est la première ville du département que la Loire arrose. Peuplée de 14,000 habitants, elle s'étend sur le penchant et au pied d'un coteau que couronne un château fort. La révocation de l'édit de Nantes la ruina, faisant tomber de 25,000 à 6,000 le chiffre de sa population, anéantissant son commerce et son industrie alors aux mains des calvinistes. Saumur joua un rôle important dans l'insurrection des Vendéens, qui s'en emparèrent en 1793. Elle est aujourd'hui connue par son École de cavalerie, située à un kilomètre de la ville. Doué, au sud, possède encore un amphithéâtre taillé dans le roc, pouvant contenir 15,000 spectateurs, près de cinq fois sa population actuelle.

Plus à l'ouest, Cholet, 17,000 habitants, active, industrieuse, a doublé en 60 ans et s'enrichit par son commerce de toiles. Sur la rive droite de la Loire, Saint-Florent fut l'une des localités que les Vendéens et les Républicains se disputèrent avec le plus d'acharnement. Son église renferme le monument élevé à la mémoire de Bonchamp, chef vendéen tué au passage de la Loire, et dont l'énergique résistance à la fureur de ses soldats sauva la vie de 4,000 prisonniers de l'armée républicaine. A Maulevrier, Stofflet donna le signal de l'insurrection. Fontevrault, qu'encadre sa forêt, fut célèbre par son abbaye, dont les abbesses se recrutaient dans les rangs de la plus haute aristocratie. Quatorze d'entre elles eurent le titre de princesses ; plusieurs furent de rang royal. Seule des abbayes de France, celle de Fontevrault réunissait, sous la direction d'une abbesse, un couvent d'hommes et de femmes. « C'est bien ici, écrit Michelet, dans cette molle et sensuelle contrée, que l'idée dut venir de faire de la femme la reine des monastères, et de vivre sous elle dans une voluptueuse obéissance, mêlée d'amour et de sainteté. Aussi jamais abbaye n'eut la splendeur de Fontevrault. Il en reste aujourd'hui cinq églises. Plus d'un roi voulut y être enterré ; même le farouche Richard Cœur de Lion leur légua son cœur ; il croyait que ce cœur meurtrier et parricide finirait par reposer peut-être dans une douce main de femme, et sous la prière des vierges. »

En aval de Saint-Florent, la Loire pénètre dans le département de la Loire-Inférieure ; le fleuve devient maritime ; par Ancenis et Nantes il se dirige vers son estuaire, vers Saint-Nazaire. Au long de l'Océan, sur 125 kilomètres, le département de la Loire-Inférieure déroule ses côtes basses et sablonneuses.

Nantes, sa capitale, s'élève au confluent de la Loire, de la Sèvre, de l'Erdre, de la Chézine et du Sail, au point de jonction des eaux ; c'est l'une des grandes villes de France, peuplée de 127,000 habitants ; ses quais, au long du fleuve, mesurent 10 kilomètres de développement total ; ils sont bordés de grands hôtels qu'élevèrent au xviiie siècle les commerçants de la ville alors à l'apogée de sa prospérité. Une longue chaîne de ponts franchit les six bras de la Loire, d'autres sont jetés sur l'Erdre et sur la Sèvre. Les Romains firent de Nantes l'entrepôt des métaux de l'Armorique et de la Grande-Bretagne. La France en fit l'un de ses grands ports commerciaux de l'ouest, le quatrième pour le commerce avec l'étranger, mais déjà, en 1880, Nantes n'occupait plus que le douzième rang. Saint-Nazaire a détourné, à son profit, le transit des voyageurs, et le fret de retour fait défaut à Nantes, qui importe de l'étranger beaucoup plus qu'il n'exporte.

Nantes est le grand entrepôt des denrées coloniales pour tout le bassin de la Loire. Ses raffineries de sucre écoulent leurs produits en Angleterre et lui assignent, dans cette branche d'industrie, le troisième rang, après Paris et Marseille. Nantes possède aussi des ateliers de construction, des huileries et des savonneries, des fonderies métallurgiques. Ses conserves sont connues dans le monde entier, conserves de poissons, de viande, de légumes qui ont fait surgir de grands jardins maraîchers, non seulement aux environs, mais dans tout le département. « Nantes, écrivait Michelet, à l'époque où Nantes était prospère, est un demi-Bordeaux, moins brillant et plus sage, mêlé d'opulence coloniale et de sobriété bretonne. »

A l'embouchure du fleuve, Saint-Nazaire, la ville moderne, essentiellement maritime et commerçante, s'étend à l'extrémité d'un promontoire entre la Loire et l'Océan. Sa population, d'environ 4,000 habitants, il y a un demi-siècle, dépasse aujourd'hui 25,000. Son port accuse un mouvement total de 900,000 tonnes : l'importation y dépasse 80 millions de francs, l'exportation 103 millions ; son bassin à flot peut contenir 200 grands navires ; son bassin de Penhouet, l'un des plus vastes qui existent, couvre une superficie de 22 hectares et demi.

En dehors de ses deux grandes villes maritimes, la Loire-Inférieure renferme des centres agricoles et industriels d'une certaine importance : Ancenis, sur la Loire, fut un port de construction ; Blain, joua un rôle dans les troubles de la Ligue ; à Guérande, fut signé le traité concédant la Bretagne à Jean de Montfort ; Châteaubriand, vieille ville du moyen âge qu'entourent des fabriques modernes. Le Croisic, port de pêche et de commerce, ville de bains de mer, s'élève sur une presqu'île qui fut une île et que le retrait de la mer a unie à la terre ferme. Au nord du Croisic commence le Morbihan, s'ouvre la Haute-Bretagne.

Ce fut la terre des Vénètes, de ces rudes Armoricains, soldats et marins qui, sur terre et sur mer, bravèrent César et que César ne put vaincre qu'en armant les agrès de ses vaisseaux et de ses galères de faux emmanchées à de longues perches qui, fendant les voiles de peaux des vaisseaux vénètes, les mirent hors d'état de manœuvrer. C'est aussi « la terre de granit, recouverte de chênes », qu'a chantée Brizeux, la terre dure, triste et sévère qu'à grands traits a décrite Michelet.

« Je n'oublierai jamais, dit-il, le jour où je partis de grand matin d'Auray, la ville sainte des chouans, pour visiter, à quelques lieues, les grands monuments druidiques de Loc Maria Ker et de Carnac. Le premier de ces villages, à l'embouchure de la sale et fétide rivière d'Auray, avec ses *îles du Morbihan, plus nombreuses qu'il n'y a de jours dans l'an*, regarde par-dessus une petite baie la plage de Quiberon, de sinistre mémoire. Il tombait du brouillard, comme il y en a sur ces côtes la moitié de l'année. De mauvais ponts sur des marais, puis le bas et sombre manoir avec la longue avenue de chênes qui s'est religieusement conservée en Bretagne ; des bois fourrés et bas, où les vieux arbres mêmes ne s'élèvent jamais bien haut ; de temps en temps, un paysan qui passe sans regarder ; mais il vous a bien vu avec son œil oblique d'oiseau de nuit. Cette figure explique leur cri de guerre et le nom de *Chouans* que leur donnaient les *Bleus*. Point de maisons sur les chemins ; ils reviennent chaque soir au village. Partout de grandes landes tristement parées de bruyères roses et de plantes jaunes ; ailleurs ce sont des campagnes blanches de sarrasin. Cette neige d'été, ces couleurs sans éclat et comme flétries d'avance, affligent l'œil plus qu'elles ne le récréent, comme cette couronne de paille et de fleurs dont se pare la folle d'Hamlet. En avançant vers Carnac, c'est encore pis. Véritables plaines de roc où quelques moutons noirs paissent le caillou. Au milieu de tant de pierres, dont plusieurs sont dressées d'elles-mêmes, les alignements de Carnac n'inspirent aucun étonnement. Il en reste quelques centaines debout ; la plus haute a quatorze pieds. »

Toute cette région est sévère d'aspect, sombre de souvenirs. C'est le pays des haines persistantes et des guerres civiles ; sur une terre de granit, une race rude et dure. Vannes, sa capitale, n'a pas 20,000 habitants ; vieille ville aux rues étroites et tortueuses qu'enserre une ville moderne. Si Vannes est la cité antique et le chef-lieu administratif, Auray est la ville religieuse, Lorient, la ville maritime, Ploermel, la ville des traditions et des souvenirs. Près d'Auray, la chapelle de Sainte-Anne et la fontaine miraculeuse attirent, chaque année, des milliers de pèlerins. Dans la Chartreuse d'Auray se trouve le Champ des Martyrs, où les prisonniers vendéens, capturés à Quiberon, furent passés par les armes.

Lorient, port militaire et préfecture maritime, peuplé de 40,000 habitants, n'était encore en 1708 qu'un modeste entrepôt de la Compagnie des Indes, dénommé l'*Orient* par allusion aux pays dont il recevait les produits. Le système de Law qui faillit ruiner la France enrichit Lorient, où se concentrèrent les armements de la Compagnie du Mississipi, fusionnée avec la Compagnie des Indes. Ils furent tels que l'Angleterre en prit ombrage et attaqua Lorient. Prête à se rendre, la ville fut sauvée par le comte de Tinténiac qui se jeta dans ses murs avec une centaine d'hommes, déchira le projet de capitulation et força les Anglais à se rembarquer.

C'est sur la lande de Ploermel, entre cette ville et Josselin, qu'eut lieu, le 27 mars 1351, le fameux combat des trente chevaliers bretons commandés par Beaumanoir contre autant de chevaliers anglais commandés par Bembro, plus probablement Pembroke. De part et d'autre on lutta bravement pour prouver, dit la chronique, « qui avait plus belle amie et plus vaillant corps ». Les Anglais eurent d'abord l'avan-

VUE DE TOURS.

tage; mais Bembro fut tué et le dernier effort des Bretons leur assura la victoire.
« Bois ton sang, Beaumanoir », cria au fort de la mêlée, Geoffroy Dubois, à son chef
blessé et dévoré d'une soif ardente.

Locmariaker, Hennebon, Port-Louis n'ont qu'une faible population. A Hennebon,
Jeanne de Montfort défit Charles de Blois. Pontivy, dont Napoléon voulut faire le
centre stratégique de la Bretagne, n'a que 8,000 habitants. Essentiellement maritime
et agricole, le département du Morbihan produit des céréales, du lin et du chanvre. La
pêche est la principale industrie des populations du littoral.

A l'ouest du Morbihan, le continent d'Europe projette dans l'océan Atlantique le
massif échancré, déchiqueté, miné par les flots qui le rongent, de la presqu'île
granitique du Finistère. Ici finit le monde européen, ce vaste continent qui forme deux
des cinq parties du monde. De ces falaises désolées et dénudées, secouées par les flots
furieux que les vents sans frein chassent sur leurs pentes abruptes qu'ils escaladent
et d'où ils retombent en perpétuel ruissellement d'eau, en perpétuel bruit de tonnerre,
l'œil ne discerne plus rien que le sombre Atlantique noyé dans la brume.

« Asseyons-nous à cette formidable pointe du Raz, écrit Michelet. C'est ici, en
quelque sorte, le sanctuaire du monde celtique. Ce que vous apercevez par delà la
Baie des Trépassés, est l'île de Sein, triste banc de sable sans arbres et presque sans
abri. Cette île était la demeure des vierges sacrées qui donnaient aux Celtes beau
temps ou naufrage. Là, elles célébraient leur triste et meurtrière orgie, et les navigateurs entendaient avec effroi de la pleine mer le bruit des cymbales barbares. Cette île,
dans la tradition, est le berceau de Myrddyn, le Merlin du moyen âge. Son tombeau
est de l'autre côté de la Bretagne, dans la forêt de Brocéliande, sous la fatale pierre
où sa Nyryan l'a enchanté. Tous ces rochers que vous voyez, ce sont des villes
englouties; c'est Douarnenez, c'est Is, la Sodome bretonne; ces deux corbeaux qui
vont toujours volant lourdement au rivage, ne sont rien autre que les âmes du roi
Grollon et de sa fille, et ces sifflements, qu'on croirait ceux de la tempête, sont les
crierien, ombres des naufragés qui demandent la sépulture.. »

Et cependant la population est dense à cette extrémité de la France. Comme
chiffre, le Finistère, avec ses 682,000 habitants, occupe le 6° rang, comme densité
le 10°. Cette population est pauvre et sobre, travailleuse et économe, agricole et
maritime. Le climat est comparativement doux, le courant du *Gulf's Stream* longe la
rive et tempère le froid. Roscoff est renommé pour ses primeurs et toute la côte pour
ses pêcheries. Douarnenez et Concarneau envoient chaque année près de 1,300 navires
et 7,000 marins pêcher la sardine ; Concarneau et Roscoff approvisionnent une partie
de la France de langoustes et de homards.

Brest, « le grand port militaire, la pensée de Richelieu, la main de Louis XIV »,
s'élève au fond de sa rade qu'un goulet de 1,500 à 2,500 mètres de largeur sur 6 kilomètres de longueur relie à l'Océan. Dans cette rade, de 36 kilomètres de circuit, toutes les
flottes militaires d'Europe trouveraient place. Formidablement fortifié, le port militaire
est aussi vaste que sûr. Il s'ouvre en arrière de la rade, dans l'estuaire de la rivière
Penfeld qui coupe Brest en deux parties. La ville elle-même s'étage sur le penchant

des deux collines que traverse le Penfeld et que met en communication un pont tournant.

Au sud de la rade de Brest, s'évase la baie de Douarnenez, l'une des plus belles des côtes de Bretagne. Au fond de la baie, sur l'estuaire d'une petite rivière, le Pouldavy, Douarnenez, peuplée de 10,000 habitants, attire, chaque année, par la beauté de ses sites, un grand nombre de visiteurs. Cette petite localité est un port de pêche important, le premier des ports sardiniers de France.

Quimper-Corentin est le chef-lieu de département du Finistère. C'est une ville de 16,000 habitants, ancienne capitale du comté de Cornouaille, située au confluent du Steir et de l'Odet. Morlaix, également peuplée, est l'une des plus jolies villes de la région. Elle s'étend autour de son port que forment le Quefflant et le Jarlot, que défend le château du Taureau, placé au fond de sa baie. Ville industrielle et commerçante, Morlaix possède des ateliers pour la préparation du lin, des tanneries, des minoteries, des imprimeries. Par Morlaix s'exportent les primeurs de Roscoff et d'importants chargements de beurre et de bestiaux.

Au-dessus de Brest, la côte de Bretagne, achevant de décrire sa courbe, s'infléchit vers l'est. La Manche s'ouvre, mesurant entre les deux pointes occidentales de la France et de l'Angleterre près de cinquante lieues. A l'est de Morlaix commence le département des Côtes-du-Nord. Il est bien nommé. Sur 245 kilomètres il développe ses côtes déchirées, échancrées de baies, creusées par les cours d'eau, côtes abruptes bordées à marée basse d'une ceinture de sable fin, que les vagues détachent de sa muraille de granit. Les Montagnes Noires le traversent de l'est à l'ouest, formant deux versants aux eaux qu'elles rejettent dans l'Océan ou dans la Manche. Le point culminant de la chaîne, le Ménez-Hom, ne dépasse pas 340 mètres.

Département agricole, les Côtes-du-Nord sont aussi l'un des départements les plus peuplés de France et l'un de ceux où la proportion entre la population rurale et la population urbaine est le plus en faveur de la première. En 1882 elle se divisait ainsi : urbaine 8,1, rurale 91,9. La densité de la population qui est, en moyenne, pour la France, de 71 habitants par kilomètre carré, atteint ici 92.

Si les campagnes sont peuplées, les villes le sont peu. Saint-Brieuc, chef-lieu du département, ne renferme que 18,000 habitants. Elle fit peu de bruit dans l'histoire ; fondée au v⁰ siècle par un missionnaire, elle fut une ville épiscopale et, tout en le restant, devint aussi ville manufacturière. Par le port de Légué, sur la Manche, à six kilomètres de distance, s'effectue le trafic maritime de Saint-Brieuc. A Légué la côte échancrée décrit entre la pointe de Minard et le cap Fréhel une courbe profonde et forme la baie à laquelle Saint-Brieuc donne son nom. Au sud de Saint-Brieuc, dans les terres, se trouve Lamballe que l'on croit avoir été la place forte des Ambiliates dont parle César. Elle fut plus tard celle du comté de Penthièvre, à ce titre souvent assiégée, jusqu'au jour où Richelieu fit raser son château et, en lui enlevant sa citadelle, lui rendit la paix.

Au nord, Paimpol, sur la Manche, possède un port abrité, précédé d'une rade. La mer baigne Paimpol sur trois côtés et, à marée haute, ne lui laisse qu'une voie de communication avec la terre ferme. C'est une petite ville active et commerçante de 2,500 habitants. Pontrieux, au sud de Paimpol, n'en compte pas davantage. Tréguier fait face à la mer et s'élève en amphithéâtre autour de son imposante cathédrale, gardant l'aspect d'une ville épiscopale. Lannion, sur le Léguer, compte 6,000 habitants. Dinan, sur la Rance, en possède 10,000. Vieille ville féodale pittoresquement assise dans un cadre de verdure, centre d'excursions intéressantes, Dinan, visitée chaque année par les nombreux touristes que les bains de mer attirent sur les plages bretonnes, se peuple d'Anglais que retiennent son climat égal, le bon marché de la vie et ses sites charmants.

La Rance relie Dinan au port de Saint-Malo, chef-lieu du département de l'Ille-et-Vilaine qui, avec la Loire-Inférieure, le Morbihan, le Finistère et les Côtes-du-Nord, complète les cinq départements de l'ancienne Bretagne. Par le nord, l'Ille-et-Vilaine confine à la Normandie, à la baie du Mont-Saint-Michel, à la presqu'île du Cotentin qui ferme à l'est la vaste échancrure du golfe de Saint-Malo. Par le sud, il confine à la Mayenne. Sa façade resserrée sur la mer ne comporte que 75 kilomètres de développement. Les landes et les marais y alternent avec les plaines fertiles et les vallées riches en pâturages. Ici aussi la population est dense, 92 habitants par kilomètre carré; terre de culture et d'élevage, l'Ille-et-Vilaine produit de grandes quantités de miel et de beurre qui alimentent un trafic important avec l'Angleterre.

- Rennes, son chef-lieu, est une grande ville de 66,000 habitants, située au confluent des deux rivières qui donnent leurs noms au département. Vieille cité parlementaire, Rennes a gardé de son passé un aspect austère et froid qu'accentue encore la couleur sombre de ses demeures de granit. En cette ville s'incarna le génie de la Bretagne, ce génie d'indomptable résistance et d'opposition intrépide dont, tant de fois la Bretagne, plus gauloise que française, a fait preuve dans sa longue histoire. Et pourtant, ainsi que l'a noté Michelet, cette pauvre vieille province nous a sauvés plus d'une fois. « Souvent, lorsque la patrie était aux abois et qu'elle désespérait presque, il s'est trouvé des poitrines et des têtes bretonnes plus dures que le fer de l'étranger. Quand les hommes du nord couraient impunément nos côtes et nos fleuves, la résistance commença par le Breton Noménoé; les Anglais furent repoussés au xive siècle par Duguesclin; au xve par Richelieu; au xviie poursuivis sur toutes les mers par Duguay-Trouin. Les guerres de la liberté religieuse et celles de la liberté politique n'ont pas de gloires plus innocentes et plus pures que Lanoue et La Tour-d'Auvergne, le premier grenadier de la République. »

Saint-Malo, le port de l'Ille-et-Vilaine, compte près de 12,000 habitants. Sur son îlot de granit que le *Sillon* relie à la terre ferme, Saint-Malo, place de guerre, dominant l'embouchure de la Rance, est l'une des plus originales et des plus curieuses villes de France. Laide et sinistre, cette ville a cependant grand air et porte fièrement sa gloire. Scellée au roc, roc elle-même, elle dresse comme un drapeau la flèche de son église et les imposantes constructions de ses anciens armateurs, négociants et corsaires, implacables ennemis de l'Anglais auxquels ils infligèrent des pertes énormes. Duguay-Trouin y naquit et aussi Jacques Cartier qui découvrit le Canada, Surcouf, le vaillant coureur de mer, Chateaubriand dont le tombeau s'élève sur le Grand-Bey. Autour de la sombre ville, qui rappelle un nid de corsaires, se déroulent les sites charmants de la Rance et de la Vicomté, le panorama grandiose de la mer, Dinard et Paramé, plages de bains de mer, envahies l'été, Saint-Servan, port complémentaire de Saint-Malo, Cancale, renommée pour ses huîtres.

Fougères, ville de 15,000 habitants, surprise par les Anglais en 1448, fut cause de la guerre qui rendit à la France ses provinces. Vitré fut la résidence de Mme de Sévigné; près de Vitré s'élevait son château des Rochers. Redon, sur la Vilaine, Montfort au confluent du Meu et du Chailloux, Dol, en face de la baie du Mont-Saint-Michel, sont des centres agricoles peu peuplés.

Au nord, le Couesnon, qui sépare la Manche de l'Ille-et-Vilaine, sépare aussi la Bretagne de la Normandie. A l'est de l'Ille-et-Vilaine, s'étend le Maine qui forme deux départements, la Mayenne et la Sarthe.

Par le Maine, la Bretagne se rattache au cœur de la France, aux grandes plaines du Perche et de la Beauce; le Maine est le terrain de transition entre les provinces maritimes et les provinces centrales; il tient à la fois des deux, il est région de plaines et région montueuse.

La Mayenne est l'un des 10 départements de France qui produisent le plus de blé, l'un de ceux où l'agriculture est le plus développée. Sur 517,063 hectares, 18,000 seulement sont incultes. Géologiquement, le Maine est une extension de la Bretagne, la Mayenne un prolongement de l'Ille-et-Vilaine. La rivière qui donne son nom au département naît sur les confins de l'Orne; elle arrose Mayenne, Laval et Château-Gonthier; elle pénètre dans le Maine-et-Loire; grossie de la Sarthe et du Loir, elle prend le nom de Maine et se jette dans la Loire près du pont de Cé, après un parcours de 204 kilomètres. Région agricole, le département de la Mayenne est aussi une région manufacturière. Outre le tissage des toiles et des coutils, qui est l'une de ses principales industries, il possède des tuileries, des poteries. Cœvrons fournit du porphyre, Saint-Pierre-la-Cour de la houille, Argentré, Bonchamp, Laval des marbres, Cossé des pierres de taille, Javron des ardoises, Port-Brillet du fer, Soulgé, la Baconnière, Bourgneuf, de l'anthracite.

Au cours du fleuve : Mayenne, vieille ville, irrégulièrement bâtie, mais d'aspect original. L'industrie des toiles y occupe plusieurs milliers d'ouvriers. Autour de Mayenne gravitent bourgs et villages; Ernée, important marché de lin, est le plus considérable. En aval de Mayenne, Laval s'étend sur un vaste espace des deux côtés de la rivière. C'est une ville de 30,000 habitants, à l'aspect ouvert et riant, active et industrieuse. Plus de 10,000 ouvriers peuplent ses fabriques d'étoffes légères et de coutils. Laval travaille aussi le marbre et fabrique la chaux.

A sept lieues de Laval, sur la Mayenne, Château-Gontier se détache dans un cadre de vergers et de prairies, au milieu de collines pittoresques. A l'est, Craon, ville ancienne dont deux familles illustres ont porté le nom, occupe le centre d'une riche région agricole et possède d'importantes minoteries.

Dans la Sarthe, comme dans la Mayenne, l'agriculture et l'industrie sont en grand progrès; en cinquante années, le revenu agricole de la Mayenne s'est élevé de 14 à 95 millions de francs, celui de la Sarthe de 19 millions et demi à près de 130. Ici, comme dans la Mayenne, il est peu de terres incultes, 10,000 hectares sur 620,668, et la récolte de céréales, dans l'un comme dans l'autre département, dépasse de beaucoup les besoins de la consommation locale. L'industrie de la Sarthe est variée; on y fabrique, outre la toile de chanvre et de lin, le papier, la verrerie, la poterie; on y élève des volailles renommées dont Paris, à lui seul, consomme plus de 400,000 par année.

Le Mans est le centre principal de ce commerce. Il est aussi le centre topographique de la Sarthe et son chef-lieu. Actuellement peuplé de 58,000 habitants, c'était déjà, au temps de Charlemagne, l'une des grandes et riches villes de France. Capitale du Maine, le Mans lutta avec énergie pour maintenir l'indépendance de la province, enclavée entre la Normandie et l'Anjou, toutes deux plus puissantes. Têtus comme les Bretons et rusés comme les Normands, les Manceaux se donnèrent à Guillaume le Bâtard, ainsi qu'eux grand ennemi des Angevins et qui préludait à la conquête de l'Angleterre par des excursions nocturnes dans l'Anjou qui excitaient l'admiration des Manceaux, lesquels, pour lui faire honneur, lui décernèrent l'énergique sobriquet d'*Eveil-Chiens*. Mais quand ils le virent occupé de l'autre côté de la Manche, ils n'eurent plus d'autre souci que de secouer le joug. Le Normand reparut sous le Breton. En peu d'années, ils chassèrent les hommes d'armes de Guillaume, reprirent leurs villes et leurs châteaux et aussi leur indépendance.

Plus tard, en 1793, eut lieu sous les murs du Mans la bataille décisive qui porta le dernier coup à la cause vendéenne. Sous ces mêmes murs, le 11 janvier 1871, la bataille du Mans décida du sort de Paris assiégé par l'armée allemande.

Mamers, comme le Mans, a d'importantes fabriques de toiles. Ecommoy, Sillé-le-Guillaume, Loué, Sablé, possèdent des établissements industriels, des minoteries, des carrières de marbre. On y élève de nombreux bestiaux pour le marché de Paris.

Remontons au nord, vers la baie du Mont-Saint-Michel et le golfe de Saint-Malo, à l'est duquel se profile la presqu'île du Cotentin. Ici, faisant suite à la Bretagne, commence la Normandie qui a formé cinq départements : la Manche, l'Orne, le Calvados, l'Eure et la Seine-Inférieure. En face de l'Angleterre, dont elle n'est séparée que par trente lieues de mer en moyenne, elle déploie entre l'embouchure du Couesnon et celle de la Bresle, 600 kilomètres de côtes dentelées, coupées de criques et de vallons, ici se déroulant en longues plages sablonneuses, ou en grèves de galets, là, opposant à la violence des flots leurs hautes falaises calcaires ou granitiques.

Plus élevée que la Bretagne, la Normandie se redresse au nord-est avec les dernières ramifications des Ardennes qui viennent mourir à la mer; au sud-est, le plateau d'Orléans prolonge jusqu'au Bocage normand son long plissement. Entre ces deux sillons montueux se creuse la vallée de la Seine, la plus opulente et la plus peuplée de France, au travers de laquelle le fleuve, constamment contrarié dans son cours, rejeté d'une colline à l'autre, décrit ses méandres capricieux et ses courbes serpentines.

Cette Normandie, que peuplèrent les pirates du Nord, a gardé, du nord, l'esprit calme et froid, l'instinct raisonneur et méthodique. Par la conquête elle l'a importé et implanté en Angleterre. « Les deux rivages, dit Michelet, se haïssent et se ressemblent. Des deux côtés, dureté, avidité, esprit solide et laborieux. La vieille Normandie regarde obliquement sa fille triomphante qui lui sourit avec insolence du haut de son bord. Elles existent pourtant encore les tables où se lisent les noms des Normands qui conquirent l'Angleterre... L'esprit guerrier et chicaneur, étranger aux Anglo-Saxons, qui a fait de l'Angleterre, après la conquête, une nation d'hommes d'armes et de scribes, c'est le pur esprit normand. Cette sève acerbe est la même des deux côtés du détroit. »

Même hardiesse aussi, même intrépidité sur terre et sur mer; l'histoire le prouve. Ces qualités, on les retrouve à un haut degré dans le département de la Manche que la mer étreint sur trois côtés et qui, vers les plages d'Angleterre, pousse dans les flots sa presqu'île du Cotentin, son cap de la Hague, Cherbourg, son grand port militaire, jeté comme une menace en face de Portsmouth.

Saint-Lo, chef-lieu de la Manche, est situé au cœur de la presqu'île du Cotentin, au point de soudure avec le Calvados. « Assise sur un mamelon, dit M. Robida, dans son intéressant volume de *La Normandie*, avec une jolie rivière à ses pieds, la ville est charmante au bas du bloc de Saint-Lo qu'elle vient longer du côté le plus abrupt. En bas c'est tout un faubourg éparpillé sur la rive... tout à fait vers la rivière un fouillis de jardins, de vieux murs complètement couverts de feuillages, percés par l'ogive verte d'une porte et les murailles d'un vieil hôpital du moyen âge. »

Avranches est pittoresquement située à l'extrémité d'un promontoire, dominant d'un côté la charmante vallée de la Sée, de l'autre le paysage grandiose de la baie du Mont-Saint-Michel et son étonnant rocher sculpté, à la fois abbaye, ville et château, que les flots enserrent deux fois par jour de leur molle inondation, convertissant sa vaste grève blanche en mer aux eaux clapotantes. Avranches ne possède que 8,000 habitants. Granville, plus peuplée, ville de hardis marins, de négociants affairés, grave d'aspect et presque bretonne, en compte 12,000. Elle est située sur la Manche, à l'embouchure du Bosq et couronne son Roc de Granville battu par les vents, fouetté par la mer. Ici, à ce point de rencontre des courants de l'est et de l'ouest, des côtes normandes et bretonnes, là marée atteint sa plus grande amplitude, dépassant quatre mètres. « La gracieuse colline sur laquelle Coutances dresse, au-dessus d'une couronne de verdure, les flèches de sa cathédrale, écrit M. Robida, est bien différente du roc rébarbatif de Granville. Tout le paysage est joli; ce sont des collines entre lesquelles coulent de petites rivières glissant vers la mer que l'on devine et que l'on peut voir du haut de la cathédrale à 9 ou 10 kilomètres à peine, bordée à perte de vue, au lieu de falaises, par de longues lignes de sable jaune. » Valognes, que Lesage a raillé dans son *Turcaret*, est une petite ville de 5,000 habitants que la France et l'Angleterre, les catholiques et les protestants se disputèrent et qui est restée française et catholique.

A l'est de la Manche s'étend le Calvados, département riche et populeux. Il doit son nom à son banc de rochers, lequel lui-même le reçut, dit-on, d'un des navires de l'*invincible Armada* que Philippe II envoya contre l'Angleterre en 1588 et qui se perdit sur la côte. Ce navire fut probablement le *Salvador*, dont le nom, mal lu ou défiguré, devint Calvados. L'Orne, la Touçques, la Dive, la Vire et la Seulle arrosent ce département dont le relief plat est sillonné de faibles hauteurs, prolongement des assises qui séparent le bassin de la Loire de celui de la Seine.

Caen, largement étalée dans sa grasse plaine, est bien la capitale de cette riche et plantureuse Basse-Normandie. C'est une ville de 44,000 habitants, située sur l'Orne ; Duguesclin l'arracha aux Anglais, qui la reprirent 50 ans plus tard malgré l'intrépide résistance de sa population, mais ne la gardèrent pas ; Charles VII y rentra et Louis XI l'enleva au duc de Bretagne. Caen n'est pas seulement « un magnifique musée de monuments de tous les âges où depuis les origines on peut suivre l'art normand à travers toutes ses transformations » ; c'est aussi le centre d'un commerce très actif, un entrepôt agricole important. Bayeux, moins vivante, est aussi moins peuplée, 8,500 habitants. Lisieux en possède 15,000. Elle est située dans une jolie vallée où se réunissent les eaux de la Touques et de l'Orbiquet. Lisieux fait un important commerce de bestiaux, de cidre, beurre, fromage, œufs et volailles. On y fabrique aussi des draps, toiles et flanelles. Cette industrie occupe, à Lisieux et aux environs près de 10,000 ouvriers.

Moins active est Bayeux, peuplée de 8,000 habitants, gardant pieusement, avec le souvenir de sa gloire passée, du temps où elle était la résidence des ducs de Normandie, ses beaux monuments du moyen âge, sa cathédrale, son vieil évêché, ses curieuses maisons de bois sculpté et sa merveilleuse tapisserie de la Reine Mathilde, chef-d'œuvre d'artistes inconnus.

A Honfleur apparaît la Seine. De l'autre côté de l'estuaire, le Havre, le grand port commercial de la Normandie et de Paris fait face à la petite ville de Honfleur, visitée par 3,000 navires jaugeant près de 500,000 tonnes. Entre l'Orne à l'ouest et la Seine à l'est, se déroule le décor des plages normandes envahies l'été par les Parisiens. Les stations de bains de mer se succèdent et se pressent sur le littoral. Cabourg, Dives, Houlgate, Beuzeval, Villers, villages hier, villes aujourd'hui, Trouville, théâtre d'été des élégances mondaines, l'aristocratique Deauville, puis la côte de Grâce et le vieil Honfleur dont l'apparence sévère contraste étrangement avec l'architecture capricieuse des villas modernes qui ont bouleversé, métamorphosé ce coin de terre normande.

Le département de l'Orne s'étend au sud du Calvados. C'est le plus élevé et le plus accidenté des départements formés par la Normandie. Par certains côtés il rappelle la Bretagne, mais ses vallées sont bien normandes par l'abondance de leurs eaux et la richesse de leurs pâturages. L'Orne qui lui donne son nom, naît au centre même du département, près de Séez et se déverse dans la Manche après un cours de 80 kilomètres.

Alençon, son chef-lieu, est situé à l'extrémité de la région, là où elle confine à la Sarthe. C'est une ville de 18,000 habitants, dans une large plaine fertile qu'arrosent la Briante et la Sarthe. Alençon fut célèbre par ses dentelles, elle l'est encore, par ses fabriques de toiles, et aussi par son élevage de chevaux. Grande et bien bâtie, elle possède d'importants faubourgs. En dehors d'Alençon, ce département d'agriculture et d'élevage ne possède pas de grands centres. Séez, Argentan, Domfront, Mortagne, L'Aigle, Bellesmes, sont de petites villes agricoles dont la population flotte entre 4,000 et 7,000 habitants. L'Orne n'en est pas moins un département riche, dont le revenu agricole seul est évalué à 102 millions.

L'Eure n'est pas moins riche que l'Orne. Dans ce département, où l'agriculture est depuis longtemps en honneur, on ne compte, sur une superficie de 595,765 hectares, que 1,597 hectares incultes. L'Eure n'est pas seulement agricole, il est aussi manufacturier; la filature et le tissage du coton et de la laine, la fabrication des draps sont les grandes industries de ce département et occupent près d'un tiers de sa population.

Évreux, sa ville capitale, renferme 17,000 habitants. Elle est située dans la vallée de l'Iton, petite rivière dont les trois bras encerclent la vieille ville romaine devenue moderne et neuve, ne gardant presque plus rien du passé sur ses murs rajeunis et ses demeures remises à neuf. Évreux fabrique des coutils, de la coutellerie et de la quincaillerie. Au sud, Breteuil est une ville de hauts fourneaux et de laminoirs. Au nord, Louviers peuplée de 11,000 habitants, est arrosée par l'Eure, rivière travailleuse, dont les eaux alimentent de nombreux établissements industriels. Louviers est renommée pour ses fabriques de draps et d'étoffes de nouveautés, pour ses filatures de laine, et ses ateliers de construction de machines à carder, filer et tisser. Au nord de Louviers, la Seine pénètre dans le département de la Seine-Inférieure, par Elbeuf située aux confins de l'Eure.

Elbeuf compte 22,000 habitants. En 1780 elle occupait 30,000 ouvriers à la fabrication des draps qui portaient son nom. Elbeuf n'a pas abandonné sa vieille fabrication. L'Australie et la République Argentine lui fournissent les laines que 24,000 ouvriers travaillent, tant à Elbœuf que dans son rayon industriel, et convertissent en produits manufacturés d'une valeur moyenne de 80 à 90 millions à l'année. Vernon et Gaillon font, avec Paris et l'Angleterre, un grand commerce de fruits. Bernay et Gisors sont des centres agricoles. Les Andelys, la double ville, est à la fois cité industrielle et cité militaire gardant encore les ruines de son vieux donjon du château Gaillard, au pied plein, à l'abri de la sape, que fit construire Richard Cœur de Lion pour surveiller le cours de la Seine.

En aval d'Elbeuf, Rouen, cité gauloise gouvernée par les Druides, puis romaine, normande, française, a successivement brisé les enceintes trop étroites des Druides, des Romains et de ses Ducs. Dès 497 elle fut française, rendit hommage à Clovis et devint la capitale de la Neustrie. Elle est l'une des grandes villes dont la Seine est la grand'rue; elle fut l'un des fleurons de la couronne. Louis XI, Louis XII, François Ier, Louis XV la visitèrent en grande pompe. « Quand, dit l'écrivain de la *France pittoresque*, on contemple Rouen d'une des hauteurs qui l'environnent, par exemple de la côte Sainte-Catherine, on est frappé du spectacle magnifique que présente cette riche cité : sur une circonférence de plusieurs lieues on voit se grouper une multitude de maisons, du milieu desquelles s'élancent les flèches, les pyramides et les tours d'un grand nombre d'édifices publics. L'œil suit aussi avec curiosité le cours majestueux de la Seine

VUE DE ROUEN.

couverte de navires et bordée de quais merveilleusement agencés ». Le port de Rouen est accessible aux navires; 5,000 jaugeant ensemble 1,500,000 tonnes le visitent annuellement.

Outre son mouvement maritime, Rouen, dont la population dépasse 107,000 âmes, a un grand mouvement industriel; ses spécialités principales sont la filature et le tissage du coton, et la confection des étoffes connues sous le nom de *rouenneries*. Elle possède aussi des fabriques de produits chimiques, des teintureries, savonneries et fonderies.

Ce département de la Seine-Inférieure est l'un des plus riches de France; il occupe le troisième rang dans le classement par ordre de richesse absolue. Le Havre, son grand port, contient 112,000 habitants et, pour l'importation, tient le second rang, après Marseille. Son mouvement annuel se chiffre par 10,000 navires jaugeant plus de 2 millions de tonnes. Le Havre est l'entrepôt de la France pour les cotons et les cafés. Ville moderne, elle naquit de la ruine d'Harfleur. Ce n'était, au début, qu'un hameau de pêcheurs. Louis XII en fit un boulevard contre les Anglais, François Ier un port. Depuis 40 ans la ville s'est complètement modifiée; elle a vu décupler son importance et doubler sa population.

Profondément creusée par l'estuaire de la Seine, la côte se redresse au nord-est, compacte et ferme, très légèrement échancrée par les vallées qui aboutissent à Fécamp, Saint-Valery, Dieppe et le Tréport, ports de pêcheurs et villes de bains de mer, prolongeant, à l'est de la Seine les villas, les casinos et les plages qui commencent à l'embouchure de l'Orne. Bolbec, à neuf lieues du Havre est une petite ville de 12,000 habitants, active et industrieuse. Le Havre lui fournit le coton, Fécamp et Harfleur le charbon de terre, Rouen un débouché pour ses produits.

Fécamp, avec ses 13,000 habitants, est le premier port d'armement de France pour la pêche de la morue et du hareng. Dieppe renferme 23,000 âmes. Ses bains de mer sont des plus fréquentés, son port est le plus sûr et le plus profond de la côte. Il entretient un commerce actif avec l'Angleterre et les contrées septentrionales, recevant des houilles et des bois, approvisionnant Paris de marée. Yvetot, chansonné en tant que capitale d'un royaume imaginaire né d'une saillie de Henri IV s'écriant : « Si je perds le royaume de France je suis assuré d'avoir au moins celui d'Yvetot, » est une petite ville de 8,000 habitants, centre du pays de Caux.

Ici finit la Normandie; à l'est, la Picardie, l'Artois, la Flandre font partie de la région du nord-est. Au sud s'ouvre l'Ile-de-France. Elle forme cinq départements : la Seine, Seine-et-Oise, Seine-et-Marne, Oise et Aisne. Les deux premiers, par leur situation et leur orographie appartiennent à la région du nord-ouest. C'est par eux que nous terminerons notre étude de cette région.

Au centre du département de Seine-et-Oise, au point de jonction des grandes voies historiques du nord, du sud, de l'est et de l'ouest, au centre du bassin de la Seine se trouve le département qui porte ce nom; Paris et sa banlieue le remplissent en entier. Le département de Seine-et-Oise qui, de tous côtés, l'enserre, n'en est que le prolongement, il gravite autour de la capitale ; ses villes ne sont que les villes d'été de Paris, ses palais que les compléments du Louvre et des Tuileries ; il vit de la vie de la grande cité qui sur lui rayonne, et qui l'absorbe.

« Paris n'est pas une ville, c'est un monde », disait avec orgueil François Ier à Charles-Quint. « Gardez-vous bien de détruire Paris pour vous venger de la France, disait en 1814 le prince de Schwarzenberg au général russe Osten-Sacken ; Paris est le chancre qui mangera la France. » Entre ces deux mots historiques il y a place pour bien des appréciations. On ne les a pas ménagées, passant de la louange hyperbolique à l'implacable dénigrement. Dégager la vérité de ces appréciations toujours excessives dépasserait le cadre de cette étude géographique, qui n'est histo-rique qu'autant que la géographie le commande.

Par quelle étrange aberration a-t-on pu, en divers temps, contester que le site où Paris est né, ne fût un de ceux marqués d'avance pour une grande ville destinée à devenir capitale des Gaules le jour où les Gaules réunies en exigeraient une ? Les Romains avaient mieux vu et mieux compris, au temps où la ville naissante, dans son berceau de la Cité, avait sa grève pour enceinte, et la Seine pour fossé. Camolugène brûla ses huttes de roseau et rompit ses ponts avant de livrer combat à Labiénus, mais César vainqueur fit reconstruire les huttes et rétablir les ponts. Julien aima et habita Lutèce et ce fut dans son palais des Thermes que ses soldats le proclamèrent empereur. « Je passai l'hiver, écrit-il, dans ma chère Lutèce ; elle est située dans une petite île où l'on n'entre que par deux ponts de bois ; il y croît d'excellent vin et l'on commence à y connaître aussi l'art d'élever des figuiers. » C'est en 380 que Lutèce devint Paris, *urbs Parisiorum*. « L'emplacement de Paris, écrit M. Elie de Beaumont, avait été préparé par la nature, et son rôle politique n'est pour ainsi dire qu'une conséquence de sa position. Les principaux cours d'eau de la partie septentrionale de la France conver-gent vers la contrée qu'il occupe d'une manière qui nous paraîtrait bizarre, si elle nous était moins utile et si nous y étions moins habitués. Ce n'est donc ni au hasard ni à un caprice de la fortune que Paris doit sa splendeur, et ceux qui se sont étonnés de ne pas trouver la capitale de la France à Bourges, ont montré qu'ils n'avaient étudié que d'une manière superficielle la structure de leur pays. »

L'histoire de Paris est l'histoire de la France. A l'agrandissement de la ville correspondit celle du royaume. Il crût avec elle, limité à quelques lieues de territoire alors que Paris couvrait à peine quelques hectares, s'étendant de la Méditerranée à la Manche, des Alpes à l'Océan alors que Paris en occupait neuf mille, brisant successivement l'enceinte romaine et celle de nos premiers rois, l'enceinte de Philippe-Auguste et celle de Charles V, celle de Louis XIII et celle de Louis XV, aujourd'hui débordant par delà ses remparts.

Paris est le microcosme de la France, le miroir dans lequel elle se reflète, le centre où tout aboutit et d'où tout vient. Si elle a fait la France ce qu'elle est, la France a fait Paris ce qu'il est, en cela obéissant à son génie, à son instinct puissant de concentration et de centralisation ; parfois, à certaines heures de son histoire nationale, maudissant son œuvre, puis la reprenant et la continuant, se révoltant contre l'initiative de sa capitale puis subissant sa volonté, acceptant les faits accomplis par elle, se reconnaissant en elle, la bourgade druidique et romaine, la forteresse capétienne et féodale, la cité royale et parlementaire, la ville moderne et républicaine, capitale de la France.

Par le chiffre de sa population qui dépasse 2,344,000 habitants, Paris est la seconde ville du monde. Londres seule la dépasse. Paris est situé au centre d'un vaste bassin orienté de l'est à l'ouest et que la Seine coupe en deux parties. Le sol autour duquel s'élève la ville recèle en abondance les matériaux de construction nécessaires à une vaste agglomération humaine. Montrouge lui a fourni la pierre, Montmartre le plâtre, Vaugirard la brique, Fontainebleau le pavé, de même que la Beauce lui a donné le pain, la Bourgogne le vin, la Normandie la viande, l'Ile-de-France le bois de ses forêts.

Son altitude moyenne, au-dessus du niveau de la mer, est de 30 à 40 mètres. Autour de Paris, la vallée de la Seine s'étend en un amphithéâtre que circonscrivent sur les deux rives des collines onduleuses dont les points culminants sont, sur la rive gauche : le Mont-Valérien, 136 mètres, sur la rive droite : Belleville, 126 mètres, Montmartre 105. Des petites îles qui, autrefois, parsemaient le cours de la Seine, il n'en subsiste plus que trois : l'île Saint-Louis, la Cité et l'île des Cygnes. Les autres ont été réunies à ces trois ou rattachées à l'une des deux rives. Deux petits cours d'eau, la Bièvre et le Rû, ou ruisseau de Ménilmontant, ont été absorbés par les égouts.

Dans ce cadre et sur ce sol semez ces monuments, souvenirs du passé, ces grandes voies modernes, ces rues innombrables, ces places et ces quais, ces vingt arrondissements et ces quatre-vingts quartiers, ces jardins et ces parcs, ces centaines de milliers de maisons et d'hôtels, ces palais et ces édifices publics, ces hôpitaux et ces théâtres, ces musées et ces bibliothèques que possède Paris ; ajoutez-y la vie, le mouvement, l'animation de la cité la plus travailleuse qui soit au monde, la plus bruyante et la plus aimable, et vous aurez ce Paris dont Gibbon disait, avec un soupir : « Si j'avais été riche et indépendant, c'est à Paris que j'aurais voulu vivre », dont Hume écrivait : « J'eusse voulu me fixer là pour le reste de mes jours ». Gœthe la décrivant à Erkermann, disait : « Imaginez-vous maintenant une ville comme Paris, où les meilleures têtes d'un grand empire sont toutes réunies dans un même espace et par des relations, des luttes, par l'émulation de chaque jour, s'instruisent et s'élèvent mutuellement ; où ce que tous les règnes de la nature, ce que l'art de toutes les parties de la terre peuvent offrir de plus remarquable est accessible chaque jour à l'étude ; imaginez-vous cette ville universelle, où chaque pas sur un pont, sur une place rappelle un grand passé, où, à chaque coin de rue, s'est déroulé un fragment d'histoire. »

Le département de la Seine que remplissent Paris et sa banlieue immédiate est le plus petit de la France. Il est le plus peuplé, le plus riche, le plus imposé. On évalue à 50 milliards sa richesse absolue, à près de 20,000 francs par tête sa richesse relative, alors que, pour le reste de la France, la moyenne ressort à environ 6,000 francs. « On pourrait croire, écrit M. Élisée Reclus, que le département de la Seine, en grande partie couvert de maisons, d'usines, de forteresses, de parcs et de bois de plaisance, est presque sans aucune agriculture. Bien au contraire! malgré le peu d'étendue de ses terrains productifs, la Seine n'est pas le département français dont les denrées ont la moindre valeur: telles sont l'intelligence et l'industrie des cultivateurs de la banlieue parisienne que leur petite zone de champs, de jardins, de vergers dépasse en importance économique les districts de Cannes, de Grasse, de Nice et de toutes les Alpes-Maritimes. »

Au point de vue industriel, la Seine est le premier des départements. Paris est une ville manufacturière de premier ordre; les produits de son industrie sont trop nombreux et trop connus pour en tenter la description. A ce grand centre s'approvisionnent la France et l'étranger; son mouvement de marchandises dépasse 12 millions de tonnes de marchandises à l'année, son mouvement de voyageurs excède 45 millions.

Autour de Paris, Saint-Denis, Sceaux, Vincennes, Charenton ne sont plus que les faubourgs de la grande ville. Saint-Denis dont chaque année la population s'accroît, Saint-Denis, la ville exclusivement ouvrière et manufacturière, est aussi celle qui abrite dans sa basilique les tombeaux, en partie profanés et vides, des rois de France. Vincennes a gardé sa vieille forteresse, palais et prison d'État, où saint Louis rendait la justice, où Philippe-Auguste chassait les bêtes fauves, où furent incarcérés les chefs de la Fronde, Condé, Conti, Longueville, après eux Fouquet et les Mirabeau, où fut fusillé le duc d'Enghien. Sur sa colline, le château de Beauté garde la mémoire d'Agnès Sorel. Près de Créteil fut la modeste demeure d'Odette qu'aima Charles VII. Pas un coin de ce sol, qui n'ait eu son heure de célébrité, pas une motte de cette terre que n'aient foulée les grands hommes de notre histoire, qui n'ait bu le sang de nos soldats.

Ici est le pôle d'attraction de la France, le *pôle en creux*, vers lequel tout converge. L'autre, le pôle *saillant*, répulsif, nous l'avons décrit, c'est le Cantal, le cœur du massif central qui déverse sur les plaines ses eaux et ses habitants, dont la structure géologique est diamétralement contraire à celle du bassin de Paris. « L'un de ces deux pôles, écrit M. Élie de Beaumont, est devenu la capitale de la France et du monde civilisé; l'autre est resté un pays pauvre et presque désert. Comme Athènes et Sparte dans la Grèce, l'un réunit autour de lui les richesses de la nature, de l'industrie et de la pensée; l'autre, fier et sauvage, au milieu de son âpre cortège, est resté le centre des vertus simples et antiques et, fécond malgré sa pauvreté, il renouvelle sans cesse la population des plaines par des essaims vigoureux et fortement empreints de notre ancien caractère national. »

Le département de Seine-et-Oise enserre de toutes parts le département de la Seine. Il en est, avons-nous dit, le prolongement, la campagne, semée de châteaux et de villas. La Seine, l'Oise et la Marne l'arrosent. Il est, lui aussi, l'un des plus riches départements de la France, le quatrième comme richesse absolue. Il est agricole et horticole, industriel et manufacturier.

Versailles est sa capitale. Ce nom évoque tout un passé, réveille tout un monde de souvenirs. Ce ne fut, au temps de Louis XIII, qu'un modeste pavillon de chasse.

Lassé de Saint-Germain, lassé surtout d'apercevoir des fenêtres de son palais la flèche de Saint-Denis, tombeau de ses ancêtres, où lui-même reposerait un jour, et Paris turbulent, Louis XIV fit édifier le château de Versailles, ses jardins, ses parcs, ses escaliers de marbre. De là l'horizon s'ouvrait plus majestueux, plus solennel et plus triste, mieux en harmonie avec les goûts et l'humeur du grand roi. Mansard et Le Nôtre rivalisèrent de génie et de magnificence pour élever ce merveilleux bâtiment aux fortunes si diverses, où Louis XIV trôna 28 années, où Louis XV vécut, où Louis XVI convoqua les États généraux, d'où les journées des 5 et 6 octobre déracinèrent la royauté, prisonnière aux Tuileries avant de l'être au Temple et de monter sur l'échafaud. A Versailles, en 1870, les souverains allemands proclamèrent Guillaume empereur d'Allemagne, et les plénipotentiaires français signèrent la capitulation de Paris.

Avec ses 50,000 habitants Versailles semble vide. Dans ses larges rues, dans ses immenses avenues la vie fait défaut. Cette ville, avec sa mélancolique beauté, est bien le cadre de son château désert, inhabité, trop vaste pour qu'une personnalité moderne, si grande soit-elle, puisse le remplir et y résider, lui rendre le mouvement et l'animation qu'il eut pendant plus d'un siècle.

Si l'ombre de Louis XIV semble hanter encore le palais solitaire, le gracieux et léger fantôme de Marie-Antoinette semble errer sous les ombrages de Trianon, dans ces jardins anglais, dans ce hameau, né d'un rêve champêtre, où la reine aimait à déposer le lourd fardeau de l'étiquette, à oublier ses grandeurs et ses soucis, sa royauté et les haines menaçantes. Dans ce parc charmant s'écoulèrent les seules heures paisibles de cette existence qui connut tous les extrêmes des choses humaines.

Sur une hauteur dominant le cours de la Seine et Paris, l'antique forêt de Lédia a donné son nom à Saint-Germain-en-Laye que fonda le roi Robert. François II l'embellit, Henri IV fit construire le château neuf, près du site où s'élevait l'ancien que les Anglais détruisirent en 1346. Louis XIV y dépensa des millions, puis le quitta pour Versailles. De la terrasse de Saint-Germain, longue de deux kilomètres et demi, la vue embrasse un beau panorama de la vallée de la Seine, de ses campagnes et de ses châteaux, de la grande ville et des coteaux qui l'entourent. Meudon et Saint-Cloud sont les campagnes de Paris au sud et à l'ouest, comme Enghien et Montmorency au nord.

Arpajon, sur la route d'Orléans, est une petite ville de 3,000 habitants, ainsi que Montlhéry, sur la route de Corbeil. Étampes est plus peuplée; dans sa plaine, Thierry défit l'armée de Clotaire. Plus tard Étampes fut le quartier général des troupes de la Ligue. Mantes, à laquelle sa pittoresque situation sur la rive gauche de la Seine a valu le surnom de *la jolie*, compte environ 7,000 habitants. Pontoise, sur l'Oise, en possède autant. Rambouillet près de sa forêt, et dans une jolie vallée, vit mourir François Ier; première étape des souverains exilés, elle abrita Marie-Louise et le roi de Rome; puis, Charles X en retraite, qui y signa son abdication.

Au département de Seine-et-Oise finit la région du nord-ouest; au delà commence celle du nord-est que nous aborderons par l'Ile-de-France, par les départements de Seine-et-Marne, de l'Aisne, et de l'Oise, remontant ensuite au nord, vers la Picardie, l'Artois et la Flandre.

V. — RÉGION DU NORD-EST. — ILE DE FRANCE. — PICARDIE. — ARTOIS.
FLANDRE. — CHAMPAGNE. — LORRAINE. — BOURGOGNE. — FRANCHE-COMTÉ.

Par les départements de Seine-et-Marne, de l'Aisne et de l'Oise l'Ile-de-France
s'étend vers l'est, confinant à la Picardie, à l'Artois et à la Flandre au nord, à la Champagne par les Ardennes, la Marne et l'Aube, à la Bourgogne par l'Yonne, à l'Orléanais
par le Loiret. L'Ile-de-France est bien la province centrale du nord, au cœur de
laquelle la royauté devait s'étendre, et Paris devait grandir.

Seine-et-Marne, que sa grande culture des céréales a fait surnommer le *grenier de
la France*, est aussi le département des forêts. Elles couvrent plus de 102,000 hectares ;
ce sont les forêts de Fontainebleau, de Crécy, de Valence, de Jouy, de Villefermoy,
d'Armainvilliers. Ici reparaît la culture de la vigne. Fontainebleau et Thomery sont
renommés pour leurs chasselas. Comme le département de Seine-et-Oise, mais à un
moindre degré, celui de Seine-et-Marne gravite autour de la grande cité qu'il alimente
et qui, sur lui aussi, déborde, peuplant ses villes, édifiant ses villas sur les rives de la
Seine et de la Marne, à la lisière de ses forêts, dans les sites pittoresques de cette
région, l'une des plus riantes de France.

Melun, son chef-lieu, était, au temps de César, la forteresse des *Senones*, construite
sur une île de la Seine. Labiénus s'en empara, en marche vers Lutèce, et les Romains
en firent une étape militaire, à la fois camp et magasin de vivres. Clovis la prit, Robert
et Philippe Ier y moururent. Melun fut le Versailles des premiers rois. Les Anglais, puis
les Ligueurs l'occupèrent ; c'était une des clefs de Paris. C'est aujourd'hui une ville de
13,000 habitants, bien bâtie, aux alentours charmants.

Dans la plaine vaste et plate de la Brie, la petite ville de Brie-Comte-Robert dresse
sa vieille église du xiiie siècle que de loin on aperçoit à l'horizon. Fontainebleau, qu'enserre sa forêt, s'étend autour de son château historique, l'un des plus beaux et des
plus curieux de France. Saint Louis aimait Fontainebleau qu'il appelait son désert et
où il allait se recueillir. Philippe le Bel y naquit et y mourut. François Ier reconstruisit
le château, qu'embellirent et agrandirent Henri II, Charles IX et Henri III. Henri IV
affectionna particulièrement Fontainebleau. Louis XIII y naquit et Condé y mourut ;
Louis XIV y signa la révocation de l'édit de Nantes ; Louis XV y épousa Marie Leczinska
et Napoléon Ier, à l'apogée de sa puissance, Marie-Louise. Dans ce même château,
Napoléon dut signer son abdication, et, dans la cour du *Cheval blanc*, qui a gardé le
nom de *cour des adieux*, se séparer de sa vieille garde.

Sur la Seine, à la lisière du duché de Bourgogne, se trouve Montereau, célèbre par
l'assassinat de Jean sans Peur et par la victoire que Napoléon Ier remporta sur les alliés.
Moret, sur le Loing, ne fut d'abord qu'un château autour duquel se groupa une petite
ville. Au nord, Meaux a gardé le nom des *Meldi*, sa peuplade gauloise. A Meaux fut
signé le traité qui termina la guerre des Albigeois et donna une partie du Midi à la
France. Provins, peuplée de 8,000 habitants, fut une grande ville où 60,000 ouvriers

travaillaient les draps et les cuirs. Sa foire était renommée, presque autant dans le nord que celle de Beaucaire dans le Midi.

Par le département de l'Aisne, département d'avant-garde, l'Ile-de-France confine à la Belgique, à sa frontière ouverte, voie de migration et d'invasion. Par l'Aisne, en 1712, l'armée autrichienne envahit la France, que Villars sauva à Denain. En 1814 les armées alliées entrèrent par Soissons qui, en 1815, après Waterloo, dut capituler devant l'armée russe. En 1870 les Prussiens bombardèrent Soissons, occupèrent Laon, reculèrent devant Saint-Quentin héroïquement défendue par sa garde nationale. Sous les murs de Saint-Quentin, Faidherbe lutta longtemps contre les forces trois fois supérieures de Von Gœben. C'est l'un des points vulnérables de la France qui, ici, se termine en longues plaines basses sillonnées de routes. Ces plaines sont fertiles et bien cultivées; cette région est industrielle et prospère. Le groupe manufacturier de Saint-Quentin est l'un des plus importants de France, et la production industrielle de l'Aisne dépasse 200 millions.

Laon, son chef-lieu, est situé sur une haute colline dominant la vaste plaine. C'est une ville de 14,000 habitants, l'un des points stratégiques que les armées se disputèrent fréquemment. A Chauny, ville de fabriques, aboutit le canal de Saint-Quentin qui se raccorde à l'Oise. Près de Chauny se trouve la vaste manufacture de glaces de Saint-Gobain, la première du monde par la qualité et la quantité de ses produits. Saint-Quentin, le Manchester du nord de la France, compte près de 50,000 habitants. C'est le centre actif d'un district industriel, renfermant de nombreuses fabriques de lainages, de cotonnades, d'ateliers de construction, d'usines de sucre de betteraves. Par son canal, Saint-Quentin est en communication avec l'Escaut, la Somme et l'Oise. La ville n'est pas seulement industrielle et commerçante. Nous avons dit ce qu'elle fut en 1870. Déjà en 1557, emportée par les Espagnols malgré sa résistance, elle avait vu ses habitants massacrés et chassés.

Soissons compte 12,000 habitants. L'antique capitale des *Suessiones* fut un centre gallo-romain, qui longtemps se maintint debout quand Rome fut tombée. Il fallut, pour l'abattre, la victoire de Clovis sur Syagrius, victoire qui décida du sort des Gaules. Vervins est une ville industrielle; Hirson fabrique la savonnerie; Guise, la vieille ville seigneuriale, est envahie par les filatures et les fonderies.

Le département de l'Oise ne fut, comme la Gaule entière, qu'une vaste forêt, mais ici, comme dans Seine-et-Marne, les forêts ont persisté, elles couvrent plus de 100,000 hectares. Ce sont les forêts de l'Aigle, de Compiègne, de Chantilly, de Rez, autrefois réunies et désignées du nom de forêt de Servais, puis de Brie et de Guise. Le relief du sol offre l'aspect d'un grand plateau, faiblement ondulé, semé çà et là de collines escarpées, telles celles de Quincampoix, du mont Javoult, du mont de César et de Neuville-Bort. Cette région appartient au versant de la Manche et déverse ses eaux dans les bassins de la Somme et de la Seine.

Son industrie est variée; ses produits agricoles alimentent Paris. L'élevage du bétail, la fabrication du beurre et des fromages y sont d'un bon rendement. L'Oise exploite aussi ses carrières de pierres, ses argiles qui alimentent de nombreuses poteries; on y fabrique les tapisseries et les dentelles auxquelles Chantilly a donné son nom. En tant que richesse absolue l'Oise occupe le 16° rang parmi les départements de la France.

Beauvais, son chef-lieu, garde le nom des *Bellovaques*, et fut, de tout temps, une ville active, industrieuse et riche. De sa cathédrale elle fit l'une des belles églises de la chrétienté. Si Beauvais prit, au xv° siècle, parti pour les Anglais, ses habitants chassèrent Cauchon, leur évêque, l'un des bourreaux de Jeanne d'Arc, et se donnèrent à Charles VII. Vainement les Anglais tentèrent d'y rentrer; vainement aussi Charles le Téméraire vint l'assiéger en 1477. Jeanne Hachette dirigea l'héroïque résistance. Beauvais est encore aujourd'hui, comme autrefois, une ville animée et commerçante; sa population dépasse 18,000 âmes.

Noyon fut célèbre et puissante, pendant un temps capitale de l'empire de Charlemagne, qui s'y fit couronner. Hugues Capet y fut élu roi. Senlis, vieille cité romaine, est située sur le penchant d'une colline qu'entourent les forêts d'Halatte, de Chantilly et d'Ermenonville. Compiègne, résidence royale, fut célèbre sous la première dynastie et l'est restée par son château rebâti par Louis XV, restauré par Napoléon. Au-dessus de Creil, ville de fabriques, de manufactures de faïence et de carrières de pierres dures s'ouvre la forêt de Chantilly, terre domaniale des Montmorency, passée dans la maison de Condé et aujourd'hui propriété du duc d'Aumale, qui a rendu au château, où le grand Condé donna à Louis XIV des fêtes magnifiques, sa splendeur première et qui l'a enrichi de ses merveilleuses collections.

Avec l'Oise se termine l'Ile-de-France; au nord de l'Oise, les trois provinces de Picardie, d'Artois et de Flandre ont formé trois départements : la Somme, le Pas-de-Calais et le Nord. Ils constituent l'extrémité septentrionale de la France; ils longent le détroit du Pas-de-Calais, auquel l'un d'eux a donné son nom. La côte se relève vers le nord, se rapprochant de plus en plus de la côte anglaise dont 31 kilomètres seulement la séparent au point le plus resserré. Ici le mouvement maritime est intense; plus de 200,000 voiles traversent chaque année cet étroit bras de mer, voie de communication entre les deux pays les plus riches et les plus industrieux de l'Europe. Ici encore est l'un des points vulnérables de la France; les grandes plaines se déroulent vers la Belgique, plaines larges, ouvertes, sans ondulations, n'opposant à l'ennemi que les faibles obstacles de canaux et de rivières coulant au travers de la campagne plate. La race a dû, par sa valeur, suppléer aux défenses que la nature lui refuse. Les noms des villages y sont des noms de batailles : Bouvines, Rosebeck, Lens, Steinkerke, Denain, Fontenoy, Fleurus, Jemmapes rappellent nos victoires; Courtray et, plus loin, Waterloo, nos défaites.

La Somme, qui fut la Picardie, est un pays plat, d'aspect monotone, sauf sur la côte où les falaises abruptes se dressent éblouissantes de blancheur. La population est vaillante et nombreuse, sa densité de 90 habitants par kilomètre carré dépasse de 19 la moyenne de la France. L'agriculture est florissante et contribue pour la plus large part à la prospérité du département. L'industrie textile et l'industrie métallurgique occupent de nombreux ouvriers à Amiens, Abbeville, Doullens.

UNE RUE A CALAIS.

Amiens, sa ville principale, compte 80,000 habitants. Elle s'enorgueillit, et à juste titre, de sa cathédrale, le plus beau monument du nord de la France.. Ville industrielle, Amiens possède de. nombreuses filatures de laine, de lin, de bourre de soie; on y fabrique les velours de coton et les velours d'Utrecht. Abbeville, peuplée de 20,000 habitants, est située dans une vallée fertile, sur la rive gauche de la Somme. Ce fut autrefois une ville maritime d'une certaine importance; le flux de la mer amène encore dans son bassin des navires d'assez fort tonnage, et son industrie, qu'encouragea Colbert, fait d'Abbeville la seconde ville de la Somme. Elle fut la ville *fidèle*, loyale à ses rois, implacablement hostile à l'Anglais. Ringois préféra se précipiter du haut des fortifications du château de Douvres plutôt que de prêter serment à Édouard III d'Angleterre.

Saint-Valéry-sur-Somme, capitale du Vimeux, fut le port d'où Guillaume le Conquérant partit en 1066 avec 1,000 bâtiments pour envahir l'Angleterre. C'est aujourd'hui une plage de bains de mer. Péronne, sur la rive droite de la Somme; compte 5,000 habitants. Dans sa forteresse, le duc de Bourgogne garda prisonnier Louis XI, qui ne recouvra sa liberté qu'en ratifiant l'onéreux traité de Péronne. Dans ses murs Henri III et le duc de Guise signèrent l'acte d'association de la Ligue. Jusqu'en 1870 Péronne n'ouvrit jamais ses portes à l'ennemi. Chaulnes fut un duché-pairie, Nesles un marquisat, le plus ancien, dit la chronique, et le plus beau de France, duquel dépendaient 1,800 fiefs.

Le Pas-de-Calais, comme la Somme, est un pays plat, monotone d'aspect. sauf sur le littoral où le relief du sol s'accentue. Près du cap Blanc-Nez, autrefois *Black-Ness*, « cap Noir », les falaises se relèvent à 130 mètres de hauteur. Au cap Gris-Nez, *Graig-Ness*, se trouve le point le plus rapproché de la côte d'Angleterre. Le Pas-de-Calais fut l'Artois que possédèrent les comtes de Flandre, qui, de leurs mains passa en celles de l'Autriche, qui fut cédé à la France par le traité des Pyrénées en 1659, cession confirmée par la paix de Nimègue en 1678. Il est l'un des plus riches et des plus peuplés de nos départements; comme population il occupe le 4° rang, comme richesse le 7°. Depuis 30 ans l'agriculture y a fait de grands progrès. Les mines de houille fournissent plus de de 4 millions de tonnes. Boulogne, Saint-Pierre-lès-Calais sont des centres industriels très importants.

Le chef-lieu du Pas-de-Calais, Arras, n'est pas la ville la plus populeuse. Boulogne, et Calais avec son faubourg de Saint-Pierre, l'emportent sur Arras qui n'a que 27,000 habitants; elle a perdu l'industrie qui la rendit célèbre dans le monde galloromain, celle des tapisseries, et lui a substitué la fabrication du sucre de betteraves, celle des huiles, des savons et les filatures. Boulogne, port de mer sur la Manche, a 47,000 habitants. C'est l'un des grands ports d'embarquement et de commerce à destination de l'Angleterre. Le mouvement des échanges y dépasse 500 millions à l'année; celui des voyageurs 210,000 ; celui de la navigation 4,000 navires jaugeant plus d'un million de tonnes. Sur la colline qui domine la rade et le port s'élève la colonne de la Grande Armée; elle rappelle le souvenir des armements inutiles de Napoléon Ier pour envahir l'Angleterre.

A Calais, l'Angleterre n'est plus qu'à sept lieues, et Calais, aux mains de l'Angleterre, fut la clé de la France. Guise la lui arracha, nonobstant l'insultant défi : « *Quand le plomb nagera sur l'eau comme le liège, les Français reprendront Calais!* » Le mouvement du port de Calais dépasse encore celui de Boulogne ; il se chiffre par 4,500 navires jaugeant plus de 1,200,000 tonnes. Le transit des voyageurs entre Calais et Douvres atteint 224,000. Une industrie comparativement récente, celle du tulle, a fait la fortune de Saint-Pierre-lès-Calais et converti en une ville populeuse ce faubourg de Calais. Plus de 20,000 ouvriers y fabriquent le tulle de soie et celui de coton, dont la valeur dépasse 60 millions. Saint-Pierre possède en outre des fabriques de tissus et des filatures de lin, des ateliers de construction et des scieries à vapeur. Calais exporte en Angleterre des œufs, des volailles et des légumes.

Saint-Omer compte 22,000 habitants. Elle est, elle aussi, une ville manufacturière et un centre agricole entretenant avec Londres un commerce actif.

Après le département de la Seine, celui du Nord, l'ancienne Flandre, est le plus riche de France. « Il est à la fois, dit M. Léonce de Lavergne, le premier dans l'industrie, et celui qui a poussé le plus loin les perfectionnements agricoles. Seuls, les comtés de Leicester et de Warwick en Angleterre, le Hainaut en Belgique peuvent lui être comparés. La terre y produit au moins 300 francs par hectare de l'étendue totale... On y compte 213 habitants par cent hectares. Si la France entière était aussi peuplée elle aurait plus de 100 millions d'habitants. Il faut croire que ces contrées sombres et tristes, où l'eau pénètre de toute part l'air et le sol, sont les plus propices au développement de l'espèce humaine, puisque partout où elles se rencontrent la population arrive à son apogée... Au premier rang des cultures il en est une qui s'est développée tout entière depuis 1789 et qui peut être considérée comme la plus belle conquête agricole de notre temps : la betterave à sucre. L'invention du sucre de betterave n'est pas française ; c'est en Prusse qu'elle a pris naissance, vers le milieu du dernier siècle. En 1793 elle y avait fait assez de progrès pour qu'un chimiste de Berlin, Achard, pût présenter au roi de Prusse des pains de sucre indigène. La France, étant alors engagée dans une guerre maritime et, par conséquent, privée de sucre colonial, ce fait attira chez nous l'attention des savants ; mais ce fut seulement dix ans après, en 1809, que les essais commencèrent à donner des résultats. La paix de 1815 qui rouvrit les portes aux sucres des colonies arrêta un moment les progrès de cette industrie naissante ; elle se releva bientôt après pour arriver progressivement au point où nous la voyons. »

Dans ce département frontière, dont la population a plus que doublé depuis le commencement du siècle, les grands centres sont nombreux. Lille, son chef-lieu, la cinquième ville de France, possède 189,000 habitants. C'est une place de guerre de premier ordre, abritant derrière ses forts et ses ouvrages avancés une ville d'usines et d'ateliers, fabricant annuellement pour près d'un milliard de francs. Douai, peuplée de 30,000 âmes, est aussi une place forte, contenant des filatures, raffineries, distilleries ; ville de commerce, elle est de plus universitaire et militaire. Près de Valenciennes, à Anzin, s'ouvre le district houiller, dont chaque *denier*, ou part de propriété, vaut aujourd'hui des millions, et dont le domaine souterrain embrasse plus de 280 kilomètres carrés. Les 24 *deniers* d'Anzin représentent près de 60 millions ; la compagnie occupe 20,000 ouvriers. Valenciennes travaille le fer et construit des machines.

Cambrai, sur l'Escaut, est aussi une place forte et un gigantesque atelier où l'on fabrique des tulles, des toiles fines, des dentelles de coton. Maubeuge, fortifiée par Vauban, est un des boulevards de la France. Partout ici apparaît la préoccupation de la défense et aussi celle de la lutte industrielle. La population se masse et se tasse comme pour opposer une barrière à l'ennemi ; Tourcoing, simple chef-lieu de canton, renferme 58,000 habitants ; elle est, comme population, la 26ᵉ ville de France.

Plus au nord, Dunkerque, port de mer et place militaire, forme avec Bergues, Bourbourg et Graveline le quadrilatère du nord. Dunkerque, patrie de Jean-Bart, fut, comme toutes ces villes septentrionales, qui, par delà la Manche, font face à l'Angleterre, l'implacable ennemie de l'Anglais. En 1736 les armateurs et les corsaires de Dunkerque lui capturèrent 631 bâtiments. De 1778 à 1804 ils armèrent en course 146 navires montés par 9,000 hommes qui firent 1,200 prises évaluées à 24 millions et ramenèrent 10,000 prisonniers. Aujourd'hui Dunkerque navigue et commerce ; son port est visité annuellement par près de 6,000 navires jaugeant plus de 1,800,000 tonnes.

Aux Ardennes commence la Haute-Champagne. Avec les Vosges, les Ardennes constituent, pour la France, une ligne de défense rarement abordée de front par l'ennemi qui la tourne à l'est par la vallée de la Moselle, à l'ouest par l'Oise et les plaines flamandes, de même qu'il défile les Vosges par la trouée de Belfort ou le sillon de Saverne. Barrières militaires, les Ardennes et les Vosges sont aussi et surtout des barrières ethnographiques contre la germanisation du nord-est.

La forêt des Ardennes, que Pétrarque décrit « sombre et pleine d'horreur », mesura plus de 100 lieues de longueur. Elle rejoignait autrefois la forêt de Senlis et celle de Fontainebleau et, du temps de César, était le refuge des vaincus insoumis, des « bandits » comme les appelle Tacite. Au nord et au centre du département, les ramifications des monts Faucilles qui se relient à la chaîne des Vosges forment un vaste plateau montagneux, celui d'Argonne, qui se rattache lui-même au plateau de Rocroi. L'un et l'autre sont célèbres dans notre histoire militaire ; peu de régions furent aussi souvent envahies. César y passa et après lui les Germains, les Vandales, les Suèves et les Alains, puis les Bourguignons et les Allemands. Plus tard Kellermann, vainqueur à Valmy, y arrêta l'invasion. En 1870 la capitulation de Sedan ouvrait à l'ennemi cette porte de la France.

Mézières, chef-lieu des Ardennes, ne compte que 6,700 habitants. Cette petite ville n'en a pas moins une grande histoire. Défendue par Bayard, qui se jeta dans ses murs avec 2,000 hommes, elle tint tête à 40,000 Autrichiens. Trois siècles plus tard, en 1815, elle arrêta 42 jours l'armée alliée et en obtint une capitulation honorable. Située sur le penchant d'une colline, aux bords de la Meuse, Mézières, place forte, ne saurait guère s'étendre, et Charleville, mieux située, détourne à son profit le mouvement commercial. Charles Gonzague, duc de Nevers et de Mantoue fonda Charleville en 1605.

Son port sur la Meuse et ses communications faciles avec Paris par la Seine, l'Oise et l'Aisne, firent d'elle une ville de commerce et de manufactures.

Sedan, plus importante, possède 19,300 habitants. Dans son château fort naquit Turenne. Sedan n'est pas seulement une ville historique, c'est aussi une ville industrielle, renommée pour sa fabrication de draps qui occupe, à Sedan et aux environs, 17,000 ouvriers. Cette fabrication est, avec la métallurgie, l'une des sources de richesse du département des Ardennes. La production de la fonte et celle des fers y atteignent près de 15 millions de francs; l'industrie de la laine dépasse 35 millions. Réthel, 7,400 habitants, fut autrefois la capitale d'un des sept comtés-pairies de la Champagne. Prise et reprise par les Espagnols et les Français, elle resta définitivement à la France. Rocroi, située sur l'un des plateaux élevés au sud-ouest, compte 3,200 habitants. Dans sa plaine, le duc d'Enghien, depuis prince de Condé, gagna, le 19 mai 1643, la célèbre bataille où furent anéantis les redoutables bataillons espagnols.

Bien qu'il ne soit pas, comme les Ardennes, un département frontière, celui de la Marne, que l'épaisseur des Ardennes sépare seule de la Belgique, fut, lui aussi, l'un des champs de bataille de la France, illustré par la lutte de Napoléon Ier contre les armées alliées. Châlons, Reims, Montmirail, Champ-Aubert, Sézanne, Vertus, figurent dans nos fastes militaires. Ici reparaît la culture de la vigne. Ce sol aride et plat produit, avec des céréales, des vins mousseux célèbres dans le monde entier sous le nom de vins de Champagne. L'hectare de vigne y atteint jusqu'à 30,000 francs et l'expédition dépasse le chiffre de 30 millions de bouteilles. Reims et Épernay sont les deux centres de cet important commerce qui, avec la fabrication des étoffes occupant 30,000 ouvriers et produisant près de 450 millions annuellement, classe le département de la Marne parmi les 12 départements les plus riches de la France.

Châlons-sur-Marne, son chef-lieu, est une ville de 24,700 habitants. La Marne, qui la traversait autrefois, la longe aujourd'hui. Sous ses murs, dans les champs Catalauniques, le terrible Attila et ses 500,000 guerriers furent forcés de reculer devant les Francs de Mérovée, les Romains d'Aétius et les Visigoths de Théodoric. Centre d'un commerce considérable, Châlons eut, un moment, 60,000 habitants; Reims, la grande ville du département, l'a dépossédée. Sa population, qui n'était encore en 1831 que de 36,000 habitants, atteignait, en 1886, 97,900. Bien antérieure à l'occupation romaine, Reims fut, de tout temps, une ville importante. Convertie au christianisme en 360, ses évêques l'illustrèrent. Clovis y fut baptisé, les rois de France en firent la ville du sacre. De Philippe-Auguste à Louis XVI, Henri IV excepté, tous se firent sacrer à Reims. Sa cathédrale est l'un des chefs-d'œuvre de l'architecture gothique. Reims n'est pas seulement la ville de la Sainte-Ampoule et le centre principal du commerce des vins, elle est aussi une ville de grande industrie, occupant plus de 10,000 ouvriers au tissage et à la filature des laines, à leur teinture, à la fabrication du verre et du sucre de betterave.

Épernay est, après Reims, le second centre vinicole du département. Sa population est de 17,900 âmes. La ville occupe une situation pittoresque près de la Marne, au débouché d'une riante vallée. Sur ses coteaux, creusés de caves immenses, se récoltent les meilleurs vins de la Champagne. Sainte-Menehould, sur l'Aisne, possède 4,400 habitants ; Vitry-le-Français, sur la Marne, en a 7,700.

L'Aube, la *rivière blanche*, a donné son nom à un département formé en grande partie de la Champagne et d'une faible section détachée de la Bourgogne. Le sol s'y divise en deux régions distinctes : au nord et à l'ouest de Troyes s'étend la *Champagne pouilleuse*, terre aride et plate ; au sud et à l'est, le sol se relève, les plaines sont riches et les coteaux rocailleux propres à la culture de la vigne. La Seine traverse le département du sud-est au nord-ouest. L'Aube l'arrose et rejoint la Seine à Marcilly après un parcours de 200 kilomètres. Plus agricole que manufacturier, l'Aube produit 500,000 hectolitres de vin annuellement. Ses manufactures possèdent près de 100,000 broches, et occupent environ 10,000 ouvriers.

Troyes, sa seule grande ville, peuplée de 47,000 habitants, est une cité fort ancienne, qu'assiégea Attila, que saccagèrent les Sarrasins et les Normands. Sous ses comtes de Champagne, Troyes fut célèbre par son industrie et par ses foires ; elle fabriquait déjà des étoffes, des cuirs, des fers, et possédait, au xiii° siècle, 50,000 habitants. A l'époque de la Révolution elle n'en comptait plus que 15,000 ; depuis, elle a plus que triplé ce chiffre. Arcis-sur-Aube n'a que 3,000 habitants. Le 20 mars 1814 elle fut écrasée par le feu de l'artillerie des Alliés qu'elle arrêta jusqu'à ce que la petite armée de Napoléon eut franchi l'Aube. Arcis-sur-Aube se relève et tend à devenir le centre du commerce des grains de la région. Bar-sur-Aube a 4,600 habitants. Elle est située au pied de la montagne de Sainte-Germaine, sur la rive droite de l'Aube ; ses environs sont pittoresques. Bar-sur-Seine, 2,800 habitants, fut, au xiv° siècle, l'une des villes importantes de la Champagne, par sa position stratégique et son château fort commandant le cours du fleuve. Nogent-sur-Seine, peuplée de 3,700 habitants, souffrit cruellement en 1814. Le général Bourmont, avec 1,100 recrues, y tint tête pendant trois jours à toute l'armée de Schwartzenberg et n'évacua Nogent qu'après avoir fait sauter le pont Saint-Edme et vu la ville à moitié détruite. Les Autrichiens, furieux de cette résistance acharnée, achevèrent la ruine de Nogent, brûlant ce qui restait debout. Rebâtie depuis, et embellie, la ville est en voie d'accroissement.

A l'ouest du département de l'Aube, celui de l'Yonne, formé du Sénonais qui faisait partie de la Champagne et de l'Auxerrois, relie la Bourgogne à l'Orléanais. Ses collines se rattachent au Morvan et aux monts du Nivernais. Trois grandes vallées le sillonnent: celles de l'Yonne, du Serein et de l'Armançon ; par ses rivières, l'Yonne et le Loing, affluents de la Seine, il appartient au versant de la Manche.

La grande voie historique de Marseille à Paris par Lyon et le seuil de la Côte-d'Or, traverse l'Yonne et passe par Auxerre, son chef-lieu, bâti sur la pente d'une colline et sur la rive gauche de la rivière qui déroule dans un cadre pittoresque ses eaux travailleuses. Peuplée de 17,500 habitants, Auxerre est le centre d'un commerce important de vins, de bois flotté, de charbon et de briques. Sens, l'une des plus anciennes villes de France, fut la capitale des *Senones*, puissante tribu gauloise qui, sous Brennus, prit et saccagea Rome. César rendit hommage à leur valeur ; elle faillit lui coûter cher, et la tradition prétend même que, dans une de leurs sorties, les Sénonais assiégés captu_ rèrent le grand capitaine et ne le relâchèrent qu'après rançon. Sens possède 14,000 habitants. Importante par son commerce de vins, Tonnerre n'en a que 5,100. Avallon et Joigny sont un peu plus peuplées; leurs crus sont renommés.

L'industrie vinicole constitue la principale richesse de l'Yonne, dont la production annuelle dépasse un million d'hectolitres. Avallon est le centre du commerce de la tonnellerie. Très boisé, le département de l'Yonne alimente en partie Paris de bois de chauffage.

Dernier département formé par la Champagne, la Haute-Marne fut la terre des *Langons* qui laissèrent leur nom à Langres. Coupé de montagnes et de vallées, il forme, par le plateau de Langres qui relie la Côte-d'Or à l'Argonne et aux monts Faucilles, la ligne de partage des eaux entre le versant de l'Atlantique et celui de la Méditerranée. Alternativement dénudé et boisé, le plateau de Langres atteint son point culminant au Haut-du-Sec, par 516 mètres d'altitude.

Chaumont, chef-lieu du département, possède 12,900 habitants. La ville couronne un mont chauve et stérile, sur le penchant duquel elle déborde. Elle n'est que la seconde cité du département, le premier rang appartenant à Saint-Dizier, plus peuplée, et qui n'est pas elle-même le chef-lieu de son arrondissement, dont Vassy a le rang. Saint-Dizier, qui fut une place de guerre, est une jolie ville, bien bâtie, entourée de forêts d'où l'on tire les bois employés à la construction des barques et des chalands de la Marne. Saint-Dizier est le centre de cette industrie. Vassy, 3,700 habitants, eut un sort tragique. Caracalla la brûla; les soldats de Charles-Quint l'incendièrent; ceux du duc de Guise égorgèrent une partie de ses habitants et le massacre de Vassy fut le prélude de la Saint-Barthélemy. Langres, 11,200 habitants, située sur une montagne, est l'une des plus anciennes cités de la France, si elle n'est pas l'une des plus anciennes d'Europe, certains antiquaires prétendant que sa fondation remonte à l'an 1823 avant Jésus-Christ. Langres, que les Romains eurent peine à se concilier, fut, après eux, saccagée par Attila, plus tard par les Vandales, puis par les Bourguignons. Attaquée par les Anglais, elle leur résista et, prenant l'offensive, leur causa des pertes sensibles. Avec Briançon, Langres est la ville la plus élevée de France; elle est aussi une place forte de première classe.

À l'est de la Champagne s'ouvre la Lorraine démembrée, et l'Alsace perdue. Il nous reste, de la première, trois départements : Meuse, Meurthe-et-Moselle et les Vosges; de la seconde : Belfort et son territoire. « La population de la Lorraine, dit Lavallée, est une des plus solides de France. Elle présente deux nuances distinctes : celle de la basse Lorraine ou de la Lorraine allemande, où l'on parle encore le patois germanique, où l'on retrouve le flegme, le calme, la lourdeur, la bonhomie de l'Alsace, avec son esprit laborieux, honnête et persévérant; celle de la haute Lorraine, des trois Évêchés, du Barrois, où l'on retrouve la vivacité, l'entrain, l'imagination, l'esprit de la Bourgogne avec le goût des sciences abstraites et la culture des arts. Les traits communs aux deux parties sont le courage, l'amour du travail, la patience, la fermeté, la prudence, la fidélité aux affections, le respect des vieilles coutumes avec le goût du progrès, la soumission aux lois, l'instinct de la guerre, enfin un vif sentiment d'honneur national et de patriotisme. »

Le sol du département de la Meuse est montueux. Deux hauts plateaux, entre lesquels coule la Meuse, le traversent du sud-est au nord-ouest dans toute sa longueur. L'un porte le nom d'Argonne orientale, l'autre d'Argonne occidentale. Dans les vallées, les terres sont riches et grasses; ailleurs, le sol est généralement pierreux. La Meuse est le département le plus arrosé de France, on n'y compte pas moins de 395 rivières ou ruisseaux. Les principaux cours d'eau sont la Meuse, la Marne, la Biesme, l'Ornain, l'Aisne et la Madine.

Chef-lieu de la Meuse, Bar-le-Duc compte 18,900 habitants. Elle fut la capitale d'un comté devenu duché, mais dont les seigneurs, trop faibles pour l'ériger en Etat indépendant, portèrent tour à tour leur hommage aux empereurs d'Allemagne, aux ducs de Bourgogne, aux rois de France. Louis XIV démantela la ville située sur le penchant d'une colline que couronnait son château fort. Commercy, sur la rive gauche de la Meuse, n'a que 5,500 habitants. Entourée de belles prairies et attenant à la forêt de chasse des ducs de Lorraine, la ville offre de riants aspects. Verdun, plus peuplé, 17,800 habitants, est une place forte. Prise en 1792 par les Prussiens, Verdun fut reprise par les Français après la victoire de Valmy.

Vaucouleurs n'a que 3,000 habitants, mais le souvenir de Jeanne d'Arc, rend à jamais célèbre ce coin de terre où vécut « la fille des champs qui sauva la patrie ». Son berceau fut près de là, à Domrémy, dans les Vosges; c'est à Vaucouleurs que Jeanne se présenta à Robert de Baudricourt et s'offrit pour aller chasser les Anglais, alors sous les murs d'Orléans.

Des débris de la Lorraine, la France a formé le département de Meurthe-et-Moselle. De la Meurthe nous n'avons pu sauver que les arrondissements de Nancy, Lunéville et Toul, de la Moselle que celui de Briey. Ici, à chaque pas, nous retrouvons les souvenirs de la guerre terrible, les champs de bataille de Mars-la-Tour, de Rezonville, Vionville, Gravelotte, Saint-Privat, ceux de l'héroïque résistance de Toul et de Longwy. Peu de régions en France sont aussi fertiles que la Meurthe-et-Moselle qui produit annuellement pour plus de 40 millions de céréales et, près de 5 millions d'hectolitres de pommes de terre. L'industrie métallurgique y est également prospère; on extrait des mines de fer près de 2 millions de tonnes de minerai et la production de la fonte dépasse 580,000 tonnes d'une valeur de 46 millions de francs. La cristallerie est aussi l'une des grandes industries de la Meurthe-et-Moselle. Les cristalleries de Baccarat sont connues dans le monde entier; elles occupent plus de 2,000 ouvriers et alimentent à elles seules près de la moitié de l'exportation des verres et cristaux de la France. Enfin d'importantes mines de sel gemme exploitées à Varangéville, à Rosières, à Art-sur-Meurthe atteignent une production de près de 250,000 tonnes évaluées à 9 millions de francs.

Nancy, ancienne capitale de la Lorraine, est le chef-lieu de Meurthe-et-Moselle. Elle fut la résidence des chefs de cette puissante maison de Lorraine dont le dernier représentant portait encore les titres de duc de Lorraine, de Bar et de Montferrat, roi de Jérusalem, duc de Calabre et de Gueldres, marquis de Pont-à-Mousson, de Nomény,

comte de Provence, Vaudemont, Blamont, Zutphen, Sarverden, Salme, Falkenstein,
prince souverain d'Arches et Charleville. Stanislas Leczinski, beau-père de Louis XV
et roi détrôné de Pologne, dernier duc de Lorraine, embellit et agrandit Nancy; il en
fit la grande ville régulière et noble, universitaire et militaire, commerçante et manufacturière qu'elle est aujourd'hui avec ses 80,000 habitants. Lunéville, près de la frontière, a vu refluer autour d'elle et dans sa haute vallée de la Vezouze les industries
françaises établies dans la région annexée à l'Allemagne. Lunéville compte 20,500 habitants.

Toul, ancien siège épiscopal, occupe aujourd'hui le centre d'un vaste camp retranché couvert par douze forts. Souvent assiégée, Toul a tenu en échec, en 1870, les
armées prussiennes auxquelles elle barrait la route de Paris. Elle compte 10,500 habitants. Les places fortes se multiplient au long de cette frontière que Metz ne couvre
plus. Longwy en est une, formant angle saillant dans le duché de Luxembourg.

Au long de la frontière et au sud de Meurthe-et-Moselle s'étend le département des
Vosges. Il a perdu, lui aussi, une partie de son territoire : le canton de Schirmeck et
une section de celui de Saales. La crête des Vosges marque notre frontière de l'est,
déroulant ses cimes arrondies et gazonnées, dénommées *ballons*, et dont les points
culminants, les Hautes Chaumes, le Honek, le ballon d'Alsace, le Gresson mesurent de
1,250 à 1,300 mètres d'altitude. Le ballon de Servance relie les monts Faucilles aux
Vosges.

« Montagnes charmantes, écrit M. Albert Dupaigne, montagnes aimées de tous ceux
qui les ont une fois visitées. On y trouve, sur une moindre échelle, avec moins de
fatigues et de dangers, tout ce qu'on va chercher en Suisse : les verts pâturages, les
sombres forêts, les eaux limpides, les torrents sauvages, les cascades écumantes, les
lacs tranquilles, les populations intelligentes, patriotiques, braves, bonnes et hospitalières... La perle des Vosges est du côté lorrain, et par conséquent, est restée française : c'est la vallée de Gérardmer, dont un vieux proverbe dit : « Sans Gérardmer et
un peu Nancy, que serait la Lorraine? » La vallée de Gérardmer est au milieu de la partie
granitique des Vosges, au centre du triangle qui a pour sommets Remiremont, Saint-Dié
et Colmar, au milieu de montagnes arrondies dont les prolongements, enfermant Saint-
Dié et Remiremont, se continuent par de hautes collines de grès jusqu'à Plombières,
Épinal et Raon-l'Étape. Une suite de trois lacs délicieux, appelés lacs de Gérardmer,
de Longemer et de Retournemer, alimentés d'eaux limpides, entourés de vertes
pelouses et de frais vallons, dominés par de belles forêts de sapins, a fait de la vallée
un rendez-vous de plus en plus aimé des touristes. L'amphithéâtre de forêts solitaires
qui entoure le lac de Retournemer est un de ces spectacles que les plus beaux sites des
Alpes ne font pas oublier. »

Les forêts couvrent plus d'un tiers de la superficie des Vosges; elles constituent sa
principale richesse. L'agriculture, l'élevage du bétail, la culture du houblon, l'exploitation des mines sont, avec la fabrication du papier, les industries du département.
Épinal, son chef-lieu d'arrondissement, est une ville de 20,900 habitants, située sur la
Moselle dont le cours la divise en deux parties. Cette clef des Vosges est défendue par

LA CATHÉDRALE DE REIMS.

sept forts constituant un camp retranché de 42 kilomètres de circonférence. Sa population, qui n'était que de 6,500 habitants il y a vingt ans, s'est accrue par suite de l'émigration alsacienne. Célèbre autrefois par ses images coloriées et ses enluminures, Épinal possède des filatures et des fabriques, des ateliers de carrosserie et de charronnerie.

Mirecourt, sur le Madon, fabrique des instruments de musique; les femmes y font des dentelles. Cette industrie est le gagne-pain de milliers d'ouvrières de Mirecourt et des environs. Neufchâteau, cité antique que l'on retrouve, sous le nom de *Neomagus*, dans l'itinéraire d'Antonin, est une petite ville de 4,300 habitants, bâtie au pied d'une colline. Près de là : Domrémy, patrie de Jeanne d'Arc. «. C'est près de l'ancienne église qu'est placée, au milieu d'un jardin, la maison de Jeanne d'Arc, écrit M. H. d'Édeville; une grille reliant deux modestes corps de logis de construction récente annonce l'entrée... L'habitation se compose de quatre pièces au rez-de-chaussée. En franchissant le seuil de la porte, on entre dans la chambre de famille où Jeanne naquit le 6 janvier 1412, et fut élevée par sa mère dans la prière, l'obéissance et le travail. « Tout ce que « je crois, je l'ai appris de ma mère, » répondait ingénument l'admirable héroïne à ses juges, avant de monter sur le bûcher de Rouen... Auprès de cette salle, la plus grande de la maison, se trouve, au niveau du sol, la chambrette où couchait la jeune fille. C'était le fournil de la maison. A gauche de la fenêtre, Jeanne serrait ses vêtements dans une sorte de renfoncement creusé dans le mur... Le vandalisme des touristes anglais et la vénération des visiteurs avaient tellement tailladé les vieux et grossiers châssis du placard qu'on a dû les protéger par une grille... De l'étroite fenêtre on aperçoit l'église; c'est là, qu'agenouillée sur la terre nue, ses regards plongeant sur la maison de Dieu, elle se répandait en prières... »

Aux heures sombres de leur histoire, les peuples, eux aussi, d'instinct, se tournent vers les grandes figures de leur passé. Celle de Jeanne la Lorraine est l'une des plus pures de notre histoire et le culte que la France voue à sa mémoire dit assez haut sa foi et ses espérances.

Toute cette contrée a gardé la forte empreinte religieuse du moyen âge. Remiremont, peuplée de 8,800 habitants, est un centre agricole que son abbaye a rendu célèbre. Elle possédait autrefois la région environnante et son chapitre de chanoinesses, relevant du pape et de l'empereur d'Allemagne, était en haute estime. Les postulantes n'y étaient admises qu'après avoir fait leurs preuves de noblesse et jouissaient de privilèges considérables. Saint-Dié, 17,100 habitants, autrefois « vallée de Galilée », fut donnée par Chilpéric II à Deodatus, évêque de Névers, qui y créa un monastère et lui laissa son nom, Dieudonné. Vieille ville épiscopale, Saint-Dié a conservé ses édifices religieux; ville industrielle, elle exploite les bois de ses montagnes et concentre les produits de l'industrie des Vosges : bois tournés, sculptés et travaillés, tissus et fromages de Gérardmer et des vallées adjacentes.

A 574 kilomètres carrés est réduite aujourd'hui la superficie du territoire de Belfort que peuplent 74,000 habitants. Belfort ferme la porte de la France au sud des Vosges, l'autre, celle du nord, est ouverte aux Allemands; ils possèdent le double versant de la montagne, les défilés et Metz. « Placée vers le centre de la trouée, écrit M. E. Reclus, mais encore sur le versant du Doubs, au bord de la Savoureuse, petite rivière qu'alimentent les neiges des Vosges, Belfort est entourée de collines et de rochers qui portent des ouvrages construits à différentes époques. La citadelle, dont les murs de grès rouge semblent faire corps avec la roche qui commande la ville au sud-est, a été bâtie par Vauban; d'autres forts, plus modernes ou tout récents, entourent un camp retranché dont le périmètre n'a pas moins de 30 kilomètres, bordent le chemin de fer au nord-ouest et au sud-ouest, et commandent toutes les routes d'accès ; en outre, Giromagny est rattaché aux ouvrages de Belfort par le fort de la Tête-du-Milieu et par des batteries situées sur le promontoire méridional du Ballon d'Alsace..»

La trouée de Belfort sépare la Franche-Comté de la Lorraine, et les Vosges du Jura, qui s'étend au long de la frontière helvétique. La Franche-Comté forme trois départements : la Haute-Saône, le Doubs et le Jura. Terre de transition qu'arrose la Saône, elle rejoint au sud le bassin du Rhône, au nord-ouest se relie à celui de la Seine, à l'ouest se rattache à celui de la Loire, à l'est, par Belfort, elle met en communication la vallée du Rhône et celle du Rhin. A la fois septentrionale et méridionale, la Saône, au cours paresseux et lent, reflète alternativement dans ses eaux claires les paysages du nord et ceux du midi, les sombres forêts de sapins des contreforts du Jura et les roches ensoleillées de la Côte-d'Or. Lyon, point de rencontre de la Saône et du Rhône tient à la fois du nord et du midi, de Paris et de Marseille, entre lesquelles elle est l'étape obligée, l'intermédiaire naturel, comme elle l'est aussi entre la France et l'Italie.

Par le relief de son sol, par le ballon de Lure, par celui de Servance et le mont de Vannes de 1,200 à 1,300 mètres d'altitude, le département de la Haute-Saône se relie à l'extrémité de la chaîne des Vosges. Montagneux dans sa partie septentrionale où les torrents et les cascades descendent des pentes boisées, il offre, plus au sud, des coteaux couverts de vignes, de larges prairies qu'arrosent la Saône et l'Ognon. Ce fut la terre des Séquanais, qui, Romains de cœur, plus tard subjugués par Clovis, passèrent successivement sous la domination des Francs, sous celle de la maison de Bourgogne et des princes espagnols d'Autriche. Ceux-ci la gardèrent longtemps, de 1530 à la paix de Nimègue, qui fit de la Franche-Comté une province française. A son corps défendant, il est vrai ; mais bien qu'entrés des derniers dans la grande famille française, les Francs-Comtois lui ont, depuis, prouvé leur attachement et leur fidélité.

Essentiellement agricole et minier, le département de la Haute-Saône ne contient pas de grandes villes ; il est l'un des moins peuplés de France et l'un de ceux dont la population augmente le plus lentement. Vesoul, son chef-lieu, ne renferme que 9,700 habitants. Située dans un vallon fertile qu'arrose le Drugeon, et au pied d'une montagne que l'on nomme la Motte de Vesoul, la ville est pittoresque et coquettement bâtie. Gray, sur la rive gauche de la Saône, compte 6,800 habitants. C'est un centre commercial important, que sa rivière met en communication avec Chalon. Par la Saône, Gray expédie d'importants chargements de céréales et de fer. Lure, 4,500 habitants, n'a que peu de mouvement et d'activité. Près de Lure, Luxeuil est une station de bains très fréquentée.

Au sud-est de la Haute-Saône; le département du Doubs est sillonné par quatre chaînes de montagnes parallèles, qu'entaillent en tous sens des cluses ou défilés et des brèches. Ces chaînes font partie du Jura et prolongent jusqu'en Suisse leurs ramifications; leur altitude oscille entre 800 et 1,600 mètres. Dans l'est, dans la région de la *Haute Montagne*, le paysage est alpestre; les torrents ruissellent en cascades sur les pentes, les vallées se creusent en entonnoirs. Au centre s'étend la région de la *Moyenne Montagne*, formée de hauts plateaux arides et souvent marécageux. La région des plaines s'abaisse à l'ouest, arrosée par le Doubs et l'Ognon; c'est aussi la région des vignobles et des riches moissons.

Les industries principales du Doubs sont les fromages, la vigne et les bois. Montbéliard tisse des étoffes et fabrique les articles d'horlogerie. Besançon est un centre important de fabrication de montres. En 1882 elle en produisait 500,000. Besançon, chef-lieu du département, est une ville de 56,500 habitants, ville d'abord romaine, puis, longtemps ville libre et impériale. Le rocher, qu'elle couronne, rocher de 125 mètres d'élévation, autour duquel le Doubs, décrivant une courbe, formait un fossé naturel, appelait la construction d'une forteresse, imprenable à l'époque où l'art militaire disposait de faibles moyens d'action. Citadelle, puis place de guerre, il a fallu, plus récemment, couvrir de batteries les collines qui entourent Besançon devenue le centre du plus vaste camp retranché de la France.

Montbéliard, sur la Luzine et l'Allan, compte 9,500 habitants. A Montbéliard se concentrent les produits manufacturés de la Haute-Saône et du territoire de Belfort au nord. Pontarlier est la ville la plus élevée de la vallée du Doubs. Outre ses fabriques de tissage, Pontarlier, comme toutes les villes de montagne, a des industries hivernales spéciales : telles, la boissellerie, l'horlogerie, la distillation de l'absinthe.

Le système du Jura, qui donne son nom au troisième département formé par la Franche-Comté, se rapproche ici du massif des Alpes. Ses sommets s'élèvent, atteignant au Reculet 1,717 mètres d'altitude, 1,690 au mont Tendre, 1,681 à la Dôle. Adossé à la ligne de crête qui le sépare de la Suisse, le département du Jura offre l'aspect d'un gigantesque escalier s'élevant, par assises successives, des plaines de la Saône au sommet de la chaîne. Ainsi que nous l'avons dit plus haut, cette chaîne se compose de longs sillons parallèles et symétriques courant du sud-ouest au nord-est; aussi les vallées du Jura sont-elles rarement transversales ; elles suivent l'orientation longitudinale de la chaîne.

Département agricole et minier, comme le Doubs, le Jura est, ainsi que le Doubs, très boisé; les forêts couvrent un tiers de sa superficie. L'industrie minière y est active; la production de la fonte et du fer atteint près de 7 millions de francs, mais pour les autres industries, le Jura, dont le climat est rigoureux sur les hauteurs, reste inférieur au Doubs et ne saurait suffire aux besoins de sa population qui, volontiers, émigre. Ici, comme dans toute la Franche-Comté, les grands centres sont rares.

Lons-le-Saunier, chef-lieu du département, ne possède que 12,300 habitants. Elle doit son nom à ses sources d'eau salée dont on extrait le sel d'Epsom. Située au débouché d'une gorge qui aboutit aux basses plaines et donne accès au vaste bassin dans lequel s'élève la ville, .Lons-le-Saunier fait un commerce assez actif de bois et d'articles manufacturés, mais elle n'a ni l'industrie de Saint-Claude ni les manufactures de Morez. Saint-Claude tourne et façonne le bois, taille le cristal de roche, le rubis et les pierres précieuses, fabrique et vend des fromages connus sous le nom de Septmoncel. Morez dans ses nombreuses usines, travaille le fer, le verre et fabrique des horloges.

Dôle, ville universitaire et parlementaire, ancienne capitale de la Franche-Comté, est la plus peuplée du département, 13,300 habitants. Dôle, appelée *la Joyeuse*, reçut le surnom de Dôle *la Dolente*, après que les troupes de Louis XI eurent saccagé la ville et massacré la plus grande partie de sa population. Bâtie sur la pente d'un coteau, Dôle domine la plaine que ferment à l'horizon les longues croupes du Jura ; Salins, aux vignobles renommés, possède un vaste établissement d'eaux salines, des mines de fer, des carrières de pierres à bâtir et de pierres calcaires.

Au sud et à l'ouest de la Franche-Comté, nous rejoignons la Savoie et la Bourgogne, que nous avons parcourues et décrites, la vallée du Rhône, par laquelle nous avons commencé cette étude de la France. Résumons-la, et complétons par des statistiques d'ensemble les statistiques de détail relevées dans les pages précédentes.

Sur une superficie de 536,408 kilomètres carrés, la France renferme une population de 38,218,903 habitants, soit une densité moyenne de 71 habitants par kilomètre carré. Elle occupe, sous le rapport de la population, le troisième rang en Europe. Seuls, la Russie, peuplée de 108,787,275 habitants, et l'Empire d'Allemagne de 47 millions, lui sont supérieurs. Comme densité moyenne, la France ne vient qu'au sixième rang, après la Belgique, les Pays-Bas, l'Angleterre, l'Italie et l'Allemagne.

Administrativement, elle est divisée en 86 départements et un territoire, celui de Belfort. Sa population rurale décroît, sa population urbaine augmente. On compte en France onze villes de plus de 100,000 âmes, cent villes de plus de 20,000. Sa population, de 38 millions d'habitants, est des plus actives et des plus industrieuses qui soient au monde ; elle est aussi celle chez laquelle le niveau de l'aisance moyenne est le plus élevé. Riche en céréales, en vignobles, en forêts, en mines, en bétail, elle possède 3 millions de chevaux, 12 millions de têtes de gros bétail, 22 millions de moutons, 1,500,000 chèvres, 6,500,000 porcs, 700,000 ânes et mulets.

Sillonnée par de nombreuses routes, par 35,581 kilomètres de chemins de fer transportant annuellement 214,500,000 voyageurs, par 13,450 kilomètres de voies navigables, son commerce général se chiffre par un total de 9,181,000,000. Son commerce spécial atteint 7,272,000,000 et la classe au second rang, après l'Angleterre, parmi les grandes nations commerçantes du monde.

Grâce à sa vitalité puissante, à son immense activité, à sa merveilleuse industrie, elle porte, sans fléchir, le plus énorme budget qui soit : 3,769,647,803 en 1890, 3,711,685,832 en 1889. En dix années, de 1876 à 1887, la France a dépensé 40,671,646,433 francs. Sa dette publique est d'environ 32 milliards.

Elle entretient sur pied une armée de 534,000 soldats et peut mettre en ligne, avec la réserve et l'armée territoriale, 3,784,000 hommes. Sa flotte se compose de 388 bâtiments de guerre, montés par 68,000 marins. Sa marine marchande comprend 14,263 navires à voiles manœuvrés par 70,318 hommes, 1,015 navires à vapeur employant 13,181 hommes d'équipage.

La France produit en moyenne et annuellement 100 millions d'hectolitres de blé, 32 millions de seigle et méteil, 18 millions d'orge, 80 millions d'avoine, 125 millions de pommes de terre, 144 millions de quintaux métriques de betteraves, de 25 à 30 millions d'hectolitres de vin. Ses industries textiles atteignent un total de près de 5 milliards de francs, et sa circulation monétaire dépasse 6 milliards, dont un tiers en argent.

Après l'Angleterre, la France est la plus grande puissance coloniale du monde. Ses colonies couvrent une superficie de 3,560,620 kilomètres carrés et renferment 33,991,300 habitants, non compris l'Algérie, tenue pour partie intégrante de la France, et la Tunisie, pays de protectorat. Outre ces deux régions, elle possède en Afrique : le Sénégal et le Haut Niger, les établissements du golfe de Guinée, le Gabon-Congo, le groupe de Madagascar, les Comores, la Réunion et Obock, soit 2,882,046 kilomètres carrés, peuplés de 14,940,000 habitants.

En Asie : l'Inde française, la Cochinchine, le Cambodge, l'Annam et le Tonkin, que nous avons parcourus et décrits dans notre précédent volume sur l'Asie. En Amérique, il lui reste Saint-Pierre et Miquelon, la Guadeloupe, la Martinique et la Guyane. En Océanie, elle possède la Nouvelle-Calédonie et ses dépendances, y compris Wallis et Foutouna, Tahiti et les établissements dits de l'Océanie. Nous les étudierons successivement dans les volumes consacrés à l'Amérique, à l'Afrique et à l'Océanie.

Une rue à Lisieux.

La grotte de Fingall.

III. — LES ILES BRITANNIQUES

Solidement assise sur sa large base qui fait face à la France et dont le fossé de la Manche la sépare, merveilleusement articulée et échancrée, l'Angleterre se découpe en relief élégant et svelte sur la mer qui, de toutes parts, l'étreint et qui a tant fait pour elle. Les flots de l'Océan ont évidé ses côtes, creusé ses ports, ses anses et ses baies; ils ont protégé sa croissance et favorisé sa puissance; ils ont fait d'elle la première nation commerciale et coloniale du monde. Couverte et défendue par eux, par eux préservée de tout contact direct avec des voisins, partant de toute guerre de frontières, elle n'a eu à soutenir d'autres luttes que celles qu'elle-même a voulues et, dans cette situation, unique en Europe, n'a couru d'autres dangers que ceux qu'elle-même a provoqués.

« L'Océan est anglais de cœur. » Il enserre le Royaume-Uni des ondes tièdes de son *Gulf-Stream*, relevant le niveau de la température, donnant à l'Angleterre un climat remarquablement doux, égal et humide, plus doux dans le nord même de l'Écosse qu'il ne l'est en Amérique par 15 degrés de latitude plus près de l'équateur. L'Irlande, située entre 52 et 55 degrés de latitude nord, jouit de la même température que la New-Jersey sous le 40°.

Baigné, au sud, à l'ouest et au nord, par l'océan Atlantique, à l'est par la mer du Nord, le Royaume-Uni appartient au versant océanien; il est la transition géogra-

phique naturelle entre ce versant et le versant septentrional. Deux grandes îles,
Grande-Bretagne et Irlande, et un millier d'îles ou d'îlots secondaires, Hébrides,
Orcades, Shetland, la plupart écueils inhabités, le composent et, géographiquement,
lui font donner le nom d'Iles Britanniques; son immense domaine colonial lui a
valu celui d'Empire Britannique.

Les Romains désignèrent la plus grande de ces îles du nom de *Britannïa*, les Celtes
l'appelèrent *Albion*, frappés qu'ils furent de la blancheur de ses falaises de craie. Elles
se déroulent sur le littoral de la Manche, de Margate au cap Land's-End ou Finistèrre,
pointe extrême et occidentale de la Grande-Bretagne, formée par l'entassement des
monts de Cornouaille. Il semble qu'à ce promontoire battu par les vagues, tourné
comme la proue d'un navire vers l'ouest, la nature ait accumulé ses forces de résistance. « C'est au Land's-End, écrit M. Esquiros, que les masses granitiques atteignent
tout à coup un développement cyclopéen et formidable. Les rochers qui hérissent ce
promontoire forment les dernières vertèbres de la grande épine dorsale de l'Angleterre... Le voyageur arrive au promontoire, au *Balerium* des Romains, en suivant une
bruyère sur le bord de laquelle s'élèvent des pierres grisâtres ressemblant à des tombes
antiques. Le promontoire lui-même, *head land*, se compose d'une série de rochers qui
s'avancent dans la mer comme les bastions d'une forteresse. »

Des deux grandes îles qui forment le Royaume-Uni, la plus grande comprend deux
régions distinctes : au sud, et de beaucoup la plus vaste, l'Angleterre ; au nord, l'Écosse.
A l'ouest s'étend l'Irlande, plus compacte et plus massive. Autour de chacune de ces
trois divisions géographiques s'espacent des îles et des îlots, dépendances de chacune
d'elles. La superficie totale du royaume insulaire est de 314,628 kilomètres carrés ; sa
population est de 37,810,000 habitants, soit 120 habitants par kilomètre carré.

Le relief du sol diffère dans ces régions, dont chacune forme une unité géographique distincte. En Angleterre, on discerne trois zones successives : à l'ouest, la région
montueuse du Cumberland, qui confine à l'Écosse ; celle du pays de Galles et enfin la
Cornouaille qui s'incline vers le centre et se déroule en plaines accidentées, lesquelles
en s'allongeant vers l'est, s'abaissent encore et forment une zone plate, une longue
pente inclinée de la mer d'Irlande à la mer du Nord. De ces massifs, qui se succèdent
du nord au sud, ne se détache aucune cime élevée. Le point culminant du système
Gallois ne dépasse pas 1,088 mètres, c'est le Snowdon ou Mont-Neigeux; les monts
Cambriens n'atteignent pas 1.000 mètres et les monts de Cornouaille ne dépassent pas
624. Plus brisé et plus profondément entaillé, le massif du pays de Galles, le plus
important, reproduit, sur une moindre échelle, les paysages alpestres, les vallées sauvages hérissées de pics, les gorges trouées par les torrents, les lacs verts qu'alimentent
les cascades. C'est dans la partie méridionale de cette âpre région que se trouvent
les immenses mines de houille, qui ont fait de l'Angleterre ce qu'elle est.

Entre la zone montueuse, la zone accidentée et la zone plate le contraste est frappant.
« On aurait peine à trouver, écrit Mme Caroline Bray, un pays offrant, à superficie égale,
une aussi grande variété de sites, une égale succession de montagnes et de vallées, de
plateaux et de plaines, de bois et de pâturages, de régions arides et fertiles, et ce n'est

pas sans raison que l'on a dit que trois voyageurs qui traverseraient l'Angleterre et le pays de Galles dans trois directions différentes pourraient décrire le pays qu'ils auraient vu, l'un comme étant faiblement peuplé, sillonné de plateaux incultes et de montagnes, l'autre comme une terre de riches pâturages, habitée par une population nombreuse et manufacturière, le troisième enfin, comme un immense grenier à céréales, nourrissant une population exclusivement agricole. Le premier aurait parcouru le Cornwall, le pays de Galles et le nord-ouest de l'Angleterre ; le second aurait traversé les plaines accidentées de l'intérieur qui recèlent dans leur sous-sol des trésors de fer et de charbon, et où se sont élevés ces centres d'industrie sans rivaux dans le monde : Liverpool, Manchester, Sheffield, Birmingham ; le troisième, enfin, aurait visité la vaste région calcaire de l'est, du comté de Dorset au comté d'York, là où sont les fermes les plus belles et les plus grandes du monde. »

Les eaux s'épanchent dans la mer par trois versants : celui de l'Atlantique et de la mer d'Irlande, celui de la Manche et celui de la mer du Nord. Au premier appartiennent l'Esk, né en Écosse et grossi de la Liddel ; l'Eden qui arrose Carlisle et se jette dans le golfe de Solway ; la Mersey, la rivière de Liverpool, et son affluent l'Irwell, celle de Manchester, puis le Taf qui passe à Cardiff, et la Severn, qui est, après la Tamise, le plus grand fleuve de l'Angleterre, bien qu'elle n'ait que 340 kilomètres de parcours. La Severn, née dans les monts du pays de Galles, se jette dans le canal de Bristol par un large estuaire dont la marée élève le niveau de douze mètres.

Dans la Manche se déversent de nombreux cours d'eau, la plupart sans portée : le Fal, le Tamar, l'Exe, l'Avon, l'Anton qui se vide à Southampton, l'Arun. Le versant de la mer du Nord est le plus important ; par lui s'écoule la Tamise, descendue des Costwold Hills et grossie de nombreuses sources. En amont d'Oxford elle décrit une courbe au sud-est et à l'est, arrosant dans son cours sinueux Marlow, Maidenhead, Eton, Windsor, Kingston, Richmond, Brentford, Londres, Greenwich, Woolwich et Gravesend, mesurant 135 mètres de largeur au pont de Londres et 7,500 à Sheerness. Puis le Yare qui passe à Norwich, la Cam à Cambridge, la Nen à Northampton, le Trent à Nottingham, la Wear à Sunderland, la Tyne et la Tweed.

Très découpées, les côtes mesurent un développement total de 10,500 kilomètres, dont 7,300 pour la Grande-Bretagne et l'Écosse et 3,200 pour l'Irlande.

Prolongement de l'Angleterre au nord, l'Écosse en est séparée par les Cheviot Hills et par une ligne de démarcation qui court du sud-ouest au nord-est, du golfe de Solway dans la mer d'Irlande, à l'embouchure de la Tweed dans la mer du Nord. Ici, le relief du sol s'accentue, mais, de même qu'en Angleterre, la région montagneuse s'étend au nord et à l'ouest, s'abaisse vers le sud et l'est et forme les *lowlands* d'Écosse, les basses plaines qui correspondent au plat littoral anglais de la mer du Nord. Terre plus tourmentée, échancrée et brisée, l'Écosse s'abrite, dans l'ouest, contre les flots de l'Atlantique, derrière une ceinture de sept cent quatre-vingt-sept îles ou îlots rocheux, semés comme autant de brise-lames au long de ses côtes septentrionales exposées aux tempêtes de l'ouest. Les golfes profonds, les *firths* qui la pénètrent et, par leur configuration rappellent les fiords norvégiens, découpent l'Écosse en trois massifs distincts

LE PONT DE LONDRES.

et lui donnent l'apect de régions montueuses, les unes aux autres reliées par de larges isthmes.

C'est une terre du nord, battue par les vagues de l'Atlantique et les furieux coups de vents de l'ouest, terre déchirée et tourmentée, bordée de rochers abrupts, couverte de montagnes et de hauts plateaux tourbeux. « La haute Écosse, écrit M. L. de Lavergne, est, sans comparaison, l'un des pays les plus infertiles et les plus inhabitables de l'Europe. L'imagination ne le voit qu'au travers des rêves charmants du grand romancier Écossais; mais, si la plupart de ses sites méritent leur réputation par leur grandeur agreste, ces belles horreurs se soumettent peu à la culture. C'est un immense rocher de granit tout découpé de cimes aiguës et de profonds précipices et qui, pour ajouter encore à sa rudesse, s'étend jusqu'aux latitudes les plus septentrionales. Les *Highlands* font face à la Norvège qu'ils rappellent à beaucoup d'égards. La mer du Nord, qui les entoure, les pénètre de toutes parts, les bat de ses tempêtes éternelles ; leurs flancs sans cesse déchirés par les vents et tout ruisselants de ces eaux intarissables qui vont former à leur pied des lacs immenses, ne se couvrent que rarement d'une mince couche de terre végétale. L'hiver y dure presque toute l'année et les îles qui accompagnent les Hébrides, les Orcades, les Shetland participent déjà de la sombre nature islandaise. Plus des trois quarts de la haute Écosse sont incultes; le peu de terre qu'il est possible de travailler a besoin de toute l'industrie des habitants pour produire quelque chose ; l'avoine même n'y mûrit pas toujours. » Au sud, le climat beaucoup plus tempéré et le sol plus fertile ont fait de cette partie de l'Écosse le principal foyer de civilisation et d'industrie.

Trois massifs montagneux forment les trois régions distinctes que nous avons indiquées plus haut. Au nord, les *Northern Highlands*, la région du Ben-Attow mesurant 1,220 mètres, du Ben-Derag 1,115 mètres, du Ben-More 1,000 mètres; au centre, le massif des Grampians sillonné de creuses vallées et de bassins lacustres, couronné de dômes et de pyramides de granit projetant sur les deux mers leurs caps aigus qu'enserrent des anses profondes. Dans ce massif se dressent les points culminants de l'Ile, le Ben-Nevis d'une altitude de 1,343 mètres, le Ben-Macdul 1,309 mètres, le Cairn-Gorm 1,248 mètres. Le groupe méridional des *Lowlands* comprend les Cheviot Hills, dont les crêtes moins élevées séparent l'Angleterre de l'Écosse; les Lowther Hills, les Muirfoot Hills et les Lammermuir; aucun de leurs sommets ne dépasse 813 mètres.

Si les cours d'eau sont nombreux en Écosse, les rivières y sont rares. La plus longue, le Tay, sur le versant oriental, ne mesure que 175 kilomètres; le Spey que 154 kilomètres. Sur le versant occidental, la Clyde fut le premier fleuve d'Europe qui ait porté un bateau à vapeur, en 1812; le Lochy, l'Irvine, l'Ayr, le Nith n'ont que de faibles parcours.

Dans ce cadre de la Grande-Bretagne que nous venons d'esquisser, réservant l'Irlande pour une étude spéciale, nous trouvons, au début de l'histoire, les Celtes. Ils occupent, en face du monde romain, tout l'Occident : une partie de l'Espagne, les

Gaules et l'île de *Prydain*, en latin *Britannia*, en anglais *Britain*. Ils sont frères des Gaulois, parlant une même langue que les invasions successives modifieront, ayant mêmes coutumes et mêmes traditions. Au centre de l'Europe campaient les Germains; les Slaves flottaient à l'orient. Seuls les Celtes étaient fixés au sol. Au nord comme au sud de la Manche, même race blonde, aux cheveux roux, aux yeux bleus, à la peau blanche; même vaillance et mépris du danger, même insatiable curiosité et infatigable loquacité, mêmes goûts pour la parure, pour les colliers, les ornements, les bracelets, les couleurs voyantes. Des deux côtés les idées religieuses et le culte sont identiques; l'île de *Mona*, Anglesey, est, comme la forêt gauloise des Carnutes, un sanctuaire, et les druides bretons, après une longue initiation de vingt années, sont admis à prêcher, dans l'île de Prydain, le culte du chène et du gui et les doctrines de la métempsycose ainsi qu'ils le font dans les Gaules; comme dans les Gaules ils dressent leurs grossiers monuments, dolmens, menhirs, cromlechs qui subsistent encore.

Aussi, lorsque César envahit la Gaule eut-il à tâche d'empêcher les Celtes du nord de secourir leurs frères du midi. Pour les en détourner, il franchit la Manche, mais peu s'en fallut qu'il n'échouât; après un succès douteux il dut revenir sur ses pas. « César et ses soldats, dit un vieux narrateur, ne firent qu'apparaître sur nos plages; ils disparurent, ainsi que disparaît sur le sable du rivage la neige qu'effleure le vent du midi. »

Il y revint cependant et, plus heureux cette fois, atteignit la Tamise, imposa un tribut annuel qu'il ne reçut jamais, et rapporta de son expédition périlleuse quelques esclaves et quelques perles. Mais il en rapportait un prestige qui le grandit encore aux yeux de Rome : celui de l'inconnu, de l'île lointaine envahie par les armes romaines, de l'extrémité du monde que l'on disait soumise.

Elle ne le fut que sous Claude qui y passa seize jours, sous Néron, dont le lieutenant Paulinus conquit l'île sacrée !de *Mona*. Quand, plus tard, Constantin divisa l'empire en préfectures, la Grande-Bretagne fit partie de la préfecture des Gaules. Mais l'heure approchait où l'empire devait rappeler ses armées pour défendre l'Italie menacée. Rome évacua l'île; elle la laissait ruinée par les exactions d'une fiscalité implacable, épuisée d'hommes par le recrutement des légions, hors d'état de résister aux Saxons et, après eux, aux Danois, *Rois de mer*.

. Le jour où Guillaume le Conquérant envahit la Grande-Bretagne et défit Harold à Hastings, ce jour-là l'Angleterre naquit, par la juxtaposition d'abord, puis par la fusion des éléments celtiques, saxons, danois et normands; il fallut toutefois trois siècles pour que la fusion se fît; il fallut la haine de la France et la guerre de Cent ans pour qu'elle fût complète. « De même, écrit M. J.-A. Fleury, que l'on commence à n'employer le mot de Français qu'à partir du ixe siècle, de même on ne devrait rigoureusement employer le mot d'Anglais qu'à partir du xive. Avant le ixe il n'y a eu, en Gaule, que des Francs et des Gallo-Romains; avant le xive il n'y a eu, en Angleterre, que des Bretons, des Saxons, des Angles et des Normands. La nationalité anglaise se révèle alors, et dans la langue devenue commune aux deux races, et dans la haine de la France. »

Nationalité vigoureuse et puissante, dure à elle-même et aux autres, laborieuse

et tenace qui, de son ile brumeuse a fait un empire commercial et colonial tel
que le monde n'en avait pas encore connu. Si la superficie de son île n'est que de
220,000 kilomètres carrés, si la population de la Grande-Bretagne ne dépasse pas
33 millions d'habitants, son empire colonial comprend un septième de la surface du
globe, 22,945,000 kilomètres carrés, peuplés de 278 millions d'habitants; son commerce,
qui s'élève annuellement à 18 milliards, est double de celui de l'Asie entière.

L'étude géographique des Iles Britanniques nous révélera les causes de cette
étonnante prospérité. Nous commencerons cette étude par l'Angleterre; nous la continuerons par l'Écosse et la terminerons par l'Irlande.

I. — ANGLETERRE.

Bornée au nord par l'Écosse, à l'est par la mer du Nord, à l'ouest par la mer
d'Irlande, le canal de Saint-George et l'Atlantique, au sud par la Manche, l'Angleterre
déroule, en face des côtes de France, son littoral de 700 kilomètres de longueur, du
cap Foreland au Land's End. Les comtés de Cornwall, Devon, Dorset, Sussex, Kent,
s'étendent parallèlement à nos côtes de Bretagne, Normandie, Picardie, Artois et
Flandre. La distance qui les sépare va se rétrécissant; de Calais on voit Douvres et ses
blanches falaises crayeuses. A l'autre extrémité, la Cornouaille est terre sœur de la
Bretagne.

Elle en a le climat, les eaux et le sol. Elle en a les plateaux inhabités, l'herbe courte
et les bruyères, les druidiques dolmens, les traditionnelles superstitions, et aussi les
iles, l'archipel des Scilly. A cette pointe de l'Angleterre, au sud-est de Land's End, se
dressent le cap Lizard et son phare, premier feu d'Europe que relève le voyageur
venant de l'ouest, du continent américain.

Dès le premier pas sur le sol anglais, au nord de cette péninsule de Cornouaille
apparaît l'une des grandes sources de la prospérité du pays, le charbon, les *Indes
Noires* comme on désigne les gisements de houille, résumant en deux mots signficatifs
l'importance qu'ils ont aux yeux de tous. Cette côte est l'un des grands basssins houillers de l'Angleterre, le plus grand après celui de Newcastle. « Parmi les bassins
anglais, écrit M. L. Simonin, les deux plus célèbres occupent une position littorale.
L'un, assis au couchant, le bassin du pays de Galles, a porté aux quatre coins du monde
la réputation du *Cardiff*, le charbon préféré des chauffeurs, qui a pris son nom du lieu
qui l'expédie; l'autre, saluant le soleil levant, le bassin de Newcastle, a répandu dans
tout l'univers le charbon rival du Cardiff, le *Newcastle*, connu sous le même nom que
le bassin dont il est tiré. Le pays de Galles produit 8 millions de tonnes; le bassin de
Newcastle 24 millions. Ce dernier chiffre est plus du double de toute la production de
la France. »

Aussi Cardiff est-elle devenue l'une des grandes villes de cette région. Peuplée de
104,580 habitants, elle s'élève à l'embouchure de la Taff, sur le canal de Bristol.

Cardiff n'exporte pas seulement du charbon, mais aussi du fer que lui apportent les usines de Merthyr.

La Cornouaille abonde en mines de fer et d'étain ; ses filons les plus riches se rencontrent près de Penzance. Les Phéniciens, les Carthaginois, les Bretons et les Romains connurent et exploitèrent ces mines dont, par les voies fluviales de la Gaule, les produits étaient amenés à Marseille. Bien qu'exploitées depuis tant de siècles elles ne sont pas encore épuisées, mais c'est jusque sous les flots de la mer que les hardis mineurs de Cornouaille poussent aujourd'hui leurs galeries. Dans les jours de tempête, le bruit de la mer qui se brise sur les rochers épouvante les plus braves qu'une longue accoutumance n'a pas familiarisés avec les rugissements des vagues et le ruissellement des cailloux à quelques pieds au-dessus de leur tête. Penzance, près du *Land's End*, est la ville principale de cette région. Elle fait face au Mont-Saint-Michel. Située sur le bord de la mer, elle jouit, grâce aux eaux tièdes du *Gulf-Stream*, dont un bras détaché vient se heurter à cette pointe extrême de l'Angleterre, d'un climat remarquablement doux et égal. Penzance est aussi une importante station de pêche du maquereau et de la sardine.

Falmouth se trouve de l'autre côté de la pointe, en deçà du cap Lizard. Plus à l'est apparaît Plymouth qui, des deux villes de Stonehouse et Devonport, a fait ses faubourgs, et compte 137,000 habitants. Elle est la plus grande ville de la côte méridionale et aussi l'un des premiers ports militaires du royaume. Admirablement située sur un bras de mer, *Plymouth Sound*, elle fut de tout temps un port important. Drake en partit en 1577 et Cook en 1772 ; son mouvement commercial est de 1,500,000 tonnes par année. Le phare d'Eddystone annonce au voyageur l'entrée de Plymouth. Deux fois renversé par les tempêtes, dont les flots de 30 mètres de hauteur aveuglaient ses feux, il a été reconstruit plus solide et plus élevé ; sa cloche s'entend à une grande distance en mer.

Au delà de Plymouth, en longeant la côte de l'ouest à l'est, on rencontre Torquay, l'une des grandes stations de bains de la côte anglaise. On la reconnaît de loin à ses collines couvertes de châteaux, de villas et d'hôtels ; du large, à son quai magnifique. Près de Torquay, Wolborough, Dawlish, Exmouth, Sidmouth, Axmouth sont, elles aussi, des villes de bains de mer, bordant les plages du Devonshire. Exeter est la capitale de ce comté. Ce fut l'*Isca Damnoriorum* des Romains, aujourd'hui célèbre par sa cathédrale et peuplée de 37,665 habitants.

A l'est du Devonshire la côte s'exhausse, les falaises se dressent ; aux plages sablonneuses des stations de bains succèdent les graviers, puis les cailloux et les galets. Portland profile dans la mer son gigantesque brise-lames qui abrite un golfe de 2,600 hectares ; l'île de Wight arrondit ses contours gracieux. « L'île de Wight, écrivait dans la *Revue des Deux-Mondes* le colonel de la Moskowa, n'est pas faite pour les économistes, qui ne daignent passer le détroit que pour visiter les docks de Londres ou de Liverpool, les chantiers de Chatham, les fabriques de Birmingham ou les usines de Cornouaille ; on n'y est nulle part aveuglé par la fumée du charbon de terre, quoique l'île de Wight soit bien incontestablement anglaise, qu'elle appartienne au comté de

Hampshire et ressortisse au diocèse de Winchester. La nature a fait tous les frais de sa parure; elle seule y est intéressante à étudier, et si les hommes y ont mis la main, ce n'est pas pour y creuser des mines ou empoisonner l'air parfumé qu'on y respire en élevant des hauts fourneaux, c'est pour y tracer de jolies routes aussi soigneusement dessinées et sablées que celles d'un parc, y bâtir trois ou quatre petites villes bien propres et bien gaies, ou y semer enfin de délicieux cottages. »

Un détroit, le Spithead, sépare l'île de Wight du grand port militaire de Portsmouth. Il est le mieux défendu de l'Angleterre, couvert par son *Devil's Dyke*, « le fossé du Diable ». Portsmouth renferme 141,243 habitants. Au fond du golfe dont il surveille les abords, et dont la verdoyante île de Wight masque l'entrée, Southampton, grand port commercial, déploie autour de ses eaux calmes et profondes, accessibles à toute heure de la marée aux plus forts navires, ses quais interminables et ses entrepôts que desservent de nombreuses voies ferrées. Le mouvement maritime, presque exclusivement desservi par des navires à vapeur, dépasse 2 millions de tonnes à l'année. Toute cette côte, vivante, animée, commerçante, gravite déjà autour de Londres, la grande ville. C'est elle qui a créé Brighton, la station de bains de mer la plus rapprochée de la capitale et qui compte déjà 118,186 âmes. Brighton est habitée toute l'année par des milliers de négociants de Londres que des trains rapides emportent chaque matin et ramènent chaque soir.

Près de Brighton, Newhaven, en communication constante avec Dieppe par bateaux à vapeur, n'est qu'une étape sur la route de Paris, comme le sont aussi, plus à l'est, Folkestone et Douvres, que traversent chaque jour des centaines de voyageurs allant à Boulogne et Calais ou en revenant.

Au delà de Douvres, la côte s'infléchit, remontant vers le nord; Deal, Ramsgate, Margate se succèdent; l'estuaire de la Tamise se dessine.

C'est la porte largement ouverte de la plus grande et de la plus riche cité du monde, située à 96 kilomètres plus haut. Jusqu'ici, légalement, s'étend son port; en réalité, ses docks s'arrêtent à Woolwich, à 12 kilomètres du port intérieur.

Ce port fut connu et visité par les Phéniciens et les Carthaginois, attirés dans ces parages lointains par l'étain des Cassitérides et l'ambre sarmatique. Tacite parle de *Londinium* comme étant déjà, de son temps, un grand entrepôt commercial. Il l'est resté, s'est agrandi, et la Londres moderne, avec ses 4,764,512 habitants, est, à elle seule, plus peuplée que la Suisse, et aussi que le Danemark, que la Grèce, que la Norvège et que toute la Turquie d'Europe.

« La fabuleuse grandeur de Londres, écrit M. E. de Amicis, ne se voit tout entière que quand on descend ou qu'on remonte la Tamise... Des montagnes énormes et des rangées sans fin de sacs, de tonneaux, de caisses, de ballots, encombrent les quais, les digues, les ponts, l'entrée des rues... Seulement quand on arrive au grand tournant de la Tamise, on commence à remarquer qu'on n'avait jamais parcouru un aussi long espace entre des navires; et, après le tournant, on est fort étonné de trouver encore, dans la nouvelle direction, des mâts et des voiles à perte de vue. Mais c'est bien autre chose quand on s'aperçoit qu'au delà de ces mâts et de ces voiles, derrière les grands murs qui s’étendent le long des deux rives, il y a d’autres forêts de mâts, serrées, profondes, confuses: à gauche, les grands bassins des docks des Indes occidentales, qui couvrent une superficie de 100 hectares; à droite, les grands docks du commerce et les docks de Surrey, qui s’étendent à plusieurs milles dans les terres. On ne navigue plus entre deux rangées de bâtiments, mais entre deux rangées de ports, et le regard ne peut embrasser tout le spectacle. Quand on a dépassé les grands docks, on chemine pendant plusieurs milles entre les petits docks, mais toujours entre des forêts de mâts, des murailles noires de magasins grands comme des villes, et des montagnes de marchandises.... Il y a déjà deux heures qu’on navigue; les navires deviennent plus rares, le port semble près de finir. On respire... quand tout à coup voici, à un détour du fleuve, de nouvelles rangées de navires, de nouvelles forêts lointaines de mâts et de vergues, de nouveaux docks immenses, un autre port, un autre spectacle grandiose. Ici l’admiration se change en stupeur; on croit rêver. On dirait qu’on va entrer dans un autre Londres. On passe près des docks des Indes orientales; on côtoie les arsenaux de Woolwich; on file le long des docks Victoria, qui s’étendent pendant trois milles sur la rive gauche; et on avance toujours entre des murs sans fin, des nefs sans nombre, des marchandises, des machines, de la fumée... La Tamise s’élargit, les forêts de mâts ne paraissent plus que comme de vastes plantations de roseaux sur l’horizon légèrement doré par le soleil qui s’abaisse; mais les docks succèdent encore aux docks, les bassins aux bassins, les magasins aux magasins, les arsenaux aux arsenaux. Londres, l’immense Londres est toujours là; Londres, après quatre heures de navigation, vous suit; à droite, à gauche, en avant, partout où arrive le regard, on voit encore, presque avec un mélange de doute et d’épouvante, la ville monstrueuse qui travaille et qui s’enrichit. »

Ici, en effet, s’entassent les trois règnes du monde entier. Pas un produit connu, si rare soit-il, qui n’occupe des entrepôts entiers. L'un est bondé de l’ivoire africain; dans l’autre s’empilent les poissons gélatineux de la mer des Antilles. Ici les sacs de poivre et de cannelle; là l’encens et la myrrhe de la mer Rouge, les gommes du Sénégal, le cristal de roche de Madagascar, l’aloès de Socotora, puis l’orseille du Mozambique, le trépang de Java, la fibre de coco des Seychelles, le copahu du Pérou, les pois rouges du Cap, tout ce qui se vend, s’achète, s’utilise, se travaille, tout ce qui pousse et croît sous toutes les latitudes, d'un pôle à l’autre.

Londres n’est pas une ville, mais quarante grandes villes juxtaposées, sans barrières ni limites, s’étendant à l’infini dans l’immense plaine, débordant sur quatre comtés, Middlesex, Surrey, Kent et Essex, occupant l’énorme superficie de 1,787 kilomètres carrés. Ses rues, mises bout à bout, mesureraient 6,164 kilomètres de longueur, bien plus que la distance de Londres à l’équateur. Dans son port, dont le mouvement commercial dépasse annuellement 70,000 navires, y compris le cabotage, on charge et décharge 12 millions de tonnes, d’une valeur de plus de 4 milliards. C’est aussi le grand marché financier, la ville unique au monde. Ni Memphis en Égypte, ni Babylone ou Ninive en Assyrie, ni Rome au temps de sa splendeur, ni les plus grandes villes de la Chine ne possédèrent jamais pareil chiffre d’habitants, n’entassèrent dans leur enceinte pareil amas de richesses. Son fleuve a fait la fortune de Londres, et l'on ne peut s'empêcher de se demander ce que fût devenu Paris, bien autrement situé que Londres, si la Seine, navigable, eût permis d'en faire l'entrepôt du monde, la rivale de la métropole anglaise.

Mais cette ville aux fabuleuses richesses, où s'édifient de colossales fortunes, est aussi la ville du paupérisme. D'inénarrables misères coudoient d'écrasantes opulences. A deux pas d'Oxford street s'étend la plus pauvre paroisse de Londres, Saint-Gilles, dont le nom seul résume toutes les douleurs et tous les vices de l'humanité. Nulle part ailleurs la misère humaine n'apparaît aussi sale, aussi avilissante que sous ce ciel sombre de Londres, dans ce cadre de brouillard et de pluie, de ruelles infectes où grouillent des êtres hâves, aux traits flétris, à l'œil hagard, des femmes vêtues de défroques sans nom, achetées à la foire aux haillons, au *Rag Fair* de White Chapel. « Dans les plus beaux quartiers de Londres, écrit M. L. Énault, à Kensington, par exemple, non loin des splendides jardins de la reine, des rues entières sont formées d'affreux bouges creusés dans un sol qui n'est lui-même qu'un amas de détritus; un peu plus loin, des bandes affamées, sans feu ni lieu, se réfugient dans des voitures de bohémiens, qui s'enfoncent dans la boue jusqu'aux essieux; d'autres se logent dans des caisses de fiacres démontées qu'on leur loue douze sous par semaine; de plus malheureux encore, incapables de payer ce loyer pourtant si mince, n'ont d'autres ressources, pendant les nuits glacées où Londres est comme enseveli sous le brouillard et la neige, que d'errer dans les rues désertes, dans les allées qui longent les parcs ou sous les arcades qui entourent certaines places. Nous en avons rencontré qui nous ont avoué n'avoir jamais couché que sous les ponts de la Tamise depuis huit ou dix ans. »

En amont de Londres et à 20 milles de distance sur la Tamise, qui cesse d'être accessible aux grands navires, sur un monticule escarpé, se dresse le château de Windsor, la merveille de l'Angleterre. Windsor n'est pas seulement une résidence royale, un palais, mais aussi une citadelle, un *castrum romanum*, une abbaye, une prison, un édifice étonnant résumant en lui le passé et les souvenirs de l'Angleterre. L'énorme construction couvre une superficie bâtie de 13 hectares. Au centre s'élève le massif donjon de Guillaume le Conquérant; tout accroupi qu'il semble, ce bloc de pierres gigantesque domine encore les tourelles et les clochetons du palais. Dans la chapelle des George reposent les princes de la dynastie régnante. Autour, se déroule le palais, labyrinthe inextricable dans lequel se perd le visiteur; galeries, chapelles, tourelles, pavillons s'enchevêtrent et se succèdent, reliés par des voûtes et si vastes qu'ils soient, à peine perceptibles dans le massif ensemble.

Plus haut, sur le cours du fleuve, appelé ici *Isis*, se trouve Oxford, ville de 35,000 habitants, siège de la plus ancienne université de l'Angleterre, composée de la réunion de 25 collèges que fréquentent plus de 1,800 étudiants. Oxford fait remonter au ix⁰ siècle son origine. Dans cette ville universitaire, cité du moyen âge composée de palais, de cloîtres et d'églises, ont vécu et étudié les hommes les plus éminents de l'Angleterre.

A l'est de Londres, qui a successivement englobé les villes voisines, et en a fait ses faubourgs, la Medway arrose Rochester, qui s'est annexé Chatham et Strood. Surnommé le *jardin de l'Angleterre*, le bassin de la Medway est l'une de ses plus riantes régions, couverte principalement de houblonnières. Celles de Maidstone, petite ville au centre du comté de Kent, sont particulièrement appréciées pour l'excellence de leurs produits. Sheerness est à l'embouchure de la Tamise, bâtie sur une pointe de terre molle, au confluent du fleuve et de la Medway. Pour édifier son arsenal, on n'a pas dû enfoncer moins de 100,000 pilotis dans le sol marécageux. Chatham lui fait face, avec son formidable arsenal, ses chantiers de construction, ses bassins à flot, son bassin de carénage. Plus de 2,000 ouvriers travaillent dans les ateliers de Chatham; 3,000 soldats gardent l'arsenal et les formidables travaux de défense qui couronnent les hauteurs. Chatham renferme 48,000 habitants. .

Canterbury est au sud de Sheerness. La ville épiscopale dont saint Augustin fit la capitale religieuse de l'Heptarchie saxonne, la *Durovernum* des Romains, a gardé le titre de siège primatial d'Angleterre. Canterbury est une ville de 22,000 habitants, située sur les deux rives de la Stood, et qui offre aux archéologues un véritable musée d'édifices religieux. Au-dessus de la ville, la plus vieille église du royaume dresse sa tour revêtue de lierre. Devant l'autel, Thomas Becket fut assassiné par ordre d'Henri Plantagenet; dans sa crypte, le Prince Noir est enseveli.

Au nord de l'estuaire de la Tamise, au long de la côte, nous rencontrons Colchester, ville de 28,374 habitants, la plus importante du comté d'Essex. Elle fut, dit-on, la première colonie romaine de la Grande-Bretagne, *Colonia Camilodunum*. Bien que peu profond, son port est fréquenté par plus de 4,000 navires. Ses bancs d'huîtres alimentent les parcs d'Ostende, où on les engraisse. Colchester fabrique des velours et des soieries.

Harwich est un avant-port de Londres, un fort détaché en face d'Anvers et de Rotterdam. Ipswich, comme Harwich et Colchester, doit au voisinage de la grande cité un mouvement maritime assez important qui se chiffre, à l'entrée et à la sortie, par 5,000 navires. Lowestoft, plus au nord, s'enrichit par la pêche des harengs. C'est ici le comté de Suffolk, le pays des *Angles*, dont la beauté faisait dire à Grégoire le Grand contemplant les captifs qu'on lui amenait de cette région lointaine : *Non Angli sed Angeli*, « Non pas Angles, mais Anges ».

Au nord du comté de Suffolk : celui de Norfolk. Norwich, sa capitale, renferme 87,842 habitants. Elle fut longtemps le centre de la fabrication des tissus de laine connus sous le nom de *worsted*, du village de Worstead où cette industrie prit naissance et, sous le règne d'Élisabeth, se développa, favorisée par l'immigration à Norwich de 4,000 Flamands. Cette ville n'est pas seulement manufacturière, elle est aussi un centre agricole important, le comté de Norfolk étant renommé pour ses troupeaux et l'excellence de sa race chevaline. A l'est de Norwich, Yarmouth, qui n'était qu'un petit village de pêcheurs, a grandi par la pêche; l'art de conserver le hareng a fait de Yarmouth une ville de 42,000 habitants. La nature l'avait destinée à être le port de Norwich.

Au-dessus de Yarmouth la côte qui s'arrondit depuis l'estuaire de la Tamise et

LE CHATEAU DE WINDSOR.

forme une vaste protubérance dans l'est, s'infléchit vers l'ouest, et va dessiner le bassin
du Wash, dont le golfe échancre profondément le littoral. On a dénommé cette région
la *Néerlande anglaise* et donné à l'une de ses villes le nom de Holland. C'est le pays
des plaines basses dont nous avons parlé plus haut, des *Fens* ou des « Tourbes », où
viennent s'abaisser et mourir les ramifications des montagnes de l'ouest et les plateaux
accidentés du centre.

Ici les arbres sont rares, les eaux stagnantes; le sol coupé de canaux et protégé par
des levées est cependant fertile. Sur 3,000 kilomètres carrés il déroule son monotone
paysage plat qui semble surgir de terre à mesure que l'on avance et donne aux moindres
objets, maisons et moulins, un relief extraordinaire. La tourbe y abonde et dépasse
parfois trois mètres d'épaisseur. On y rencontre avec les débris des antiques forêts
englouties, des ossements d'animaux, des fragments de canots et d'armes.

L'Ouse est la rivière la plus importante du bassin du Wash. Sur le Cam, l'un de ses
affluents, est située la rivale d'Oxford, la vieille ville universitaire de Cambridge, peuplée de 35,000 habitants, possédant 19 collèges, sans compter deux collèges de jeunes
filles à quelque distance de la ville. Cambridge et Oxford forment avec Eton, près de
Windsor, et Harrow, les grands centres de l'éducation anglaise, si différente de la nôtre
et si bien décrite par M. H. Taine, dans ses *Notes sur l'Angleterre*. Il y a environ
1,800 étudiants à Oxford; 1,100 à Cambridge; il y en a aussi à Londres. Mais, en règle
générale, ce haut complément d'études est pour l'aristocratie, pour les riches, pour le
petit nombre, d'abord parce qu'il coûte cher, 200 à 300 livres sterling, 5,000 à
7,500 francs par an, et la tentation de dépenser davantage est très grande, ensuite
parce qu'il est un luxe de l'intelligence et retarde l'entrée des carrières fructueuses.

« Les étudiants ont chacun deux ou trois chambres dans un collège et forment ainsi
des ruches. Ils sont obligés d'être à huit heures à la chapelle, à cinq heures au dîner
dans le *hall*, d'être rentrés à neuf heures, et, en général, d'assister le matin à la confé-
rence d'un *tutor* et l'après-midi à un cours. Les infractions sont notées et punies, surtout
si elles se répètent. Rentrer après neuf heures constitue une faute; après minuit, une
faute grave; découcher une faute très grave. Les punitions sont l'amende, un pensum,
plus souvent des réprimandes du directeur, des privations de sortie le soir, l'expulsion
temporaire et enfin l'expulsion définitive. — Ce détail est important, car on voit qu'ici
l'écolier est plus libre et l'étudiant moins libre que chez nous. L'adolescent, en devenant
jeune homme, ne passe pas d'une discipline claustrale à une indépendance complète; le
passage est ménagé. A l'école il a déjà été, pour beaucoup d'actions, livré à lui-même; à
l'Université il n'est pas tout à fait livré à lui-même. Une telle précaution est excellente;
contre les abus de la liberté, l'habitude de la liberté est une garantie morale, et la surveillance est une garantie physique. Autre frein : Oxford et Cambridge sont de petites
villes. Le jeune homme n'est pas comme chez nous, jeté parmi les tentations d'une
capitale, réduit à la vie sédentaire et cérébrale sans le contrepoids nécessaire des
exercices corporels, conduit à chercher les distractions au théâtre, au café, sur les
boulevards, dans les excitations du monde, de la conversation et du plaisir. »

Newmarket est à 20 kilomètres de Cambridge. Ville de jockeys et d'entraîneurs,

Newmarket est le grand champ de courses de l'Angleterre. A l'ouest de Cambridge, Northampton, peuplé de 52,000 habitants, est une ville manufacturière où des milliers d'ouvriers travaillent le cuir et fabriquent des chaussures ; Peterborough possède de curieux restes du moyen âge. Près de Peterborough, dans le château de Fotheringay, Marie Stuart fut décapitée en 1587.

Capitale du comté auquel elle donne son nom, Lincoln est située sur le Witham, navigable de Lincoln à son embouchure. Ce fut la *Lindum* des Romains, aujourd'hui peuplée de 39,500 habitants, et qui, de ses anciens monuments, a gardé sa porte romaine s'ouvrant sur la route d'York. Boston, port de la Witham, ne compte que 15,000 habitants et fait un peu de commerce avec la Hollande et la Norwège.

Au nord de l'estuaire du Wash, s'ouvre celui du Humber, alimenté par les eaux du Trent et de l'Ouse. La région qu'il arrose fut, il n'y a pas un siècle encore, la plus rurale de l'Angleterre. L'évolution commerciale qui s'est produite au commencement de ce siècle a profondément métamorphosé ce comté de Yorkshire, riche en charbon et en fer. La campagne a disparu, envahie par la grande industrie, par les usines et les fabriques, par les villes manufacturières qui comme Birmingham, autrefois le *Hameau des Bruyères*, compte aujourd'hui 441,000 habitants. C'est le grand centre de la fabrication de la quincaillerie en Angleterre, la cité industrieuse où s'élèvent les immenses ateliers de galvanoplastie d'Elkington et Cⁱᵉ, les fabriques de plumes d'acier de Gillott, d'objets métalliques de Hardman Powel et Cⁱᵉ, les verreries de Chance et les ateliers de voitures des Metropolitan Carriage Works.

Autour de Birmingham gravitent Harborne, Oldbury, Smethwick, Dudley ; plus loin Sedgley, Darlaston, Wallsall qui a 58,000 habitants, West Bromwich, 56,000, plus de douze villes dont la population oscille entre 50,000 et 20,000 habitants. Autour de Wolverhampton, qui en compte plus de 80,000, gravite un autre groupe de villes et de bourgades désignées sous l'appellation commune de *Potteries*. Elles se livrent à la fabrication des terres cuites et des faïences que Stoke-upon-Trent écoule dans le monde entier. Sur la place principale de Stoke-upon-Trent, enrichie par cette industrie et dont la population, y compris celle des bourgades environnantes, dépasse 105,000 âmes, s'élèvent les statues de Wedgwood et de Minton qui ont le plus contribué à la prospérité de la ville.

L'incroyable essor qu'a pris l'industrie dans toute cette région est dû à la richesse de son bassin houiller et à ses minerais de fer. Le sous-sol a peuplé le sol supérieur ; il recèle, ce sous-sol, dans le seul bassin du North-Staffordshire, plus de trois milliards de tonnes de houille, et Wodehouse n'estime pas à moins de 455 millions de tonnes la contenance du bassin de Warwick. Aussi ce second bassin se peuple-t-il rapidement et les petites villes endormies dans leur ceinture de verdure et leurs souvenirs passés, secouées de leur long sommeil, s'éveillent-elles au contact de la vie fiévreuse qui les envahit.

Ici, c'est Burton, la ville des brasseurs, dont nous avons raconté dans un volume sur les *Grandes fortunes en Angleterre*, la curieuse histoire. Plus loin, c'est la vieille cité saxonne et normande d'Ashby de la Zouch, devenue le centre d'une exploitation de houille. Puis Derby, ville antique, convertie en atelier de la Compagnie des chemins de fer du Midland ; Litchurch, qu'envahissent les dépôts de machines et les usines.

Au nord-est de Birmingham, Leicester qui donne son nom au comté, possède 143,000 habitants, et a vu tripler sa population depuis 40 ans. Elle s'enrichit par le tissage des laines, et le comté par l'élevage des brebis à toisons fines. Nottingham a 224,250 habitants ; ils vivent de l'industrie de la soie et des dentelles ; autour d'elle, Basford, Greasley, Lenton, Snenton, Radford prennent part à ses travaux et à sa prospérité. Newark-upon-Trent rivalise avec Burton pour la fabrication de la bière, mais la production de Burton qui atteint 200 millions de litres à l'année, dépasse de beaucoup celle de Newark qui ne compte encore que 15,000 âmes.

Plus au nord apparaissent les grandes cités industrielles. Voici Sheffield, la sixième ville de la Grande-Bretagne, la huitième du Royaume-Uni, avec 316,288 habitants, l'une des plus enfumées qui soient au monde. Sheffield travaille le fer et l'acier, fabrique la coutellerie fine, les plumes métalliques et aussi martèle les plaques de blindage pour les cuirasses, les bandages de roues de locomotives, les arbres coudés, dans ses *Atlas works* et ses *Cyclops works*, nés de la découverte de Bessemer. Doncaster, qui fut la capitale de cette région, est éclipsée par les grandes villes manufacturières. Elle n'a de vie et d'éclat que quelques jours par année, en mai et surtout en septembre où, sur son champ de courses, les chevaux se disputent le prix fondé par le colonel Saint-Léger en 1703.

A l'ouest de Sheffield, Manchester, que peuplent avec son faubourg de Salford près de 600,000 habitants, s'annonce au loin par l'épais nuage de fumée qui flotte au-dessus de la colossale cité industrielle. « Nous entrons, écrit M. H. Taine, dans le pays du fer et de la houille ; partout les traces de la vie industrielle ; les débris de minerai font des montagnes ; le sol est disloqué par les excavations. Nous approchons de Manchester. Dans le ciel cuivré du couchant, un nuage de forme étrange pèse sur la plaine ; sous ce couvercle immobile, des cheminées hautes comme des obélisques se hérissent par centaines ; on distingue un amas énorme et noirâtre, des files indéfinies de bâtisses, et l'on entre dans la Babel de briques. Vue de près, elle est plus lugubre encore. L'air et le sol semblent imprégnés de brouillard et de suie. Les manufactures alignent l'une après l'autre leurs briques salies, leurs façades nues, leurs fenêtres sans volets, comme des prisons économiques et colossales. Une grande caserne à bon marché, un *work-house* pour quatre cent mille personnes, un pénitencier de travail forcé, voilà les idées qui viennent à l'esprit. Une de ces bâtisses est un rectangle à six étages, chacun de quarante fenêtres ; c'est là que, sous la lumière du gaz, au roulement assourdissant des métiers, des milliers d'ouvriers, parqués, enrégimentés, immobiles, tous les jours et tout le jour, poussent machinalement leur machine. Se peut-il une vie plus violentée, plus contraire aux instincts naturels de l'homme ? »

Manchester n'est pas une parvenue, une ville d'hier, née d'une évolution industrielle récente. La *Mancunium* des Romains était déjà, au xive siècle, une ville de manufactures d'étoffes ; des ouvriers flamands l'avaient dotée de cette industrie, à laquelle les protestants chassés du continent en ajoutèrent d'autres. Manchester devint la métropole du coton, et ses négociants les *Cotton Lords*. Telle fut l'impulsion donnée à cette industrie, qu'on évalue à des milliards l'outillage de Manchester qui, non contente d'être la première cité manufacturière du monde, a maintes fois dicté ses lois à la politique anglaise. On sait ce qu'est l'école de Manchester, la *Manchester School*, ce parti puissant, avocat déclaré de la neutralité, de la paix à tout prix, dont Manchester a besoin pour étendre son commerce et écouler ses produits.

Mais les grands jours de Manchester semblent comptés. L'Inde s'affranchit et commence à fabriquer elle-même ses cotonnades. L'Amérique se suffit et la clientèle de la grande cité manufacturière décroît; sa population elle-même n'augmente plus que faiblement et Liverpool, son port, menace de lui enlever son rang de seconde ville du Royaume-Uni.

Située à l'embouchure de la Mersey, sur la mer d'Irlande, Liverpool qui, sur les 14,000 matelots et 700 vaisseaux requis par Édouard III ne put fournir que six hommes et une barque, et qui comptait à peine 5,000 habitants en 1700, en possède maintenant 592,991. Après Londres, son port est le premier de l'Angleterre ; ses quais, y compris ceux de Birkenhead, mesurent 63 kilomètres de longueur et ses docks couvrent une surface de 227 hectares ; son commerce total dépasse cinq milliards et demi et met en mouvement 28,400 navires jaugeant 13,800,000 tonnes. En d'autres termes, le commerce annuel de cette seule ville dépasse celui de l'Autriche, de la Belgique, de l'Italie, de la Russie, de l'Espagne.

« Les docks de Liverpool, écrit M. Lanier, ont coûté, jusqu'en 1880, la somme énorme de 400 millions de francs; en 1880, leur revenu, produit par les droits d'entrée, de tonnage, de quai, d'ancrage, de dépôt, a dépassé 30 millions. Liverpool commerce avec tous les ports du monde, et en particulier avec les deux Amériques, l'Europe méridionale et l'extrême Orient. Là est le siège des grandes compagnies maritimes transatlantiques : Cunard, qui possède 50 paquebots; White Star, Inman, National, Guion. Quant aux marchandises qui entrent dans le port de Liverpool, au premier rang viennent le blé et le coton, puis le maïs, le sucre, le riz, les salaisons. Liverpool importe plus de blé que Londres, plus que Marseille, et aucun port en Europe n'importe autant de coton que lui. En 1880, sur les 3,886,000 balles qui ont été exportées des États-Unis, le port de la Mersey en a reçu, à lui seul, 2,555,000; la France entière, 400,000; l'Allemagne, 300,000. Liverpool, la cité du *Roi Coton*, alimente de matières premières les immenses filatures de Manchester et de toutes les grandes cités industrielles du Lancashire ; elle exporte ensuite les produits ouvrés de leurs manufactures avec le sel gemme de Norwich, la fonte de fer, les rails, l'acier, la houille des comtés qui l'entourent. »

Le coton l'a faite ce qu'elle est; mais Liverpool fut d'abord un port négrier et commença de s'enrichir par le commerce des esclaves. Elle mérite la sanglante apostrophe adressée à ses trafiquants de *bois d'ébène :* « Il n'est pas une des briques dont votre ville est bâtie qui ne soit teinte du sang d'un nègre. » Wilberforce, par ses véhémentes prédications, fit supprimer la traite et abolir l'esclavage. Au négoce des noirs succéda celui du coton, puis l'émigration. Liverpool est le port où se réunissent les émigrants pour le nouveau monde ; il en est parti jusqu'à plus de 200,000 par année. Les émigrants germaniques et scandinaves affluent, reconnaissables à leurs cheveux blonds, à leur haute stature, et aussi *Paddy*, l'émigrant Irlandais.

Leeds est plus au nord. La grande ville de l'industrie lainière est le centre d'une région dans laquelle abondent les cités populeuses : Bradford, Huddersfield, Halifax, Wakefield, Dewsbury ; toutes vivent du commerce et de la fabrication des laines. Leeds compte 345,000 habitants. Ici aussi ce furent des ouvriers flamands qui importèrent l'industrie dont Leeds s'enorgueillit. L'Angleterre doit beaucoup aux Flandres, beaucoup aussi aux protestants laborieux chassés du continent. On les retrouve aux débuts de toutes ces cités manufacturières ; ils leur ont laissé, en échange de l'hospitalité qu'ils y recevaient, leurs procédés de travail, leur industrie spéciale. La semence est tombée en bonne terre.

Leeds est la cité des draps, comme Manchester est celle du coton, mais Leeds fabrique aussi des toiles, des machines, et possède d'importantes usines métallurgiques. Halifax, qui fut sa rivale, a cessé de l'être et s'est cantonnée dans la fabrication des tapis. Huddersfield tisse des velours, des châles, des draperies légères ; Barnsley des toiles ; Dewsbury, des couvertures.

Bradford, peuplée de 224,507 habitants, est l'une des plus importantes villes de cette contrée. Elle est située entre Halifax et Leeds. Près de Leeds se trouve l'usine de Saltaire, usine modèle de l'Angleterre, fondée par Titus Salt, devenu plus que millionnaire par la fabrication de l'alpaca. Elle vaut qu'on s'y arrête, car sa création a déjà modifié l'organisation industrielle de certains grands centres manufacturiers de l'Angleterre et semble appelée à être le point de départ d'une réaction salutaire.

Frappé des inconvénients qu'offraient ses nombreuses usines, achetées, construites et agrandies à mesure que l'exigeait sa fabrication croissante, frappé aussi de la déperdition de forces et de temps pour l'ouvrier, partant de production pour le patron, qui résultait des mauvaises conditions dans lesquelles s'effectuait le travail, Titus Salt rêvait la création d'une manufacture modèle telle que l'Angleterre n'en possédait pas. Obtenir de l'ouvrier le maximum d'efforts en lui assurant le maximum de confort, économiser son temps et ses peines, se l'attacher en garantissant le bien-être de sa vieillesse, faire œuvre de chrétien autant que d'industriel prévoyant, accroître sa fortune en faisant la fortune de ceux qui édifiaient la sienne, tel était son projet, et il le réalisa.

Tout d'abord il acheta de vastes terrains dans la vallée de l'Aire à 4 kilomètres de Bradford, et y concentra une armée de manœuvres. En deux ans l'immense manufacture de *Saltaire* était achevée d'après ses plans, et le 20 septembre 1853, le cinquantième anniversaire de sa naissance, il inaugurait ce *Palace of industry* par un gigantesque banquet dans l'atelier de peignage, assez vaste pour recevoir 3,500 convives. Un train spécial amenait de Bradford 2,400 ouvriers. Les membres de la presse et du Parlement étaient invités, et pendant plusieurs jours cet événement défraya les chroniques des journaux.

Deux réseaux de voie ferrées pénétrant jusqu'au centre de l'usine la relient aux grandes lignes du Nord et du Midi. Le voyageur qui se rend de Londres à Edimbourg par le *Midland Railway* voit se dérouler à sa droite l'immense fabrique en pierre couvrant une superficie de 10 hectares, profilant, sur 545 pieds de façade, ses six étages largement éclairés. Le canal de Leeds à Liverpool, et l'Aire, rendue navigable, l'encerclent et lui fournissent, avec une eau abondante, d'économiques moyens de transport.

La ville de Saltaire, peuplée par les ouvriers de l'usine et des habitants attirés par la salubrité du site, contient 830 maisons, toutes construites en pierre, entourées de jardins. La population dépasse 6,000 âmes et s'accroît rapidement. Le fondateur de Saltaire a fait, en outre, édifier à ses frais une église congréganiste, des écoles, une bibliothèque, un gymnase, des bains, un hôpital, consacrant plus de 3 millions à ces œuvres d'utilité publique.

Propriétaire de la ville, il n'a imposé aux habitants, qui sont tous ses locataires, qu'une seule restriction : la vente des boissons spiritueuses est absolument interdite ; il n'existe à Saltaire aucun cabaret ni débit de liqueurs, aussi l'ivrognerie y est-elle inconnue. Le taux de la mortalité y est plus bas que dans aucun des villages environnants, et les statistiques criminelles y constatent un nombre moindre de délits que partout ailleurs.

Le jour où il inaugurait cette fabrique monumentale, point de départ d'une grande ville, M. Salt s'associait ses trois fils. Depuis lors l'impulsion donnée à la fabrication n'a fait que s'accroître et sa fortune que grandir. Elle devint telle que ce fils de fermier put distribuer, en peu d'années, plus de 15 millions en charité, non compris ce que lui coûtaient Saltaire et ses œuvres d'utilité publique, sans que son capital en fût diminué. Sa fabrique comblait, et au delà, les vides que faisait dans sa caisse son inépuisable générosité.

Nommé baronnet par la Reine, élu membre du Parlement, sir Titus Salt vit s'élever, sur la place publique de Bradford, sa propre statue. Le duc de Devonshire présidait à cette cérémonie.

Autour de Bradford, comme autour de Manchester et de Leeds. les villes industrielles se pressent, et l'une l'autre s'absorbent : Bingley, Calverley, Batley, Pudsey, Idle, Morley, Brierley, Shipley, dont la population oscille entre 10,000 et 30,000. Au nord de ce groupe manufacturier, de ces bourgades dont beaucoup, comme Saltaire. ne personnifient qu'une puissante raison sociale, qu'une grande maison de commerce, se trouve, près de Ripon, la vieille abbaye de Fountains, l'une des dépendances de l'ordre de Citeaux. York, l'*Eboracum* des Romains, la grande ville du comté jusqu'au jour où l'industrie fit sortir de terre ses énormes cités, se trouve plus à l'est, dans le *Vale of York*, au milieu d'une plaine basse très fertile. Guillaume le Conquérant y bâtit son premier château après la défaite d'Harald à Hastings en 1066, et, sur l'emplacement qu'occupait alors son église anglo-saxonne, s'élève aujourd'hui sa cathédrale, le *York Minster*, l'un des plus grands et des plus beaux monuments de l'art gothique. York possède 50,000 habitants ; elle est le siège de l'un des deux archevêchés d'Angleterre, et ses maires partagent avec ceux de Londres, d'Edimbourg et de Dublin le privilège de porter le titre de Lord.

Au sud d'York, Hull, sur l'estuaire de l'Humber, est une ville de 196,855 habitants, et, après Londres et Liverpool, le troisième port de l'Angleterre. Son commerce d'importation et d'exportation dépasse 1 milliard à l'année ; le mouvement de sa navigation se chiffre par 8,400 navires jaugeant 3,300,000 tonnes. Hull est, à la mer du Nord, ce que Liverpool est à la mer d'Irlande et à l'Atlantique, le grand port commerçant de l'est, de même que Liverpool est celui de l'ouest. Dans ses docks s'entassent les produits de l'Allemagne, de la Baltique, du Danemark, de la Russie et de la Sibérie, sur lesquelles Hull déverse les produits manufacturés des grandes villes industrielles ; son port est des mieux aménagés ; on y compte huit bassins à flot, capables de recevoir les plus grands navires ; il possède aussi d'importants chantiers de construction. Grimsby est un grand port de pêche ; Goole, située comme Hull et Grimsby dans l'estuaire de l'Humber, a encore un mouvement de 700,000 tonnes. Par ces trois ports de l'Humber, mais surtout par celui de Hull, les villes de Manchester, Sheffield, Leeds, Birmingham, Bradford sont en communication directe avec le nord de l'Europe. De grands et rapides steamers y transportent d'énormes quantités de marchandises.

Au nord de York et de sa grande plaine, s'ouvre le bassin du Northumberland et de Durham. Il confine aux frontières d'Écosse et, par le Cumberland, rejoint à l'ouest la mer d'Irlande. Le Northumberland fut longtemps l'une des régions les moins riches et les moins peuplées de l'Angleterre. Située sur la voie historique d'Écosse, exposée à des invasions soudaines, à de brusques coups de main, elle n'avait ni un sol assez fertile ni une industrie assez florissante pour attirer et retenir l'habitant. Aussi le Northumberland fut-il, pendant des siècles, un terrain neutre, *debatable ground*, que l'Angleterre et l'Écosse se disputaient sans le coloniser.

La houille et le fer ont fait du Northumberland l'un des comtés les plus populeux de l'Angleterre. Plus de 100,000 mineurs, près d'un cinquième de l'armée industrieuse qui exploite les richesses souterraines de la Grande-Bretagne, sont ici concentrés.

Darlington est la première grande ville que l'on rencontre en remontant d'York vers le nord. Elle renferme 35,000 habitants. Située sur le Skern, affluent de la Tees, elle est la ville des Quakers, de cette secte religieuse dont les signes caractéristiques sont : la simplicité du costume, le tutoiement obligatoire, l'affirmation pure et simple incompatible avec tout serment, une répugnance marquée pour le théâtre, les jeux de hasard et la chasse, le respect absolu de la vie humaine qui leur interdit de prendre part à la guerre, traits particuliers qui font d'eux, dans nos sociétés modernes, un peuple à part, peu nombreux il est vrai, 300,000 aux États-Unis, et 20,000 en Angleterre, mais estimé par sa probité et sa philanthropie, s'adonnant de préférence au commerce, et désignant ses coreligionnaires du nom de « membres de la Société chrétienne des Amis ».

C'est à l'un d'eux, à Edward Pease, que l'on doit la construction du premier chemin de fer, de celui qui relie Darlington à Stockton, et l'essai de la première locomotive. De cette voie ferrée et de ce moteur nouveau date une ère nouvelle de l'humanité. Ses débuts valent d'être notés.

C'était en 1821. Edward Pease venait d'obtenir du Parlement un bill l'autorisant à relier par une voie ferrée les mines de West-Auckland à Stockton; on ne connaissait encore d'autre mode de traction que celui des chevaux. La concession était à peine votée, qu'Edward Pease vit arriver à Darlington un homme jeune, de taille élevée, déjà un peu voûté et embarrassé de manières. Son rude accent, dont il ne se défit jamais, décelait un habitant du nord. Ce visiteur inconnu, n'était autre que Georges Stephenson, le grand ingénieur, le constructeur de la première locomotive, que sa bonne fortune amenait auprès de l'homme le mieux à même de le comprendre et de le tirer de pair.

Stephenson venait plaider, auprès du promoteur de la ligne nouvelle, la cause de sa locomotive, construite par lui en 1812, améliorée et perfectionnée depuis, mais dont il sollicitait en vain les entrepreneurs de faire usage. Avec la gaucherie fière d'un homme conscient de sa valeur, convaincu de l'importance de sa découverte, gardant, dans ses grands yeux pensifs, la vision d'un monde transformé par son génie, mais aussi avec l'hésitation timide d'un inventeur habitué de longue date aux refus polis et froids ou aux rebuffades hautaines des grands manufacturiers, il renouvela auprès d'Edward Pease sa demande, cent fois faite et cent fois repoussée, d'essayer sur sa ligne nouvelle son *Iron horse*, son « cheval de fer ».

Encouragé par l'accueil bienveillant du quaker, qui l'écoutait avec attention, tout en l'observant avec intérêt, Georges Stephenson lui expliqua la supériorité de sa machine à vapeur mobile. Son « cheval de fer » consommait moins et marchait plus vite que les animaux de trait, il ne se lassait jamais; deux hommes suffisaient à le manœuvrer, et il entraînait un poids que vingt chevaux n'eussent pu ébranler.

Puis il raconta quand, comment, au prix de quels efforts il avait achevé, perfectionné sa découverte, épuisant ses dernières ressources pour construire cette machine étrange dont l'aspect seul faisait sourire les sceptiques et rebutait les ignorants. Convaincu, il devint éloquent; se sentant écouté et se devinant compris, emporté par son enthousiasme, il donna libre carrière à ses visions hardies, lançant, d'un geste large, dans les grands espaces, son cheval de fer, messager de civilisation, triomphant de tous les obstacles, franchissant les plus longs parcours, reliant les villes aux villes, les ports aux centres manufacturiers, réveillant sur son passage l'industrie attardée, l'agriculture routinière, ouvrant des débouchés, révolutionnant le monde.

Le méditatif, bien que pratique quaker, subissait la séduction de ces entraînantes visions. Une idée surgissait dans son esprit : ce messager de civilisation ne serait-il pas un messager de paix? S'il rapprochait les intérêts, il rapprocherait aussi les hommes; se connaissant mieux, ils se haïraient moins; cette paix universelle que prêchait sa secte et qu'il appelait de tous ses vœux, ne devait-elle pas naître de cette découverte nouvelle dont l'inventeur le pressait de faire l'essai? Il consentit, et l'intime union de ces deux hommes dota le monde du merveilleux instrument qui supprime les distances. Le rêve du quaker ne s'est pas réalisé, mais qui peut dire encore si ce ne fut qu'un rêve?

Stockton, que traverse la Tees, possède, outre ses importants chantiers de construction, des établissements métallurgiques, Middlesborough, de l'autre côté du fleuve,

COSTUMES POPULAIRES ÉCOSSAIS.

disparait dans un nuage de fumée ; c'est la ville des forges où l'on martèle le fer, où la houille de Durham fond les minerais du Cleveland, où l'on exploite les procédés de Bessemer pour la fabrication de l'acier. Plus de 5,000 bâtiments fréquentent le port de Middlesborough.

Hartlepool est située au nord de l'estuaire de la Tees; ce fut une opulente cité au temps des premiers rois normands, mais, déchue de sa grandeur, elle avait perdu toute importance quand l'exportation de la houille fit d'elle une cité de plus de 40,000 habitants, un port fréquenté par 7,000 navires et un grand chantier de construction. Ce district de Middlesborough et le Yorkshire produisent près de 2 millions de tonnes de fonte. Le Durham et le Northumberland en travaillent plus de 700,000.

Newcastle est la grande ville du Northumberland. « Elle est pour les Anglais, écrit M. Simonin, la ville du charbon. Ils ont un proverbe qui dit : porter de la houille à Newcastle, comme nous disons : porter de l'eau à la rivière. Aussi quand on descend la Tyne, de Newcastle à l'embouchure du fleuve, ce ne sont, à droite et à gauche, sur un parcours de 15 kilomètres, que mines de houille. Nous sommes dans le riche district carbonifère du Northumberland et de Durham que le fleuve sépare en deux; Northumberland sur la rive gauche, Durham sur la rive droite. C'est le bassin le plus productif de l'Angleterre: il occupe 100,000 mineurs et l'on en extrait annuellement plus de 30 millions de tonnes de charbon, environ le quart de tout ce que fournit la Grande-Bretagne et deux fois ce que peuvent donner la Belgique ou la France séparément. Ce charbon compose le véritable fret de sortie du port de Newcastle, mais on ne se contente pas de l'exporter au dehors, d'en inonder toutes les places maritimes du globe, on l'emploie aussi en très grande quantité sur les lieux où on l'extrait, et ceci nous donne la raison du nombre considérable d'usines qni existent le long de la Tyne. »

En amont du fleuve, la fonderie d'Elswick occupe 4,000 ouvriers, et fabrique ces canons monstres, ces plaques de blindage en acier qui ont rendu célèbre le nom de la maison Armstrong, propriétaire de la fonderie d'Elswick. En face de Newcastle, peuplée de 157,000 habitants, et sur la rive droite de la Tyne, est Gateshead, la ville des mécaniciens et des forgerons. Sur les deux rives les usines se pressent et, avec un bruit de tonnerre, martèlent, laminent et étirent le fer. Jarrow, ville née d'hier, compte déjà 30,000 habitants et construit chaque année une flotte d'un tonnage supérieur à celui de *l'invincible Armada.*

De Newcastle à la mer, la Tyne est moins un fleuve qu'un immense port. Au long de ses rives plus de 2,000 navires se pressent, chargeant le charbon à raison de 100 tonnes par heure, 1,000 tonnes en une journée de travail, grâce aux ingénieux procédés mis en œuvre. North Shields et Tynemouth sont à l'embouchure de la Tyne, sur la rive gauche. Ensemble elles comptent 50,000 habitants. South Shields est en face; ville élégante et coquette de 56,000 âmes, elle est la plage d'été de Newcastle.

Au nord, s'étend la frontière d'Écosse. Elle court du nord-est au sud-ouest, nettement tracée par les crêtes des monts Cheviot et le *Firth* ou golfe de Solway qui, sur la mer d'Irlande s'enfonce profondément dans les terres, formant à lui seul près de la moitié de la barrière géographique entre les deux pays. Par le golfe de Solway, par le Cumberland, descendons la côte au long de la mer d'Irlande.

La première ville que nous rencontrons, sur le golfe même, est Carlisle, ville ancienne, *Devana Castra* des Romains. Ils y établirent un camp qui gardait l'entrée de l'Écosse. Devenue saxonne, elle aurait été la résidence préférée du roi légendaire Arthur. Carlisle, peuplée de 37,000 habitants, possède de nombreuses manufactures, entre autres de biscuits, dont elle eut quelque temps le monopole. Depuis, Reading, près de Londres, l'en a dépossédée. Whitehaven est au sud ; avec Workington et Maryport, elle est un centre d'exploitation et d'exportation de houille. Le mouvement commercial annuel de ces trois ports se chiffre par près de 7,000 navires.

A la pointe méridionale de la péninsule Cumbrienne, Barrow, sur l'emplacement de laquelle s'élevait en 1846 une seule maison de pêcheur et dont le port ne contenait qu'un bateau, renferme aujourd'hui près de 50,000 habitants; 3,500 navires le visitent annuellement. L'abondance de la houille et du fer ont fait de Barrow, en moins d'un demi-siècle, une grande ville manufacturière et un port de commerce dont les bassins occupent déjà une superficie de 150 hectares.

Entre cette partie de la côte anglaise et la côte d'Irlande, qui lui fait face, et à égale distance de l'une et de l'autre s'étend l'île de Man qu'un plateau sous-marin relie au Cumberland. Elle fut quelque temps indépendante ; actuellement elle relève de l'Angleterre. Castletown est sa capitale, mais Douglas est sa ville principale.

Au sud de Barrow et de l'autre côté de la baie de Morecombe, se trouve Lancaster qui a donné son nom au comté. L'ancienne *Longovicium*, la ville turbulente qui joua un si grand rôle dans l'histoire de l'Angleterre au moyen âge, est aujourd'hui, comparée aux grandes cités manufacturières qui ont surgi autour d'elle, une petite ville commerciale de 20,000 habitants, dont le port maritime, Fleetwood, sur la baie de Morecombe, reçoit annuellement 700 à 800 navires.

Au sud de Lancaster, dans le bassin de la Biddle, les grands gisements houillers reparaissent, les villes manufacturières font à Liverpool une ceinture septentrionale. Preston est l'une des plus considérables. Elle renferme 102,283 habitants, et s'élève à l'entrée de l'estuaire de la Biddle. Ville de manufactures de coton et port commercial, elle est encore dépassée par Blackburn, la bien nommée, noyée dans un éternel nuage de fumée, et peuplée de 117,000 habitants. Les villes se pressent, bruyantes, retentissant tout le jour du bruit des marteaux, des sifflements de la vapeur, noires de fumée. Ce sont Chorley, Hindley, Wigan, Over Darven; Ormskirk fait déjà partie de la banlieue de Liverpool.

Nous avons décrit la grande ville. Pour achever notre étude géographique de l'Angleterre il nous reste à visiter, au sud de Liverpool, le pays de Galles et, par la Cornouaille rejoindre le Land's End, notre point de départ.

Dans ce montueux pays de Galles les villes sont rares, la population est clairsemée, surtout au nord. Dans la Galles du sud s'étendent de grands gisements houillers dont la contenance, évaluée par Clark et Vivian, dépasserait le chiffre énorme de 36 milliards de tonnes. Les hauts sommets de la région sont au nord; deux seulement, le Snowdon et le Caern-David, ont plus de 1,000 mètres; dans le sud les plus hautes altitudes n'excèdent pas 800 mètres et décroissent de l'ouest à l'est. A la pointe septentrionale du pays de Galles, l'île d'Anglesey, détachée de la terre ferme, y est reliée par deux ponts gigantesques dont le tablier surplombe de trente mètres le niveau des plus hautes marées. Cette île fut *Mona*, l'île sacrée, l'asile des Druides que Tibère bannit des Gaules. Jonchés de ruines, de *caern* ou pierres druidiques, de dolmens et d'enceintes, l'île de Mona et le pays de Galles sont le musée des vieux cultes, le pays des antiques légendes et des vieux bourgs féodaux.

Souvenirs, monuments et ruines disparaissent. L'industrie envahit le pays de Galles et les usines se multiplient autour des puits de mines. Wrexham est une ville manufacturière anglaise, Holywell, le *puits sacré*, envoie ses houilles à Liverpool, Mold exploite ses mines de plomb, Bangor les ardoisières de Perhyn. « Situées à 8 kilomètres au sud-est de Bangor, écrit M. E. Reclus, elles sont peut-être les carrières du monde où l'activité humaine présente le spectacle le plus étonnant. Elles forment un immense amphithéâtre dont tout le pourtour est disposé en gradins assez larges pour que les locomotives puissent y passer, traînant des convois d'ardoises. A tous les étages de la carrière on voit les nuages de vapeur et les explosions de la poudre. Trois mille ouvriers aidés par des instruments et des machines de toute espèce, travaillent dans la prodigieuse enceinte. Des pyramides hérissées d'aiguilles et s'appuyant sur des contreforts pareils à des tours, se dressent au milieu de la cavité et permettent par le contraste de juger de la masse de roc déblayée. Les carrières ont, à une petite distance au nord de Bangor, un port spécial, Port-Perhyn, où les trains des voies ferrées amènent incessamment des cargaisons d'ardoises, que prennent ensuite des bâtiments de plusieurs centaines de tonneaux pour les exporter jusque dans le nouveau monde. Dans plusieurs villes des côtes de Norvège les édifices sont couverts en ardoises de Perhyn. »

Au sud de Bangor, Caernarvon fait face, comme Bangor, à l'île d'Anglesey, dont la capitale, Beaumaris, semble devoir être éclipsée par Holyhead, port d'embarquement pour l'Irlande. Caernarvon, comme Bangor, exploite des ardoisières. Plus au sud, Milford, merveilleusement dotée par la nature qui semble l'avoir destinée à devenir un grand port militaire, ne contient encore que quelques entrepots. Swansea, sur le canal de Bristol, détourne à elle le commerce et le mouvement. La houille a fait de Swansea ce qu'elle est aujourd'hui : la première ville du monde pour le traitement du cuivre.

Avec la houille elle a traité d'abord le minerai, d'ailleurs pauvre, du Cornouaille. « Il faut beaucoup de houille, dit M. L. Simonin, souvent jusqu'à 16 tonnes contre une tonne de métal raffiné, pour réduire le minerai de cuivre : c'est pourquoi on a porté le minerai là ou se trouvait le charbon, et non seulement le minerai britannique, mais peu à peu les minerais du monde entier, ceux d'Espagne et de Portugal, ceux de Cuba et du Chili, ceux d'Australie et du Cap, ceux d'Algérie et d'Asie Mineure. Swansea est ainsi devenue, pour la métallurgie du cuivre, un lieu exceptionnel où se pratiquent les méthodes de fusion, d'affinage et de raffinage que l'on ne rencontre que là. » Le mouvement commercial de la ville du cuivre dépasse 2 millions de tonnes. Au fond de l'estuaire de la Severn nous retrouvons Cardiff, dont nous avons parlé au début de cette étude de la Grande-Bretagne.

Nous la compléterons par celle des *Channel Islands*, des îles anglo-normandes de la Manche.

Elles sont au nombre de cinq : Jersey, Guernesey, Aurigny, Sercq et Herm. « Morceaux de la France tombés dans la mer et ramassés par l'Angleterre, » elles couvrent une superficie totale de 196 kilomètres carrés et renferment une population de 95,000 habitants. Jersey, la plus grande et la plus belle de ces îles, est, écrit M. Vivien de Saint-Martin, « plissée d'une multitude de charmants vallons, enfouis sous des touffes de chêne, de hêtres, de châtaigniers et de noyers. Les plantes des pays chauds y poussent en pleine terre ; dans la plupart des jardins on voit de superbes araucarias de la Chine et les fuchsias deviennent des arbres ; mais la plus grande partie du sol est occupée par des prairies que recouvrent des pommiers dont on fait beaucoup de cidre ». Saint-Hélier, port franc, situé sur la côte méridionale, ville tout anglaise d'aspect, est la capitale de Jersey ; un fort la protège et une voie ferrée de 5 kilomètres la relie à Saint-Aubin renommé pour ses pêcheries d'huîtres.

Guernesey, entourée d'une ceinture de récifs, est d'accès plus difficile que Jersey. Le sol y est riche et fertile, Saint-Pierre, capitale de l'île, est défendue par une citadelle et un fort. Aurigny est une île de pêcheurs. Sercq et Herm n'ont que peu d'importance.

II. — ÉCOSSE.

L'Écosse, la terre des Scots, s'étend au nord de l'Angleterre. Nous avons dit ses frontières. Elle mesure 400 kilomètres du nord au sud, 245 de l'est à l'ouest et se divise en 33 comtés. Agricola la visita en l'an 80 et Tacite le premier en parla. « Pour la première fois alors, écrit-il dans sa vie d'Agricola, une flotte romaine visita sur une mer nouvelle cette partie de la terre, s'assura que la Britannie était une île et fit en même temps la découverte des Orcades. On aperçut aussi Thulé que les neiges et les glaces avaient jusqu'alors dérobée à nos regards. Mais, selon tous les rapports, cette mer est immobile et résiste aux efforts des rameurs. Les vents mêmes ne soulèvent pas ses flots, sans doute parce que l'on y voit peu de terre et peu de montagnes où naissent et se forment les tempêtes et que cette mer sans fond comme sans bornes est plus lente à s'ébranler.... Je n'ajouterai qu'un mot : nulle part la mer n'étend plus loin sa puissance. On la voit çà et là se diviser en fleuves, et, sans régler son flux et son reflux sur les limites de ses rivages, pénétrer au milieu des terres, les environner, circuler même dans les rochers et les montagnes comme dans son propre lit. »

Ces dernières lignes disent l'impression profonde produite sur les marins d'Agricola par les déchirures profondes, les anses, les promontoires et les baies de la Haute-Écosse, par ce paysage grandiose et sauvage que leurs yeux contemplaient pour la première fois. Tacite nous décrit aussi les habitants, leurs cheveux roux et leur haute taille; il note leur ressemblance avec les Gaulois, bien qu'il les croie Germains; il leur reconnaît même culte, mèmes superstitions, même bravoure.

Cette terre septentrionale eut une tragique histoire. La sienne n'est qu'une succession de guerres civiles et de guerres étrangères, de luttes entre compétiteurs se disputant la souveraineté, et de luttes avec l'Angleterre pour conserver l'indépendance. Jacques Ier et Jacques III meurent assassinés; Jacques II et Jacques IV tombent sur les champs de bataille; Jacques V, abandonné des siens, meurt de chagrin; Marie Stuart achève sur l'échafaud « une vie ouverte par l'expatriation, semée de traverses, remplie de fautes, presque toujours douloureuse, en un moment coupable, mais ornée de tant de charmes, touchante par tant d'infortunes, épurée par d'aussi longues expiations, finie avec tant de grandeur ». (Mignet.) Un siècle plus tard, en 1707, l'Écosse était réunie à l'Angleterre et son histoire se confondait avec celle de sa rivale.

Nous avons énuméré plus haut les principaux cours d'eau de l'Écosse : la Tweed, la Tyne, la Tay, la Leith sur le versant de la mer du Nord; le Thurso, la Naver, l'Halladala sur le versant septentrional; le Lochy, la Clyde, l'Irvine, l'Ayr, la Nith sur le versant occidental. Les lacs ne sont pas moins nombreux que les rivières; avec les montagnes, ils contribuent à donner à la terre d'Écosse son aspect original et son charme pittoresque. De ces lacs, si poétiquement décrits par Walter Scott, les plus célèbres, les plus visités des touristes sont le lac Lomond, dans les comtés de Stirling et de Dumbarton; le lac Awe, dans le comté d'Argyle; le lac Ness, dans l'Inverness; les lacs Katrine, Earn, Rennock, dans le comté de Perth. Étroit comme une rivière, le lac Lomond s'élargit brusquement, dominé par la masse énorme du Ben Lomond, du sommet duquel, par un temps clair, le regard embrasse un vaste horizon : l'Écosse dans toute sa largeur, de l'Océan à la mer du Nord, les Hébrides et les côtes d'Irlande, l'embouchure de la Clyde et celle du Firth, une mer semée d'îles, une terre sillonnée de fleuves, des côtes échancrées de golfes, et, au premier plan, le lac encadré dans une riante ceinture de verdure.

Tout autre est l'aspect du lac Katrine se détachant comme une émeraude sur le vert sombre des sapins, enserré de roches abruptes, de hautes montagnes recouvertes de mousses et de lichens. Dans la Caverne du Lutin, dans le sombre défilé des gorges des Trossachs, Walter Scott a placé le dramatique récit des combats des clans, les scènes poétiques de son roman de la *Dame du lac*.

L'Écosse méridionale est la région la plus peuplée de ce pays dont toute la population réunie, 3,500,000, est loin encore d'égaler celle de la seule ville de Londres. Hérissée au nord de montagnes couvertes de bruyères, l'Écosse s'étend au sud en plaines labourables et fertiles. Au nord : les *Highlands* ou hautes terres; au sud : les *Lowlands* ou basses terres. Les monts Cheviot, qui forment la partie centrale de la frontière, sont plus larges qu'élevés. Nulle part ils n'atteignent 900 mètres d'altitude et s'abaissent, à *Arthur's Seat*, ou « siège d'Arthur », à 250. Au nord, le Firth of Forth, sur la mer du Nord et le Firth of Clyde à l'ouest, entaillent profondément l'Écosse, formant un isthme qui sépare la région septentrionale de la région méridionale. Là s'élevait probablement la ligne fortifiée établie par Agricola, dont Tacite fait mention, et qu'Antonin convertit en une muraille allant de mer à mer, barrière militaire qui était, à l'insu de ceux qui l'élevaient, une frontière ethnographique. Le contraste est grand, en effet, entre l'habitant des Lowlands et celui des Highlands, entre la race du midi, mélange de Saxons, de Bretons, d'Angles et de Scandinaves, et la race du nord où se sont conservés plus distincts le type des Pictes ou Calédoniens, la tradition et le costume primitif.

De l'autre côté du golfe de Solway qui, s'ouvrant sur la mer d'Irlande, sépare l'Écosse de l'Angleterre, le comté de Dumfries fait face à celui du Cumberland. Sa capitale, Dumfries, fut celle de l'Écosse du sud-ouest; elle est peu peuplée. Wigtown, à l'ouest, au fond de la baie qui porte son nom, est plus importante ; elle exploite les carrières de granit de Creetown qui fournissent à Liverpool le granit de ses constructions. Au nord, Ayr, capitale de l'Ayrshire, peuplée de 22,000 habitants, est une ville industrieuse où se sent déjà l'influence de Glasgow. Port de mer, Ayr n'est accessible qu'aux navires de faible tonnage; son mouvement commercial se chiffre par 3,700 navires.

Paisley compte 60,000 habitants. Elle est située sur la Clyde, le plus travailleur des fleuves d'Écosse, bien que son bassin soit inférieur en superficie à ceux de la Tay, 5,825 kilomètres carrés, et de la Tweed, 4,840 kilomètres carrés, alors que la Clyde n'en arrose que 3,620. Paisley est, avec Greenock, l'une des grandes villes manufacturières du comté de Renfrew. Près d'elles : Dumbarton, position stratégique importante. Son château vit passer Robert Bruce, Marie Stuart, Charles Ier, Cromwell; il joua un rôle important dans les guerres entre l'Angleterre et l'Écosse. Aujourd'hui il voit affluer les touristes qui, par Dumbarton, gagnent les sites pittoresques du loch Lomond.

Dans cette région qui entoure Glasgow se déroulèrent les événements les plus importants de l'histoire d'Écosse. C'est aujourd'hui la contrée de la houille et du fer, au centre de laquelle, entre Lanark, Coatbridge, Hamilton, Motherwell, cités manufacturières, trône Glasgow, la plus grande ville du Royaume Uni, après Londres.

Plus peuplée encore que Manchester et Liverpool, elle compte déjà 750,000 habitants. Ses fabriques occupent près de 200,000 ouvriers ; ses filatures de coton ont à elles seules 25,000 métiers; dix voies ferrées aboutissent à ses gares. C'est que son bassin houiller est des plus riches, et qu'après le Yorkshire il tient le premier rang dans l'industrie métallurgique. Chaque année il fournit un million de tonnes de fonte, le sixième de la production anglaise, et 6 millions de tonnes de houille. « Parmi ces houilles, écrit M. L. Simonin, sont le *cannel coal*, ou charbon qui flambe, si recherché pour la fabrication du gaz, et le *boghead*, dont on retire une huile minérale meilleure que le pétrole. Le minerai de fer, répandu au milieu même des couches de houille, comme cela se voit aussi dans le pays de Galles, est le *black band*, ou minerai noir, qui contient 60 0/0 de métal pur. C'est autour de Glasgow notamment que la houille et le minerai se rencontrent. Les puits de mine, les hauts fourneaux sont dans la ville même, à l'est, et c'est dans les usines de la Clyde que la plupart des inventions qui ont porté si loin l'art de fabriquer le fer ont été faites il y a cinquante ans : appareils à utiliser les

flammes perdues du fourneau, appareils à chauffer l'air lancé dans le foyer, emploi de
la houille crue au lieu de coke. Aussi Glasgow n'est-elle pas seulement une ville commerciale et maritime, mais aussi une ville industrielle de premier ordre. Elle est non
seulement célèbre par ses houillères, ses fonderies de fer, ses chantiers de construction
de navires, mais encore par ses filatures, ses ateliers de tissage, d'impression sur étoffes,
ses fabriques de produits chimiques, ses raffineries de sucre, ses verreries, ses poteries,
ses teintureries, ses blanchisseries. Tout cela fonctionne jusque dans la cité, autour de
la cité et dans tous les faubourgs environnants. »

Grande et bien bâtie en pierres de taille, Glasgow est moins triste et moins sombre
que la plupart des villes manufacturières d'Angleterre, bien qu'aussi active et aussi
animée. Cette particularité tient, à ce que l'air, plus vif, dissipe plus rapidement les
épais nuages de fumée qui pèsent, immobiles, sur Manchester, Leeds et Birmingham.
« Le soir, ajoute M. Simonin, certains foyers près de la Clyde jettent leurs flammes
vers le ciel qui se teint de pourpre; on dirait un immense incendie. Une des usines
établies dans la ville a une cheminée de 133 mètres de hauteur; une autre fabrique
rivale, une cheminée de 142 mètres; ce sont les plus hautes du monde et les Glas-
gowiens en sont fiers, car l'une égale en hauteur la plus grande des pyramides
d'Égypte et l'autre la pyramide voisine. A ce mérite, ces cheminées en joignent un
second : celui de rejeter à une telle élévation dans l'air leurs émanations empestées et
malsaines que celles-ci ne retombent plus sur la ville. »

Le mouvement du port de Glasgow est énorme. Il se chiffrait en 1882 par 15,481
navires et 4,505,410 tonnes. Le commerce des ports de la Clyde dépassait, à l'entrée
et à la sortie, 650 millions par an.

À l'est de Glasgow : Édimbourg, la capitale de l'Écosse, peuplée de 258,529 habitants. De hautes collines l'enserrent et, sur elles, la ville déborde; un ravin la traverse et
la coupe en deux parties. Dans l'une, les monuments, les hôtels, les résidences somptueuses, l'animation, les affaires et l'argent. Dans l'autre, les *lanes*, les taudis, la misère
noire et les vieux souvenirs, la Canongate, Holyrood et le palais. Peu de villes sont
aussi pittoresques que cette grande cité épandue sur ses collines, plongeant en pentes
abruptes dans ses ravins, gardant sur ses murailles noircies, sur ses hautes maisons
enfumées les stigmates du passé, étalant dans ses quartiers nouveaux le luxe et le com-
fort modernes. « Sur tout son parcours, écrit M. F. Narjoux, la Canongate est bordée
de maisons à plusieurs étages dont les murs sont en granit noir et le rez-de-chaussée
blanchi à la chaux. En bas, des *bars* malpropres et des boutiques sordides; dans les
étages, les fenêtres manquent; celles restées en place ont leurs vitres brisées. De
grandes perches s'avancent presque jusqu'au milieu de la rue, supportant des loques et
des linges mouillés qui sèchent au grand air. A l'intérieur, des cours qu'entourent les
maisons et dans lesquelles ne pénètre jamais le soleil. Là dedans grouille une population
misérable d'enfants, de femmes en guenilles, pieds, jambes et bras nus. On peut oublier
la richesse, la splendeur des beaux quartiers d'Édimbourg ; mais on conserve toujours
le souvenir de la Canongate; il est ineffaçable. »

Édimbourg n'est pas une ville industrielle; les usines et les manufactures sont refoulées dans les villes qui bordent la côte et forment les faubourgs de la capitale, à Leith surtout, son quartier maritime. Édimbourg n'est pas non plus une ville commerçante, mais un centre intellectuel, scientifique et littéraire. Au point de vue de la librairie elle vient au second rang, immédiatement après Londres, et aucune ville d'Angleterre ne renferme une aussi grande quantité d'hommes voués aux professions libérales.

Au fond du golfe de Forth s'ouvre le canal qui, traversant l'Écosse de l'est à l'ouest dans sa partie la plus étroite, relie le Forth à la Clyde, la mer du Nord à l'Océan. Falkirk est à l'entrée de ce canal qui suit le tracé du vieux mur d'Antonin. A la barrière artificielle élevée par les Romains pour séparer les peuples, l'industrie moderne a substitué un mode direct de communication facile, supprimant les obstacles que l'on s'ingéniait à multiplier. Falkirk est ainsi devenu le port de Glasgow sur le Forth, et sa prospérité croît avec celle de la grande ville manufacturière.

Dans le nord-ouest, Stirling, ville de 16,000 habitants garde le défilé du Forth, le seuil d'accès de la plaine. Son château s'élève, comme celui d'Édimbourg, sur un rocher et domine l'un des beaux panoramas de l'Écosse, un horizon grandiose de mer et de montagnes. Près de Stirling, où s'accomplirent d'importants événements historiques, se trouve la plaine de Bannockburn. Robert Bruce y défit l'armée d'Édouard II et y sauva, pour un temps, l'indépendance de l'Écosse.

Au nord du golfe de Forth et de l'estuaire de la Clyde que relie l'*Union Canal*, s'étend l'Écosse septentrionale, la Haute Calédonie qui va se prolonger plus au nord encore par les Orcades, dans l'ouest par les Hébrides. Ici les roches s'élèvent, les monts deviennent montagnes, déroulant du sud-ouest au nord-est leurs massifs et leurs crêtes que coupe le plus étrange sillon que la nature ait tracé. C'est le Glenmore ou *Val majeur*, que l'on jurerait taillé de main d'homme tant ses proportions sont mathématiques, n'étaient l'improbabilité et l'inutilité d'un aussi gigantesque travail, n'était la longueur de ce sillon qui mesure 160 kilomètres et qui relie le golfe de Lorn à celui de Moray.

La profonde fissure du Glenmore, orientée du sud-ouest au nord-est, sépare les deux massifs montagneux de l'Écosse. Entre le Glenmore au nord et l'Union Canal au sud, se déroulent les monts Grampians dont le sommet du Ben-Nevis, d'une altitude de 1,343 mètres, est le point culminant de la Grande-Bretagne. Le groupe septentrional des *Northern Highlands* s'étend au-dessus de la profonde coupure du Glenmore; il se compose de plateaux irréguliers, inclinés en longues pentes vers la mer du Nord et se relevant, sur la côte de l'Atlantique, en escarpements abrupts. Les plus hauts sommets de ce massif, sont le Ben Attow, 1,220 mètres, le Ben Dérag, 1,115, le mont solitaire du Ben Wyvis, 1,043 mètres. « Quoique plus basses, écrit M. E. Reclus, les montagnes du nord ne sont pas d'un aspect moins sauvage que les Grampians. Même dans les grandes Alpes il est peu de sites qui aient plus de sévère tristesse que les hautes vallées de Ross et de Sutherland. Les Alpes ont du moins la fraîche verdure de leurs pâturages, et, plus bas, leurs bouquets de sapins; la plupart des montagnes du nord de l'Écosse ne sont revêtues que de landes et de tourbières aux nuances sombres

VUE DE LA VILLE D'ÉDIMBOURG.

ou d'un gris terne; des eaux noires emplissent les vallées étroites, semblables à des puits; le brouillard, qui rampe presque toujours le long des pentes, fait apparaître et cache tour à tour les crêtes des rochers qui, tout à coup, entrevus dans les vapeurs, semblent grandir comme des fantômes, puis s'abaissent de nouveau. La solitude immense donne à la nature environnante quelque chose de formidable. »

Dans ce cadre montagneux les villes sont rares. Sur une superficie de 55,000 kilomètres carrés, en y comprenant les Orcades, les Hébrides et les Shetland, l'Écosse septentrionale ne possède que 1,200,000 habitants, 21 par kilomètre carré. Ils sont probablement les descendants de ces Pictes qui, bien avant la conquête romaine, occupaient toute l'île de la Grande-Bretagne, que les Bretons, puis les Angles et les Saxons refoulèrent vers le nord, dans ces montagnes dont Rome elle-même ne put les déloger et où elle ne put les soumettre.

Nul pays en Europe n'offre une concentration de la propriété en un petit nombre de mains comparable à celle que présente l'Écosse septentrionale, terre de chasse et de pêche. Un tiers du royaume appartient à 22 personnes. Le duc de Sutherland possède plus de 525,000 hectares. Plus de 400,000 hectares ont été, de par la volonté des propriétaires du sol, dépeuplés de tenanciers et convertis en immenses parcs dans lesquels errent des milliers de cerfs. On estime à 25,000 le nombre de ces animaux qui paissent dans les forêts réservées des comtés d'Argyll et d'Aberdeen. La duchesse de Stafford, pour se débarrasser des tenanciers héréditaires, des *clans* qui occupaient ses terres, fit incendier les villages, brûler en une seule nuit 300 maisons, et en dix ans contraignit 15,000 petits locataires à partir. Convertis en parcs giboyeux et en pêcheries, ces terrains de chasse se louent à des prix élevés aux millionnaires anglais. On paye 10,000 francs par an une pêche au saumon, 25,000 une chasse au coq de bruyère, 150,000 une forêt à cerfs. En 1877, 2,060 chasses louées rapportaient à leurs propriétaires 15 millions de francs.

Les centres sont espacés. Perth, dans le nord, est une ville de 30,000 habitants sur la Tay; Dundee, bien autrement peuplée, 140,000 habitants, est avec Aberdeen, l'une des deux grandes villes de l'Écosse septentrionale. Dundee exploite une industrie spéciale, celle du tissage du jute ou chanvre du Bengale, que ses navires vont charger aux Indes et apportent directement dans ses vastes usines. Outre la toile, Dundee possède une autre spécialité, celle de la confection des marmelades d'oranges amères dont elle produit annuellement plus d'un million de kilogrammes. Dundee est enfin un port de grande pêche et un port commercial dont le mouvement se chiffre par plus de 1,900 navires, entrées et sorties réunies, jaugeant 700,000 tonnes.

Aberdeen est plus au nord, sur la côte, à l'estuaire de la Dee. Peuplée de 105,000 habitants et entièrement construite en granit gris, la ville neuve a grande apparence. La vieille ville, autrefois Apardion, se trouve à l'embouchure de la petite rivière du Don. Aberdeen, le port de la Dee, est le centre d'un important commerce de toiles et un vaste chantier de construction de navires. Son mouvement maritime est représenté par près de 4,000 navires.

Inverness est à l'extrémité nord du Glenmore, de la longue fissure qui aboutit au golfe de Murray. Moins septentrionale, cette fissure qui traverse l'Écosse eût fait d'Inverness une ville importante ; mais ici le climat est trop rude, la terre trop peu fertile et trop peu peuplée pour qu'un grand centre puisse surgir. Inverness est une ville de 18,000 habitants dans le port de laquelle le canal Calédonien attire une flottille de petits bâtiments. Au nord-est d'Inverness se déroule la lande de Culloden où, en 1745, sombra à jamais la fortune des Stuarts. Au sud d'Inverness, se trouve le château de Balmoral, l'une des résidences préférées de la reine Victoria. Plus au nord, les centres sont plus rares et moins populeux. Thurso, en face des Orcades, Wick, Kirkwall, Lerwick, Stornoway ne comptent que quelques milliers d'habitants.

Au nord de Thurso, les Orcades ou Orkney, *Iles des Phoques*, détachées de l'Écosse, déploient leurs 67 îles dont 27 seulement sont habitées. La plus rapprochée est à 10 kilomètres des côtes écossaises. Sur leurs falaises de grès rouge les vagues déferlent parfois avec fureur projetant leur écume jusqu'à 60 mètres de hauteur. Ces îles, peuplées de 32,000 habitants, contiennent de vastes pâturages.

Les Shetland prolongent les Orcades au nord, séparées d'elles par un large chénal de 80 kilomètres. Sur l'une de ces îles, *Fair Island*, autrefois Faroë, vint échouer, en 1588, le vaisseau amiral de l'*Invincible Armada*, dont 200 matelots, échappés au naufrage, se fixèrent dans ce site sauvage. Plus abruptes et plus élevées que les Orcades, les Shetland comprennent une centaine d'îles dont 34 sont habitées. Leur population totale ne dépasse pas 30,000 âmes. Sur la côte, les havres de refuge sont nombreux ; dans l'archipel les arbres font défaut, mais on y trouve de bons pâturages qui nourrissent la race renommée des poneys des Shetland.

A l'ouest de l'Écosse septentrionale, l'archipel des Hébrides se compose de près de 300 îles ou îlots dont 80 seulement sont occupés d'une façon permanente. Ils se déroulent en une longue chaîne de rochers dentelés et escarpés que séparent de l'Écosse les détroits du North Minch, du Barra passage et du Little Minch. De leur pointe septentrionale à leur extrémité méridionale ils semblent, malgré leur infini morcellement, ne former qu'une grande île allongée. Plus près de la côte d'Écosse s'échelonne un autre cordon d'îles, le plus souvent rattachées aux Hébrides intérieures ; la grande île de Syke et ses satellites : Mulh dominée par le Ben More, 987 mètres, résidence du Lord des îles, célébrée par Walter Scott. A l'ouest de Mull se trouve la petite île de Staffa et sa merveilleuse grotte de Fingal. Dans le golfe de la Clyde, deux îles : Bute et Arran, forment un comté écossais, que la longue presqu'île de Cantyre sépare de l'Irlande qui apparaît à l'ouest.

III. — L'IRLANDE.

Si les Romains ont connu l'Irlande, que Strabon et Ptolémée ont décrite sous le nom d'*Hibernia*, les Romains n'ont jamais fait de l'Irlande une dépendance de l'Empire. Aussi sait-on peu de chose de la primitive histoire de cette île, peuplée par les Celtes et les Ibères, druidique jusqu'au jour où saint Patrick y prêcha le christianisme, conquérante de la Calédonie à laquelle l'une de ses peuplades, celle des Scots, donna le nom d'Écosse. Quand, plus tard, l'Irlande fait son entrée dans l'histoire, c'est comme implacable ennemie de l'Angleterre contre laquelle elle défend son indépendance. Ce n'est qu'en 1603, par la soumission d'Ulster, que l'Angleterre reste enfin maîtresse de l'Irlande, vaincue mais non soumise, en pleine insurrection en 1641, en 1688, en 1796. Ce n'est qu'en 1800 que le Parlement anglais vota l'acte d'Union contre lequel l'Irlande proteste, et supprima le parlement indépendant que l'Irlande réclame.

Peu de conquêtes furent aussi longues, aussi difficiles, aussi inachevées, et, après des siècles, l'Irlande est encore aujourd'hui « la Pologne de l'Angleterre ». Si, géographiquement, les deux îles n'en firent qu'une autrefois, si elles se complètent l'une l'autre, et l'une à l'autre ressemblent, tout les disjoint; leur divorce géographique est moins accentué encore que celui de leurs tendances, et la mer qui les sépare est une moindre barrière que l'antagonisme qui les anime. L'Angleterre est protestante, l'Irlande est catholique ; l'Anglais est sérieux et calculateur, l'Irlandais est gai et insouciant; l'Anglais raisonne, l'Irlandais sent; l'un a pour lui l'argent et la puissance qu'il donne, l'autre a ses rancunes implacables et, sur toutes les côtes où le poussent la misère et la faim, il porte avec lui la haine de l'Angleterre, lui suscite des ennemis et fait souche d'irréconciliables adversaires. Ils sont nombreux, car la race est prolifique, et les millions d'émigrants Irlandais devenus citoyens des États-Unis n'augurent rien de bon pour l'avenir à la riche et commerçante Angleterre.

Force est à l'Irlandais d'émigrer; son sol ne saurait le nourrir et, sur ce sol relativement pauvre, la population est trop dense. Un pays exclusivement agricole, et c'est le cas de l'Irlande, dépourvu de manufactures et d'usines, a peine à nourrir plus de 40 habitants au kilomètre carré. L'Espagne, le Portugal et la Hongrie sont, en Europe, les trois pays qui, ainsi que l'Irlande, dépendent surtout de leur production agricole; leurs autres sources de revenus dépassent toutefois de beaucoup les siennes, et cependant la proportion n'est que de 52 au Portugal, 33 en Espagne, 34 en Hongrie.

Si, en France, elle atteint 71 et si cependant l'aisance moyenne y est plus grande qu'ailleurs, c'est que la France possède des ressources autres et bien supérieures : de grandes usines et de nombreuses manufactures, un capital accumulé et placé au dehors; c'est que la moitié de la population retire de ces sources diverses un revenu indépendant de celui que produit le sol.

Si, en Angleterre, cette densité atteint, dans les districts manufacturiers, un chiffre dont on ne trouve l'équivalent que dans la riche vallée du Gange et dans certaines provinces de la Chine, c'est que l'Angleterre est la plus énorme usine qui soit au monde, c'est qu'elle possède la plus formidable accumulation de machines et de capitaux, qu'un quart seulement de sa population attend sa subsistance du sol, et que les trois autres quarts vivent du commerce, de l'industrie, de la navigation, ou de revenus provenant de l'épargne des générations précédentes.

Le loyer annuel du sol cultivé en Angleterre est évalué à 50 millions de livres sterling. Ce n'est que le vingtième du revenu total de la nation, et la culture de ce sol pourvoit, d'après les calculs les plus récents, à la subsistance de 4,900,000 habitants. Si donc l'Angleterre, avec une terre plus fertile que celle de l'Irlande, d'une superficie double, disposant d'un outillage agricole perfectionné, ne parvient à en tirer que la subsistance d'environ 5 millions d'habitants, il est facile de concevoir l'état de misère de 5 millions d'Irlandais répartis sur une surface moitié moindre.

Ce n'est pas sans raison que l'on a comparé la forme de l'Irlande à celle d'une feuille de chêne; elle en a les contours et les découpures. Sa superficie est de 82,240 kilomètres carrés, peuplés de 5,200,000 habitants, soit 63 habitants par kilomètre carré. Au centre : une vaste plaine calcaire légèrement ondulée se déroule jusqu'à la mer, et se relève sur les plages en une courbe circulaire de collines et de montagnes rappelant les bords recroquevillés d'une feuille sèche. Çà et là, ébréché par des vallées ou des cours d'eau, ce pourtour montagneux, n'offre pas l'aspect d'une chaine, mais bien de massifs d'altitude inégale, capricieusement reliés, d'ilots montagneux, de hautes collines. Les plus saillants de ces massifs sont : au nord-est, les monts Mourne, dans le comté de Dower, ils atteignent 850 mètres de hauteur, et le plateau d'Antrim, 552 mètres. Au nord, dans le comté de Londonderry : les monts Sparrin, 682 mètres; au nord-ouest : le massif de Donegal, puis de Connemare, dans les comtés de Leitrim et de Galway. Plus élevé, le massif de Carrantuohill dépasse 1,000 mètres; celui de Galty atteint 916 et le Wicklow 1,005.

Courtes et lentes, les rivières semblent ici des chapelets de lacs, l'un dans l'autre se déversant. Elles roulent souvent des eaux noires, traversant de vastes tourbières. De ces rivières, les plus importantes sont : l'historique Boyne, la Liffey qui finit à Dublin, le Barrow, quelque peu navigable, le Shannon, le premier de tous par la longueur de son cours, 333 kilomètres, et par son estuaire; il ne traverse pas moins de douze lacs avant d'atteindre Limerick.

Les lacs d'Irlande, très nombreux, couvrent une superficie évaluée à 2,300 kilomètres. Le plus vaste, le lac ou *Lough Neagh*, mesure 397 kilomètres carrés, les deux tiers du lac de Genève. Les plus pittoresques et les plus connus des touristes sont ceux de Killarney. « Killarney, écrit un anonyme de la *Revue Britannique*, est le joyau de l'Irlande, et dans ce petit coin de terre, les ruines du passé, les merveilles du présent, les beautés sans nombre qu'y a prodiguées la nature, se disputent l'admiration... Le lac Supérieur, qui déploie sa nappe entre une double muraille de rochers pittoresques, offre des beautés originales et un peu sauvages que Wordsworth mettait au-dessus des charmes paisibles, des lacs riants du Cumberland, et même du Loch-Katrine en Écosse. Un cri d'admiration échappa à Walter Scott, le jour où les bateliers l'amenèrent en face de ces rochers, pendant au-dessus des eaux limpides, de ces terrasses où grimpent des arbrisseaux toujours verts et des fleurs vagabondes. »

Dans la plaine accidentée, de faibles collines alternent avec les immenses tourbières noires et rouges, *black bogs* et *red bogs;* ces tourbières, qui couvrent un septième du sol, représentent 23 milliards de mètres cubes de combustible. Le sol est arable sur la moitié de la superficie de l'île; les montagnes, lacs, marécages et landes, forment l'autre moitié. Le climat, essentiellement maritime, est plus humide encore que celui de l'Angleterre ; il a valu à l'Irlande son surnom de la *Verte Érin*, de l'*Émeraude des mers*. Peu de terres sont autant arrosées, il en est peu qui offrent une aussi verdoyante apparence, un aspect aussi mélancolique et aussi doux. Dans les prairies d'un vert idéal, les ruisseaux murmurent, les grands nuages de l'Atlantique s'effrangent aux arêtes des montagnes, et voilent l'île de leur brume transparente.

L'Irlande possède peu de grandes villes. Il n'en est que six dont la population dépasse 20,000 âmes, trois où elle soit supérieure à 100,000 âmes. La plus importante, Dublin, la capitale, renferme 353,000 habitants.

Située sur la Liffey, qui la partage en deux parties égales, son port est accessible aux navires calant 7 mètres. A Dublin s'ouvre le canal Royal qui, traversant l'île, relie la baie de Galway au canal d'Irlande. Faisant face à l'Angleterre, Dublin est à 130 milles de Glasgow, à 156 de Liverpool. Entre Dublin et les ports anglais, le mouvement commercial est considérable ; il se chiffrait en 1882 par 11,153 navires d'un tonnage de 2,882,000 tonnes. Par le port de Dublin, l'Irlande exporte en Angleterre du gros bétail, des porcs et des denrées agricoles. Elle en tire les matières premières qui alimentent ses manufactures et les objets fabriqués qu'elle ne produit pas encore.

Dublin est la seule ville importante du bassin de la Liffey, de même que Drogheda est l'unique ville du bassin de la Boyne. Cette dernière gravite autour de Belfast, située plus au nord, et qui, bien que moins peuplée que Dublin, 224,000 habitants, est, au point de vue commercial et industriel, la première ville d'Irlande.

Belfast est une ville moderne. L'histoire n'en fait pas mention avant le xiiᵉ siècle. Admirablement situé à l'embouchure de la Lagan, son port est accessible, en morte eau, aux navires calant 4 mètres, et, aux marées vives, à ceux de 5 à 6 mètres. C'est à l'industrie du lin que Belfast est redevable de sa prospérité. Cette industrie, aussi ancienne que la ville elle-même, reçut une grande impulsion par l'afflux, à Belfast, des protestants chassés de France par la révocation de l'édit de Nantes, et du continent par les guerres religieuses. Les filatures de Belfast, au nombre de près de 200, emploient plus de 60,000 ouvriers et c'est à Belfast surtout que l'Irlande doit d'avoir vu sa récolte de lin tripler de valeur en trente ans et s'élever de 16 millions à 50 millions de francs. Le mouvement du port de Belfast est supérieur encore à celui de Dublin ; il était représenté en 1882 par 14,327 navires de 2,888,000 tonnes.

Au nord de Belfast, sur la Bann, rivière très poissonneuse, se trouve la petite ville industrieuse de Coleraine, rendez-vous des touristes attirés par l'une des curiosités de l'Irlande, la chaussée des géants. « De la mer, écrit M. l'abbé E. Domenech, on voit, à l'orient, des falaises énormes, la plupart en colonnes de basalte noir, assises sur des couches d'ocre rouge ou jaune et qui entourent sept ou huit ports de différente grandeur. Ces falaises sont quelquefois baignées par l'Océan ; en d'autres endroits elles reposent sur un talus terreux et couvert de gazon. Les colonnes sont superposées les unes aux autres ; elles sont ordinairement hexagones ou pentagones et s'emboîtent tellement les unes dans les autres qu'il serait impossible de glisser entre elles une feuille de papier. La surface supérieure de ces colonnes, au nombre, dit-on, de 40,000, forme la Chaussée des géants ; et dans toute leur longueur règne l'escarpement cannelé des falaises. »

Londonderry, au nord-ouest de Belfast, compte 30,000 habitants. La ville est l'une des plus pittoresques, le port l'un des plus actifs de l'Irlande septentrionale. Son mouvement commercial se chiffre par plus de 2,000 navires et plus de 500,000 tonnes. La ville, dont la vieille enceinte est convertie en promenade, s'élève sur les pentes d'une colline que couronne la cathédrale et d'où l'œil embrasse un panorama grandiose.

Sligo est à l'ouest, sur l'Atlantique. Comme toutes les villes un peu importantes d'Irlande, Sligo est un port de mer, encore peu peuplé, 11,000 habitants, mais dont le mouvement commercial s'accroît. Galway, sur la même côte, mais plus au sud, est une ville espagnole, longtemps peuplée de Castillans; elle entretenait autrefois avec l'Espagne, un commerce actif. N'était le ciel, on s'y croirait à Burgos ou Tolède, tant les vieilles demeures de Galway rappellent par leur aspect, les portails cintrés, les balcons et les fenêtres grillées, les larges escaliers des maisons castillanes. Cette ville ne compte encore que 16,000 habitants et son commerce avec l'Amérique est bien au-dessous de ce qu'il devrait être, Galway ayant sur Liverpool l'avantage de se trouver plus rapprochée de 400 kilomètres du continent américain.

Limerick est au centre du bassin du Shannon; cruellement éprouvée par les terribles famines de *l'année noire* de 1847 qui décima l'Irlande et fit périr 3,500,000 habitants, ramenant le chiffre de la population de 9,000,000 à un peu plus de 5,000,000, Limerick, aujourd'hui peuplée de 40,000 âmes, est descendue au quatrième rang; son mouvement commercial ne se chiffre plus que par 30 millions de francs. Ses industries locales sont limitées aux salaisons, à la minoterie et à la fabrication des toiles de lin et des gants.

Cork est la ville importante de l'Irlande méridionale et la troisième de l'île, par sa population de 105,000 habitants, par son commerce extérieur de 40 millions par son mouvement maritime de près de 5,000 navires et de 1,300,000 tonnes. Construite dans une île de la Lee, sur un terrain marécageux, *Corroch*, d'où son nom de Cork, elle est une ville industrielle et littéraire. Queenstown, son port, entretient un commerce important avec l'Amérique et sert d'escale à nombre de navires se rendant d'Europe aux États-Unis ou en revenant.

Waterford, sur la Suir, compte 23,000 habitants et est en communication régulière avec l'Angleterre par Liverpool et Bristol. Au nord de Waterford, en remontant la côte nous retrouvons Dublin.

Le commerce et l'industrie ont fait de l'Angleterre ce qu'elle est aujourd'hui : la plus riche des nations du monde, la première des nations maritimes, manufacturières et coloniales. Plus favorisée que les autres nations d'Europe, couverte sur toutes ses frontières par la mer, elle ne s'épuise pas en effectifs armés, elle ne s'appauvrit pas par des dépenses militaires excessives. En 1889-1890, son armée régulière comprenait 211,000 officiers et soldats, que renforceraient, en cas de guerre, 141,000 hommes de milice et 259,000 volontaires. L'effectif de l'Inde est de 72,895.

Sa marine de guerre, par contre, est formidable. Elle comprend 267 navires armés, dont 204 à vapeur, 28 voiliers et 35 stationnaires. Au 1er janvier 1889, l'Angleterre possédait 62 cuirassés et 29 navires blindés montés par 65,400 hommes d'équipage ; par suite des ordres donnés par l'Amirauté, ces chiffres seront portés, en 1894, à 77 cuirassés et 88 navires blindés. En 1888, sa flotte marchande se composait de 17,584 navires jaugeant 7,351,888 tonneaux, manœuvrée par 223,673 marins. Dans la même année, le chiffre des navires de toute provenance entrés et sortis de ses ports s'élevait à 116,732. Son commerce total annuel dépasse, en 1889, 17 milliards de francs ; il est double de celui de l'Asie entière, supérieur à celui des deux Amériques. Riche en minerais, elle a extrait de son sol, en 1888, 169,935,219 tonnes de houille, représentant 1,100 millions de francs, et 14,590,713 tonnes de minerai de fer. Son industrie textile met en mouvement 7,465 fabriques, 773,000 métiers représentant un outillage de 5 milliards de francs et employant 5 millions d'hommes, femmes et enfants.

Cette merveilleuse prospérité date de l'évolution industrielle du siècle dernier. Une Angleterre nouvelle est née ; la science l'a appelée au jour ; elle la fait vivre en centuplant, avec la houille, la production de calorique, en mettant, avec la vapeur, à la disposition de l'homme une puissance capable de soulever et d'entraîner des poids énormes. Convertissez en travail le rendement annuel des mines de houille seules et vous obtiendrez un chiffre comparable au produit de cent millions d'hectares. C'est une annexion équivalente à celle de la superficie totale des États-Unis affectée à la production des céréales. Aussi, brusquement la natalité croit ; elle s'augmente de 55 0/0 de 1750 à 1800, de près de 90 0/0 de 1800 à 1850, et de plus de 50 0/0 dans les 30 années suivantes. La population agricole reste stationnaire ou diminue, la population ouvrière se multiplie d'une façon prodigieuse. Abandonnant le sol aux mains qui le détiennent et ne le lâchent pas, l'activité de ce peuple nouvellement appelé à l'existence s'est portée tout entière vers l'industrie. Dans ce domaine, il est souverain, ambitieux comme tous les peuples jeunes, tenace comme la race dont il est issu, attendant la fortune de la science qui lui a déjà donné ses moyens d'existence et ouvert un champ nouveau de travail et de production. Exilé des champs où il n'y a pas de place pour lui, des vieilles cités historiques où règnent, avec l'aristocratie territoriale, le clergé officiel, la classe professionnelle et moyenne, clientèle ordinaire d'une oligarchie puissante, il s'édifie des cités nouvelles : Liverpool, dont la population décuple, Manchester qui comptait 6,000 habitants il y a deux siècles, aujourd'hui 596,000, Birmingham qui en a 441,000, Sheffield 316,000, Leeds 345,000. Comme les attols au sein de l'Océan, c'est un monde nouveau qui a surgi.

En moins d'un demi-siècle il s'est fait une large place ; la voie était ouverte, de hardis pionniers l'avaient tracée. A l'étroit sur la terre ferme, les Anglais ont pris la mer et la gardent ; leurs vaisseaux la sillonnent en tous sens, annexant, conquérant des terres nouvelles ; la liste en est longue.

L'avance que l'Angleterre a prise alors, elle la garde encore, grâce à son immense empire colonial. Nous avons dit ce qu'il est en Europe et aussi en Asie : les îles de la Manche, Gibraltar et Malte ; l'Inde et les États tributaires, Singapore, Pénang, Bornéo nord, Labuan, Hong Kong, Aden et Périm. En Afrique : Sierra Leone, le Cap, la Cafrerie britannique, Maurice et ses dépendances, Sainte-Hélène. En Amérique : le Canada, Terre-Neuve, Labrador, les petites Antilles, les îles Sous-le-Vent, la Jamaïque, les Bahamas, les Bermudes, le Honduras anglais, la Guyane, les Malouines, la Trinité. En Océanie : l'Australie, un empire, comme le Canada et l'Inde, puis la Nouvelle-Zélande, la Tasmanie, la Nouvelle-Guinée, les Fijis ; en tout 300 millions d'êtres humains soumis au Royaume Uni peuplé de 37,810,000 habitants.

Ces chiffres sont éloquents. Dans notre troisième volume, consacré à l'Europe septentrionale et centrale, nous aurons à parcourir et décrire des empires plus étendus et plus peuplés que celui-ci, aucun d'aussi grand. Prémunie contre toute atteinte violente à la forme même de ses institutions, ne les modifiant qu'avec une sage lenteur et à bon escient, répugnant aux coups de hache qui, ébranlant l'édifice, en précipitent la ruine, l'Angleterre a grandi, prospéré et s'est enrichie. A l'évolution politique qui appelait au trône la dynastie de Hanovre correspondait une évolution industrielle ; l'une lui donna la sécurité avec la liberté, l'autre la prééminence commerciale.

Types populaires irlandais.

TABLE DES MATIÈRES

L'EUROPE

I

EUROPE MÉRIDIONALE

BASSIN DE LA MÉDITERRANÉE

I. — LA TURQUIE D'EUROPE

II. — LA GRÈCE

III. — L'ITALIE

IV. — L'ESPAGNE

II

EUROPE OCCIDENTALE

BASSIN DE L'OCÉAN ATLANTIQUE

I. — LE PORTUGAL

II. — LA FRANCE

III. — LES ILES BRITANNIQUES

TABLE DES ILLUSTRATIONS

TABLE DES ILLUSTRATIONS

Sceaux. — Imprimerie Charaire et Cⁱᵉ.